yh 2529

paris
1877

Goethe, Johann Wolfgang von

Faust et le second Faust

suivis d'un choix de poésies allemandes

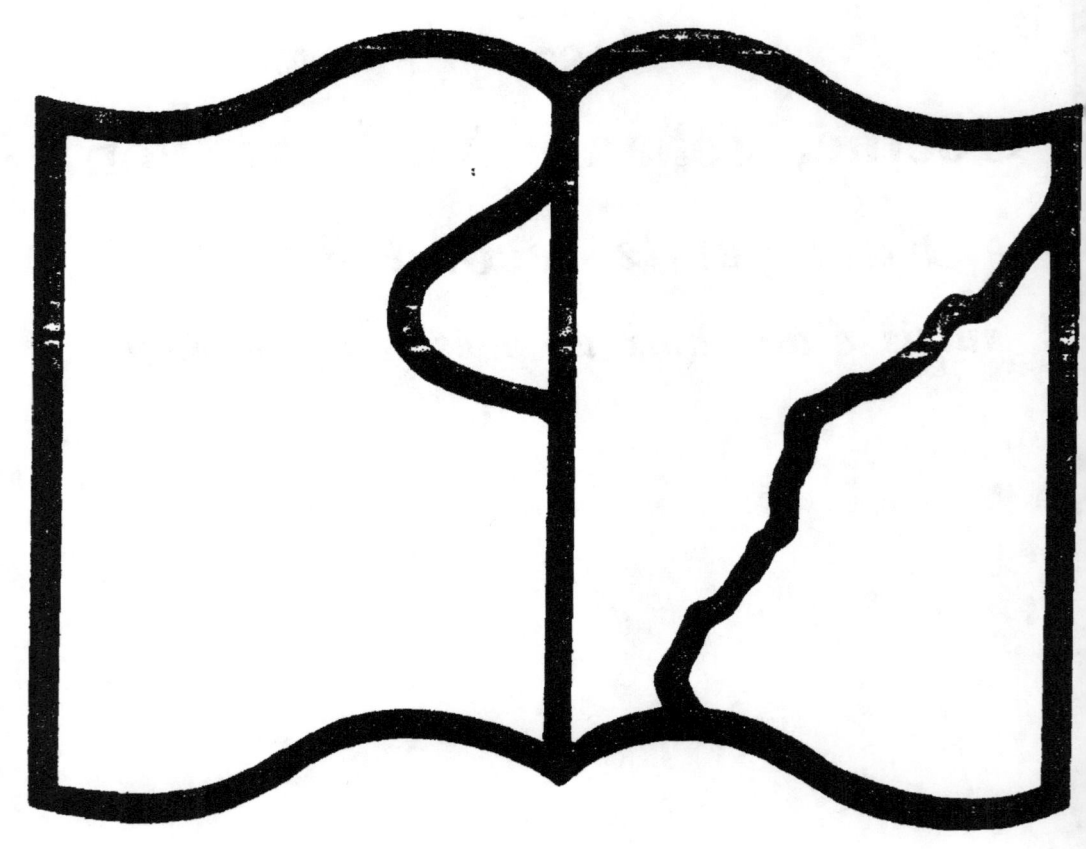

Symbole applicable
pour tout, ou partie
des documents microfilmés

Texte détérioré — reliure défectueuse

NF Z 43-120-11

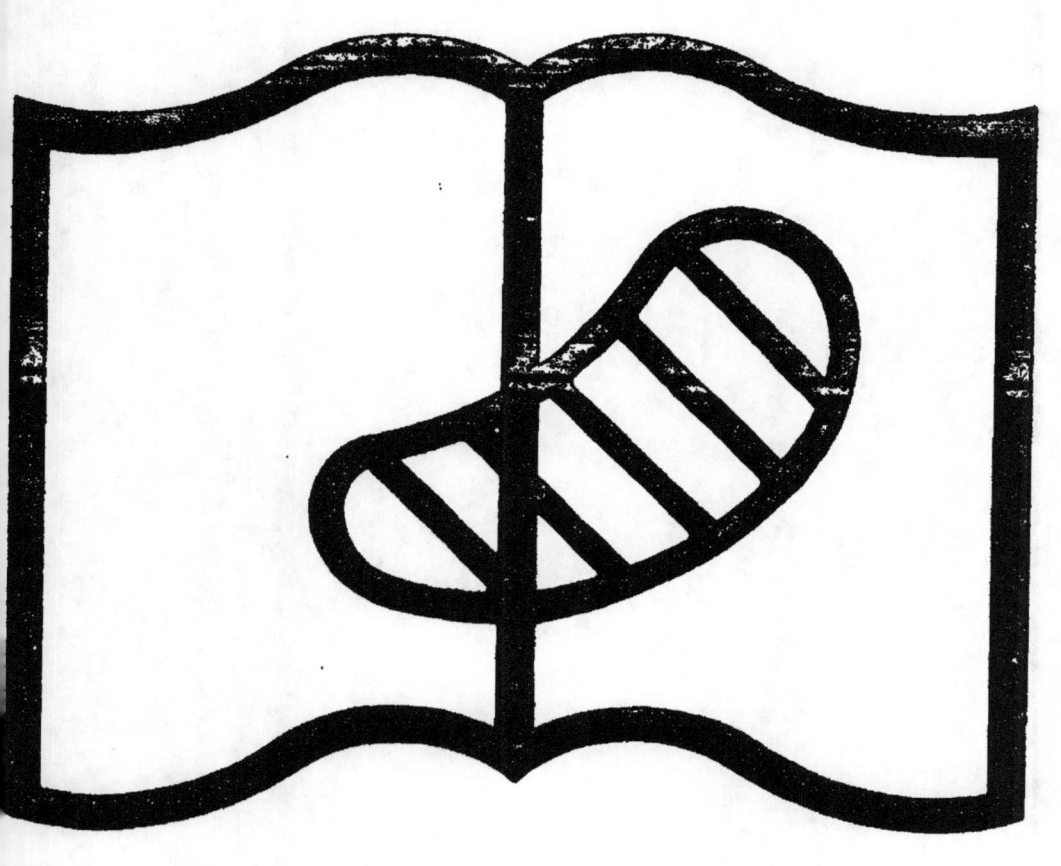

Symbole applicable
pour tout, ou partie
des documents microfilmés

Original illisible

NF Z 43-120-10

PAUL MANSUY
1965

FAUST

ET LE SECOND FAUST

CLICHY. — IMPRIMERIE PAUL DUPONT
RUE DU BAC-D'ASNIERES, 12.

W. GOETHE

FAUST

ET LE SECOND FAUST

SUIVIS D'UN CHOIX DE POÉSIES ALLEMANDES

TRADUITS PAR

GÉRARD DE NERVAL

NOUVELLE ÉDITION
PRÉCÉDÉE D'UNE NOTICE SUR GOETHE ET SUR GÉRARD DE NERVAL

PARIS

GARNIER FRÈRES, LIBRAIRES-ÉDITEURS

6, RUE DES SAINTS-PÈRES, 6

1877

NOTICE

SUR GOETHE ET SUR GÉRARD DE NERVAL

Jean-Wolfgang Gœthe, né le 28 août 1749, à Francfort-sur-le-Mein, mort à Weimar, le 22 mars 1832, d'une famille bourgeoise riche et considérée, fut dès sa jeunesse plein d'ardeur pour l'étude des plus belles littératures, passa trois ans à Leipzig, 1765-1768, où l'école froide et correcte de Gottsched et de Gellert régnait en souveraine, mais où la publication du *Laocoon* de Lessing (1767) exerça une grande influence sur son esprit, avide du beau et du vrai. A Strasbourg, 1769-1771, son imagination put se déployer plus librement, dans la compagnie de Lenz, de Wagner, de Stilling et surtout de Herder. C'est là qu'il étudia avec enthousiasme la Bible, Shakspeare, l'art allemand du moyen âge : « Je n'ai pas passé auprès de Herder, écrivait-il plus tard, une seule heure qui n'ait été pour moi instructive et féconde. » Après avoir terminé d'une manière brillante ses études de droit, il revint à Francfort, pour aller s'établir, en 1775, à Weimar, où l'appelait son ami le grand-duc Charles-Auguste. C'est alors que, dans tout le feu de son génie, il commença à produire et à publier plusieurs de ses œuvres qui allaient le placer au premier rang. En 1772, il a donné *Goetz de Berlichingen*, drame en cinq actes, où il peint en traits énergiques l'Allemagne confuse du xvie siècle; en 1774, il a publié *les Souffrances du jeune Werther*, roman dans lequel il nous montre les douleurs des âmes amollies du xviiie siècle, l'état de l'Allemagne morale à la veille des grandes révolutions qui se préparent. Le livre eut un immense succès en Allemagne et dans toute l'Europe. Deux drames, *Clavijo* (1774), dont le sujet est emprunté aux *Mémoires* de Beaumarchais, et *Stella* (1775), se rattachent à la même inspiration que Werther. A la même époque de sa vie, Gœthe jette les ébauches de plusieurs ouvrages qu'il termina dans un âge plus avancé, et publie ces *Lieds* qui renouvellent la poésie lyrique de son pays (*le Calme de la mer, l'Innocence, le Sentiment d'Automne, le Lied nocturne du Voyageur*), ces ballades d'un art si délicat et si parfait (*le Roi de Thulé, le Chant du Comte prisonnier*, etc.). — A Weimar, les dissipations de la cour n'étouffent pas son génie, mais rendent ses productions plus rares; il n'a publié, de 1775 à 1786, que des opéras sans grande valeur, une jolie comédie, *le Frère et la Sœur*, quelques pièces lyriques. Mais son voyage en Italie, 1786, devint pour lui une source nouvelle d'inspirations: il écrivit à Florence les scènes les plus belles de *Torquato Tasso*, il termina à Rome *Iphigénie*; il méditait *Faust, Egmont, Wilhelm Meister, Hermann et Dorothée*. *Iphigénie en Tauride* (1787) est l'une des grandes pages de l'art moderne, qui s'inspire de l'antique, mais qui est animé du souffle chrétien; on a dit que *le Comte d'Egmont* (1788), la plus belle tragédie de Gœthe, était une des plus pathétiques créations du drame moderne ; *Torquato Tasso* (1790) est une peinture de caractère d'une expression admirable. Il avait déjà publié quelques scènes de *Faust*, qui fut l'œuvre de toute sa vie. Au milieu de ces travaux littéraires, l'âme de Gœthe, entraînée par une insatiable curiosité, de plus en plus éprise des merveilleuses beautés de la nature, s'occupait avec passion d'histoire naturelle et même d'anatomie. *La Métamorphose des plantes* est l'un des premiers fruits de ces études ; il y démontre déjà, ce que de Candolle croira plus tard découvrir, qu'un principe unique régit l'organisation des plantes. — La Révolution française troubla l'esprit généralement si calme et si impartial de Gœthe : il n'y vit d'abord qu'une explosion fortuite des passions humaines ; il accompagna le duc de Brunswick dans la campagne de Valmy, et put comprendre alors qu'*une ère nouvelle commençait pour le monde*. Il écrivit alors *la Campagne de France* et *le Siége de Mayence ;* mais il était bien plus occupé de versifier le *Reineke Fuchs* ou *Roman du Renard*, satire politique et sociale, qui fut populaire en Allemagne. — Alors commence pour le poëte l'une des périodes les plus heureuses et les plus fécondes de sa vie, celle qui a été illustrée par son amitié avec Schiller (1794-1805). Gœthe avait de l'antipathie pour les productions de Schiller, qui *avaient répandu sur l'Allemagne*, écrivait-il, *un torrent de paradoxes sociaux et dramatiques*. Mais, à Iéna, une discussion philosophique sur les transformations des plantes rapproche par hasard les deux grands poëtes, et leur amitié, désormais étroite, exerce dès lors la plus féconde influence sur leur génie. Goethe s'associe à la publication de Schiller intitulée : *Les Heures*; il écrit ses *Élégies romaines*, ses *Épigrammes vénitiennes*, ses ballades les plus dramatiques, des idylles gracieuses; il maîtrise la fougue de Schiller, qui compose alors ses plus belles tragédies ; lui-même, dont l'ardeur est ranimée, achève *Wilhelm Meister*, ce tableau si curieux de la vie humaine, semé d'épisodes charmants inspirés par la société du xviii° siècle ; et il publie *Hermann et Dorothée*, sorte d'idylle épique, comme disent les Allemands, où la pensée est si pure, si élevée, où les malheurs de la guerre sont déplorés si vivement, où d'excellentes figures bourgeoises, pleines de vie, offrent tant d'intérêt. Vers la même époque, Goethe publiait avec Schiller les *Xénies*, critiques mordantes contre les médiocrités envieuses et les esprits rétrogrades. *La Fille naturelle*, drame en cinq actes, qui avait la prétention de peindre la Révolution française, n'est pas l'une de ses meilleures productions; il n'a pas été heureusement inspiré. C'est alors qu'il traduisit *le Neveu de Rameau*, qui n'avait pas encore été publié en français et qu'il y ajouta des notes curieuses sur les écrivains français du xviii° siècle. La mort de Schiller, 1805, fut un coup terrible pour Goethe : *il avait perdu*, disait-il, *la moitié de lui-même*. Il termina le drame de *Démétrius*, que son ami avait laissé inachevé, puis se replongea dans l'étude, qui lui était devenue plus nécessaire que jamais. — Il termine alors la première partie de *Faust*, prépare la *Théorie des couleurs*, publie *les Affinités électives*, œuvre remarquable par les analyses psychologiques, mais trop

subtile pour être populaire. Gœthe n'avait pas cessé
de vivre à Weimar auprès de son généreux ami, le
grand-duc ; il avait été conseiller privé, président des
finances ; il était presque un homme politique, au milieu des grands événements dont l'Allemagne était
surtout le théâtre. Il accompagna le prince à Erfurt et
fut admis auprès de Napoléon, qui s'entretint longtemps
avec lui, lui donna la croix de la Légion d'honneur et
le quitta en lui disant : « Vous êtes un homme, monsieur Gœthe. » Il continuait en même temps ses recher-
ches scientifiques, qu'il aimait avec une sorte de passion ; la *Théorie des couleurs* parut en 1810 : il y
combattit les opinions de Newton sur la lumière ; après
avoir donné, sous le titre de *Morphologie*, une nouvelle édition augmentée de la *Métamorphose des plantes*, il rédige paisiblement ses *Mémoires*, de 1810 à
1813, et les publie sous le titre de *Vérité et Poésie*;
il doit les continuer sous le titre d'*Annales*. Il ne vit
plus que par l'esprit, il semble de plus en plus étranger aux événements qui remuaient alors tous les cœurs;
il rédige son *Voyage en Italie*, et fonde en 1815 un
recueil intitulé *l'Art et l'Antiquité*, qu'il continue jusqu'en 1828 ; il écrit une foule d'articles sur toutes
sortes de sujets de littérature et de science, en même
temps qu'il compose de nouvelles ballades, pleines de
jeunesse et de grâce (*la Cloche qui marche, la Danse
des Morts*, etc.), le *Divan oriental-occidental*, la seconde partie de *Wilhelm Meister*, la suite de *Faust*, etc.
Il suit avec l'attention la plus curieuse le mouvement
intellectuel de l'Europe ; il s'efforce d'élever la littérature allemande par le goût d'une critique supérieure,

de faire comprendre à l'esprit germanique, pour qu'il puisse se les assimiler, les beautés, les chefs-d'œuvre des autres nations; le mouvement littéraire de l'époque de la Restauration en France excite surtout l'intérêt du poëte et du penseur. *Faust* résume le travail de cette vie si remplie; il a publié, en 1790, les premières scènes de cette œuvre; c'est une légende populaire dont il a fait un drame d'un sens naïvement profond; c'est une poésie franche et pleine de vie; il la complète en 1807; c'est déjà un drame symbolique, qui renferme autant d'idées que de sentiments, autant de métaphysique que de poésie. Dans la seconde partie, publiée en 1831, c'est l'allégorie qui domine; les personnages vivants ont disparu; sous les figures mythologiques, les sorciers, les fantômes du moyen âge, sous les noms d'Hélène et de Méphistophélès, de Marguerite et de Faust, au milieu des obscurités les plus bizarres, et malgré de magnifiques épisodes, on ne découvre plus avec peine que des systèmes philosophiques, esthétiques, scientifiques, mêlés à la satire et aux épigrammes; c'est comme un miroir, souvent resplendissant, souvent couvert de nuages poétiques, qui reproduit les transformations de la pensée de l'écrivain. — En 1830, la grande lutte scientifique de Geoffroy Saint-Hilaire et de Cuvier, au sujet de cette loi d'unité dominant la composition des corps vivants, que soutenait le premier de ces illustres savants, passionne Gœthe, qui trouve là la consécration éclatante des études d'une partie de sa vie; et c'est après avoir rendu compte pour l'Allemagne de ce mémorable débat, que Gœthe meurt sans souffrance, à Weimar, plein d'années et plein de gloire. On était aux premiers jours du printemps ; les rideaux de sa fenêtre interceptaient la lumière et attristaient le poëte ; il les fit écarter : « *De la lumière ! encore plus de lumière !* » Tels furent les derniers cris de l'homme qui avait toujours cherché à mieux voir et à mieux comprendre, dont l'intelligence sympathique, avide, dominant la passion, s'était toujours efforcée de connaître le monde et de se mettre en harmonie avec la vaste nature. — Parmi les nombreuses éditions des *Œuvres* de Gœthe, citons celles de Stuttgart, 40 vol. in-8°, avec un supplément en 15 vol. ; de Paris, 1835-37, 4 vol. grand in-8° ; de Stuttgart et Tubingue, 1845-47, 3 vol. grand in-8°. Ses principaux ouvrages ont été plusieurs fois traduits en français : *Werther*, par Pierre Leroux ; *Hermann et Dorothée*, par X. Marmier ; *Faust*, par Gérard de Nerval et H. Blaze de Bury, qui a aussi traduit les *Poésies*; *Wilhelm Meister*, par Toussenel, Mme de Carlowitz, qui a aussi traduit *les Affinités électives*, les *Mémoires*, etc. ; le *Théâtre* a été traduit par X. Marmier, la *Correspondance avec Bettina d'Arnim* par Séb. Albin, les *Œuvres d'histoire naturelle* par Martins. M. Caro a publié, 1867, un livre remarquable sur la *Philosophie de Gœthe*.

Gérard Labrunie, plus connu sous le nom de Gérard de Nerval, littérateur, né à Paris, 1808-1855, fils d'un officier de l'Empire, débuta, sous la Restauration, par des élégies *nationales* et par une traduction de *Faust*, moitié en vers, moitié en prose, que

Gœthe admirait. Enrôlé dans l'école romantique, il fit jouer à l'Odéon la comédie de *Tartufe chez Molière*. Il revint ensuite à ses traductions de morceaux allemands, publia des contes, rédigea le feuilleton des théâtres dans le journal *La Presse*, dissipa son patrimoine en entassant toutes sortes de curiosités dans ses mansardes, et mena une vie bizarre et errante. Il voyagea plusieurs années en Europe et même en Orient, publiant dans plusieurs revues des récits piquants de ses excursions fantastiques. Atteint d'un mal étrange dès 1841, frappé d'attaques d'aliénation mentale, qui ne l'empêchaient ni de se souvenir, ni de raisonner, et qu'il a racontées avec verve, il finit par se pendre aux grilles d'un égout de la rue de la Vieille-Lanterne. Il a beaucoup écrit, et souvent avec délicatesse et originalité. Parmi ses œuvres dramatiques, citons : *Piquillo*, opéra-comique ; *l'Alchimiste*, drame en vers ; *Leo Burckart*, drame en 5 actes ; *les Monténégrins*, opéra comique ; le *Chariot d'Enfant*, drame en vers, en 5 actes ; *l'Imagier de Harlem*, drame en 5 actes ; *Misanthropie et Repentir* ; parmi ses romans, nouvelles, etc. : *les Nuits du Ramazan*, *les Faux-Saulniers*, *Lorély*, *Souvenirs d'Allemagne*, *les Illuminés ou les Précurseurs du socialisme*, *Petits châteaux de Bohême*, *les Filles de Feu*, *la Bohême galante*, *le Marquis de Fayolles*, *Voyage en Orient*, etc. Il a fourni des articles à un très-grand nombre de journaux.

PRÉFACE

DE LA PREMIÈRE ÉDITION

(1828)

Voici une troisième traduction de *Faust*; et ce qu'il y a de certain, c'est qu'aucune des trois ne pourra faire dire : « *Faust* est traduit ! » Non que je veuille jeter quelque défaveur sur le travail de mes prédécesseurs, afin de mieux cacher la faiblesse du mien, mais parce que je regarde comme impossible une traduction satisfaisante de cet étonnant ouvrage. Peut-être quelqu'un de nos grands poëtes pourrait-il, par le charme d'une version poétique, en donner une idée ; mais, comme il est probable qu'aucun d'eux n'astreindrait son talent aux difficultés d'une entreprise qui ne rapporterait pas autant de gloire qu'elle coûterait de peine, il faudra bien que ceux qui n'ont pas le bonheur de pouvoir lire l'original se contentent de ce que notre zèle peut leur offrir. C'est néanmoins peut-être une imprudence que de présenter ma traduction après celles de MM. de Saint-Aulaire et A. Stapfer. Mais, comme ces dernières font partie de collections chères et volumineuses, j'ai cru rendre service au public en en faisant paraître une séparée.

Il était, d'ailleurs, difficile de saisir un moment plus favorable pour cette publication ; *Faust* va être représenté incessamment sur tous les théâtres de Paris, et il sera curieux sans doute pour ceux qui en verront la représentation de consulter en même temps le chef-d'œuvre allemand, d'autant plus que les théâtres n'emprunteront du sujet que ce qui convient à l'effet dramatique, et que la scène française ne pourrait se prêter à développer toute la philosophie de la première partie, et beaucoup de passages originaux de la seconde.

Je dois maintenant rendre compte de mon travail, dont on pourra contester le talent, mais non l'exactitude. Des deux traductions publiées avant la mienne, l'une brillait par un style harmonieux, une expression élégante et souvent heureuse ; mais peut-être son auteur, M. de Saint-Aulaire, avait-il trop négligé, pour ces avantages, la fidélité qu'un traducteur doit à l'original ; on peut même lui reprocher les suppressions nombreuses qu'il s'est permis d'y faire ; car il vaut mieux, je crois, s'exposer à laisser quelques passages singuliers ou incompréhensibles que de mutiler un chef-d'œuvre. M. Stapfer a fait le contraire : tout ce qui avait un sens a été traduit, et même ce qui n'en avait pas, ou ne nous paraissait pas en avoir. Cette méthode lui a mérité de grands éloges, et c'est aussi celle que j'ai tenté de suivre, parce qu'elle n'exige que de la patience, et entraîne moins de responsabilité. Au reste, cette prétention de tout traduire exposera, aux yeux de beaucoup de personnes, ma prose et mes vers à paraître martelés et souvent insignifiants ; je laisse à ceux qui connaissent l'original à me laver de ce reproche, autant que possible ; car il est reconnu que *Faust* renferme certains passages, certaines allusions, que les Allemands eux-mêmes ne peuvent comprendre ; en revanche, je dirai avec le traducteur que je viens de citer :

« Il me reste à protester contre ceux qui, après la lecture de cette traduction, s'imagineraient avoir acquis une idée complète de l'original. Porté sur tel ouvrage traduit que ce soit, le jugement serait erroné ; il le serait surtout à l'égard de celui-ci, à cause de la perfection continue du style. Qu'on se figure tout le charme de l'*Amphitryon* de Molière, joint à ce que les poésies de Parny offrent de plus gracieux, alors seulement on pourra se croire dispensé de le lire. »

Je n'essayerai pas de donner ici une analyse complète de *Faust*. Assez d'auteurs l'ont jugé ; et il vaut mieux, d'ailleurs, laisser quelque chose à l'imagination des lecteurs, qui auront à la fin du livre de quoi l'exercer. Je les renvoie encore au livre *de l'Allemagne*, de madame de Staël, dont je vais en attendant citer un passage :

« ... Certes, il ne faut y chercher ni le goût, ni la mesure, ni l'art qui choisit et qui termine ; mais, si l'imagination pouvait se figurer un chaos intellectuel, tel que l'on a souvent décrit le chaos matériel, le *Faust* de Gœthe devrait avoir été composé à cette époque. On ne saurait aller au delà en fait de hardiesse de pensée, et le souvenir qui reste de cet écrit tient toujours un peu du vertige. Le diable est le héros de cette pièce ; l'auteur ne l'a point conçu comme un fantôme hideux, tel qu'on a coutume de le présenter aux enfants ; il en a fait, si l'on peut s'exprimer ainsi, le méchant par excellence, auprès duquel tous les méchants et celui de Gresset, en particulier, ne sont que des novices, à peine dignes d'être les serviteurs de Méphistophélès (c'est le nom du démon qui se fait l'ami de Faust). Gœthe a voulu montrer dans ce personnage, réel et fantastique tout à la fois, la plus amère plaisanterie que le dédain puisse inspirer, et néanmoins une audace de gaieté qui amuse. Il y a dans les discours de Méphistophélès une ironie infernale qui porte sur la Création tout entière et juge l'univers comme un mauvais livre dont le diable se fait le *censeur*.

« S'il n'y avait dans la pièce de *Faust* que de la plaisanterie piquante et philosophique, on pourrait trouver dans plusieurs écrits de Voltaire un genre d'esprit analogue ; mais on sent dans cette pièce une imagination d'une tout autre nature. Ce n'est pas seulement le monde moral tel qu'il est qu'on y voit anéanti, mais c'est l'enfer qui est mis à sa place. Il y a une puissance de sorcellerie, une pensée du mauvais principe, un enivrement du mal, un égarement de la pensée, qui fait frissonner, rire et pleurer tout à la fois. Il semble que, pour un moment, le gouvernement de la terre soit entre les mains du démon. Vous tremblez, parce qu'il est impitoyable; vous riez, parce qu'il humilie tous les amours-propres satisfaits; vous pleurez, parce que la nature humaine, ainsi vue des profondeurs de l'enfer, inspire une pitié douloureuse.

« Milton a fait Satan plus grand que l'homme; Michel-Ange et le Dante lui ont donné les traits hideux de l'animal, combinés avec la figure humaine. Le Méphistophélès de Gœthe est un diable civilisé. Il manie avec art cette moquerie, légère en apparence, qui peut si bien s'accorder avec une grande profondeur de perversité; il traite de niaiserie ou d'affectation tout ce qui est sensible; sa figure est méchante, basse et fausse; il a de la gaucherie sans timidité, du dédain sans fierté, quelque chose de doucereux auprès des femmes, parce que, dans cette seule circonstance, il a besoin de tromper pour séduire; et ce qu'il entend par séduire, c'est servir les passions d'un autre, car il ne peut même faire semblant d'aimer: c'est la seule dissimulation qui lui soit impossible. »

Je crois qu'il était difficile de mieux peindre Méphistophélès; cette appréciation est bien digne de l'ouvrage qui l'a inspirée; mais où le sublime caractère de *Faust* serait-il mieux rendu que dans cet ouvrage même, dans ces hautes méditations, auxquelles la faiblesse de ma prose n'a pu enlever tout leur éclat? Quelle âme généreuse n'a éprouvé quelque chose de cet état de l'esprit humain, qui aspire sans cesse à des révélations divines, qui tend, pour ainsi dire, toute la longueur de sa chaîne, jusqu'au moment où la froide réalité vient désenchanter l'audace de ses illusions ou de ses espérances et, comme la voix de l'Esprit, le rejeter dans son monde de poussière?

Cette ardeur de la science et de l'immortalité, Faust la possède au plus haut degré; elle l'élève souvent à la hauteur d'un dieu, ou de l'idée que nous nous en formons, et cependant tout en lui est naturel et supportable; car, s'il a toute la grandeur et toute la force de l'humanité, il en a aussi toute la faiblesse ; en demandant à l'enfer des secours que le ciel lui refusait, sa première pensée fut sans doute le bonheur de ses semblables, et la science universelle ; il espérait à force de bienfaits sanctifier les trésors du démon, et, à force de science, obtenir de Dieu l'absolution de son audace ; mais l'amour d'une jeune fille suffit pour renverser toutes ses chimères : c'est la pomme d'Éden qui, au lieu de la science et de la vie, n'offre que la jouissance d'un moment et l'éternité des supplices.

Les deux caractères dramatiques qui se rapprochent le plus de Faust sont ceux de Manfred et de don Juan, mais encore quelle différence ! Manfred est le remords personnifié, mais il a quelque chose de fantastique qui empêche la raison de l'admettre ; tout en lui, sa force comme sa faiblesse, est au-dessus de l'humanité ; il inspire de l'étonnement, mais n'offre aucun intérêt, parce que personne n'a jamais participé à ses joies ni à ses souffrances. Cette observation est encore plus applicable à don Juan ; si Faust et Manfred ont offert, sous quelques rapports, le type de la perfection humaine, il n'est plus que celui de la démoralisation, et livré enfin à l'esprit du mal ; on sent qu'ils étaient dignes l'un de l'autre.

Et cependant, dans tous trois, le résultat est le même, et l'amour des femmes les perd tous trois !...

Quel parallèle entre ces grandes créations si différentes !... Je n'ose me laisser entraîner à le prolonger ! mais si celle de Faust est bien supérieure aux deux autres, combien Marguerite surpasse et les amours vulgaires de don Juan, et l'imaginaire Astarté de Manfred ! En lisant les scènes de la seconde partie, où sa grâce et son innocence brillent d'un éclat si doux, qui ne se sentira touché jusqu'aux larmes ? qui ne plaindra de toute son âme cette malheureuse sur laquelle s'est acharné l'esprit du mal ? qui n'admirera cette fermeté d'une âme pure, que l'enfer fait tous ses efforts pour égarer, mais qu'il ne peut séduire ; qui, sous le couteau fatal, s'arrache aux bras de celui qu'elle chérit plus que la vie, à l'amour, à la liberté, pour s'abandonner à la justice de Dieu, et à celle des hommes, plus sévère encore?

Quelle combinaison! quelle horrible torture pour Faust, à qui son pacte promettait quelques années de bonheur, mais dont il venait de commencer le supplice éternel! Si l'amour semble lui promettre toutes ses délices, une pensée affreuse va les convertir en tourments. « En vain, dit-il, elle me réchauffera sur son sein, en serai-je moins le fugitif, l'exilé ?... le monstre sans but et sans repos, qui, comme un torrent, mugissant de rochers en rochers, aspire avec fureur à l'abîme? Mais elle, innocente, simple, une petite cabane, un petit champ des Alpes, et elle aurait passé toute sa vie dans ce petit monde, au milieu d'occupations domestiques. Tandis que moi, haï de Dieu, je n'ai point fait assez de saisir ses appuis pour les mettre en ruine, il faut que j'engloutisse toute la joie de son âme!... Enfer, il te fallait cette victime!... etc. »

Marguerite n'est pas une héroïne de mélodrame; ce n'est vraiment qu'une femme, une femme comme il en existe beaucoup, et elle n'en touche que davantage. Trouverait-on sur la scène quelque chose de comparable à ses entretiens naïfs avec Faust, et surtout au dialogue si déchirant de la prison, qui termine la pièce?

On s'étonnera qu'elle finisse ainsi; mais que pouvait-on y ajouter?... Peut-être le moment où Faust se livre à l'enfer; mais comment le rendre, et comment l'esprit humain pouvait-il supposer que l'enfer lui gardât encore une plus horrible torture? D'un autre côté, le dénoûment ainsi interrompu permet au lecteur la pensée consolante que celui qui l'a intéressé si vivement par son génie et ses malheurs échappe aux griffes du démon, puisqu'un repentir suffirait pour lui reconquérir les cieux.

Tel n'est pas cependant le sort de Faust dans les pièces et les biographies allemandes; le diable s'y empare réellement de lui au bout de vingt-quatre ans, et la description de ce moment terrible en est le passage le plus remarquable. Ceux qui veulent tout savoir peuvent consulter là-dessus l'*Histoire prodigieuse et lamentable du docteur*

Faust, avec sa mort épouvantable, où il est montré combien est misérable la curiosité des illusions et impostures de l'esprit malin : ensemble, la Corruption de Satan, par lui-même, étant contraint de dire la vérité; par Widman, et traduite par Cayet, en 1561 [1].

Les légendes de *Faust* sont très-répandues en Allemagne ; quelques auteurs, entre autres Conrad Durrius, pensent qu'elles furent primitivement fabriquées par les moines contre Jean Faust ou Fust, inventeur de l'imprimerie, irrités qu'étaient ces cénobites d'une découverte qui leur enlevait les utiles fonctions de copistes de manuscrits. Cette conjecture assez probable est combattue par d'autres auteurs; Klinger l'a admise dans son roman philosophique intitulé *les Aventures de Faust, et sa Descente aux enfers*.

Suivant l'opinion la plus accréditée, Faust naquit à Mayence, au commencement du xve siècle. Plusieurs villes se disputent l'honneur de lui avoir donné naissance, et conservent des objets que son souvenir rend précieux : Francfort, le premier livre qu'il a imprimé ; Mayence, sa première presse; etc. On montre à Wittemberg deux maisons qui lui ont appartenu, et qu'il légua, par testament, à son disciple Vagner.

[1] Voir cette légende à la suite du second *Faust*.

PRÉFACE

DE LA TROISIÈME ÉDITION

(1840)

L'histoire de *Faust*, populaire tant en Angleterre qu'en Allemagne, et connue même en France depuis longtemps, comme on peut le voir par la *légende* imprimée dans ce volume, a inspiré un grand nombre d'auteurs de différentes époques. L'œuvre la plus remarquable qui ait paru sur ce sujet, avant celle de Gœthe, est un *Faust* du poëte anglais Marlowe, joué en 1589, et qui n'est dépourvu ni d'intérêt ni de valeur poétique. La lutte du bien et du mal dans une haute intelligence est une des grandes idées du xvi° siècle, et aussi du nôtre ; seulement, la forme de l'œuvre et le sens du raisonnement diffèrent, comme on peut le croire, et les deux *Faust* de Marlowe et de Gœthe formeraient, sous ce rapport, un contraste intéressant à étudier. On sent, dans l'un le mouvement des idées qui signalaient la naissance de la Réforme ; dans l'autre, la réaction religieuse et philosophique qui l'a suivie et laissée en arrière. Chez l'auteur anglais, l'idée n'est ni indépendante de la religion ni indépendante des nouveaux principes qui l'attaquent ; le poëte est à demi enveloppé encore dans les liens de l'orthodoxie chrétienne, à demi disposé à les rompre. Gœthe, au contraire, n'a plus de préjugés à vaincre ni de progrès philosophiques à prévoir. La religion a accompli son cercle, et l'a fermé ; la philosophie a accompli de même et fermé le sien. Le doute qui en résulte pour le penseur n'est plus une lutte à soutenir, c'est un choix à faire ; et si quelque sympathie le décide à la fin pour la religion, on peut dire que son choix a été libre et qu'il avait clairement apprécié les deux côtés de cette suprême question.

La négation religieuse, qui s'est formulée en dernier lieu chez nous par Voltaire, et chez les Anglais par Byron, a trouvé dans Gœthe un arbitre plutôt qu'un adversaire. Suivant dans ses ouvrages les progrès ou, du moins, la dernière transformation de la philosophie de son pays, ce poëte a donné à tous les principes en lutte une solution complète qu'on peut ne pas accepter, mais dont il est impossible de nier la logique savante et parfaite. Ce n'est ni de l'éclectisme ni de la fusion ; l'antiquité et le moyen âge se donnent la main sans se confondre, la matière et l'esprit se réconcilient et s'admirent ; ce qui est déchu se relève ; ce qui est faussé se redresse ; le mauvais principe lui-même se fond dans l'universel amour. C'est le panthéisme moderne : Dieu est dans tout.

Telle est la conclusion de ce vaste poëme, le plus étonnant peut-être de notre époque, le seul qu'on puisse opposer à la fois au poëme catholique du Dante et aux chefs-d'œuvre de l'inspiration païenne. Nous devons regretter que la seconde partie de *Faust* n'ait pas toute la valeur d'exécution de la première, et que l'auteur ait trop tardé à compléter une pensée qui fut le rêve de toute sa vie. En effet, l'inspiration du second *Faust*, plus haute encore peut-être que celle du premier, n'a pas toujours rencontré une forme aussi arrêtée et aussi heureuse, et, bien que cet ouvrage se recommande plus encore à l'examen philosophique, on peut penser que la popularité lui manquera toujours.

Pour une telle œuvre, si vaste, si puissante, si *impossible*, — ce mot, qui n'est plus français, est peut-être encore resté allemand, — nous l'avons dit, il eût fallu que l'auteur n'eût pas attendu ses dernières années. Le second *Faust*, œuvre fort curieuse au point de vue de la critique littéraire, n'a plus l'intérêt ni même la valeur de composition du premier. Beaucoup de grands écrivains ont eu cette même envie de donner une suite à leur chef-d'œuvre. C'est ainsi que Corneille écrivit la suite du *Menteur*; Beaumarchais, dans *la Mère coupable*, la suite un peu sombre de son joyeux *Barbier*. Nous avons voulu, pour compléter notre travail, donner par l'analyse une idée de l'immense poème qu'on appelle le second *Faust*. Ce complément posthume, publié seulement dans les œuvres complètes de l'auteur, ne se rattache pas directement au développement clair et précis de la première donnée, et, quelles que soient souvent la poésie et la grandeur des idées de détail, elles ne forment plus cet ensemble harmonieux et correct qui a fait de *Faust* une œuvre immortelle. On trouvera néanmoins dans certaines parties du plan un beau reflet encore de ce puissant génie dont la faculté créatrice s'était éteinte depuis bien des années, quand il essaya de lutter avec lui-même en publiant son dernier ouvrage.

En publiant la première édition de notre travail, nous citâmes en épigraphe la phrase célèbre de madame de Staël, relative à *Faust* : « Il fait réfléchir sur tout et sur quelque chose de plus que tout. » A mesure que Gœthe poursuivait son œuvre, cette pensée devenait plus vraie encore. Elle signale à la fois le défaut et la gloire de cette noble entreprise. En effet, on peut dire qu'il a fait sortir la poésie de son domaine, en la précipitant dans la métaphysique la plus aventureuse. L'art a toujours besoin d'une forme absolue et précise, au delà de laquelle tout est trouble et confusion. Dans le premier *Faust*, cette forme existe pure et belle, la pensée critique en peut suivre tous les contours, et la tendance vers l'infini et l'impossible, vers ce qui est au delà de tout, n'est là que le rayonnement des fantômes lumineux évoqués par le poëte.

Mais quelle forme dramatique, quelles strophes et quels rhythmes seront capables de contenir ensuite des idées que les philosophes n'ont exposées jamais qu'à l'état de rêves fébriles ? Comme Faust lui-même descendant vers les *Mères*, la muse du poëte ne sait où poser le pied, et ne peut même tendre son vol, dans une atmosphère où l'air manque, plus incertain que la vague et plus vide encore que l'éther. Au delà des cercles infernaux du Dante, descendant à un abîme borné ; au delà des régions splendides de son paradis catholique, embrassant toutes les sphères célestes, il y a encore plus loin et plus loin le vide, dont l'œil de Dieu même ne peut apercevoir la fin. Il semble que la Création aille toujours s'épanouissant dans cet espace inépuisable, et que l'immortalité de l'intelligence suprême s'emploie à conquérir toujours cet empire du néant et de la nuit.

Cet infini toujours béant, qui confond la plus forte raison humaine, n'effraye point le poëte de *Faust* ; il s'attache à en donner une définition et une formule ; à cette proie mobile il tend un filet visible mais insaisissable, et toujours grandissant comme elle. Bien plus, non content d'analyser le vide et l'inexplicable de l'infini présent, il s'attaque de même à celui du passé. Pour lui, comme pour Dieu sans doute, rien ne finit, ou du moins rien ne se transforme que la matière, et les siècles écoulés se conservent tout entiers à l'état d'intelligences et d'ombres, dans une suite de régions concentriques, étendues à l'entour du monde matériel. Là, ces fantômes accomplissent encore ou rêvent d'accomplir les actions qui furent éclairées jadis par le soleil de la vie, et dans lesquelles elles ont prouvé l'individualité de leur âme immortelle. Il serait consolant de penser, en effet, que rien ne meurt de ce qui a frappé l'intelligence, et que l'éternité conserve dans son sein une sorte d'histoire universelle, visible par les yeux de l'âme, synchronisme divin, qui nous ferait participer un jour à la science de Celui qui voit d'un seul coup d'œil tout l'avenir et tout le passé.

Le docteur Faust, présenté par l'auteur comme le type le plus parfait de l'intelligence et du génie humain, sachant toute science, ayant pensé toute idée, n'ayant plus rien à apprendre ni à voir sur la terre, n'aspire plus qu'à la connaissance des choses surnaturelles, et ne peut plus vivre dans le cercle borné des désirs humains. Sa première pensée est donc de se donner la mort; mais les cloches et les chants de Pâques lui font tomber des mains la coupe empoisonnée. Il se souvient que Dieu a défendu le suicide, et se résigne à vivre de la vie de tous, jusqu'à ce que le Seigneur daigne l'appeler à lui. Triste et pensif, il se promène avec son serviteur, le soir de Pâques, au milieu d'une foule bruyante, puis dans la solitude de la campagne déserte, aux approches du soir. C'est là que ses aspirations s'épanchent dans le cœur de son disciple; c'est là qu'il parle des deux âmes qui habitent en lui, dont l'une voudrait s'élancer après le soleil qui se retire, et dont l'autre se débat encore dans les liens de la terre. Ce moment suprême de tristesse et de rêverie est choisi par le diable pour le tenter. Il se glisse sur ses pas sous la forme d'un chien, s'introduit dans sa chambre d'étude, et le distrait de la lecture de la Bible, où le docteur veut puiser encore des consolations. Se révélant bientôt sous une autre forme et profitant de la curiosité sublime de Faust, il vient lui offrir toutes les ressources magiques et surnaturelles dont il dispose, voulant lui escompter, pour ainsi dire, les merveilles de la vie future, sans l'arracher à l'existence réelle. Cette perspective séduit le vieux docteur, trop fort de pensée, trop hardi et trop superbe pour se croire perdu à tout jamais par ce pacte avec le démon. Celui dont l'intelligence voudrait lutter avec Dieu lui-même saura bien se tirer plus tard des pièges de l'esprit malin. Il accepte donc le pacte que lui accorde le secours des esprits et toutes les jouissances de la vie matérielle, jusqu'à ce que lui-même s'en soit lassé et dise à sa dernière heure : « Viens à moi, tu es si belle! » Une si large concession le rassure tout à fait, et il consent enfin à signer ce marché de son sang. On peut croire qu'il ne fallait rien de moins pour le séduire; car le diable lui-même sera bientôt embarrassé des fantaisies d'une volonté infatigable. Heureusement pour lui, le vieux savant, enfermé toute sa vie dans son cabinet, ne sait rien des joies du monde et de l'existence humaine, et ne les connaît que par l'étude, et non par l'expérience. Son cœur est tout

PRÉFACE DE LA TROISIÈME ÉDITION

neuf pour l'amour et pour la douleur, et il ne sera pas difficile peut-être de l'amener bien vite au désespoir en excitant ses passions endormies. Tel paraît être le plan de Méphistophélès, qui commence par rajeunir Faust au moyen d'un philtre ; sûr, comme il le dit, qu'avec cette boisson dans le corps, la première femme qu'il rencontrera va lui sembler une Hélène.

En effet, en sortant de chez la sorcière qui a préparé le philtre, Faust devient amoureux d'une jeune fille nommée Marguerite, qu'il rencontre dans la rue. Pressé de réussir, il appelle Méphistophélès au secours de sa passion, et cet esprit, qui devait, une heure auparavant, l'aider dans de sublimes découvertes et lui dévoiler le *tout* et le *plus que tout*, devient pour quelque temps un entremetteur vulgaire, un Scapin de comédie, qui remet des bijoux, séduit une vieille compagne de Marguerite, et tente d'écarter les surveillants et les fâcheux. Son instinct diabolique commence à se montrer seulement dans la nature du breuvage qu'il remet à Faust pour endormir la mère de Marguerite, et par son intervention monstrueuse dans le duel de Faust avec le frère de Marguerite. C'est au moment où la jeune fille succombe sous la clameur publique, après ce tableau de sang et de larmes, que Méphistophélès enlève son compagnon et le transporte au milieu des merveilles fantastiques d'une nuit de sabbat, afin de lui faire oublier le danger que court sa maîtresse. Une apparition non prévue de Méphistophélès réveille le souvenir dans l'esprit de Faust, qui oblige le démon à venir avec lui au secours de Marguerite déjà condamnée et renfermée dans une prison. Là se passe cette scène déchirante et l'une des plus dramatiques du théâtre allemand, où la pauvre fille, privée de raison, mais illuminée au fond du cœur par un regard de la mère de Dieu qu'elle avait implorée, se refuse à ce secours de l'enfer, et repousse son amant, qu'elle voit par intuition abandonné aux artifices du diable. Au moment où Faust veut l'entraîner de force, l'heure du supplice sonne ; Marguerite invoque la justice du ciel, et les chants des anges risquent de faire impression sur le docteur lui-même; mais la main de Méphistophélès l'arrête à ce douloureux spectacle et à cette divine tentation.

Ici commence la seconde partie, dont nous avons donné plus loin l'analyse et fait comprendre la marche logique. Il nous suffit ici d'en relever le dessin général. Du moment que le désespoir d'amour n'a pas conduit Faust à rejeter l'existence; du moment que la curiosité scientifique survit à cette mort de son cœur déchiré, la tâche de Méphistophélès devient plus difficile, et on l'entendra s'en plaindre souvent. Faust a rafraîchi son âme et calmé ses sens au sein de la nature vivante et des harmonies divines de la Création toujours si belle. Il se résout à vivre encore et à se replonger au milieu des hommes. C'est au point le plus splendide de leur foule qu'il va descendre cette fois. Il s'introduit à la cour de l'empereur comme un savant illustre, et Méphistophélès prend l'habit d'un fou de cour. Ces deux personnages s'entendent désormais sans qu'on puisse le soupçonner. La satire des folies humaines se manifeste ici sous deux aspects, l'un sévère et grand, l'autre trivial et caustique. Aristophane inspire à l'auteur l'intermède de Plutus; Eschyle et Homère se mêleront à celui d'Hélène. Faust n'a songé tout d'abord qu'à étonner l'empereur et sa cour par sa science et les prestiges de sa magie. L'empereur, toujours plus curieux à mesure qu'on lui montre davantage, demande au docteur s'il peut faire apparaître des ombres. Cette scène, empruntée à la chronique de *Faust*, conduit l'auteur à ce magnifique développement dans lequel, cherchant à créer une sorte de vraisemblance fantastique aux yeux mêmes de l'imagination, il met à contribution toutes les idées de la philosophie touchant l'immortalité des âmes. Le système des *monades* de Leibnitz se mêle ici aux phénomènes des visions magnétiques de Swedenborg. S'il est vrai, comme la religion nous l'enseigne, qu'une partie immortelle survit à l'être humain décomposé, si elle se conserve indépendante et distincte, et ne va pas se fondre au sein de l'âme universelle, il doit exister dans l'immensité des régions ou des planètes, où ces âmes conservent une *forme percep-*

tible aux regards des autres âmes, et de celles mêmes qui ne se dégagent des liens terrestres que pour un instant, par le rêve, par le magnétisme ou par la contemplation ascétique. Maintenant, serait-il possible d'attirer de nouveau ces âmes dans le domaine de la matière créée, ou du moins formulée par Dieu, théâtre éclatant où elles sont venues jouer chacune un rôle de quelques années, et ont donné des preuves de leur force et de leur amour? Serait-il possible de condenser dans leur *moule* immatériel et insaisissable quelques éléments purs de la matière, qui lui fassent reprendre une existence visible plus ou moins longue, se réunissant et s'éclairant tout à coup comme les atomes légers qui tourbillonnent dans un rayon de soleil? Voilà ce que les rêveurs ont cherché à expliquer, ce que des religions ont jugé possible, et ce qu'assurément le poëte de *Faust* avait le droit de supposer.

Quand le docteur expose à Méphistophélès sa résolution arrêtée, ce dernier recule lui-même. Il est maître des illusions et des prestiges; mais il ne peut aller troubler les ombres qui ne sont point sous sa domination, et qui, chrétiennes ou païennes, mais non damnées, flottent au loin dans l'espace, protégées contre le néant par la puissance du souvenir. Le monde païen lui est non-seulement interdit, mais inconnu. C'est donc Faust qui devra lui seul s'abandonner aux dangers de ce voyage, et le démon ne fera que lui donner les moyens de sortir de l'atmosphère de la terre et d'éclairer son vol dans l'immensité.

En effet, Faust s'élance volontairement hors du solide, hors du fini, on pourrait même dire hors du temps. Monte-t-il? descend-il? C'est la même chose, puisque notre terre est un globe. Va-t-il vers les figures du passé ou vers celles de l'avenir? Elles coexistent toutes, comme les personnages divers d'un drame qui ne s'est pas encore dénoué, et qui pourtant est accompli déjà dans la pensée de son auteur; ce sont les coulisses de la vie où Gœthe nous transporte ainsi. Hélène et Pâris, les ombres que cherche Faust, sont quelque part errant dans le *spectre* immense que leur siècle a laissé dans l'espace; elles marchent sous les portiques splendides et sous les ombrages frais qu'elles rêvent encore, et se meuvent gravement, en *ruminant* leur vie passée. C'est ainsi que Faust les rencontre, et, par l'aspiration immense de son âme à demi dégagée de la terre, il parvient à les attirer hors de leur cercle d'existence et à les amener dans le sien. Maintenant, fait-il partager aux spectateurs son intuition merveilleuse, ou parvient-il, comme nous le disions plus haut, à appeler dans le rayon de ces âmes quelques éléments de matière qui les rende perceptibles ? De là résulte, dans tous les cas, l'apparition décrite dans la scène. Tout le monde admire ces deux belles figures, types perdus de l'antique beauté. Les deux ombres, insensibles à ce qui se passe autour d'elles, se parlent et s'aiment là comme dans leur sphère. Pâris donne un baiser à Hélène; mais Faust, émerveillé encore de ce qu'il vient de voir et de faire, mêlant tout à coup les idées du monde qu'il habite et de celui dont il sort, s'est épris subitement de la beauté d'Hélène, qu'on ne pouvait voir sans l'aimer. Fantôme pour tout autre, elle existe en réalité pour cette grande intelligence. Faust est jaloux de Pâris, jaloux de Ménélas, jaloux du passé, qu'on ne peut pas plus anéantir moralement, que physiquement la matière; il touche Pâris avec la clef magique, et rompt le charme de cette double apparition.

Voilà donc un amour d'intelligence, un amour de rêve et de folie, qui succède dans son cœur à l'amour tout naïf et tout humain de Marguerite. Un philosophe, un savant épris d'une ombre, ce n'est point une idée nouvelle; mais le succès d'une telle passion s'explique difficilement sans tomber dans l'absurde, dont l'auteur a su toujours se garantir jusqu'ici. D'ailleurs, la légende de son héros le guidait sans cesse dans cette partie de l'ouvrage; il lui suffisait donc, pour la mettre en scène, de profiter des hypothèses surnaturelles déjà admises par lui. Cette fois, il ne s'agit plus d'attirer des fantômes dans notre monde ou de tirer de l'abîme deux ombres pour amuser l'empereur et sa cour. Ce n'est plus une course furtive à travers l'espace et à travers les siècles. Il faut aller poser le pied solidement sur le monde ancien, pénétrer dans le monde des fantômes, prendre part à sa vie pour quelque temps, et trouver les moyens de lui ravir l'ombre d'Hélène, pour la faire vivre matériellement dans notre atmosphère. Ce sera là presque la descente d'Orphée; car il faut remarquer que Goethe n'admet guère d'idées qui n'aient pas une base dans la poésie classique, si neuves que soient, d'ailleurs, sa forme et sa pensée de détail.

Voilà donc Faust et Méphistophélès qui s'élancent hors de l'atmosphère terrestre, plus hardis cette fois, après une première épreuve : Faust, en proie à une pensée unique, celle d'Hélène; le diable, moins préoccupé, toujours froid, toujours railleur, mais curieux, lui, d'un monde où il n'est jamais entré. Tandis que le docteur, perdu dans l'univers antique, s'y reconnaît peu à peu avec le souvenir de ses savantes lectures; qu'il demande Hélène au vieux centaure Chiron, à Manto la devineresse, et finit par apprendre qu'elle habite avec ses femmes l'antre de Perséphone, le mélancolique Hadès, situé dans une des cavernes de l'Olympe; Méphistophélès s'arrête de loin en loin dans ces régions fabuleuses; il cause avec les vieux démons du Tartare, avec les sibylles et les parques, avec les sphinx plus anciens encore. Bientôt il prend un rôle actif dans la comédie fantastique qui va se jouer autour du docteur, et revêt le costume et l'apparence symbolique de Phorkyas, la vieille intendante du palais de Ménélas.

En effet, Hélène, tirée par le désir de Faust de sa demeure ténébreuse de l'Hadès, se retrouve entourée de ses femmes devant le péristyle de son palais d'Argos, à l'instant même où elle vient de débarquer aux rives paternelles, ramenée par Ménélas de l'Égypte, où elle s'était enfuie après la chute de Troie. Est-ce le souvenir qui se refait *présent* ici ? ou les mêmes faits qui se sont passés se reproduisent-ils une seconde fois dans les mêmes détails? C'est une de ces hallucinations effrayantes du rêve et même de certains instants de la vie, où il semble qu'on refait une action déjà faite et qu'on redit des paroles déjà dites, prévoyant, à mesure, les choses qui vont se passer. Cet acte étrange se joue-t-il entre les deux âmes de Faust et d'Hélène, ou entre le docteur vivant et la belle Grecque?... Quand, dans les *Dialogues* de Lucien, le philosophe Ménippe prie Mercure de lui faire voir les héros de l'ancienne Grèce, il se récrie tout à coup de surprise en voyant passer Hélène : « Quoi ! dit-il, c'est ce crâne dépouillé qui portait de si beaux cheveux d'or? c'est cette bouche hideuse qui donnait de si doux baisers?... » Ménippe n'a rencontré qu'un affreux squelette, dernier débris matériel du type le plus pur de la beauté. Mais le philosophe moderne, plus heureux que son devancier, va trouver Hélène jeune et fraîche comme en ses plus beaux jours. C'est Méphistophélès qui, sous les traits de Phorkyas, guidera vers lui cette épouse légère de Ménélas, infidèle toujours, dans le temps et dans l'éternité.

Le cercle d'un siècle vient donc de recommencer, l'action se fixe et se précise ; mais, à partir du débarquement d'Hélène, elle va franchir les temps avec la rapidité du rêve. Il semble, pour nous servir d'une comparaison triviale, mais qui exprime parfaitement cette bizarre évolution, que l'horloge éternelle, retardée par un doigt invisible, et fixée de nouveau à un certain jour passé depuis longtemps, va se détraquer, comme un mouvement dont la chaîne est brisée, et marquer ensuite peut-être un siècle pour chaque heure. En effet, à peine avons-nous écouté les douces plaintes des suivantes d'Hélène, ramenées captives dans leur patrie; les lamentations et les terreurs de la reine, qui rencontre au seuil de sa porte les ombres menaçantes de ses dieux lares offensés; à peine a-t-elle appris qu'elle est désignée pour servir de victime à un sacrifice sanglant fait en expiation des malheurs de la Grèce et des justes ressentiments de Ménélas, que déjà Phorkyas lui vient annoncer qu'elle peut échapper à ce destin en se jetant, fille d'un âge qui s'éteint, dans les bras d'un âge qui vient de naître.

L'époque grecque, représentée par Ménélas et par son armée, et victorieuse à peine de l'*époque assyrienne*, dont

Troie fut le dernier rempart, est déjà menacée à son tour par un nouveau cycle historique qui se lève derrière elle, et se dégage peu à peu des doubles voiles de la barbarie primitive, et de l'avenir chargé d'idées nouvelles. Une race à demi sauvage, descendue des monts Cimmériens, gagne peu à peu du terrain sur la civilisation grecque, et bâtit déjà ses châteaux à la vue des palais et des monuments de l'Argolide. C'est le germe du moyen âge, qui grandit d'instants en instants. Hélène, l'antique beauté, représente un type éternel, toujours admirable et toujours reconnu de tous ; par conséquent, elle peut échapper, par une sorte d'abstraction subite, à la persécution de son époux, qui n'est, lui, qu'une *individualité* passagère et circonscrite dans un âge borné. Elle renie, pour ainsi dire, ses dieux et son temps, et tout à coup Phorkyas la transporte dans le château crénelé, qui protège encore l'époque féodale naissante. Là règne et commande Faust, l'homme du moyen âge, qui en porte dans son front tout le génie et toute la science, et dans son cœur tout l'amour et tout le courage.

Ménélas et ses vaines cohortes tentent d'assiéger le castel gothique ; mais ces ombres ennemies se dissipent bientôt en nuées, vaincues à la fois par le temps et par les clartés d'un jour nouveau. La victoire reste donc à Faust, qui, vêtu en chevalier, accepte Hélène pour sa dame et pour sa reine. La femme de l'époque antique, jusque-là toujours esclave ou sujette, vendue, enlevée, troquée souvent, s'habitue avec délices à ces respects et à ces honneurs nouveaux. Les murs du château féodal, désormais inutiles, s'abaissent et deviennent l'enceinte d'une demeure enchantée, aux édifices de marbre, aux jardins taillés en bocages et peuplés de statues riantes. C'est la transition du moyen âge vers la renaissance. C'est l'époque où l'homme vêtu de fer s'habille de soie et de velours, où la femme règne sans crainte, où l'art et l'amour déposent partout des germes nouveaux. L'union de Faust et d'Hélène n'a pas été stérile, et le chœur salue déjà la naissance d'Euphorion, l'enfant illustre du génie et de la beauté.

Ici, la pensée de l'auteur prend une teinte vague et mélancolique, qu'il devient plus facile de définir, mais qui semble amener sous l'allégorie d'Euphorion la critique des temps modernes. Euphorion ne peut vivre en repos; à peine né, il s'élance de terre, gravit les plus hauts sommets, parcourt les plus rudes sentiers, veut tout embrasser, tout pénétrer, tout comprendre, et finit par éprouver le sort d'Icare en voulant conquérir l'empire des airs. L'auteur, sans s'expliquer davantage, dissout par cette mort le bonheur passager de Faust, et Hélène, mourante à son tour, est rappelée par son fils au séjour des ombres. Ici encore, l'imitation de la légende reparaît.

Le peuple fantastique, qui avait repris l'existence autour des deux époux, se dissipe à son tour, rendant à la nature les divers éléments qui avaient servi à ces incarnations passagères.

Le système panthéistique de Gœthe se peint de nouveau dans ce passage, où il renvoie d'un côté les formes matérielles à la masse commune, tout en reconnaissant l'individualité des intelligences immortelles. Seulement, comme on le verra, les esprits d'élite lui paraissent seuls avoir la cohésion nécessaire pour échapper à la confusion et au néant. Tandis qu'Hélène doit à son illustration et à ses charmes la conservation de son individualité, sa fidèle suivante Panthalis est seule sauvée par la puissance de la fidélité et de l'amour. Les autres, vaines animations des forces magnétiques de la matière, sans perdre une sorte de vitalité commune et incapable de pensées, bruissent dans le vent, éclatent dans les lueurs, gémissent dans les ramées et pétillent joyeusement dans la liqueur nouvelle, qui créera aux hommes des idées fantasques et des rêves insensés.

Tel est le dénoûment de cet acte, que nous avons traduit littéralement, voyant l'impossibilité de rendre autrement les nuances d'une poésie inouïe encore, dont la phrase française ne peut toujours marquer exactement

PRÉFACE DE LA TROISIÈME ÉDITION

le contour. Notre analyse encadre et explique ensuite les dernières parties, où Faust, affaibli et cassé, mais toujours ardent à vivre, s'attache à la terre avec l'âpreté d'un vieillard, et, revenu de son mépris des hommes, tente d'accomplir en quelques années tous les progrès que la science et le génie rêvent encore pour la gloire des âges futurs. Malheureusement, un esprit qui s'est séparé de Dieu ne peut rien pour le bonheur des hommes, et le malin esprit tourne contre lui toutes ses entreprises. Le royaume magique qu'il a conquis sur les flots, et où il a réalisé ses rêves philanthropiques, s'engloutira après lui, et le dernier travail qu'il fait faire est, sans qu'il le sache, sa fosse creusée par les *lémures*. Toutefois, ayant accompli toutes ses pensées, et n'ayant plus un seul désir, le vieux docteur entend sans effroi sonner sa dernière heure, et son aspiration suprême tend à Dieu, qu'il avait oublié si longtemps. Son âme échappe donc au diable, et l'auteur semble donner pour conclusion que le génie véritable, même séparé longtemps de la pensée du ciel, y revient toujours, comme au but inévitable de toute science et de toute activité.

En terminant cette appréciation des deux poëmes de Gœthe, nous regrettons de n'avoir pu y répandre peut-être toute la clarté désirable. La pensée même de l'auteur est souvent abstraite et voilée comme à dessein, et l'on est forcé alors d'en donner l'interprétation plutôt que le sens. C'est ce défaut capital, surtout pour le lecteur français, qui nous a obligé de remplacer par une analyse quelques parties accessoires du nouveau *Faust*. Nous avons tenté d'imiter, en cela du moins, la réserve et le goût si pur de M. le comte de Saint-Aulaire, le premier traducteur de *Faust*, qui avait élagué, dans son travail sur la première partie, quelques scènes de sorcellerie, ainsi que l'inexplicable intermède de *la Nuit du sabbat*.

La popularité acquise au premier *Faust* a pu donner depuis quelque intérêt à la traduction de ces morceaux; mais ceux que nous avons omis, et qui, en Allemagne même, ont nui à la compréhension et au succès de tout l'ouvrage, auraient laissé moins encore à la traduction. Le passage que nous allons citer de Gœthe lui-même, et qui se rencontre dans ses Mémoires, est à la fois la critique d'une certaine poésie de mots plutôt que d'idées, et l'absolution de notre système de travail, si nous avons réussi à atteindre à la fois l'exactitude et l'élégance.

« Honneur sans doute au rhythme et à la rime, caractères primitifs et essentiels de la poésie. Mais ce qu'il y a de plus important, de fondamental, ce qui produit l'impression la plus profonde, ce qui agit avec le plus d'efficacité sur notre moral dans une œuvre poétique, c'est ce qui reste du poëte dans une traduction en prose; car cela seul est la valeur réelle de l'étoffe dans sa pureté, dans sa perfection. Un ornement éblouissant nous fait souvent croire à ce mérite réel quand il ne s'y trouve pas, et ne le dérobe pas moins souvent à notre vue quand il s'y trouve : aussi, lors de mes premières études, préférais-je les traductions en prose. On peut observer que les enfants se font un jeu de tout : ainsi le retentissement des mots, la cadence des vers les amusent, et, par l'espèce de parodie qu'ils en font en les lisant, ils font disparaître tout l'intérêt du plus bel ouvrage. Je croirais une traduction d'Homère en prose fort utile, pourvu qu'elle fût au niveau des progrès de notre littérature. »

Gœthe. — *Dichtung und Wahrheit.*

PRÉFACE

DE LA QUATRIÈME ÉDITION

(1853)

La traduction qu'on va lire offre sans doute beaucoup d'imperfections. Je n'avais pas encore vingt ans quand je l'ai écrite ; mais, si elle n'est que le résultat d'un travail assidu d'écolier, elle se trouve empreinte aussi, dans quelques parties, de cette verve de la jeunesse et de l'admiration qui pouvait correspondre à l'inspiration même de l'auteur, lequel termina cette œuvre étrange à l'âge de vingt-trois ans. C'est, sans doute, ce qui m'a valu la haute approbation de Gœthe lui-même.

Ne lui ayant jamais écrit, ayant redouté même, de sa part, une de ces louanges banales qu'un grand écrivain accorde volontiers à ses admirateurs, j'ai été heureux de recevoir plusieurs années après la mort de Gœthe le passage suivant, tiré d'un livre de Jean-Pierre Eckermann, intitulé : *Entretiens avec Gœthe dans les dernières années de sa vie*, et publié en 1838. La personne qui me l'envoyait d'Allemagne avait fait elle-même la traduction de cette page, et je crois devoir la donner telle qu'elle m'est parvenue.

« Dimanche, 3 janvier 1830.

« Gœthe me montra le *keepsake* pour l'année 1830, orné de fort jolies gravures et de quelques lettres très-intéressantes de lord Byron; pendant que je le parcourais, il avait pris en mains la plus nouvelle traduction française de son *Faust*, par Gérard, qu'il feuilletait et qu'il paraissait lire de temps à autre.

« De singulières idées, » disait-il, « me passent par
« la tête, quand je pense que ce livre se fait valoir encore
« en une langue dans laquelle Voltaire a régné, il y
« a cinquante ans. Vous ne sauriez vous imaginer combien
« j'y pense, et vous ne vous faites pas d'idée de l'impor-
« tance que Voltaire et ses grands contemporains avaient
« durant ma jeunesse, et de l'empire qu'ils exerçaient sur le
« monde moral. Il ne résulte pas bien clairement de ma
« biographie quelle influence ces hommes ont eue sur ma
« jeunesse, et combien il m'a coûté de me défendre contre
« eux, et, en me tenant sur mes propres pieds, de me
« remettre dans un rapport plus vrai avec la nature. »

« Nous parlâmes encore sur Voltaire, et Gœthe me récita le poëme intitulé *les Systèmes*. Je voyais combien il avait étudié et combien il s'était approprié toutes ces choses de bonne heure.

« Gœthe fit l'éloge de la traduction de Gérard en disant que, quoique en prose, pour la majeure partie, elle lui avait très-bien réussi.

« Je n'aime plus lire le *Faust* en allemand, disait-il,
« mais, dans cette traduction française, tout agit de nou-
« veau avec fraîcheur et vivacité... Le *Faust*, continua-t-il,
« pourtant est quelque chose de tout à fait incommensu-
« rable, et toutes les tentatives de l'approprier à la raison
« (l'intelligence) sont vaines. L'on ne doit pas oublier
« non plus que la première partie du poëme est sortie
« d'un état tout à fait obscur (confus) de l'individu; mais
« c'est précisément cette obscurité qui éveille la curiosité
« des hommes, et c'est ainsi qu'ils s'en préoccupent comme
« de tout problème insoluble. »

J'ai respecté à dessein les germanismes de cette version, de peur d'ôter quelque chose au sens de l'appréciation. Effrayé moi-même plusieurs fois des défauts de la première édition, j'ai corrigé beaucoup de passages

PRÉFACE DE LA QUATRIÈME ÉDITION

dans les suivantes et surtout beaucoup de vers de jeune homme [1]. Peut-être ai-je eu tort, car la forme ancienne de ces vers, qui, en raison de mes études d'alors, se rapportait assez à la forme des poëtes du xviii° siècle, est, sans doute, ce qui aura frappé parfois le grand poëte et aura provoqué une partie de ses réflexions.

En effet, lorsque Gœthe composa *Faust*, il étudiait à Strasbourg et se préoccupait tellement de la littérature française d'alors, qu'il se demanda un instant s'il n'écrirait pas ses ouvrages en français, comme l'avaient fait plusieurs auteurs, Allemands de naissance. Cependant, plusieurs portions du *Faust* furent écrites ou pensées à Francfort, et le personnage de Marguerite, qui ne se trouve pas dans la tradition populaire de *Faust*, est dû au souvenir d'un amour de sa jeunesse dont il parle dans ses Mémoires. Cette figure éclaire délicieusement le fond un peu sombre de ce drame légendaire.

[1] Voir le volume des *Poésies complètes*.

DÉDICACE[1]

Venez, illusions !... au matin de ma vie,
Que j'aimais à fixer votre inconstant essor !
Le soir vient, et pourtant c'est une douce envie,
C'est une vanité qui me séduit encor.
Rapprochez-vous !... C'est bien ; tout s'anime et se presse
Au-dessus des brouillards, dans un monde plus grand,
Mon cœur, qui rajeunit, aspire avec ivresse
Le souffle de magie autour de vous errant.

De beaux jours écoulés j'aperçois les images,
Et mainte ombre chérie a descendu des cieux ;
Comme un feu ranimé perçant la nuit des âges,
L'amour et l'amitié me repeuplent ces lieux.
Mais le chagrin les suit : en nos tristes demeures,
Jamais la joie, hélas ! n'a brillé qu'à demi...
Il vient nommer tous ceux qui, dans d'aimables heures,
Ont, par la mort frappés, quitté leur tendre ami.
Cette voix qu'ils aimaient résonne plus touchante,
Mais elle ne peut plus pénétrer jusqu'aux morts ;
J'ai perdu d'amitié l'oreille bienveillante,
Et mon premier orgueil et mes premiers accords !

---

[1] On pense que Gœthe adresse cette dédicace aux mânes de quelques amis, qu'il perdit avant la publication de son poëme.

Mes chants ont beau parler à la foule inconnue,
Ses applaudissements ne me sont qu'un vain bruit,
Et, sur moi, si la joie est parfois descendue,
Elle semblait errer sur un monde détruit.

Un désir oublié, qui pourtant veut renaître,
Vient, dans sa longue paix, secouer mon esprit ;
Mais, inarticulés, mes nouveaux chants peut-être
Ne sont que ceux d'un luth où la bise frémit.
Ah ! je sens un frisson : par de nouvelles larmes,
Le trouble de mon cœur soudain s'est adouci.
De mes jours d'autrefois renaissent tous les charmes,
Et ce qui disparut pour moi revit ici.

FAUST

PROLOGUE
SUR LE THÉATRE

LE DIRECTEUR, LE POÈTE DRAMATIQUE,
LE PERSONNAGE BOUFFON.

LE DIRECTEUR.

vous dont le secours me fut souvent utile,
onnez-moi vos conseils pour un cas difficile.
e ma vaste entreprise, ami, que pensez-vous ?
e veux qu'ici le peuple abonde autour de nous,
t de le satisfaire il faut que l'on se pique,
ar de notre existence il est la source unique.
ais, grâce à Dieu, ce jour a comblé notre espoir.
 le voici là-bas, rassemblé pour nous voir,
ui prépare à nos vœux un triomphe facile,
t garnit tous les bancs de sa masse immobile.
nt d'avides regards fixés sur le rideau
nt, pour notre début, compté sur du nouveau ;
eur ou trouver est donc ma grande inquiétude :
 sais que du sublime ils n'ont point l'habitude ;
ais ils ont lu beaucoup : il leur faut à présent
elque chose à la fois de fort et d'amusant.
h ! mon spectacle, à moi, c'est d'observer la foule,
uand le long des poteaux elle se presse et roule,

Qu'avec cris et tumulte elle vient au grand jour
De nos bureaux étroits assiéger le pourtour;
Et que notre caissier, tout fier de sa recette,
A l'air d'un boulanger dans un jour de disette..
Mais qui peut opérer un miracle si doux?
Un poëte, mon cher!... et je l'attends de vous.

LE POËTE.

Ne me retracez point cette foule insensée,
Dont l'aspect m'épouvante et glace ma pensée,
Ce tourbillon vulgaire, et rongé par l'ennui,
Qui dans son monde oisif nous entraîne avec lui;
Tous ses honneurs n'ont rien qui puisse me séduire :
C'est loin de son séjour qu'il faudrait me conduire,
En des lieux où le ciel m'offre ses champs d'azur,
Où, pour mon cœur charmé, fleurisse un bonheur pur,
Où l'amour, l'amitié, par un souffle céleste,
De mes illusions raniment quelque reste...
Ah! c'est là qu'à ce cœur prompt à se consoler
Quelque chose de grand pourrait se révéler;
Car les chants arrachés à l'âme trop brûlante,
Les accents bégayés par la bouche tremblante,
Tantôt frappés de mort et tantôt couronnés,
Au gouffre de l'oubli sont toujours destinés :
Des accords moins brillants, fruits d'une longue veille,
De la postérité charmeraient mieux l'oreille;
Ce qui s'accroît trop vite est bien près de finir :
Mais un laurier tardif grandit dans l'avenir.

LE BOUFFON.

Oh! la postérité! c'est un mot bien sublime!
Mais le siècle présent a droit à quelque estime;
Et, si pour l'avenir je travaillais aussi,
Il faudrait plaindre enfin les gens de ce temps-ci :
Ils montrent seulement cette honnête exigence
De vouloir s'amuser avant leur descendance...
Moi, je fais de mon mieux à les mettre en gaîté;
Plus le cercle est nombreux, plus j'en suis écouté!

Pour vous qui pouvez tendre à d'illustres suffrages,
A votre siècle aussi consacrez vos ouvrages :
Ayez le sentiment, la passion, le feu !
C'est tout... Et la folie ? il en faut bien un peu.

LE DIRECTEUR.

Surtout de nos décors déployez la richesse ;
Qu'un tableau varié dans le cadre se presse,
Offrez un univers aux spectateurs surpris...
Pourquoi vient-on ? Pour voir : on veut voir à tout prix.
Sachez donc par l'EFFET conquérir leur estime,
Et vous serez pour eux un poëte sublime.
Sur la masse, mon cher, la masse doit agir :
D'après son goût, chacun voulant toujours choisir,
Trouve ce qu'il lui faut où la matière abonde,
Et qui donne beaucoup donne pour tout le monde.
Que votre ouvrage aussi se divise aisément ;
Un plan trop régulier n'offre nul agrément ;
Le public prise peu de pareils tours d'adresse,
Et vous mettrait bien vite en pièces votre pièce.

LE POÈTE.

Quels que soient du public la menace ou l'accueil,
Un semblable métier répugne à mon orgueil ;
A ce que je puis voir, l'ennuyeux barbouillage
De nos auteurs du jour obtient votre suffrage.

LE DIRECTEUR.

Je ne repousse pas de pareils arguments :
Qui veut bien travailler choisit ses instruments.
Pour vous, examinez ce qui vous reste à faire,
Et voyez quels sont ceux à qui vous voulez plaire.
Tout maussade d'ennui, chez nous l'un vient d'entrer ;
L'autre sort d'un repas qu'il lui faut digérer ;
Plusieurs, et le dégoût chez eux est encor pire,
Amateurs de journaux, achèvent de les lire :
Ainsi qu'au bal masqué, l'on entre avec fracas,
La curiosité de tous hâte les pas :
Les hommes viennent voir ; les femmes, au contraire,
D'un spectacle gratis régalent le parterre.

Qu'allez-vous cependant rêver sur l'Hélicon?
Pour plaire à ces gens-là, faut-il tant de façon?
Osez fixer les yeux sur ces juges terribles!
Les uns sont hébétés, les autres insensibles;
En sortant, l'un au jeu compte passer la nuit;
Un autre chez sa belle ira coucher sans bruit.
Maintenant, pauvre fou, si cela vous amuse,
Prostituez-leur donc l'honneur de votre muse!
Non!... mais, je le répète, et croyez mes discours,
Donnez-leur du nouveau, donnez-leur-en toujours;
Agacez ces esprits qu'on ne peut satisfaire...,
Mais qu'est-ce qui vous prend? est-ce extase, colère?

LE POËTE

Cherche un autre valet! tu méconnais en vain
Le devoir du poëte et son emploi divin!
Comment les cœurs à lui viennent-ils se soumettre?
Comment des éléments dispose-t-il en maître?
N'est-ce point par l'accord, dont le charme vainqueur
Reconstruit l'univers dans le fond de son cœur?
Tandis que la nature à ses fuseaux démêle
Tous les fils animés de sa trame éternelle;
Quand les êtres divers, en tumulte pressés,
Poursuivent tristement les siècles commencés;
Qui sait assujettir la matière au génie?
Soumettre l'action aux lois de l'harmonie?
Dans l'ordre universel, qui sait faire rentrer
L'être qui se révolte ou qui peut s'égarer?
Qui sait, par des accents plus ardents ou plus sages,
Des passions du monde émouvoir les orages,
Ou dans des cœurs flétris par les coups du destin,
D'un jour moins agité ramener le matin?
Qui, le long du sentier foulé par une amante,
Vient semer du printemps la parure éclatante?
Qui peut récompenser les arts, et monnayer
Les faveurs de la Gloire en feuilles de laurier?
Qui protége les dieux? qui soutient l'empyrée?...
La puissance de l'homme en nous seuls déclarée.

LE BOUFFON.

C'est bien, je fais grand cas du génie et de l'art :
Usez-en, mais laissez quelque chose au hasard ;
C'est l'amour, c'est la vie... On se voit, on s'enchaîne,
Qui sait comment ? La pente est douce et vous entraîne ;
Puis, sitôt qu'au bonheur on s'est cru destiné,
Le chagrin vient : voilà le roman terminé !...
Tenez, c'est justement ce qu'il vous faudra peindre :
Dans l'existence, ami, lancez-vous sans rien craindre ;
Tout le monde y prend part, et fait, sans le savoir,
Des choses que vous seul pourrez comprendre et voir !
Mettez un peu de vrai parmi beaucoup d'images,
D'un seul rayon de jour colorez vos nuages ;
Alors, vous êtes sûr d'avoir tout surmonté ;
Alors, votre auditoire est ému, transporté !...
Il leur faut une glace et non une peinture.
Qu'ils viennent tous les soirs y mirer leur figure !
N'oubliez pas l'amour, c'est par là seulement
Qu'on soutient la recette et l'applaudissement.
Allumez un foyer durable, où la jeunesse
Vienne puiser des feux et les nourrir sans cesse :
A l'homme fait ceci ne pourrait convenir,
Mais comptez sur celui qui veut le devenir.

LE POËTE.

Eh bien, rends-moi ces temps de mon adolescence
Où je n'étais moi-même encor qu'en espérance ;
Cet âge si fécond en chants mélodieux,
Tant qu'un monde pervers n'effraya point mes yeux ;
Tant que, loin des honneurs, mon cœur ne fut avide
Que des fleurs, doux trésors d'une vallée humide !
Dans mon songe doré, je m'en allais chantant :
Je ne possédais rien, j'étais heureux pourtant !
Rends-moi donc ces désirs qui fatiguaient ma vie,
Ces chagrins déchirants, mais qu'à présent j'envie,
Ma jeunesse !... En un mot, sache en moi ranimer
La force de haïr et le pouvoir d'aimer !

LE BOUFFON.

Cette jeunesse ardente, à ton âme si chère,
Pourrait, dans un combat, t'être fort nécessaire,
Ou bien, si la beauté t'accordait un souris,
Si de la course encor tu disputais le prix,
Si d'une heureuse nuit tu recherchais l'ivresse...
Mais toucher une lyre avec grâce et paresse,
Au but qu'on te désigne arriver en chantant,
Vieillard, c'est là de toi tout ce que l'on attend.

LE DIRECTEUR.

Allons ! des actions !... les mots sont inutiles ;
Gardez pour d'autres temps vos compliments futiles :
Quand vous ne faites rien, à quoi bon, s'il vous plaît,
Nous dire seulement ce qui doit être fait ?
Usez donc de votre art, si vous êtes poëte :
La foule veut du neuf, qu'elle soit satisfaite !
A contenter ses goûts il faut nous attacher ;
Qui tient l'occasion ne doit point la lâcher.
Mais, à notre public tout en cherchant à plaire,
C'est en osant beaucoup qu'il faut le satisfaire ;
Ainsi, ne m'épargnez machines ni décors,
A tous mes magasins ravissez leur trésors.
Semez à pleines mains la lune, les étoiles,
Les arbres, l'Océan, et les rochers de toiles ;
Peuplez-moi tout cela de bêtes et d'oiseaux ;
De la Création déroulez les tableaux,
Et passez, au travers de la nature entière,
Et de l'enfer au ciel, et du ciel à la terre.

PROLOGUE

DANS LE CIEL.

LE SEIGNEUR, LES MILICES CÉLESTES, puis MÉPHISTO-PHÉLÈS. Les trois archanges s'avancent.

RAPHAËL.

Le soleil résonne sur le mode antique dans le chœur harmonieux des sphères, et sa course ordonnée s'accomplit avec la rapidité de la foudre.

Son aspect donne la force aux anges, quoiqu'ils ne puissent le pénétrer. Les merveilles de la Création sont inexplicables et magnifiques comme à son premier jour.

GABRIEL.

La terre, parée, tourne sur elle-même avec une incroyable vitesse. Elle passe tour à tour du jour pur de l'Éden aux ténèbres effrayantes de la nuit.

La mer écumante bat de ses larges ondes le pied des rochers, et rochers et mers sont emportés dans le cercle éternel des mondes.

MICHEL.

La tempête s'élance de la terre aux mers et des mers à la terre, et les ceint d'une chaîne aux secousses furieuses ; l'éclair trace devant la foudre un lumineux sentier. Mais, plus haut, tes messagers, Seigneur, adorent l'éclat paisible de ton jour.

TOUS TROIS.

Son aspect, etc.

MÉPHISTOPHÉLÈS.

Maître, puisqu'une fois tu te rapproches de nous, pui[s]
que tu veux connaître comment les choses vont en ba[s]
et que, d'ordinaire, tu te plais à mon entretien, je vie[ns]
vers toi dans cette foule. Pardonne si je m'exprime av[ec]
moins de solennité : je crains bien de me faire huer p[ar]
la compagnie ; mais le pathos dans ma bouche te fera
rire assurément, si depuis longtemps tu n'en avais perd[u]
l'habitude. Je n'ai rien à dire du soleil et des sphère[s]
mais je vois seulement combien les hommes se tourme[n]-
tent. Le petit dieu du monde est encore de la mê[me]
trempe et bizarre comme au premier jour. Il vivrait, [je]
pense, plus convenablement, si tu ne lui avais frappé [le]
cerveau d'un rayon de céleste lumière. Il a nommé ce[la]
raison, et ne l'emploie qu'à se gouverner plus bêteme[nt]
que les bêtes. Il ressemble (si Ta Seigneurie le perm[et])
à ces cigales aux longues jambes, qui s'en vont saut[ant]
et voletant dans l'herbe, en chantant leur vieille chanso[n].
Et s'il restait toujours dans l'herbe ! mais non, il fau[t]
qu'il aille encore donner du nez contre tous les tas d[e]
fumier.

LE SEIGNEUR.

N'as-tu rien de plus à nous dire ? ne viendras-tu jama[is]
que pour te plaindre ? et n'y a-t-il, selon toi, rien de bo[n]
sur la terre ?

MÉPHISTOPHÉLÈS.

Rien, Seigneur : tout y va parfaitement mal, comm[e]
toujours ; les hommes me font pitié dans leurs jours d[e]
misère, au point que je me fais conscience de tourmente[r]
cette pauvre espèce.

LE SEIGNEUR.

Connais-tu Faust ?

MÉPHISTOPHÉLÈS.

Le docteur ?

LE SEIGNEUR.

Mon serviteur.

MÉPHISTOPHÉLÈS.

Sans doute. Celui-là vous sert d'une manière étrange. Chez ce fou, rien de terrestre, pas même le boire et le manger. Toujours son esprit chevauche dans les espaces, et lui-même se rend compte à moitié de sa folie. Il demande au ciel ses plus belles étoiles et à la terre ses joies les plus sublimes; mais rien, de loin ni de près, ne suffit à calmer la tempête de ses désirs.

LE SEIGNEUR.

Il me cherche ardemment dans l'obscurité, et je veux bientôt le conduire à la lumière. Dans l'arbuste qui verdit, le jardinier distingue déjà les fleurs et les fruits qui se développeront dans la saison suivante.

MÉPHISTOPHÉLÈS.

Voulez-vous gager que celui-là vous le perdrez encore? Mais laissez-moi le choix des moyens pour l'entraîner doucement dans mes voies.

LE SEIGNEUR.

Aussi longtemps qu'il vivra sur la terre, il t'est permis de l'induire en tentation. Tout homme qui marche peut s'égarer.

MÉPHISTOPHÉLÈS.

Je vous remercie. J'aime avoir affaire aux vivants. J'aime les joues pleines et fraîches. Je suis comme le chat, qui ne se soucie guère de souris mortes.

LE SEIGNEUR.

C'est bien, je le permets. Écarte cet esprit de sa source, et conduis-le dans ton chemin, si tu peux; mais sois confondu, s'il te faut reconnaître qu'un homme de bien, dans la tendance confuse de sa raison, sait distinguer et suivre la voie étroite du Seigneur.

MÉPHISTOPHÉLÈS.

Il ne la suivra pas longtemps, et ma gageure n'a rien à craindre. Si je réussis, vous me permettrez bien d'en triompher à loisir. Je veux qu'il mange la poussière avec délices, comme le Serpent mon cousin.

LE SEIGNEUR.

Tu pourras toujours te présenter ici librement. Je n'ai jamais haï tes pareils. Entre les esprits qui nient, l'esprit de ruse et de malice me déplaît le moins de tous. L'activité de l'homme se relâche trop souvent ; il est enclin à la paresse, et j'aime à lui voir un compagnon actif, inquiet, et qui même peut créer au besoin, comme le diable. Mais vous, les vrais enfants du ciel, réjouissez-vous dans la beauté vivante où vous nagez ; que la puissance qui vit et opère éternellement vous retienne dans les douces barrières de l'amour, et sachez affermir dans vos pensées durables les tableaux vagues et changeants de la Création.

Le ciel se ferme, les archanges se séparent.

MÉPHISTOPHÉLÈS.

J'aime à visiter de temps en temps le vieux Seigneur, et je me garde de rompre avec lui. C'est fort bien, de la part d'un aussi grand personnage, de parler lui-même au diable avec tant de bonhomie.

PREMIÈRE PARTIE

La nuit, dans une chambre à voûte élevée, étroite, gothique. Faust, inquiet, est assis devant son pupitre.

FAUST, seul.

Philosophie, hélas! jurisprudence, médecine, et toi aussi, triste théologie!... je vous ai donc étudiées à fond avec ardeur et patience : et maintenant me voici là, pauvre fou, tout aussi sage que devant. Je m'intitule, il est vrai, *maître*, *docteur*, et, depuis dix ans, je promène çà et là mes élèves par le nez. — Et je vois bien que nous ne pouvons rien connaître!... Voilà ce qui me brûle le sang! J'en sais plus, il est vrai, que tout ce qu'il y a de sots, de docteurs, de maîtres, d'écrivains et de moines au monde! Ni scrupule, ni doute ne me tourmentent plus! Je ne crains rien du diable, ni de l'enfer; mais aussi toute joie m'est enlevée. Je ne crois pas savoir rien de bon en effet, ni pouvoir rien enseigner aux hommes pour les améliorer et les convertir. Aussi n'ai-je ni bien, ni argent, ni honneur, ni domination dans le monde : un chien ne voudrait pas de la vie à ce prix! Il ne me reste désormais qu'à me jeter dans la magie. Oh! si la force de l'esprit et de la parole me dévoilait les secrets que j'ignore, et si je n'étais plus obligé de dire péniblement ce que je ne sais pas; si enfin je pouvais connaître tout ce que le monde cache en lui-même, et, sans m'attacher davantage à des mots inutiles, voir ce que la nature contient de secrète énergie et de semences éternelles! Astre à la lumière argentée, lune silencieuse, daigne pour la dernière fois jeter un regard sur ma peine!... j'ai si souvent, la nuit, veillé près de ce pupitre! C'est alors que tu m'apparaissais sur un amas de livres et de papiers, mélancolique amie! Ah! que ne puis-je, à ta douce clarté, gravir les hautes montagnes, errer dans les cavernes avec les esprits, danser sur le gazon pâle des prairies, oublier toutes les misères de la science, et me baigner rajeuni dans la fraîcheur de ta rosée!

Hélas! et je languis encore dans mon cachot! Misérable trou de muraille, où la douce lumière du ciel ne peut pénétrer qu'avec peine à travers ces vitrages peints, à travers cet amas de livres poudreux et vermoulus, et de papiers entassés jusqu'à la voûte. Je n'aperçois autour de moi que verres, boîtes, instruments, meubles pourris, héritage de mes ancêtres... Et c'est là ton monde, et cela s'appelle un monde!

Et tu demandes encore pourquoi ton cœur se serre dans ta poitrine avec inquiétude, pourquoi une douleur secrète entrave en toi tous les mouvements de la vie! Tu le demandes!... Et au lieu de la nature vivante dans laquelle Dieu t'a créé, tu n'es environné que de fumée et de moisissure, dépouilles d'animaux et ossements de morts!

Délivre-toi! Lance-toi dans l'espace! Ce livre mystérieux, tout écrit de la main de Nostradamus, ne suffit-il pas pour te conduire? Tu pourras connaître alors le cours des astres; alors, si la nature daigne t'instruire, l'énergie de l'âme te sera communiquée comme un esprit à un autre esprit. C'est en vain que, par un sens aride, tu voudrais ici t'expliquer les signes divins... Esprits qui nagez près de moi, répondez-moi, si vous m'entendez! (Il frappe le livre, et considère le signe du macrocosme.) Ah! quelle extase à cette vue s'empare de tout mon être! Je crois sentir une vie nouvelle, sainte et bouillante, circuler dans mes nerfs et dans mes veines. Sont-ils tracés par la main d'un dieu, ces caractères qui apaisent les douleurs de mon âme, enivrent de joie mon pauvre cœur, et dévoilent autour de moi les forces mystérieuses de la nature? Suis-je moi-même un dieu? Tout me devient si clair! Dans ces simples traits, le monde révèle à mon âme tout le mouvement de sa vie, toute l'énergie de sa création. Déjà je reconnais la vérité des paroles du sage : « Le monde des esprits n'est point fermé; ton sens est assoupi, ton cœur est mort. Lève-toi, disciple, et va baigner infatigablement ton sein mortel dans les rayons pourprés de l'aurore! » (Il regarde le signe.) Comme tout se meut dans l'univers! Comme tout, l'un dans l'autre, agit et vit de la même existence! Comme les puissances célestes montent et descendent en se passant de mains en mains les seaux d'or! Du ciel à la terre, elles répandent une rosée qui rafraîchit le sol aride, et l'agitation de leurs ailes remplit les espaces sonores d'une ineffable harmonie.

Quel spectacle! Mais, hélas! ce n'est qu'un spectacle! Où te saisir, nature infinie? Ne pourrai-je donc aussi presser les mamelles, où le ciel et la terre demeurent suspendus? Je voudrais m'abreuver de ce lait intarissable... mais il coule partout, il inonde tout, et, moi, je languis vainement après lui! (Il frappe le livre avec dépit, et considère le signe de l'Esprit de la terre.) Comme ce signe opère différemment sur moi! Esprit de la terre, tu te rapproches; déjà je sens mes forces s'accroître; déjà je pétille comme une liqueur nouvelle : je me sens le courage de me risquer dans le monde, d'en supporter les peines et les prospérités; de lutter contre l'orage, et de ne point pâlir des craquements de mon vaisseau. Des nuages s'entassent au-dessus de moi! — La lune cache sa lumière... la lampe s'éteint! elle fume!... Des rayons ardents se meuvent autour de ma tête. Il tombe de la voûte un frisson qui me saisit et m'oppresse. Je sens que tu t'agites autour de moi, Esprit que j'ai invoqué! Ah! comme mon sein se déchire! mes sens s'ouvrent à des impressions nouvelles! Tout mon cœur s'abandonne à toi!... Parais! parais! m'en coûtât-il la vie!

Il saisit le livre, et prononce les signes mystérieux de l'Esprit. Il s'allume une flamme rouge, l'Esprit apparaît dans la flamme.

L'ESPRIT.

Qui m'appelle?

FAUST.

Effroyable vision!

L'ESPRIT.

Tu m'as évoqué. Ton souffle agissait sur ma sphère et m'en tirait avec violence. Et maintenant...

FAUST.

Ah! je ne puis soutenir ta vue!

L'ESPRIT.

Tu aspirais si fortement vers moi! Tu voulais me voir et m'entendre. Je cède au désir de ton cœur. — Me voici. Quel misérable effroi saisit ta nature surhumaine! Qu'as-tu fait de ce haut désir, de ce cœur qui créait un monde en soi-même, qui le portait et le fécondait, n'ayant pas assez de l'autre, et ne tendant qu'à nous égaler, nous autres esprits? Faust, où es-tu? Toi qui m'attirais ici de toute ta force et de toute ta voix, est-ce bien toi-même que l'effroi glace jusque dans les sources de la vie et prosterne devant moi comme un lâche insecte qui rampe?

FAUST.

Pourquoi te céderais-je, fantôme de flamme? Je suis Faust, je suis ton égal.

L'ESPRIT.

Dans l'océan de la vie, et dans la tempête de l'action, je monte et je descends, je vais et je viens! Naissance et tombe! Mer éternelle, trame changeante, vie énergique, dont j'ourdis, au métier bourdonnant du temps, les tissus impérissables, vêtements animés de Dieu!

FAUST.

Esprit créateur, qui ondoies autour du vaste univers, combien je me sens petit près de toi!

L'ESPRIT.

Tu es l'égal de l'esprit que tu conçois, mais tu n'es pas égal à moi.

Il disparoît.

PREMIÈRE PARTIE

FAUST, tombant à la renverse.

Pas à toi!... A qui donc?... Moi! l'image de Dieu! Pas seulement à toi! (On frappe.) O mort! Je m'en doute; c'est mon serviteur. Et voilà tout l'éclat de ma félicité réduit à rien!... Faut-il qu'une vision aussi sublime se trouve anéantie par un misérable valet!

VAGNER, en robe de chambre et bonnet de nuit, une lampe à la main.
Faust se détourne avec mauvaise humeur.

VAGNER.

Pardonnez! Je vous entendais déclamer; vous lisez sûrement une tragédie grecque, et je pourrais profiter dans cet art, qui est aujourd'hui fort en faveur. J'ai entendu dire souvent qu'un comédien peut en remontrer à un prêtre.

FAUST.

Oui, si le prêtre est un comédien, comme il peut bien arriver de notre temps.

VAGNER.

Ah! quand on est ainsi relégué dans son cabinet, et qu'on voit le monde à peine les jours de fête, et de loin seulement, au travers d'une lunette, comment peut-on aspirer à le conduire un jour par la persuasion?

FAUST.

Vous n'y atteindrez jamais si vous ne sentez pas fortement, si l'inspiration ne se presse pas hors de votre âme, et si, par la plus violente émotion, elle n'entraîne pas les cœurs de tous ceux qui écoutent. Allez donc vous concentrer en vous-même, mêler et réchauffer ensemble les restes d'un autre festin pour en former un petit ragoût!... Faites jaillir une misérable flamme du tas de cendres où vous soufflez!... Alors, vous pourrez vous attendre à l'admiration des enfants et des singes, si le cœur vous en dit; mais jamais vous n'agirez sur celui des autres, si votre éloquence ne part pas du cœur même.

VAGNER.

Mais le débit fait le bonheur de l'orateur; et je sens bien que je suis encore loin de compte.

FAUST.

Cherchez donc un succès honnête, et ne vous attachez point aux grelots d'une brillante folie; il ne faut pas tant d'art pour faire supporter la raison et le bon sens, et, si vous avez à dire quelque chose de sérieux, ce n'est point aux mots qu'il faut vous appliquer davantage. Oui, vos discours si brillants, où vous parez si bien les bagatelles de l'humanité, sont stériles comme le vent brumeux de l'automne qui murmure parmi les feuilles séchées.

VAGNER.

Ah! Dieu! l'art est long, et notre vie est courte! Pour moi, au milieu de mes travaux littéraires, je me sens souvent mal à la tête et au cœur. Que de difficultés n'y a-t-il pas à trouver le moyen de remonter aux sources! Et un pauvre diable peut très-bien mourir avant d'avoir fait la moitié du chemin.

FAUST.

Un parchemin serait-il bien la source divine où notre âme peut apaiser sa soif éternelle? Vous n'êtes pas consolé, si la consolation ne jaillit point de votre propre cœur.

VAGNER.

Pardonnez-moi! C'est une grande jouissance que de se transporter dans l'esprit des temps passés, de voir comme un sage a pensé avant nous, et comment, partis de loin, nous l'avons si victorieusement dépassé.

FAUST.

Oh! sans doute! jusqu'aux étoiles. Mon ami, les siècles écoulés sont pour nous le livre aux sept cachets; ce que vous appelez l'esprit des temps n'est au fond que l'esprit même des auteurs, où les temps se réfléchissent. Et c'est vraiment une misère le plus souvent! Le premier coup d'œil suffit pour vous mettre en fuite. C'est comme un sac à immondices, un vieux garde-meuble, ou plutôt une de ces parades de place publique, remplies de belles maximes de morale, comme on en met d'ordinaire dans la bouche des marionnettes!

VAGNER.

Mais le monde! le cœur et l'esprit des hommes!... Chacun peut bien désirer d'en connaître quelque chose.

FAUST.

Oui, ce qu'on appelle connaître. Qui osera nommer l'enfant de son nom véritable? Le peu d'hommes qui ont su quelque chose, et qui ont été assez fous pour ne point garder leur secret dans leur propre cœur, ceux qui ont découvert au peuple leurs sentiments et leurs vues, ont été de tout temps crucifiés et brûlés. — Je vous prie, mon ami, de vous retirer. Il se fait tard; nous en resterons là pour cette fois.

VAGNER.

J'aurais veillé plus longtemps volontiers, pour profiter de l'entretien d'un homme aussi instruit que vous; mais, demain, comme au jour de Pâques dernier, vous voudrez bien me permettre une autre demande. Je me suis abandonné à l'étude avec zèle, et je sais beaucoup, il est vrai; mais je voudrais tout savoir. *Il sort.*

FAUST, seul.

Comme toute espérance n'abandonne jamais une pauvre tête! Celui-ci ne s'attache qu'à des bagatelles, sa main avide creuse la terre pour chercher des trésors; mais qu'il trouve un vermisseau, et le voilà content.

Comment la voix d'un tel homme a-t-elle osé retentir en ces lieux, où le souffle de l'Esprit vient de m'environner! Cependant, hélas! je te remercie pour cette fois, ô le plus misérable des enfants de la terre! Tu m'arraches au désespoir qui allait dévorer ma raison. Ah! l'apparition était si gigantesque, que je dus vraiment me sentir comme un nain vis-à-vis d'elle.

Moi, l'image de Dieu, qui me croyais déjà parvenu au

miroir de l'éternelle vérité; qui, dépouillé, isolé des enfants de la terre, aspirais à toute la clarté du ciel; moi qui croyais, supérieur aux chérubins, pouvoir nager librement dans les veines de la nature, et, créateur aussi, jouir de la vie d'un Dieu, ai-je pu mesurer mes pressentiments à une telle élévation!... Et combien je dois expier tant d'audace! Une parole foudroyante vient de me rejeter bien loin!

N'ai-je pas prétendu t'égaler?... Mais, si j'ai possédé assez de force pour t'attirer à moi, il ne m'en est plus resté pour t'y retenir. Dans cet heureux moment, je me sentais tout à la fois si petit et si grand! tu m'as cruellement repoussé dans l'incertitude de l'humanité. Qui m'instruira désormais, et que dois-je éviter? Faut-il obéir à cette impulsion? Ah! nos actions mêmes, aussi bien que nos souffrances, arrêtent le cours de notre vie.

Une matière de plus en plus étrangère à nous s'oppose à tout ce que l'esprit conçoit de sublime; quand nous atteignons aux biens de ce monde, nous traitons de mensonge et de chimère tout ce qui vaut mieux qu'eux. Les nobles sentiments qui nous donnent la vie languissent étouffés sous les sensations de la terre.

L'imagination, qui, déployant la hardiesse de son vol, a voulu, pleine d'espérance, s'étendre dans l'éternité, se contente alors d'un petit espace, dès qu'elle voit tout ce qu'elle rêvait de bonheur s'évanouir dans l'abîme du temps. Au fond de notre cœur, l'inquiétude vient s'établir, elle y produit de secrètes douleurs, elle s'y agite sans cesse, en y détruisant joie et repos; elle se pare toujours de masques nouveaux : c'est tantôt une maison, une cour; tantôt une femme, un enfant; c'est encore du feu, de l'eau, un poignard, du poison!... Nous tremblons devant tout ce qui ne nous atteindra pas, et nous pleurons sans cesse ce que nous n'avons point perdu!

Je n'égale pas Dieu! Je le sens trop profondément; je ne ressemble qu'au ver, habitant de la poussière, au ver, que le pied du voyageur écrase et ensevelit pendant qu'il y cherche une nourriture.

N'est-ce donc point la poussière même, tout ce que cette haute muraille me conserve sur cent tablettes, toute cette friperie dont les bagatelles m'enchaînent à ce monde de vers ?... Dois-je trouver ici ce qui me manque ? Il me faudra peut-être lire dans ces milliers de volumes, pour y voir que les hommes se sont tourmentés sur tout, et que çà et là un heureux s'est montré sur la terre ! — O toi, pauvre crâne vide, pourquoi sembles-tu m'adresser ton ricanement ? Est-ce pour me dire qu'il a été un temps où ton cerveau fut, comme le mien, rempli d'idées confuses ? qu'il chercha le grand jour, et qu'au milieu d'un triste crépuscule, il erra misérablement dans la recherche de la vérité ? Instruments que je vois ici, vous semblez me narguer avec toutes vos roues, vos dents, vos anses et vos cylindres ! J'étais à la porte, et vous deviez me servir de clef. Vous êtes, il est vrai, plus hérissés qu'une clef ; mais vous ne levez pas les verrous. Mystérieuse au grand jour, la nature ne se laisse point dévoiler, et il n'est ni levier ni machine qui puisse la contraindre à faire voir à mon esprit ce qu'elle a résolu de lui cacher. Si tout ce vieil attirail, qui jamais ne me fut utile, se trouve ici, c'est que mon père l'y rassembla. Poulie antique, la sombre lampe de mon pupitre t'a longtemps noircie ! Ah ! j'aurais bien mieux fait de dissiper le peu qui m'est resté, que d'en embarrasser mes veilles ! — Ce que tu as hérité de ton père, acquiers-le pour le posséder. Ce qui ne sert point est un pesant fardeau, mais ce que l'esprit peut créer en un instant, voilà ce qui est utile !

Pourquoi donc mon regard s'élève-t-il toujours vers ce lieu ? Ce petit flacon a-t-il pour les yeux un attrait magnétique ? pourquoi tout à coup me semble-t-il que mon esprit jouit de plus de lumière, comme une forêt sombre où la lune jette un rayon de sa clarté ?

Je te salue, fiole solitaire que je saisis avec un pieux respect ! en toi, j'honore l'esprit de l'homme et son industrie. Remplie d'un extrait des sucs les plus doux, favorables au sommeil, tu contiens aussi toutes les forces qui donnent la mort ; accorde tes faveurs à celui qui te possède ! Je te vois, et ma douleur s'apaise ; je te saisis, et mon agitation diminue, et la tempête de mon esprit se calme peu à peu ! Je me sens entraîné dans le vaste Océan, le miroir des eaux marines se déroule silencieusement à mes pieds, un nouveau jour se lève au loin sur les plages inconnues.

Un char de feu plane dans l'air, et ses ailes rapides s'abattent près de moi ; je me sens prêt à tenter des chemins nouveaux dans la plaine des cieux, au travers de l'activité des sphères nouvelles. Mais cette existence sublime, ces ravissements divins, comment, ver chétif, peux-tu les mériter ?... C'est en cessant d'exposer ton corps au doux soleil de la terre, en te hasardant à enfoncer ces portes devant lesquelles chacun frémit. Voici le temps de prouver par des actions que la dignité de l'homme ne le cède point à la grandeur d'un Dieu ! Il ne faut pas trembler devant ce gouffre obscur, où l'imagination semble se condamner à ses propres tourments ; devant cette étroite avenue où tout l'enfer étincelle ! Ose d'un pas hardi aborder ce passage : au risque même d'y rencontrer le néant !

Sors maintenant, coupe d'un pur cristal, sors de ton vieil étui, où je t'oubliai pendant de si longues années. Tu brillais jadis aux festins de mes pères, tu déridais les plus sérieux convives, qui te passaient de mains en mains : chacun se faisait un devoir, lorsque venait son tour, de célébrer en vers la beauté des ciselures qui t'environnent, et de te vider d'un seul trait. Tu me rappelles les nuits de ma jeunesse ; je ne t'offrirai plus à aucun voisin, je ne célébrerai plus tes ornements précieux. Voici une liqueur que je dois boire pieusement, elle te remplit de ses flots noirâtres ; je l'ai préparée, je l'ai choisie, elle sera ma boisson dernière, et je la consacre avec toute mon âme, comme libation solennelle, à l'aurore d'un jour plus beau.

Il porte la coupe à sa bouche. — Son des cloches et chant des chœurs.

CHŒUR DES ANGES.

Christ est ressuscité! Joie au mortel qui languit ici-bas dans les liens du vice et de l'iniquité!

FAUST.

Quels murmures sourds, quels sons éclatants, arrachent puissamment la coupe à mes lèvres altérées? Le bourdonnement des cloches annonce-t-il déjà la première heure de la fête de Pâques? Les chœurs divins entonnent-ils les chants de consolation, qui, partis de la nuit du tombeau, et répétés par les lèvres des anges, furent le premier gage d'une alliance nouvelle?

CHŒUR DES FEMMES.

D'huiles embaumées, nous, ses fidèles, avions baigné ses membres nus! Nous l'avions couché dans la tombe, ceint de bandelettes et de fins tissus! Et cependant, hélas! le Christ n'est plus ici, nous ne le trouvons plus!

CHŒUR DES ANGES.

Christ est ressuscité! Heureuse l'âme aimante qui supporte l'épreuve des tourments et des injures avec une humble piété!

FAUST.

Pourquoi, chants du ciel, chants puissants et doux, me cherchez-vous dans la poussière? Retentissez pour ceux que vous touchez encore. J'écoute bien la nouvelle que vous apportez; mais la foi me manque pour y croire: le miracle est l'enfant le plus chéri de la foi. Pour moi, je n'ose aspirer à cette sphère où retentit l'annonce de la bonne nouvelle; et cependant, par ces chants dont mon enfance fut bercée, je me sens rappelé dans la vie. Autrefois, le baiser de l'amour céleste descendait sur moi, pendant le silence solennel du dimanche; alors, le son grave des cloches me berçait de doux pressentiments, et une prière était la jouissance la plus ardente de mon cœur; des désirs aussi incompréhensibles que purs m'entraînaient vers les forêts et les prairies, et, dans un torrent de larmes délicieuses, tout un monde inconnu se révélait à moi. Ces chants précédaient les jeux aimables de la jeunesse et les plaisirs de la fête du printemps : le souvenir, tout plein de sentiments d'enfance, m'arrête au dernier pas que j'allais hasarder. Oh! retentissez encore, doux cantiques du ciel! mes larmes coulent, la terre m'a reconquis!

CHŒUR DES DISCIPLES.

Il s'est élancé de la tombe, plein d'existence et de majesté! Il approche du séjour des joies impérissables! Hélas! et nous voici replongés seuls dans les misères de ce monde! Il nous laisse languir ici-bas, nous ses fidèles! Ô maître! nous souffrons de ton bonheur!

CHŒUR DES ANGES.

Christ est ressuscité de la corruption! En allégresse, rompez vos fers! Ô vous qui le glorifiez par l'action, et qui témoignez de lui par l'amour; vous qui partagez avec vos frères, et qui marchez en prêchant sa parole! voici le maître qui vient, vous promettant les joies du ciel! Le Seigneur approche, il est ici!

Devant la porte de la ville.

PROMENEURS, sortant en tous sens.

PLUSIEURS OUVRIERS COMPAGNONS.

Pourquoi allez-vous par là?

D'AUTRES.

Nous allons au rendez-vous de chasse.

LES PREMIERS.

Pour nous, nous gagnons le moulin.

UN OUVRIER.

Je vous conseille d'aller plutôt vers l'étang.

UN AUTRE.

La route n'est pas belle de ce côté-là.

TOUS DEUX ENSEMBLE.

Que fais-tu, toi?

UN TROISIÈME.

Je vais avec les autres.

UN QUATRIÈME.

Venez donc à Burgdorf; vous y trouverez pour sûr les plus jolies filles, la plus forte bière et des intrigues du meilleur genre.

UN CINQUIÈME.

Tu es un plaisant compagnon! l'épaule te démange-t-elle pour la troisième fois? Je n'y vais pas, j'ai trop peur de cet endroit-là.

UNE SERVANTE.

Non, non, je retourne à la ville.

UNE AUTRE.

Nous le trouverons sans doute sous ces peupliers.

LA PREMIÈRE.

Ce n'est pas un grand plaisir pour moi; il viendra se mettre à tes côtés, il ne dansera sur la pelouse qu'avec toi; que me revient-il donc de tes amusements?

L'AUTRE.

Aujourd'hui, il ne sera sûrement pas seul; le blondin, m'a-t-il dit, doit venir avec lui.

UN ÉCOLIER.

Regarde comme ces servantes vont vite. Viens donc, frère; nous les accompagnerons. De la bière forte, du tabac piquant et une fille endimanchée, c'est là mon goût favori.

UNE BOURGEOISE.

Vois donc ces jolis garçons! C'est vraiment une honte; ils pourraient avoir la meilleure compagnie, et courent après ces filles!

LE SECOND ÉCOLIER, au premier.

Pas si vite! Il en vient deux derrière nous qui sont fort joliment mises. L'une d'elles est ma voisine, et je me suis un peu coiffé de la jeune personne. Elles vont à pas lents, et ne tarderaient pas à nous prendre avec elles.

LE PREMIER.

Non, frère; je n'aime pas la gêne. Viens vite, que nous ne perdions pas de vue le gibier. La main qui, samedi, tient un balai, est celle qui, dimanche, vous caresse le mieux.

UN BOURGEOIS.

Non, le nouveau bourgmestre ne me revient pas : à présent que le voilà parvenu, il va devenir plus fier de jour en jour. Et que fait-il donc pour la ville? Tout ne va-t-il pas de mal en pis? Il faut obéir plus que jamais, et payer plus qu'auparavant.

UN MENDIANT chante.

Mes bons seigneurs, mes belles dames,
Si bien vêtus et si joyeux,
Daignez, en passant, nobles âmes,
Sur mon malheur baisser les yeux!
A de bons cœurs comme les vôtres
Bien faire cause un doux émoi;
Qu'un jour de fête pour tant d'autres
Soit un jour de moisson pour moi!

UN AUTRE BOURGEOIS.

Je ne sais rien de mieux, les dimanches et fêtes, que de parler de guerres et de combats, pendant que, bien loin, dans la Turquie, les peuples s'assomment entre eux. On est à la fenêtre, on prend son petit verre, et l'on voit la rivière se barioler de bâtiments de toutes couleurs; le soir, on rentre gaiement chez soi, en bénissant la paix et le temps de paix dont nous jouissons.

TROISIÈME BOURGEOIS.

Je suis comme vous, mon cher voisin : qu'on se fende la tête ailleurs, et que tout aille au diable, pourvu que, chez moi, rien ne soit dérangé.

UNE VIEILLE, à de jeunes demoiselles.

Eh! comme elles sont bien parées! La belle jeunesse!

qui est-ce qui ne deviendrait pas fou de vous voir? Allons, moins de fierté!... C'est bon! je suis capable de vous procurer tout ce que vous pourrez souhaiter.

LES JEUNES BOURGEOISES.

Viens, Agathe! je craindrais d'être vue en public avec une pareille sorcière : elle me fit pourtant voir, à la nuit de Saint-André, mon futur amant en personne.

UNE AUTRE.

Elle me le montra aussi, à moi, dans un cristal, habillé en soldat, avec beaucoup d'autres. Je regarde autour de moi, mais j'ai beau le chercher partout, il ne veut pas se montrer.

DES SOLDATS.

Villes entourées
De murs et de tours;
Fillettes parées
D'attraits et d'atours!
L'honneur nous commande
De tenter l'assaut;
Si la peine est grande,
Le succès la vaut.

Au son des trompettes,
Les braves soldats
S'élancent aux fêtes,
Ou bien aux combats :
Fillettes et villes
Font les difficiles....
Tout se rend bientôt :
L'honneur nous commande!
Si la peine est grande,
Le succès la vaut!

———

FAUST, VAGNER.

FAUST.

Les torrents et les ruisseaux ont rompu leur prison de glace au sourire doux et vivifiant du printemps; une heureuse espérance verdit dans la vallée; le vieil hiver, qui s'affaiblit de jour en jour, se retire peu à peu vers les montagnes escarpées. Dans sa fuite, il lance sur le gazon des prairies quelques regards glacés mais impuissants; le soleil ne souffre plus rien de blanc en sa présence, partout règnent l'illusion, la vie; tout s'anime sous ses rayons de couleurs nouvelles. Cependant prendrait-il en passant pour des fleurs cette multitude de gens endimanchés dont la campagne est couverte? Détournons-nous donc de ces collines pour retourner à la ville. Par cette porte obscure et profonde se presse une foule toute bariolée : chacun aujourd'hui se montre avec plaisir au soleil; c'est bien la résurrection du Seigneur qu'ils fêtent, car eux-mêmes sont ressuscités. Échappés aux sombres appartements de leurs maisons basses, aux lieux de leurs occupations journalières, aux toits et aux plafonds qui les pressent, à la malpropreté de leurs étroites rues, à la nuit mystérieuse de leurs églises, les voilà rendus tous à la lumière. Voyez donc, voyez comme la foule se précipite dans les jardins et dans les champs! que de barques joyeuses sillonnent le fleuve en long et en large!... et cette dernière qui s'écarte des autres chargée jusqu'aux bords. Les sentiers les plus lointains de la montagne brillent aussi de l'éclat des habits. J'entends déjà le bruit du village; c'est vraiment là le paradis du peuple; grands et petits sautent gaiement : ici, je me sens homme; ici, j'ose l'être.

VAGNER.

Monsieur le docteur, il est honorable et avantageux de se promener avec vous; cependant, je ne voudrais pas me confondre dans ce monde-là, car je suis ennemi de tout ce qui est grossier. Leurs violons, leurs cris, leurs amusements bruyants, je hais tout cela à la mort. Ils hurlent comme des possédés, et appellent cela de la joie et de la danse.

PREMIÈRE PARTIE

Paysans, *sous les tilleuls.*

DANSE ET CHANT.

Les bergers, quittant leurs troupeaux,
Mènent, au son des chalumeaux,
   Leurs belles en parure ;
Sous le tilleul les voilà tous
Dansant, sautant comme des fous,
    Ha ! ha ! ha !
    Landerira !
   Suivez donc la mesure !

La danse en cercle se pressait,
Quand un berger, qui s'élançait,
   Coudoie une fillette ;
Elle se retourne aussitôt,
Disant : « Ce garçon est bien sot ! »
    Ha ! ha ! ha !
    Landerira !
   Voyez ce malhonnête !

Ils passaient tous comme l'éclair,
Et les robes volaient en l'air ;
   Bientôt le pied vacille...
Le rouge leur montait au front,
Et l'un sur l'autre, dans le rond,
    Ha ! ha ! ha !
    Landerira !
   Tous tombent à la file !

« Ne me touchez donc pas ainsi !
— Paix ! ma femme n'est point ici,
   La bonne circonstance ! »
Dehors il l'emmène soudain...
Et tout pourtant allait son train,
    Ha ! ha ! ha !
    Landerira !
   La musique et la danse.

UN VIEUX PAYSAN.

Monsieur le docteur, il est beau de votre part de ne point nous mépriser aujourd'hui, et, savant comme vous l'êtes, de venir vous mêler à toute cette cohue. Daignez donc prendre la plus belle cruche, que nous avons emplie de boisson fraîche ; je vous l'apporte, et souhaite hautement

non-seulement qu'elle apaise votre soif, mais encore que
le nombre des gouttes qu'elle contient soit ajouté à celui
de vos jours.

FAUST.

J'accepte ces rafraîchissements et vous offre en échange
salut et reconnaissance.

Le peuple s'assemble en cercle autour d'eux.

LE VIEUX PAYSAN.

C'est vraiment fort bien fait à vous de reparaître ici un
jour de gaieté. Vous nous rendîtes visite autrefois dans
de bien mauvais temps. Il y en a plus d'un, bien vivant
aujourd'hui, et que votre père arracha à la fièvre chaude,
lorsqu'il mit fin à cette peste qui désolait notre contrée.
Et vous aussi, qui n'étiez alors qu'un jeune homme, vous
alliez dans toutes les maisons des malades; on emportait
nombre de cadavres, mais vous, vous en sortiez toujours
bien portant. Vous supportâtes de rudes épreuves; mais
le Sauveur secourut celui qui nous a sauvés.

TOUS.

A la santé de l'homme intrépide! Puisse-t-il longtemps
encore être utile!

FAUST.

Prosternez-vous devant Celui qui est là-haut; c'est lui
qui enseigne à secourir et qui vous envoie des secours.

Il va plus loin avec Vagner.

VAGNER.

Quelles douces sensations tu dois éprouver [1], ô grand
homme! des honneurs que cette foule te rend! O heureux
qui peut de ses dons retirer un tel avantage! Le père te
montre à son fils, chacun interroge, court et se presse, le
violon s'arrête, la danse cesse. Tu passes, ils se rangent

---

[1]. Dans cette tragédie, les personnages se disent tantôt *vous*, tantôt *toi*; j'ai toujours suivi en cela la lettre de l'original.

en cercle, les chapeaux volent en l'air, et peu s'en faut qu'ils ne se mettent à genoux, comme si le bon Dieu se présentait.

FAUST.

Quelques pas encore, jusqu'à cette pierre, et nous pourrons nous reposer de notre promenade. Que de fois je m'y assis pensif, seul, exténué de prières et de jeûnes. Riche d'espérance, ferme dans ma foi, je croyais, par des larmes, des soupirs, des contorsions, obtenir du maître des cieux la fin de cette peste cruelle. Maintenant, les suffrages de la foule retentissent à mon oreille comme une raillerie. Oh! si tu pouvais lire dans mon cœur, combien peu le père et le fils méritent tant de renommée! Mon père était un obscur honnête homme qui, de bien bonne foi, raisonnait à sa manière sur la nature et ses divins secrets. Il avait coutume de s'enfermer avec une société d'adeptes dans un sombre laboratoire où, d'après des recettes infinies, il opérait la transfusion des contraires. C'était un *lion rouge*, hardi compagnon qu'il unissait dans un bain tiède à un lis; puis, les plaçant au milieu des flammes, il les transvasait d'un creuset dans un autre. Alors apparaissait, dans un verre, la *jeune reine* [1] aux couleurs variées; c'était là la médecine, les malades mouraient, et personne ne demandait: « Qui a guéri? » C'est ainsi qu'avec des *électuaires* infernaux nous avons fait, dans ces montagnes et ces vallées, plus de ravage que l'épidémie. J'ai moi-même offert le poison à des milliers d'hommes; ils sont morts, et, moi, je survis, hardi meurtrier, pour qu'on m'adresse des éloges!

VAGNER.

Comment pouvez-vous vous troubler de cela? Un brave homme ne fait-il pas assez quand il exerce avec sagesse et ponctualité l'art qui lui fut transmis? Si tu honores ton père, jeune homme, tu recevras volontiers ses instructions;

---

1. Noms de diverses compositions alchimiques.

homme, si tu fais avancer la science, ton fils pourra aspirer à un but plus élevé.

FAUST.

O bienheureux qui peut encore espérer de surnager dans cet océan d'erreurs! on use de ce qu'on ne sait point, et ce qu'on sait, on n'en peut faire aucun usage. Cependant, ne troublons pas par d'aussi sombres idées le calme de ces belles heures! Regarde comme les toits entourés de verdure étincellent aux rayons du soleil couchant. Il se penche et s'éteint, le jour expire, mais il va porter autre part une nouvelle vie. Oh! que n'ai-je des ailes pour m'élever de la terre et m'élancer, après lui, dans une clarté éternelle! Je verrais, à travers le crépuscule, tout un monde silencieux se dérouler à mes pieds, je verrais toutes les hauteurs s'enflammer, toutes les vallées s'obscurcir, et les vagues argentées des fleuves se dorer en s'écoulant. La montagne et tous ses défilés ne pourraient plus arrêter mon essor divin. Déjà la mer avec ses gouffres enflammés se dévoile à mes yeux surpris. Cependant, le dieu commence enfin à s'éclipser; mais un nouvel élan se réveille en mon âme, et je me hâte de m'abreuver encore de son éternelle lumière ; le jour est devant moi ; derrière moi la nuit ; au-dessus de ma tête le ciel, et les vagues à mes pieds. — C'est un beau rêve tant qu'il dure! Mais, hélas! le corps n'a point d'ailes pour accompagner le vol rapide de l'esprit! Pourtant il n'est personne au monde qui ne se sente ému d'un sentiment profond, quand, au-dessus de nous, perdue dans l'azur des cieux, l'alouette fait entendre sa chanson matinale ; quand, au delà des rocs couverts de sapins, l'aigle plane, les ailes immobiles, et qu'au-dessus des mers, au-dessus des plaines, la grue dirige son vol vers les lieux de sa naissance.

WAGNER.

J'ai souvent moi-même des moments de caprices : cependant des désirs comme ceux-là ne m'ont jamais tourmenté ; on se lasse aisément des forêts et des prairies ; jamais je m'envierai l'aile des oiseaux; les joies de mon esprit me transportent bien plus loin, de livre en livre, de feuilles en feuilles! Que de chagrin et d'agrément cela donne à une nuit d'hiver! Vous sentez une vie heureuse animer tous vos membres... Ah! dès que vous déroulez un vénérable parchemin, tout le ciel s'abaisse sur vous!

FAUST.

C'est le seul désir que tu connaisses encore; quant à l'autre, n'apprends jamais à le connaître. Deux âmes, hélas! se partagent mon sein, et chacune d'elles veut se séparer de l'autre : l'une, ardente d'amour, s'attache au monde par le moyen des organes du corps; un mouvement surnaturel entraîne l'autre loin des ténèbres, vers les hautes demeures de nos aïeux! Oh! si dans l'air il y a des esprits qui planent entre la terre et le ciel, qu'ils descendent de leurs nuages dorés, et me conduisent à une vie plus nouvelle et plus variée! Oui, si je possédais un manteau magique, et qu'il pût me transporter vers des régions étrangères, je ne m'en déferais point pour les habits les plus précieux, pas même pour le manteau d'un roi.

VAGNER.

N'appelez pas cette troupe bien connue, qui s'étend comme la tempête autour de la vaste atmosphère, et qui de tous côtés prépare à l'homme une infinité de dangers. La bande des esprits venus du Nord aiguise contre vous des langues à triple dard. Celle qui vient de l'Est dessèche vos poumons et s'en nourrit. Si ce sont les déserts du Midi qui les envoient, ils entassent autour de votre tête flamme sur flamme; et l'Ouest en vomit un essaim qui vous rafraîchit d'abord, et finit par dévorer, autour de vous, vos champs et vos moissons. Enclins à causer du dommage, ils écoutent volontiers votre appel, ils vous obéissent même, parce qu'ils aiment à vous tromper; ils s'annoncent comme envoyés du ciel, et, quand ils mentent, c'est avec une voix angélique. Mais retirons-nous! le monde se couvre déjà de ténèbres, l'air se rafraîchit, et le brouillard tombe! C'est le soir qu'on apprécie surtout l'agrément du logis. Qu'avez-vous à vous arrêter? Que considérez-vous là avec tant d'attention? Qui peut donc vous étonner ainsi dans le crépuscule?

FAUST.

Vois-tu ce chien noir errer au travers des blés et des chaumes?

VAGNER.

Je le vois depuis longtemps; il ne me semble offrir rien d'extraordinaire.

FAUST.

Considère-le bien; pour qui prends-tu cet animal?

VAGNER.

Pour un barbet, qui cherche à sa manière la trace de son maître.

FAUST.

Remarques-tu comme il tourne en spirale, en s'approchant de nous de plus en plus? Et, si je ne me trompe, traîne derrière ses pas une trace de feu.

VAGNER.

Je ne vois rien qu'un barbet noir; il se peut bien qu'un éblouissement abuse vos yeux.

FAUST.

Il me semble qu'il tire à nos pieds des lacets magiques, comme pour nous attacher.

VAGNER.

Je le vois, incertain et craintif, sauter autour de nous, parce qu'au lieu de son maître il trouve deux inconnus.

FAUST.

Le cercle se rétrécit, déjà il est proche.

VAGNER.

Tu vois! ce n'est là qu'un chien, et non un fantôme. Il grogne et semble dans l'incertitude; il se met sur le ventre, agite sa queue, toutes manières de chien.

FAUST.

Accompagne-nous ; viens ici.

VAGNER.

C'est une folle espèce de barbet. Vous vous arrêtez, il vous attend ; vous lui parlez, il s'élance à vous ; vous perdez quelque chose, il le rapportera, et sautera dans l'eau après votre canne.

FAUST.

Tu as bien raison, je ne remarque en lui nulle trace d'esprit, et tout est éducation.

VAGNER.

Le chien, quand il est bien élevé, est digne de l'affection du sage lui-même. Oui, il mérite bien tes bontés. C'est le disciple le plus assidu des écoliers.

Ils rentrent par la porte de la ville.

Cabinet d'étude.

FAUST, entrant avec le barbet.

J'ai quitté les champs et les prairies qu'une nuit profonde environne. Je sens un religieux effroi éveiller par des pressentiments la meilleure de mes deux âmes. Les grossières sensations s'endorment avec leur activité orageuse ; je suis animé d'un ardent amour des hommes, et l'amour de Dieu me ravit aussi.

Sois tranquille, barbet ; ne cours pas çà et là auprès de la porte ; qu'y flaires-tu ? Va te coucher derrière le poêle ; je te donnerai mon meilleur coussin ; puisque, là-bas, sur le chemin de la montagne, tu nous as récréés par tes tours et par tes sauts, aie soin que je retrouve en toi maintenant un hôte parfaitement paisible.

Ah ! dès que notre cellule étroite s'éclaire d'une lampe amie, la lumière pénètre aussi dans notre sein, dans notre cœur rendu à lui-même. La raison commence à parler, et l'espérance à luire ; on se baigne au ruisseau de la vie, à la source dont elle jaillit.

Ne grogne point, barbet ! Les hurlements d'un animal ne peuvent s'accorder avec les divins accents qui remplissent mon âme entière. Nous sommes accoutumés à ce que les hommes déprécient ce qu'ils ne peuvent comprendre, à ce que le bon et le beau, qui souvent leur sont nuisibles, les fassent murmurer ; mais faut-il que le chien grogne à leur exemple ?... Hélas ! je sens déjà qu'avec la meilleure volonté, la satisfaction ne peut plus jaillir de mon cœur... Mais pourquoi le fleuve doit-il si tôt tarir et nous replonger dans notre soif éternelle ? J'en ai trop fait l'expérience ! Cette misère va cependant se terminer enfin ; nous apprenons à estimer ce qui s'élève au-dessus des choses de la terre, nous aspirons à une révélation, qui nulle part ne brille d'un éclat plus pur et plus beau que dans le Nouveau Testament. J'ai envie d'ouvrir le texte, et, m'abandonnant une fois à des impressions naïves, de traduire le saint original dans la langue allemande qui m'est si chère. (Il ouvre un volume, et s'arrête.) Il est écrit : *Au commencement était le verbe !* Ici, je m'arrête déjà ! Qui me soutiendra plus loin ? Il m'est impossible d'estimer assez ce mot, *le verbe !* il faut que je le traduise autrement, si l'esprit daigne m'éclairer. Il est écrit : *Au commencement était l'esprit !* Réfléchissons bien sur cette première ligne, et que la plume ne se hâte pas trop ! Est-ce bien l'esprit qui crée et conserve tout ? Il devrait y avoir : *Au commencement était la force !* Cependant, tout en écrivant ceci, quelque chose me dit que je ne dois pas m'arrêter à ce sens. L'esprit m'éclaire enfin ! L'inspiration descend sur moi, et j'écris consolé : *Au commencement était l'action !*

S'il faut que je partage la chambre avec toi, barbet, cesse tes cris et tes hurlements ! Je ne puis souffrir près de moi un compagnon si bruyant : il faut que l'un de nous deux quitte la chambre ! C'est malgré moi que je viole les droits de l'hospitalité ; la porte est ouverte, et tu as le champ libre. Mais que vois-je ? Cela est-il naturel ? Est-ce une ombre? est-ce une réalité? Comme mon barbet vient de se gonfler! Il se lève avec effort, ce n'est plus une forme de chien. Quel spectre ai-je introduit chez moi? Il a déjà l'air d'un hippopotame, avec ses yeux de feu et son effroyable mâchoire. Oh! je serai ton maître! Pour une bête aussi infernale, la clef de Salomon m'est nécessaire.

ESPRITS, dans la rue.

L'un des nôtres est prisonnier! Restons dehors, et qu'aucun ne le suive! Un vieux diable s'est pris ici comme un renard au piège! Attention! voltigeons à l'entour, et cherchons à lui porter aide! N'abandonnons pas un frère qui nous a toujours bien servis!

FAUST.

D'abord, pour aborder le monstre, j'emploierai la conjuration des quatre.

    Que le salamandre s'enflamme!
    Que l'ondin se replie!

    Que le sylphe s'évanouisse!
    Que le lutin travaille!

Qui ne connaîtrait pas les éléments, leur force et leurs propriétés, ne se rendrait jamais maître des esprits.

    Vole en flamme, salamandre!
    Coulez ensemble en murmurant, ondins!
    Brille en éclatant météore, sylphe!
    Apporte-moi les secours domestiques,
        Incubus! incubus!
    Viens ici, et ferme la marche!

Aucun des quatre n'existe dans cet animal. Il reste immobile et grince des dents devant moi; je ne lui ai fait encore aucun mal. Tu vas m'entendre employer de plus fortes conjurations.

Es-tu, mon ami, un échappé de l'enfer? Alors, regarde ce signe: les noires phalanges se courbent devant lui.

Déjà il se gonfle, ses crins sont hérissés!

Être maudit! peux-tu le lire, Celui qui jamais ne fut

créé, l'inexprimable, adoré par tout le ciel, et criminellement transpercé ?

Relégué derrière le poêle, il s'enfle comme un éléphant, il remplit déjà tout l'espace, et va se résoudre en vapeur. Ne monte pas au moins jusqu'à la voûte ! Viens plutôt te coucher aux pieds de ton maître. Tu vois que je ne menace pas en vain. Je suis prêt à te roussir avec le feu sacré. N'attends pas la lumière au triple éclat ! n'attends pas la plus puissante de mes conjurations !

MÉPHISTOPHÉLÈS entre pendant que le nuage tombe, et sort de derrière le poêle, en habit d'étudiant.

D'où vient ce vacarme ? Qu'est-ce qu'il y a pour le service de monsieur ?

FAUST.

C'était donc là le contenu du barbet ? Un écolier ambulant.

MÉPHISTOPHÉLÈS.

Je salue le savant docteur. Vous m'avez fait suer rudement.

FAUST.

Quel est ton nom ?

MÉPHISTOPHÉLÈS.

La demande me paraît bien frivole, pour quelqu'un qui a tant de mépris pour les mots, qui toujours s'écarte des apparences, et regarde surtout le fond des êtres.

FAUST.

Chez vous autres, messieurs, on doit pouvoir aisément deviner votre nature d'après vos noms, et c'est ce qu'on fait connaître clairement en vous appelant ennemis de Dieu, séducteurs, menteurs. Eh bien, qui donc es-tu ?

MÉPHISTOPHÉLÈS.

Une partie de cette force qui tantôt veut le mal et tantôt fait le bien.

FAUST.

Que signifie cette énigme?

MÉPHISTOPHÉLÈS.

Je suis l'esprit qui toujours nie ; et c'est avec justice : car tout ce qui existe est digne d'être détruit ; il serait donc mieux que rien n'existât. Ainsi, tout ce que vous nommez péché, destruction, bref, ce qu'on entend par mal, voilà mon élément.

FAUST.

Tu te nommes partie, et te voilà en entier devant moi.

MÉPHISTOPHÉLÈS.

Je te dis la modeste vérité. Si l'homme, ce petit monde de folie, se regarde ordinairement comme formant un entier, je suis, moi, une partie de la partie qui existait au commencement de tout, une partie de cette obscurité qui donna naissance à la lumière, la lumière orgueilleuse, qui maintenant dispute à sa mère la Nuit son rang antique et l'espace qu'elle occupait ; ce qui ne lui réussit guère pourtant ; car, malgré ses efforts, elle ne peut que ramper à la surface des corps qui l'arrêtent ; elle jaillit de la matière, elle y ruisselle et la colore, mais un corps suffit pour briser sa marche. Je puis donc espérer qu'elle ne sera plus de longue durée, ou qu'elle s'anéantira avec les corps eux-mêmes.

FAUST.

Maintenant, je connais tes honorables fonctions ; tu ne peux anéantir la masse, et tu te rattrapes sur les détails.

MÉPHISTOPHÉLÈS.

Et, franchement, je n'ai point fait grand ouvrage : ce qui s'oppose au néant, le quelque chose, ce monde matériel, quoi que j'aie entrepris jusqu'ici, je n'ai pu encore l'entamer ; et j'ai en vain déchaîné contre lui flots, tempêtes, tremblements, incendies ; la mer et la terre sont demeurées tranquilles. Nous n'avons rien à gagner sur cette maudite semence, matière des animaux et des hommes. Combien n'en ai-je pas déjà enterré ! Et toujours circule un sang frais et nouveau. Voilà la marche des choses ; c'est à en devenir fou. Mille germes s'élancent de l'air, de l'eau, comme de la terre, dans le sec, l'humide, le froid, le chaud. Si je ne m'étais pas réservé le feu, je n'aurais rien pour ma part.

FAUST.

Ainsi tu opposes au mouvement éternel, à la puissance secourable qui crée, la main froide du démon, qui se roidit en vain avec malice ! Quelle autre chose cherches-tu à entreprendre, étonnant fils du chaos ?

MÉPHISTOPHÉLÈS.

Nous nous en occuperons à loisir dans la prochaine entrevue. Oserais-je bien cette fois m'éloigner ?

FAUST.

Je ne vois pas pourquoi tu me le demandes. J'ai maintenant appris à te connaître ; visite-moi désormais quand tu voudras : voici la fenêtre, la porte, et même la cheminée, à choisir.

MÉPHISTOPHÉLÈS.

Je l'avouerai, un petit obstacle m'empêche de sortir : pied magique sur votre seuil.

FAUST.

Le *pentagramme*[1] te met en peine ? Eh ! dis-moi, fils de l'enfer, si cela te conjure, comment es-tu entré ici ? comment un tel esprit s'est-il laissé attraper ainsi ?

MÉPHISTOPHÉLÈS.

Considère-le bien : il est mal posé ; l'angle tourné vers la porte est, comme tu vois, un peu ouvert.

FAUST.

Le hasard s'est bien rencontré ! Et tu serais donc mon prisonnier ? C'est un heureux accident !

1. Figure cabalistique.

MÉPHISTOPHÉLÈS.

Le barbet, lorsqu'il entra, ne fit attention à rien; du dehors, la chose paraissait tout autre, et, maintenant, le diable ne peut plus sortir.

FAUST.

Mais pourquoi ne sors-tu pas par la fenêtre?

MÉPHISTOPHÉLÈS.

C'est une loi des diables et des revenants, qu'ils doivent sortir par où ils sont entrés. Le premier acte est libre en nous; nous sommes esclaves du second.

FAUST.

L'enfer même a donc ses lois? C'est fort bien; ainsi un pacte fait avec vous, messieurs, serait fidèlement observé?

MÉPHISTOPHÉLÈS.

Ce qu'on te promet, tu peux en jouir entièrement; il ne t'en sera rien retenu. Ce n'est pas cependant si peu de chose que tu crois; mais une autre fois nous en reparlerons. Cependant je te prie et te reprie de me laisser partir cette fois-ci.

FAUST.

Reste donc encore un instant pour me dire ma bonne aventure.

MÉPHISTOPHÉLÈS.

Eh bien, lâche-moi toujours! Je reviendrai bientôt; et tu pourras me faire tes demandes à loisir.

FAUST.

Je n'ai point cherché à te surprendre; tu es venu toi-même t'enlacer dans le piége. Que celui qui tient le diable le tienne bien; il ne le reprendra pas de sitôt.

MÉPHISTOPHÉLÈS.

Si cela te plaît, je suis prêt aussi à rester ici pour te tenir compagnie; avec la condition cependant de te faire, par mon art, passer dignement le temps.

FAUST.

Je vois avec plaisir que cela te convient; mais il faut que ton art soit divertissant.

MÉPHISTOPHÉLÈS.

Ton esprit, mon ami, va plus gagner, dans cette heure seulement, que dans l'uniformité d'une année entière. Ce que te chantent les esprits subtils, les belles images qu'ils apportent, ne sont pas une vaine magie. Ton odorat se délectera, ainsi que ton palais, et ton cœur sera transporté. De vains préparatifs ne sont point nécessaires; nous voici rassemblés, commencez !

ESPRITS.

Disparaissez, sombres arceaux ! laissez la lumière du ciel nous sourire et l'éther bleu se dérouler !

Que les sombres nuées se déchirent, et que les petites étoiles s'allument comme des soleils plus doux !

Filles du ciel, idéales beautés, resserrez autour de lui le cercle de votre danse ailée.

Les désirs d'amour voltigent sur vos pas, dénouez vos ceintures et quittez vos habits flottants !

Semez-en la prairie et la feuillée épaisse où les amants viendront rêver leurs amours éternelles !

O tendre verdure des bocages ! bras entrelacés des ramées !

Les grappes s'entassent aux vignes, les pressoirs en sont gorgés ; le vin jaillit à flots écumants ; des ruisseaux de pourpre sillonnent le vert des prairies !

Créatures du ciel, déployez au soleil vos ailes frémissantes : volez vers ces îles fortunées qui glissent là-bas sur les flots !

Là-bas, tout est rempli de danses et de concerts; tout aime, tout s'agite en liberté.

Des chœurs ailés mènent la ronde sur le sommet lumineux des collines ; d'autres se croisent en tout sens sur la surface unie des eaux.

Tous pour la vie ! tous les yeux fixés au loin sur quelque étoile chérie, que le ciel alluma pour eux !

MÉPHISTOPHÉLÈS.

Il dort : c'est bien, jeunes esprits de l'air ! vous l'avez fidèlement enchanté ! c'est un concert que je vous redois.

— Tu n'es pas encore homme à bien tenir le diable ! —

Fascinez-le par de doux prestiges, plongez-le dans une mer d'illusions. Cependant, pour détruire le charme de ce seuil, j'ai besoin de la dent d'un rat... Je n'aurai pas longtemps à conjurer, en voici un qui trotte par là et qui m'entendra bien vite.

Le seigneur des rats et des souris, des mouches, des grenouilles, des punaises, des poux, t'ordonne de venir ici, et de ronger ce seuil comme s'il était frotté d'huile.

Ah! le voilà déjà! Allons, vite à l'ouvrage! La pointe qui m'a arrêté, elle est là sur le bord... Encore un morceau, c'est fait!

FAUST, se réveillant.

Suis-je donc trompé cette fois encore? Toute cette foule d'esprits a-t-elle disparu? N'est-ce pas un rêve qui m'a présenté le diable?... Et n'est-ce qu'un barbet qui a sauté après moi?

Cabinet d'étude.

FAUST, MÉPHISTOPHÉLÈS.

FAUST.

On frappe? Entrez! Qui vient m'importuner encore?

MÉPHISTOPHÉLÈS.

C'est moi.

FAUST.

Entrez!

MÉPHISTOPHÉLÈS.

Tu dois le dire trois fois.

FAUST.

Entrez donc!

MÉPHISTOPHÉLÈS.

Tu me plais ainsi; nous allons nous accorder, j'espère. Pour dissiper ta mauvaise humeur, me voici en jeune seigneur, avec l'habit écarlate brodé d'or, le petit manteau de satin empesé, la plume de coq au chapeau, une épée longue et bien affilée; et je te donnerai le conseil court et bon d'en faire autant, afin de pouvoir, affranchi de tes chaînes, goûter ce que c'est que la vie.

FAUST.

Sous quelque habit que ce soit, je n'en sentirai pas moins les misères de l'existence humaine. Je suis trop vieux pour jouir encore, trop jeune pour être sans désirs. Qu'est-ce que le monde peut m'offrir de bon ? *Tout doit te manquer, tu dois manquer de tout !* Voilà l'éternel refrain qui tinte aux oreilles de chacun de nous, et ce que, toute notre vie, chaque heure nous répète d'une voix cassée. C'est avec effroi que, le matin, je me réveille; je devrais répandre des larmes amères, en voyant ce jour qui dans sa course n'accomplira pas un de mes vœux, pas un seul! ce jour qui, par des tourments intérieurs, énervera jusqu'au pressentiment de chaque plaisir, qui, sous mille contrariétés, paralysera les inspirations de mon cœur agité. Il faut aussi, dès que la nuit tombe, m'étendre d'un mouvement convulsif sur ce lit où nul repos ne viendra me soulager, où des rêves affreux m'épouvanteront. Le dieu qui réside en mon sein peut émouvoir profondément tout mon être; mais lui, qui gouverne toutes mes forces, ne peut rien déranger autour de moi. Et voilà pourquoi la vie m'est un fardeau, pourquoi je désire la mort et j'abhorre l'existence.

MÉPHISTOPHÉLÈS.

Et pourtant la mort n'est jamais un hôte très-bien venu.

FAUST.

O heureux celui à qui, dans l'éclat du triomphe, elle ceint les tempes d'un laurier sanglant, celui qu'après l'ivresse d'une danse ardente, elle vient surprendre dans les bras d'une femme ! Oh ! que ne puis-je, devant la puissance du grand Esprit, me voir transporté, ravi, et ensuite anéanti !

MÉPHISTOPHÉLÈS.

Et quelqu'un cependant n'a pas avalé cette nuit une certaine liqueur brune...

FAUST.

L'espionnage est ton plaisir, à ce qu'il paraît.

MÉPHISTOPHÉLÈS.

Je n'ai pas la science universelle, et cependant j'en sais beaucoup.

FAUST.

Eh bien, puisque des sons bien doux et bien connus m'ont arraché à l'horreur de mes sensations, en m'offrant, avec l'image de temps plus joyeux, les aimables sentiments de l'enfance... je maudis tout ce que l'âme environne d'attraits et de prestiges, tout ce qu'en ces tristes demeures elle voile d'éclat et de mensonges ! Maudite soit d'abord la haute opinion dont l'esprit s'enivre lui-même ! Maudite soit la splendeur des vaines apparences qui assiégent nos sens ! Maudit soit ce qui nous séduit dans nos rêves, illusions de gloire et d'immortalité ! Maudits soient tous les objets dont la possession nous flatte, femme ou enfant, valet ou charrue ! Maudit soit Mammon, quand, par l'appât de ses trésors, il nous pousse à des entreprises audacieuses, ou quand, par des jouissances oisives, il nous entoure de voluptueux coussins ! Maudite soit toute exaltation de l'amour ! Maudite soit l'espérance ! Maudite la foi, et maudite, avant tout, la patience !

CHŒUR D'ESPRITS, invisible.

Hélas ! hélas ! tu l'as détruit, l'heureux monde ! tu l'as écrasé de ta main puissante ; il est en ruine ! Un demi-dieu l'a renversé !... Nous emportons ses débris dans le néant, et nous pleurons sur sa beauté perdue ! Oh ! le plus grand des enfants de la terre ! relève-le, reconstruis-le dans ton cœur ! recommence le cours d'une existence nouvelle, et nos chants résonneront encore pour accompagner tes travaux.

MÉPHISTOPHÉLÈS.

Ceux-là sont les petits d'entre les miens. Écoute comme

ils te conseillent sagement le plaisir et l'activité! Ils veulent t'entraîner dans le monde, t'arracher à cette solitude, où se figent et l'esprit et les sucs qui servent à l'alimenter.

Cesse donc de te jouer de cette tristesse qui, comme un vautour, dévore ta vie. En si mauvaise compagnie que tu sois, tu pourras sentir que tu es homme avec les hommes, cependant on ne songe pas pour cela à t'encanailler. Je ne suis pas moi-même un des premiers; mais, si tu veux, uni à moi, diriger tes pas dans la vie, je m'accommoderai volontiers de t'appartenir sur-le-champ. Je me fais ton compagnon, ou, si cela t'arrange mieux, ton serviteur et ton esclave.

FAUST.

Et quelle obligation devrai-je remplir en retour?

MÉPHISTOPHÉLÈS.

Tu auras le temps de t'occuper de cela.

FAUST.

Non, non! Le diable est un égoïste, et ne fait point pour l'amour de Dieu ce qui est utile à autrui. Exprime clairement la condition; un pareil serviteur porte malheur à une maison.

MÉPHISTOPHÉLÈS.

Je veux *ici* m'attacher à ton service, obéir sans fin ni cesse à ton moindre signe; mais, quand nous nous reverrons *là-dessous*, tu devras me rendre la pareille.

FAUST.

Le *dessous* ne m'inquiète guère; mets d'abord en pièces ce monde-ci, et l'autre peut arriver ensuite. Mes plaisirs jaillissent de cette terre, et ce soleil éclaire mes peines; que je m'affranchisse une fois de ces dernières, arrive après ce qui pourra! Je n'en veux point apprendre davantage. Peu m'importe que, dans l'avenir, on aime ou haïsse et que ces sphères aient aussi un dessus et un dessous.

MÉPHISTOPHÉLÈS.

Dans un tel esprit, tu peux te hasarder; engage-toi : tu verras ces jours-ci tout ce que mon art peut procurer de plaisir; je te donnerai ce qu'aucun homme n'a pu même encore entrevoir.

FAUST.

Et qu'as-tu à donner, pauvre démon? L'esprit d'un homme en ses hautes inspirations fut-il jamais conçu par tes pareils? Tu n'as que des aliments qui ne rassasient pas; de l'or pâle, qui sans cesse s'écoule des mains comme le vif-argent; un jeu auquel on ne gagne jamais; une fille qui, jusque dans mes bras, fait les yeux doux à mon voisin; l'honneur! belle divinité qui s'évanouit comme un météore. Fais-moi voir un fruit qui ne pourrisse pas avant de tomber, et des arbres qui tous les jours se couvrent d'une verdure nouvelle.

MÉPHISTOPHÉLÈS.

Une pareille entreprise n'a rien qui m'étonne; je puis t'offrir de tels trésors. Oui, mon bon ami, le temps est venu aussi où nous pouvons faire la débauche en toute sécurité.

FAUST.

Si jamais je puis m'étendre sur un lit de plume pour y reposer, que ce soit fait de moi à l'instant! Si tu peux me flatter au point que je me plaise à moi-même, si tu peux m'abuser par des jouissances, que ce soit pour moi le dernier jour! Je t'offre le pari!

MÉPHISTOPHÉLÈS.

Tope!

FAUST.

Et réciproquement! Si je dis à l'instant : « Reste donc! tu me plais tant! » alors, tu peux m'entourer de liens! alors, je consens à m'anéantir! alors, la cloche des morts peut résonner! alors, tu es libre de ton service... Que l'heure sonne, que l'aiguille tombe, que le temps n'existe plus pour moi!

MÉPHISTOPHÉLÈS.

Penses-y bien, nous ne l'oublierons pas!

FAUST.

Tu as tout à fait raison là-dessus; je ne me suis pas frivolement engagé; et, puisque je suis constamment esclave, qu'importe que ce soit de toi ou de tout autre?

MÉPHISTOPHÉLÈS.

Je vais donc, aujourd'hui même, à la table de M. le docteur, remplir mon rôle de valet. Un mot encore : pour l'amour de la vie ou de la mort, je demande pour moi une couple de lignes.

FAUST.

Il te faut aussi un écrit, pédant? Ne sais-tu pas ce que c'est qu'un homme, ni ce que la parole a de valeur? N'est-ce pas assez que la mienne doive, pour l'éternité, disposer de mes jours? Quand le monde s'agite de tous les orages, crois-tu qu'un simple mot d'écrit soit une obligation assez puissante? Cependant, une telle chimère nous tient toujours au cœur, et qui pourrait s'en affranchir? Heureux qui porte sa foi pure au fond de son cœur, il n'aura regret d'aucun sacrifice! Mais un parchemin écrit et cacheté est un épouvantail pour tout le monde, le serment va expirer sous la plume, et l'on ne reconnaît que l'empire de la cire et du parchemin. Esprit malin, qu'exiges-tu de moi? airain, marbre, parchemin, papier? Faut-il écrire avec un stylet, un burin, ou une plume? Je t'en laisse le choix libre.

MÉPHISTOPHÉLÈS.

A quoi bon tout ce bavardage? Pourquoi l'emporter avec tant de chaleur? Il suffira du premier papier venu. Tu te serviras, pour signer ton nom, d'une petite goutte de sang.

FAUST.

Si cela t'est absolument égal, ceci devra rester pour la plaisanterie.

MÉPHISTOPHÉLÈS.

Le sang est un suc tout particulier.

FAUST.

Aucune crainte maintenant que je viole cet engagement. L'exercice de toute ma force est justement ce que je promets. Je me suis trop enflé, il faut maintenant que j'appartienne à ton espèce; le grand Esprit m'a dédaigné; la nature se ferme devant moi; le fil de ma pensée est rompu, et je suis dégoûté de toute science. Il faut que, dans le gouffre de la sensualité, mes passions ardentes s'apaisent! Qu'au sein de voiles magiques et impénétrables de nouveaux miracles s'apprêtent! Précipitons-nous dans le murmure des temps, dans les vagues agitées du destin! et qu'ensuite la douleur et la jouissance, le succès et l'infortune, se suivent comme ils pourront. Il faut désormais que l'homme s'occupe sans relâche.

MÉPHISTOPHÉLÈS.

Il ne vous est assigné aucune limite, aucun but. S'il vous plaît de goûter un peu de tout, d'attraper au vol ce qui se présentera, faites comme vous l'entendrez. Allons, attachez-vous à moi, et ne faites pas le timide!

FAUST.

Tu sens bien qu'il ne s'agit pas là d'amusements. Je me consacre au tumulte, aux jouissances douloureuses, à l'amour qui sent la haine, à la paix qui sent le désespoir. Mon sein, guéri de l'ardeur de la science, ne sera désormais fermé à aucune douleur : et ce qui est le partage de l'humanité tout entière, je veux le concentrer dans le plus profond de mon être; je veux, par mon esprit, atteindre à ce qu'elle a de plus élevé et de plus secret; je veux entasser sur mon cœur tout le bien et tout le mal qu'elle contient, et, me gonflant comme elle, me briser aussi de même.

MÉPHISTOPHÉLÈS.

Ah! vous pouvez me croire, moi qui, pendant plusieurs

milliers d'années, ni mâché un si dur aliment : je vous assure que, depuis le berceau jusqu'à la bière, aucun homme ne peut digérer le vieux levain ! croyez-en l'un de nous, tout cela n'est fait que pour un Dieu ! Il s'y contemple dans un éternel éclat; il nous a créés, nous, pour les ténèbres, et, pour vous, le jour vaut la nuit et la nuit le jour.

FAUST.

Mais je le veux.

MÉPHISTOPHÉLÈS.

C'est entendu ! Je suis encore inquiet sur un point : le temps est court, l'art est long. Je pense que vous devriez vous instruire. Associez-vous avec un poète ; laissez-le se livrer à son imagination, et entasser sur votre tête toutes les qualités les plus nobles et les plus honorables, le courage du lion, l'agilité du cerf, le sang bouillant de l'Italien, la fermeté de l'habitant du Nord; laissez-le trouver le secret de concilier en vous la grandeur d'âme avec la finesse, et, d'après le même plan, de vous douer des passions ardentes de la jeunesse. Je voudrais connaître un tel homme; je l'appellerais M. Microcosmos[1].

FAUST.

Eh ! que suis-je donc ?... Cette couronne de l'humanité vers laquelle tous les cœurs se pressent, m'est-il impossible de l'atteindre ?

MÉPHISTOPHÉLÈS.

Tu es, au reste... ce que tu es. Entasse sur ta tête des perruques à mille marteaux, chausse tes pieds de cothurnes hauts d'une aune, tu n'en resteras pas moins ce que tu es.

FAUST.

Je le sens, en vain j'aurai accumulé sur moi tous les trésors de l'esprit humain... lorsque je veux enfin prendre quelque repos, aucune force nouvelle ne jaillit de mon cœur; je ne puis grandir de l'épaisseur d'un cheveu, ni me rapprocher tant soit peu de l'infini.

1. Petit monde.

MÉPHISTOPHÉLÈS.

Mon bon monsieur, c'est que vous voyez tout, justement comme on le voit d'ordinaire; il vaut mieux bien prendre les choses avant que les plaisirs de la vie vous échappent pour jamais. — Allons donc! tes mains, tes pieds, ta tête et ton derrière t'appartiennent sans doute; mais ce dont tu jouis pour la première fois t'en appartient-il moins? Si tu possèdes six chevaux, leurs forces ne sont elles pas les tiennes? Tu les montes, et te voilà, homme ordinaire, comme si tu avais vingt-quatre jambes. Vite! laisse là tes sens tranquilles, et mets-toi en route avec eux à travers le monde! Je te le dis : un bon vivant qui philosophe est comme un animal qu'un lutin fait tourner en cercle autour d'une lande aride, tandis qu'un beau pâturage vert s'étend à l'entour.

FAUST.

Comment commençons-nous?

MÉPHISTOPHÉLÈS.

Nous partons tout de suite, ce cabinet n'est qu'un lieu de torture : appelle-t-on vivre, s'ennuyer, soi et ses petits drôles? Laisse cela à ton voisin la grosse panse! A quoi bon te tourmenter à battre la paille? Ce que tu sais de mieux, tu n'oserais le dire à l'écolier. J'en entends justement un dans l'avenue.

FAUST.

Il ne m'est point possible de le voir.

MÉPHISTOPHÉLÈS.

Le pauvre garçon est là depuis longtemps, il ne faut pas qu'il s'en aille mécontent. Viens! donne-moi ta robe et ton bonnet; le déguisement me siéra bien. (Il s'habille.) Maintenant, repose-toi sur mon esprit; je n'ai besoin que d'un petit quart d'heure. Prépare tout cependant pour notre beau voyage.

Faust sort.

MÉPHISTOPHÉLÈS, dans les longs habits de Faust.

Méprise bien la raison et la science, suprême force de

l'humanité. Laisse-toi désarmer par les illusions et les prestiges de l'esprit malin, et tu es à moi sans restriction. — Le sort l'a livré à un esprit qui marche toujours intrépidement devant lui et dont l'élan rapide a bientôt surmonté tous les plaisirs de la terre! — Je vais sans relâche le traîner dans les déserts de la vie; il se débattra, me saisira, s'attachera à moi, et son insatiabilité verra des aliments et des liqueurs se balancer devant ses lèvres, sans jamais les toucher; c'est en vain qu'il implorera quelque soulagement, et, ne se fût-il pas donné au diable, il n'en périrait pas moins.

Un écolier entre.

L'ÉCOLIER.

Je suis ici depuis peu de temps, et je viens, plein de soumission, causer et faire connaissance avec un homme qu'on ne m'a nommé qu'avec vénération.

MÉPHISTOPHÉLÈS.

Votre honnêteté me réjouit fort! Vous voyez en moi un homme tout comme un autre. Avez-vous déjà beaucoup étudié?

L'ÉCOLIER.

Je viens vous prier de vous charger de moi! Je suis muni de bonne volonté, d'une dose passable d'argent, et de sang frais; ma mère a eu bien de la peine à m'éloigner d'elle, et j'en profiterais volontiers pour apprendre ici quelque chose d'utile.

MÉPHISTOPHÉLÈS.

Vous êtes vraiment à la bonne source.

L'ÉCOLIER.

A parler vrai, je voudrais déjà m'éloigner. Parmi ces murs, ces salles, je ne me plairai en aucune façon; c'est un espace bien étranglé; on n'y voit point de verdure, point d'arbres, et, dans ces salles, sur les bancs, je perds l'ouïe, la vue et la pensée.

PREMIÈRE PARTIE

MÉPHISTOPHÉLÈS.

Cela ne dépend que de l'habitude : c'est ainsi qu'un enfant ne saisit d'abord qu'avec répugnance le sein de sa mère, et bientôt cependant y puise avec plaisir sa nourriture. Il en sera ainsi du sein de la sagesse, vous le désirerez chaque jour davantage.

L'ÉCOLIER.

Je veux me pendre de joie à son cou; cependant, enseignez-moi le moyen d'y parvenir.

MÉPHISTOPHÉLÈS.

Expliquez-vous avant de poursuivre ; quelle faculté choisissez-vous ?

L'ÉCOLIER.

Je souhaiterais de devenir fort instruit, et j'aimerais assez à pouvoir embrasser tout ce qu'il y a sur la terre et dans le ciel, la science et la nature.

MÉPHISTOPHÉLÈS.

Vous êtes en bon chemin; cependant, il ne faudrait pas vous écarter beaucoup.

L'ÉCOLIER.

M'y voici corps et âme; mais je serais bien aise de pouvoir disposer d'un peu de liberté et de bon temps, aux jours de grandes fêtes, pendant l'été.

MÉPHISTOPHÉLÈS.

Employez le temps, il nous échappe si vite! cependant l'ordre vous apprendra à en gagner. Mon bon ami, je vous conseille avant tout le cours de logique. Là, on vous dressera bien l'esprit, on vous l'affublera de bonnes bottes espagnoles, pour qu'il trotte prudemment dans le chemin de la routine, et n'aille pas se promener en zigzag comme un feu follet. Ensuite, on vous apprendra tout le long du jour que, pour ce que vous faites en un clin d'œil, comme boire et manger, un, deux, trois, est indispensable. Il est de fait que la fabrique des pensées est comme un métier de tisserand, où un mouvement du pied agite des milliers de fils, où la navette monte et descend sans cesse, où les fils glissent invisibles, où mille nœuds se forment d'un seul coup; le philosophe entre ensuite, et vous démontre qu'il doit en être ainsi : le premier est cela, le second, cela; donc, le troisième et le quatrième, cela; et que, si le premier et le second n'existaient pas, le troisième et le quatrième n'existeraient pas davantage. Les étudiants de tous les pays prisent fort ce raisonnement, et aucun d'eux pourtant n'est devenu tisserand. Qui veut reconnaitre et détruire un être vivant commence par en chasser l'âme : alors, il a entre les mains toutes les parties; mais, hélas! rien que le lien intellectuel. La chimie nomme cela *encheiresin naturæ*; elle se moque ainsi d'elle-même, et l'ignore.

L'ÉCOLIER.

Je ne puis tout à fait vous comprendre.

MÉPHISTOPHÉLÈS.

Cela ira bientôt beaucoup mieux, quand vous aurez appris à tout réduire et à tout classer convenablement.

L'ÉCOLIER.

Je suis si hébété de tout cela, que je crois avoir une roue de moulin dans la tête.

MÉPHISTOPHÉLÈS.

Et puis il faut, avant tout, vous mettre à la métaphysique : là, vous devrez scruter profondément ce qui ne convient pas au cerveau de l'homme; que cela aille ou n'aille pas, ayez toujours à votre service un mot technique. Mais, d'abord, pour cette demi-année, ordonnez votre temps le plus régulièrement possible. Vous avez par jour cinq heures de travail; soyez ici au premier coup de cloche, après vous être préparé toutefois, et avoir bien étudié vos paragraphes, afin d'être d'autant plus sûr de ne rien dire que ce qui est dans le livre; et cependant, ayez grand soin d'écrire, comme si le Saint-Esprit dictait.

L'ÉCOLIER.

Vous n'aurez pas besoin de me le dire deux fois; je suis bien pénétré de toute l'utilité de cette méthode : car, quand on a mis du noir sur du blanc, on rentre chez soi tout à fait soulagé.

MÉPHISTOPHÉLÈS.

Pourtant, choisissez une faculté.

L'ÉCOLIER.

Je ne puis m'accommoder de l'étude du droit.

MÉPHISTOPHÉLÈS.

Je ne vous en ferai pas un crime : je sais trop ce que c'est que cette science. Les lois et les droits se succèdent comme une éternelle maladie; ils se traînent de générations en générations, et s'avancent sourdement d'un lieu dans un autre. Raison devient folie, bienfait devient tourment : malheur à toi, fils de tes pères, malheur à toi ! car, du droit né avec nous, hélas ! il n'en est jamais question.

L'ÉCOLIER.

Vous augmentez encore par là mon dégoût : ô heureux celui que vous instruisez ! J'ai presque envie d'étudier la théologie.

MÉPHISTOPHÉLÈS.

Je désirerais ne pas vous induire en erreur, quant à ce qui concerne cette science; il est si difficile d'éviter la fausse route; elle renferme un poison si bien caché, que l'on a tant de peine à distinguer du remède ! Le mieux est, dans ces leçons-là, si toutefois vous en suivez, de jurer toujours sur la parole du maître. Au total.... arrêtez-vous aux mots ! et vous arriverez alors par la route la plus sûre au temple de la certitude.

L'ÉCOLIER.

Cependant, un mot doit toujours contenir une idée.

MÉPHISTOPHÉLÈS.

Fort bien ! mais il ne faut pas trop s'en inquiéter, car,

où les idées manquent, un mot peut être substitué à propos; on peut avec des mots discuter fort convenablement, avec des mots, bâtir un système; les mots se font croire aisément, on n'en ôterait pas un iota.

L'ÉCOLIER.

Pardonnez si je vous fais tant de demandes, mais il faut encore que je vous en importune... Ne me parlerez-vous pas un moment de la médecine? Trois années, c'est bien peu de temps, et, mon Dieu! le champ est si vaste; souvent un seul signe du doigt suffit pour nous mener loin!

MÉPHISTOPHÉLÈS, à part.

Ce ton sec me fatigue, je vais reprendre mon rôle de diable. (Haut.) L'esprit de la médecine est facile à saisir; vous étudiez bien le grand et le petit monde, pour les laisser aller enfin à la grâce de Dieu. C'est en vain que vous vous élanceriez après la science, chacun n'apprend que ce qu'il peut apprendre; mais celui qui sait profiter du moment, c'est là l'homme avisé. Vous êtes encore assez bien bâti, la hardiesse n'est pas ce qui vous manque, et, si vous avez de la confiance en vous-même, vous en inspirerez à l'esprit des autres. Surtout, apprenez à conduire les femmes; c'est leur éternel *hélas!* modulé sur tant de tons différents, qu'il faut traiter toujours par la même méthode, et, tant que vous serez avec elles à moitié respectueux, vous les aurez toutes sous la main. Un titre pompeux doit d'abord les convaincre que votre art surpasse de beaucoup tous les autres: alors, vous pourrez parfaitement vous permettre certaines choses, dont plusieurs années donneraient à peine le droit à un autre que vous; ayez soin de leur tâter souvent le pouls, et, en accompagnant votre geste d'un coup d'œil ardent, passez le bras autour de leur taille élancée, comme pour voir si leur corset est bien lacé.

L'ÉCOLIER.

Cela se comprend de reste; on sait son monde!

MÉPHISTOPHÉLÈS.

Mon bon ami, toute théorie est sèche, et l'arbre précieux de la vie est fleuri.

L'ÉCOLIER.

Je vous jure que cela me fait l'effet d'un rêve ; oserai-je vous déranger une autre fois pour profiter plus parfaitement de votre sagesse ?

MÉPHISTOPHÉLÈS.

J'y mettrai volontiers tous mes soins.

L'ÉCOLIER.

Il me serait impossible de revenir sans vous avoir, cette fois, présenté mon album ; accordez-moi la faveur d'une remarque...

MÉPHISTOPHÉLÈS.

J'y consens. (Il écrit et le lui rend.) *Eritis sicut Deus, bonum et malum scientes.*

L'écolier salue respectueusement et se retire.

MÉPHISTOPHÉLÈS.

Suis seulement la vieille sentence de mon cousin le Serpent, tu douteras bien t de ta ressemblance divine.

FAUST.

Où devons-nous aller maintenant ?

MÉPHISTOPHÉLÈS.

Où il te plaira. Nous pouvons voir le grand et le petit monde : quel plaisir, quelle utilité seront le fruit de ta course !

FAUST.

Mais, par ma longue barbe, je n'ai pas le plus léger savoir-vivre ; ma recherche n'aura point de succès, car je n'ai jamais su me produire dans le monde ; je me sens si petit en présence des autres ! je serais embarrassé à tout moment.

MÉPHISTOPHÉLÈS.

Mon bon ami, tout cela se donne; aie confiance en toi-même, et tu sauras vivre.

FAUST.

Comment sortirons-nous d'ici? Où auras-tu des chevaux, des valets et un équipage?

MÉPHISTOPHÉLÈS.

Étendons ce manteau, il nous portera à travers les airs : pour une course aussi hardie, tu ne prends pas un lourd paquet avec toi; un peu d'air inflammable que je vais préparer nous enlèvera bientôt de terre, et, si nous sommes légers, cela ira vite. Je te félicite du nouveau genre de vie que tu viens d'embrasser.

Cave d'Auerbach, à Leipzig. Écot de joyeux compagnons.

FROSCH.

Personne ne boit! personne ne rit! Je vais vous apprendre à faire la mine! Vous voilà aujourd'hui à fumer comme de la paille mouillée, vous qui brillez ordinairement comme un beau feu de joie.

BRANDER.

C'est toi qui en es cause; tu ne mets rien sur le tapis, pas une grosse bêtise, pas une petite saleté.

FROSCH *lui verse un verre de vin sur la tête.*

En voici des deux à la fois.

BRANDER.

Double cochon!

FROSCH.

Vous le voulez, j'en conviens!

SIEBEL.

A la porte ceux qui se fâchent! Qu'on chante à la ronde

à gorge déployée, qu'on boive, et qu'on crie! oh! oh! holà! oh!

ALTMAYER.

Ah! Dieu! je suis perdu! Apportez du coton; le drôle me rompt les oreilles!

SIEBEL.

Quand la voûte résonne, on peut juger du volume de la basse.

FROSCH.

C'est juste; à la porte ceux qui prendraient mal les choses! A tara lara da!

ALTMAYER.

A tara lara da!

FROSCH.

Les gosiers sont en voix.

Il chante

> Le très-saint empire de Rome,
> Comment tient-il encor debout!

BRANDER.

Une sotte chanson! Fi! une chanson politique! une triste chanson!... Remerciez Dieu chaque matin de n'avoir rien à démêler avec l'empire de Rome. Je regarde souvent comme un grand bien pour moi de n'être empereur ni chancelier. Cependant, il ne faut pas que nous manquions de chef; et nous devons élire un pape. Vous savez quelle est la qualité qui pèse dans la balance pour élever un homme à ce rang.

FROSCH *chante*.

> Lève-toi vite, et va, beau rossignol,
> Dix mille fois saluer ma maîtresse.

SIEBEL.

Point de salut à ta maîtresse; je n'en veux rien entendre.

FROSCH.

A ma maîtresse salut et baiser ! Ce n'est pas toi qui m'en empêcheras.

Il chante.

> Tire tes verrous, il est nuit ;
> Tire tes verrous, l'amant veille ;
> Il est tard, tire-les sans bruit.

SIEBEL.

Oui ! chante, chante, loue-la bien, vante-la bien ! j'aurai aussi mon tour de rire. Elle m'a lâché, elle t'en fera autant ! Qu'on lui donne un kobold[1] pour galant, et il pourra badiner avec elle sur le premier carrefour venu. Un vieux bouc, qui revient du Blocksberg, peut, en passant au galop, lui souhaiter une bonne nuit ; mais un brave garçon de chair et d'os est beaucoup trop bon pour une fille de cette espèce ! Je ne lui veux point d'autre salut que de voir toutes ses vitres cassées.

BRANDER *frappant sur la table.*

Paix là ! paix là ! écoutez-moi ! vous avouerez, messieurs, que je sais vivre : il y a des amoureux ici, et je dois, d'après les usages, leur donner pour la bonne nuit tout ce qu'il y a de mieux. Attention ! une chanson de la plus nouvelle facture ! et répétez bien fort la ronde avec moi !

Il chante.

> Certain rat dans une cuisine
> Avait pris place, et le frater
> S'y traita si bien, que sa mine
> Eût fait envie au gros Luther.
> Mais, un beau jour, le pauvre diable,
> Empoisonné, sauta dehors,
> Aussi triste, aussi misérable,
> Que s'il avait l'amour au corps.

CHŒUR.

Que s'il avait l'amour au corps !

1. Esprit familier.

BRANDER.

Il courait devant et derrière ;
Il grattait, reniflait, mordait,
Parcourait la maison entière,
Où de douleur il se tordait...
Au point qu'à le voir en délire
Perdre ses cris et ses efforts,
Les mauvais plaisants pouvaient dire :
« Hélas ! il a l'amour au corps ! »

CHŒUR.

« Hélas ! il a l'amour au corps ! »

BRANDER.

Dans le fourneau, le pauvre sire
Crut enfin se cacher très bien ;
Mais il se trompait, et le pire,
C'est qu'il y creva comme un chien.
La servante, méchante fille,
De son malheur rit bien alors :
« Ah ! disait-elle, comme il grille !
Il a vraiment l'amour au corps ! »

CHŒUR.

« Il a vraiment l'amour au corps ! »

SIEBEL.

Comme ces plats coquins se réjouissent ! C'est un beau chef-d'œuvre à citer que l'empoisonnement d'un pauvre rat !

BRANDER.

Tu prends le parti de tes semblables !

ALTMAYER.

Le voilà bien avec son gros ventre et sa tête pelée ! comme son malheur le rend tendre ! Dans ce rat qui crève, il voit son portrait tout craché !

FAUST, MÉPHISTOPHÉLÈS.

MÉPHISTOPHÉLÈS.

Je dois, avant tout, t'introduire dans une société joyeuse, afin que tu voies comme on peut aisément mener la vie ! Chaque jour est ici pour le peuple une fête nouvelle ; avec peu d'esprit et beaucoup de *laisser-aller*, chacun d'eux tourne dans son cercle étroit de plaisirs, comme un jeune chat jouant avec sa queue ; tant qu'ils ne se plaignent pas d'un mal de tête, et que l'hôte veut bien leur faire crédit, ils sont contents et sans souci.

BRANDER.

Ceux-là viennent d'un voyage : on voit, à leur air étranger, qu'ils ne sont pas ici depuis une heure.

FROSCH.

Tu as vraiment raison ! Honneur à notre Leipzig ! c'est un petit Paris, et cela vous forme joliment son monde.

SIEBEL.

Pour qui prends-tu ces étrangers ?

FROSCH.

Laisse-moi faire un peu : avec une rasade, je tirerai les vers du nez à ces marauds comme une dent de lait. Ils me semblent être de noble maison, car ils ont le regard fier et mécontent.

BRANDER.

Ce sont des charlatans, je gage !

ALTMAYER.

Peut-être.

FROSCH.

Attention ! que je les mystifie !

MÉPHISTOPHÉLÈS, à Faust.

Les pauvres gens ne soupçonnent jamais le diable, quand même il les tiendrait à la gorge.

FAUST.

Nous vous saluons, messieurs.

SIEBEL.

Grand merci de votre honnêteté! (Bas, regardant de travers Méphistophélès.) Qu'a donc ce coquin à clocher sur un pied ?

MÉPHISTOPHÉLÈS.

Nous est-il permis de prendre place parmi vous ? L'agrément de la société nous dédommagera du bon vin qui manque.

ALTMAYER.

Vous avez l'air bien dégoûté !

FROSCH.

Vous serez partis bien tard de Rippach; avez-vous soupé cette nuit chez M. Jean [1] ?

MÉPHISTOPHÉLÈS.

Nous avons passé sa maison sans nous y arrêter. La dernière fois, nous lui avions parlé; il nous entretint longtemps de ses cousins, il nous chargea de leur dire bien des choses.

Il s'incline vers Frosch.

ALTMAYER, bas.

Te voilà dedans ! il entend son affaire !

SIEBEL.

C'est un gaillard avisé.

FROSCH.

Eh bien, attends un peu : je saurai bien le prendre.

MÉPHISTOPHÉLÈS.

Si je ne me trompe, nous entendîmes, en entrant, un chœur de voix exercées. Et certes, les chants doivent, sous ces voûtes, résonner admirablement.

1. Plaisanterie allemande.

FROSCH.

Seriez-vous donc un virtuose?

MÉPHISTOPHÉLÈS.

Oh! non; le talent est bien faible, mais le désir est grand.

FROSCH.

Donnez-nous une chanson.

MÉPHISTOPHÉLÈS.

Tant que vous en voudrez.

SIEBEL.

Mais quelque chose de nouveau.

MÉPHISTOPHÉLÈS.

Nous revenons d'Espagne, c'est l'aimable pays du vin et des chansons.

Il chante.

    Une puce gentille
    Chez un prince logeait...

FROSCH.

Écoutez! une puce!... avez-vous bien saisi cela? Une puce me semble, à moi, un hôte assez désagréable.

MÉPHISTOPHÉLÈS *chante.*

    Une puce gentille
    Chez un prince logeait;
    Comme sa propre fille,
    Le brave homme l'aimait,
    Et d'histoire l'assure;
    Par son tailleur, un jour,
    Lui fit prendre mesure
    Pour un habit de cour.

BRANDER.

N'oubliez point d'enjoindre au tailleur de la prendre bien exacte, et que, s'il tient à sa tête, il ne laisse pas faire à la culotte le moindre pli.

MÉPHISTOPHÉLÈS.

L'animal, plein de joie,
Dès qu'il se vit paré
D'or, de velours, de soie,
Et de croix décoré,
Fit venir de province
Ses frères et ses sœurs,
Qui, par ordre du prince,
Devinrent grands seigneurs.

Mais ce qui fut le pire,
C'est que les gens de cour,
Sans en oser rien dire,
Se grattaient tout le jour...
Cruelle politique !
Quel ennui que cela !...
Quand la puce nous pique,
Amis, écrasons-la !

CHŒUR, avec acclamation

Quand la puce nous pique,
Amis, écrasons-la !

FROSCH.

Bravo ! bravo ! voilà du bon !

SIEBEL.

Ainsi soit-il de toutes les puces !

BRANDER.

Serrez les doigts et pincez-les ferme !

ALTMAYER.

Vive la liberté ! vive le vin !

MÉPHISTOPHÉLÈS.

Je boirais volontiers un verre en l'honneur de la liberté,
si vos vins étaient tant soit peu meilleurs.

SIEBEL.

N'en dites pas davantage...

MÉPHISTOPHÉLÈS.

Je craindrais d'offenser l'hôte, sans quoi je ferais goûter aux aimables convives ce qu'il y a de mieux dans notre cave.

SIEBEL.

Allez toujours ! je prends tout sur moi.

FROSCH.

Donnez-nous-en un bon verre, si vous voulez qu'on le loue ; car, quand je veux en juger, il faut que j'aie la bouche bien pleine.

ALTMAYER, bas.

Ils sont du Rhin, à ce que je vois.

MÉPHISTOPHÉLÈS.

Procurez-moi un foret !

BRANDER.

Qu'en voulez-vous faire ? Vous n'avez pas sans doute vos tonneaux devant la porte.

ALTMAYER.

Là derrière, l'hôte a déposé un panier d'outils.

MÉPHISTOPHÉLÈS prend le foret de Frosch.

Dites maintenant ce que vous voulez goûter.

FROSCH.

Y pensez-vous ? est-ce que vous en auriez de tant de sortes ?

MÉPHISTOPHÉLÈS.

Je laisse à chacun le choix libre.

ALTMAYER, à Frosch.

Ah ! ah ! tu commences déjà à te lécher les lèvres.

FROSCH.

Bon ! si j'ai le choix, il me faut du vin du Rhin ; la patrie produit toujours ce qu'il y a de mieux.

MÉPHISTOPHÉLÈS, piquant un trou dans le rebord de la table, à la place où Frosch s'assied.

Procurez-moi un peu de cire pour servir de bouchon.

ALTMAYER.

Ah çà ! voilà de l'escamotage.

MÉPHISTOPHÉLÈS, à Brander.

Et vous ?

BRANDER.

Je désirerais du vin de Champagne, et qu'il fût bien mousseux !

Méphistophélès continue de forer, et, pendant ce temps, quelqu'un a fait des bouchons et les a enfoncés dans les trous.

BRANDER.

On ne peut pas toujours se passer de l'étranger ; les bonnes choses sont souvent bien loin ! Un bon Allemand ne peut souffrir les Français ; mais pourtant il boit leurs vins très-volontiers.

SIEBEL, pendant que Méphistophélès s'approche de sa place.

Je dois l'avouer, je n'aime pas l'aigre : donnez-moi un verre de quelque chose de doux.

MÉPHISTOPHÉLÈS, forant.

Aussi vais-je vous faire couler du tokay.

ALTMAYER.

Non, monsieur ; regardez-moi en face ! Je le vois bien, vous nous faites aller.

MÉPHISTOPHÉLÈS.

Eh ! eh ! avec d'aussi nobles convives, ce serait un peu trop risquer. Allons vite ! voilà assez de dit : de quel vin puis-je servir ?

ALTMAYER.

De tous ! et assez causé !

Après que les trous sont forés et bouchés, Méphistophélès se lève.

MÉPHISTOPHÉLÈS, avec des gestes singuliers :

Si des cornes bien élancées
Croissent au front du bouquetin,
Si le cep produit du raisin,
Tables en bois, de trous percées,
Peuvent aussi donner du vin.
C'est un miracle, je vous jure ;
Mais, messieurs, comme vous savez,
Rien d'impossible à la nature !
Débouchez les trous, et buvez !

TOUS, tirant les bouchons et recevant dans leurs verres le vin désiré par chacun.

La belle fontaine qui nous coule là !

MÉPHISTOPHÉLÈS.

Gardez-vous seulement de rien répandre.

TOUS chantent.

Nous buvons, buvons, buvons,
Comme cinq cents cochons !

Ils se remettent à boire.

MÉPHISTOPHÉLÈS.

Voilà mes coquins lancés, vois comme ils y vont.

FAUST.

J'ai envie de m'en aller.

MÉPHISTOPHÉLÈS.

Encore une minute d'attention, et tu vas voir la bestialité dans toute sa candeur.

SIEBEL boit sans précaution, le vin coule à terre et se change en flamme.

Au secours ! au feu ! au secours ! l'enfer brûle !

MÉPHISTOPHÉLÈS, parlant à la flamme.

Calme-toi, mon élément chéri ! (Aux compagnons.) Pour cette fois, ce n'était rien qu'une goutte de feu du purgatoire.

SIEBEL.

Qu'est-ce que cela signifie ? Attendez ! vous le payerez cher; il paraît que vous ne nous connaissez guère.

FROSCH.

Je lui conseille de recommencer !

ALTMAYER.

Mon avis est qu'il faut le prier poliment de s'en aller.

SIEBEL.

Que veut ce monsieur ? Oserait-il bien mettre en œuvre ici son *hocuspocus*[1] ?

MÉPHISTOPHÉLÈS.

Paix ! vieux sac-à-vin !

SIEBEL.

Manche à balai ! tu veux encore faire le manant !

BRANDER.

Attends un peu, les coups vont pleuvoir !

ALTMAYER *tire un bouchon de la table, un jet de feu s'élance et l'atteint.*

Je brûle ! je brûle !

SIEBEL.

Sorcellerie !... sautez dessus ! le coquin va nous le payer !

Ils tirent leurs couteaux, et s'élancent vers Méphistophélès.

MÉPHISTOPHÉLÈS, *avec des gestes graves.*

Tableaux et paroles magiques,
Par vos puissants enchantements,
Troublez leurs esprits et leurs sens !

Ils se regardent les uns les autres avec étonnement.

ALTMAYER.

Où suis-je ? Quel beau pays !

1. Terme de sorcellerie.

FROSCH.

Un coteau de vignes ! y vois-je bien ?

SIEBEL.

Et des grappes sous la main.

BRANDER.

Là, sous les pampres verts, voyez quel pied ! voyez quelle grappe !

Il prend Siebel par le nez, les autres en font autant mutuellement et lèvent les couteaux.

MÉPHISTOPHÉLÈS, comme plus haut.

Maintenant, partons : c'est assez !
Source de vin, riche vendange,
Illusions, disparaissez !
C'est ainsi que l'enfer se venge.

Il disparaît avec Faust : tous les compagnons lâchent prise.

SIEBEL.

Qu'est-ce que c'est ?

ALTMAYER.

Quoi ?

FROSCH.

Tiens ! c'était donc ton nez ?

BRANDER, à Siebel.

Et j'ai le tien dans la main ?

ALTMAYER.

C'est un coup à vous rompre les membres. Apportez un siége, je tombe en défaillance.

FROSCH.

Non, dis-moi donc ce qui est arrivé.

SIEBEL.

Où est-il, le drôle ? Si je l'attrape, il ne sortira pas vivant de mes mains.

ALTMAYER.

Je l'ai vu passer par la porte de la cave... à cheval sur un tonneau... J'ai les pieds lourds comme du plomb. (Il se retourne vers la table.) Ma foi ! le vin devrait bien encore couler !

SIEBEL.

Tout cela n'était que tromperie, illusion et mensonge !

FROSCH.

J'aurais pourtant bien juré boire du vin.

BRANDER.

Mais que sont devenues ces belles grappes ?

ALTMAYER.

Qu'on vienne dire encore qu'il ne faut pas croire aux miracles !

Cuisine de sorcière. — Dans un âtre enfoncé, une grosse marmite est sur le feu. A travers la vapeur qui s'en élève apparaissent des figures singulières. Une guenon, assise près de la marmite, l'écume, et veille à ce qu'elle ne réponde pas. Le mâle, avec ses petits, est assis près d'elle, il se chauffe. Les murs et le plafond sont tapissés d'outils singuliers à l'usage de la sorcière.

FAUST, MÉPHISTOPHÉLÈS.

FAUST.

Tout cet étrange appareil de sorcellerie me répugne ; quelles jouissances peux-tu me promettre au sein de cet amas d'extravagances ? Quels conseils attendre d'une vieille femme ? Et y a-t-il dans cette cuisine quelque breuvage qui puisse m'ôter trente ans de dessus le corps ?... Malheur à moi, si tu ne sais rien de mieux ! J'ai déjà perdu toute espérance. Se peut-il que la nature et qu'un esprit supérieur n'aient point un baume capable d'adoucir mon sort ?

MÉPHISTOPHÉLÈS.

Mon ami, tu parles encore avec sagesse. Il y a bien, pour se rajeunir, un moyen tout naturel ; mais il se trouve dans un autre livre, et c'en est un singulier chapitre.

FAUST.

Je veux le connaître.

MÉPHISTOPHÉLÈS.

Bon ! c'est un moyen qui ne demande argent, médecine ni sortilège : rends-toi tout de suite dans les champs, mets-toi à bêcher et à creuser, resserre ta pensée dans un cercle étroit, contente-toi d'une nourriture simple, vis comme une bête avec les bêtes, et ne dédaigne pas de fumer toi-même ton patrimoine ; c'est, crois-moi, le meilleur moyen de te rajeunir de quatre-vingts ans.

FAUST.

Je n'en ai point l'habitude, et je ne saurais m'accoutumer à prendre en main la bêche. Une vie étroite n'est pas ce qui me convient.

MÉPHISTOPHÉLÈS.

Il faut donc que la sorcière s'en mêle.

FAUST.

Mais pourquoi justement cette vieille ? ne peux-tu brasser toi-même le breuvage ?

MÉPHISTOPHÉLÈS.

Ce serait un beau passe-temps ! j'aurais plus tôt fait de bâtir mille ponts. Ce travail demande non-seulement de l'art et du savoir, mais encore beaucoup de patience. Le temps peut seul donner de la vertu à la fermentation ; et tous les ingrédients qui s'y rapportent sont des choses bien étranges ! Le diable le lui a enseigné, mais ne pourrait pas le faire lui-même. (Il aperçoit les animaux.) Vois, quelle gentille espèce ! Voici la servante, voilà le valet...

PREMIÈRE PARTIE

Aux animaux.

Je n'aperçois pas, mes amis,
La bonne femme!

LES ANIMAUX.

Elle est allée,
Par le trou de la cheminée,
Dîner sans doute hors du logis.

MÉPHISTOPHÉLÈS.

Mais, pour sa course, d'ordinaire,
Quel temps prend-elle cependant?

LES ANIMAUX.

Le temps que nous prenons à faire...
Chauffer nos pieds en l'attendant.

MÉPHISTOPHÉLÈS, à Faust.

Comment trouves-tu ces aimables animaux?

FAUST.

Les plus dégoûtants que j'aie jamais vus.

MÉPHISTOPHÉLÈS.

Non! un discours comme celui-là est justement ce qui me convient le mieux.

Aux animaux.

Dites-moi, drôles que vous êtes,
Qu'est-ce que vous brassez ainsi?

LES ANIMAUX.

Nous faisons la soupe des bêtes.

MÉPHISTOPHÉLÈS.

Vous avez bien du monde ici?

LE CHAT s'approche et flatte Méphistophélès.

Oh! jouons tous deux,
Et fais ma fortune;
Un peu de pécune
Me rendrait heureux.
Ami, jouons, de grâce!
Pauvre, je ne suis rien;
Mais, si j'avais du bien,
J'obtiendrais une belle place.

MÉPHISTOPHÉLÈS.

Comme il s'estimerait heureux, le singe, s'il pouvait seulement mettre à la loterie !

Pendant ce temps, les autres animaux jouent avec une grosse boule, et la font rouler.

LE CHAT.

>Voici le monde :
>La boule ronde
>Monte et descend ;
>Creuse et légère,
>Qui, comme verre,
>Craque et se fend :
>Fuis, cher enfant !
>Cette parcelle
>Dont l'étincelle
>Te plaît si fort...
>Donne la mort !

MÉPHISTOPHÉLÈS.

Dites, à quoi sert ce crible ?

LE CHAT *le ramasse.*

>Il rend l'âme aux yeux visible :
>Ne serais-tu pas un coquin ?
>On pourrait t'y reconnaître.

Il court vers la femelle, et la fait regarder au travers.

>Regarde bien par ce trou-là,
>Ma chère, tu pourras peut-être
>Nommer le coquin que voilà.

MÉPHISTOPHÉLÈS, *s'approchant du feu.*

Qu'est-ce donc que cette coupe ?

LE CHAT ET LA CHATTE.

>Il ne connaît pas le pot,
>Le pot à faire la soupe !
>Vit-on jamais pareil sot ?

MÉPHISTOPHÉLÈS.

Silence, animaux malhonnêtes !

† Le crible cabalistique, qui sert à reconnaître ceux qui ont volé

LE CHAT.

Dans ce fauteuil mets-toi soudain,
Et prends cet éventail en main,
Tu seras le roi des bêtes.

Il oblige Méphistophélès à s'asseoir.

FAUST, *qui, pendant ce temps, s'est toujours tenu devant le miroir, tantôt s'en approchant, tantôt s'en éloignant.*

Que vois-je? quelle céleste image se montre dans ce miroir magique? O amour! prête-moi la plus rapide de tes ailes, et transporte-moi dans la région qu'elle habite. Ah! quand je ne reste pas à cette place, quand je me hasarde à m'avancer davantage, je ne puis plus la voir que comme à travers un nuage! — La plus belle forme de la femme! Est-il possible qu'une femme ait tant de beauté? Dois-je, dans ce corps étendu à ma vue, trouver l'abrégé des merveilles de tous les cieux? Quelque chose de pareil existe-t-il sur la terre?

MÉPHISTOPHÉLÈS.

Naturellement, quand un Dieu se met à l'œuvre pendant six jours, et se dit enfin bravo à lui-même, il en doit résulter quelque chose de passable. Pour cette fois, regarde à satiété, je saurai bien te déterrer un semblable trésor : et heureux celui qui a la bonne fortune de l'emmener chez soi comme épouse! *(Faust regarde toujours dans le miroir ; Méphistophélès, s'étendant dans le fauteuil, et jouant avec l'éventail, continue de parler.)* Me voilà assis comme un roi sur son trône : je tiens le sceptre, il ne me manque plus que la couronne.

LES ANIMAUX, *qui, jusque-là, avaient exécuté mille mouvements bizarres, apportent, avec de grands cris, une couronne à Méphistophélès.*

Daigne la prendre, mon maître,
En voici tous les éclats,
Avec du sang tu pourras
La raccommoder peut-être.

Ils courent gauchement vers la couronne et la brisent en deux morceaux avec lesquels ils dansent en rond.

Fort bien : recommençons...
Nous partons, nous voyons ;
Nous écoutons et rimons.

FAUST, *devant le miroir.*

Malheur à moi ! j'en suis tout bouleversé !

MÉPHISTOPHÉLÈS, *montrant les animaux.*

La tête commence à me tourner à moi-même.

LES ANIMAUX.

Si cela nous réussit,
Ma foi, gloire à notre esprit !

FAUST, *comme plus haut.*

Mon sein commence à s'enflammer ! Éloignons-nous bien vite.

MÉPHISTOPHÉLÈS, *dans la même position.*

On doit au moins convenir que ce sont de francs poètes.

La marmite, que la guenon a laissée un instant sans l'écumer, commence à déborder ; il s'élève une grande flamme dans la cheminée. La sorcière descend à travers la flamme en poussant un cri épouvantable.

LA SORCIÈRE.

Au ! au ! au ! au !
Chien de pourceau !
Tu répands la soupe,
Et tu rôtis ma peau !
A bas ! maudite troupe !

Apercevant Méphistophélès et Faust.

Que vois-je ici ?
Qui peut entrer ainsi
Dans mon laboratoire ?
A moi, mon vieux grimoire !
A vous le feu !
Vos os vont voir beau jeu !

Elle plonge l'écumoire dans la marmite, et lance les flammes après Faust, Méphistophélès et les animaux. Les animaux hurlent.

MÉPHISTOPHÉLÈS *lève l'éventail qu'il tient à la main, et frappe à droite et à gauche sur les verres et les pots.*

    En deux ! en deux !
    Ustensiles de sorcières,
Vieux flacons, vieux pots, vieux verres !
    En deux ! en deux !
Toi, tu m'as l'air bien hardie ;
    Attends, un bâton
    Va régler le ton
    De ta mélodie.

Pendant que la sorcière recule, pleine de colère et d'effroi.

Me reconnais-tu, squelette, épouvantail ? reconnais-tu ton seigneur et maître ? Qui me retient de frapper et de te mettre en pièces, toi et tes esprits chats ? N'as-tu plus de respect pour le pourpoint rouge ? méconnais-tu la plume de coq ? ai-je caché ce visage ? Il faudra donc que je me nomme moi-même ?

LA SORCIÈRE.

O seigneur ! pardonnez-moi cet accueil un peu rude ! Je ne vois cependant pas le pied cornu... Qu'avez-vous donc fait de vos deux corbeaux ?

MÉPHISTOPHÉLÈS.

Tu t'en tireras pour cette fois, car il y a bien du temps que nous ne nous sommes vus. La civilisation, qui polit le monde entier, s'est étendue jusqu'au diable ; on ne voit plus maintenant de fantômes du Nord, plus de cornes, de queue et de griffes ! Et, pour ce qui concerne ce pied, dont je ne puis me défaire, il me nuirait dans le monde ; aussi, comme beaucoup de jeunes gens, j'ai depuis longtemps adopté la mode des faux mollets.

LA SORCIÈRE, *dansant.*

J'en perds l'esprit, je croi.
Monsieur Satan chez moi !

MÉPHISTOPHÉLÈS.

Point de nom pareil, femme, je t'en prie !

LA SORCIÈRE.

Pourquoi ? que vous a-t-il fait ?

MÉPHISTOPHÉLÈS.

Depuis bien des années, il est inscrit au livre des fables ; mais les hommes n'en sont pas pour cela devenus meilleurs : ils sont délivrés du malin ; mais les malins sont restés. Que tu m'appelles monsieur le baron, à la bonne heure ! Je suis vraiment un cavalier comme bien d'autres : tu ne peux douter de ma noblesse ; tiens, voilà l'écusson que je porte !

Il fait un geste indécent.

LA SORCIÈRE *rit immodérément.*

Ah ! ah ! ce sont bien là de vos manières ! vous êtes un coquin comme vous fûtes toujours !

MÉPHISTOPHÉLÈS, *à Faust.*

Mon ami, voilà de quoi t'instruire ! C'est ainsi qu'on se conduit avec les sorcières.

LA SORCIÈRE.

Dites maintenant, messieurs, ce que vous désirez.

MÉPHISTOPHÉLÈS.

Un bon verre de la liqueur que tu sais, mais de la plus vieille, je te prie, car les années doublent sa force.

LA SORCIÈRE.

Bien volontiers ! j'en ai un flacon dont quelquefois je goûte moi-même : elle n'a plus la moindre puanteur, je vous en donnerai un petit verre. (*Bas, à Méphistophélès.*) Mais, si cet homme en boit sans être préparé, il n'a pas, comme vous le savez, une heure à vivre.

MÉPHISTOPHÉLÈS.

C'est un bon ami, elle ne peut que lui faire du bien ; je

lui donnerais sans crainte la meilleure de toute ta cuisine. Trace ton cercle, dis tes paroles, et donne-lui une tasse pleine.

La sorcière, avec des gestes singuliers, trace un cercle où elle place mille choses bizarres. Cependant, les verres commencent à résonner, la marmite à tonner, comme faisant de la musique. Enfin, elle apporte un gros livre, et place les chats dans le cercle, où ils lui servent de pupitre et tiennent les flambeaux. Elle fait signe à Faust de marcher à elle.

FAUST, à Méphistophélès.

Non ! dis-moi ce que tout cela va devenir. Cette folle engeance, ces gestes extravagants, cette ignoble sorcellerie, me sont assez connus et me dégoûtent assez.

MÉPHISTOPHÉLÈS.

Chansons ! ce n'est que pour rire ; ne fais donc pas tant l'homme grave ! Elle doit, comme médecin, faire un hocuspocus, afin que la liqueur te soit profitable.

Il contraint Faust d'entrer dans le cercle.

LA SORCIÈRE, avec beaucoup d'emphase, prend le livre pour déclamer.

Ami, crois à mon système :
Avec un, dix tu feras ;
Avec deux et trois de même.
Ainsi tu t'enrichiras.
Passe le quatrième,
Le cinquième et sixième,
La sorcière l'a dit :
Le septième et huitième
Réussiront de même...
C'est là que finit
L'œuvre de la sorcière :
Si neuf est un,
Dix n'est aucun.
Voilà tout le mystère !

FAUST.

Il me semble que la vieille parle dans la fièvre.

MÉPHISTOPHÉLÈS.

Il n'y en a pas long maintenant : je connais bien tout

cela, son livre est plein de ces fadaises. J'y ai perdu bien du temps, car une parfaite contradiction est aussi mystérieuse pour les sages que pour les fous. Mon ami, l'art est vieux et nouveau. Ce fut l'usage de tous les temps de propager l'erreur en place de la vérité par trois et un, un et trois; sans cesse on babille sur ce sujet, on apprend cela comme bien d'autres choses; mais qui va se tourmenter à comprendre de telles folies? L'homme croit d'ordinaire, quand il entend des mots, qu'ils doivent absolument contenir une pensée.

LA SORCIÈRE continue.

La science la plus profonde
N'est donnée à personne au monde;
Par travail, argent, peine ou soins,
La connaissance universelle
  En un instant se révèle
A ceux qui la cherchaient le moins.

FAUST.

Quel contre-sens elle nous dit! Tout cela va me rompre la tête; il me semble entendre un chœur de cent mille fous.

MÉPHISTOPHÉLÈS.

Assez! assez! très-excellente sibylle! donne ici ta potion, et que la coupe soit pleine jusqu'au bord: le breuvage ne peut nuire à mon ami; c'est un homme qui a passé par plusieurs grades, et qui en a fait des siennes.

La sorcière, avec beaucoup de cérémonie, verse la boisson dans le verre; au moment que Faust la porte à sa bouche, il s'élève une légère flamme.

MÉPHISTOPHÉLÈS.

Vivement! encore un peu! cela va bien te réjouir le cœur. Comment! tu es avec le diable à *tu* et à *toi*, et la flamme t'épouvante!

La sorcière efface le cercle. Faust en sort.

MÉPHISTOPHÉLÈS.

En avant! il ne faut pas que tu te reposes.

LA SORCIÈRE.

Puisse ce petit coup vous faire du bien !

MÉPHISTOPHÉLÈS, à la sorcière.

Et, si je puis quelque chose pour toi, fais-le-moi savoir au sabbat.

LA SORCIÈRE.

Voici une chanson ! chantez-la quelquefois, vous en éprouverez des effets singuliers.

MÉPHISTOPHÉLÈS, à Faust.

Viens vite, et laisse-toi conduire ; il est nécessaire que tu transpires, afin que la vertu de la liqueur agisse dedans et dehors. Je te ferai ensuite apprécier les charmes d'une noble oisiveté, et tu reconnaitras bientôt, à tes transports secrets, l'influence de Cupidon, qui voltige çà et là autour du monde dans les espaces d'azur.

FAUST.

Laisse-moi jeter encore un regard rapide sur ce miroir ; cette image de femme était si belle !

MÉPHISTOPHÉLÈS.

Non ! non ! tu vas voir devant toi, tout à l'heure, le modèle des femmes en personne vivante. (A part.) Avec cette boisson dans le corps, tu verras, dans chaque femme, une Hélène.

DEUXIÈME PARTIE

Une rue.

FAUST, MARGUERITE, passant.

FAUST.

Ma jolie demoiselle, oserai-je hasarder de vous offrir mon bras et ma conduite ?

MARGUERITE.

Je ne suis ni demoiselle ni jolie, et je puis aller à ma maison sans la conduite de personne.

Elle se débarrasse et s'enfuit.

FAUST.

Par le ciel ! c'est une belle enfant : je n'ai encore rien vu de semblable ; elle semble si honnête et si vertueuse, et a pourtant en même temps quelque chose de si piquant ! De mes jours, je n'oublierai la rougeur de ses lèvres, l'éclat de ses joues ! comme elle baissait les yeux ! Ah ! elle s'est vite dégagée !... il y a de quoi me ravir !

Méphistophélès s'avance.

FAUST.

Écoute, il faut me faire avoir la jeune fille.

MÉPHISTOPHÉLÈS.

Et laquelle ?

FAUST.

Celle qui passait ici tout à l'heure.

MÉPHISTOPHÉLÈS.

Celle-là! Elle sort de chez son confesseur, qui l'a absoute de tous ses péchés : je m'étais glissé tout contre sa place. C'est bien innocent ; cela va à confesse pour un rien ; je n'ai aucune prise sur elle.

FAUST.

Elle a pourtant plus de quatorze ans.

MÉPHISTOPHÉLÈS.

Vous parlez bien comme Jean le Chanteur, qui convoite toutes les plus belles fleurs, et s'imagine acquérir honneur et faveur sans avoir à les mériter. Mais il n'en est pas toujours ainsi.

FAUST.

Monsieur le magister, laissez-moi en paix ; et je vous le dis bref et bien : si la douce jeune fille ne repose pas ce soir dans mes bras, à minuit nous nous séparons.

MÉPHISTOPHÉLÈS.

Songez à quelque chose de faisable ! il me faudrait quinze jours au moins, seulement pour guetter l'occasion.

FAUST.

Sept heures devant moi, et l'aide du diable me serait inutile pour séduire une petite créature semblable?

MÉPHISTOPHÉLÈS.

Vous parlez déjà presque comme un Français; cependant, je vous prie, ne vous chagrinez pas. A quoi sert-il d'être si pressé de jouir? Le plaisir est beaucoup moins vif que si, d'avance, et par toute sorte de brimborions, vous vous pétrissiez et pariez par vous-même votre petite poupée, comme on le voit dans maints contes gaulois.

FAUST.

J'ai aussi de l'appétit sans cela.

MÉPHISTOPHÉLÈS.

Maintenant, sans invectives ni railleries, je vous dis

une fois pour toutes qu'on ne peut aller si vite avec cette belle enfant. Il ne faut là employer nulle violence, et nous devons nous accommoder de la ruse.

FAUST.

Va me chercher quelque chose de cet ange ; conduis-moi au lieu où elle repose ! apporte-moi un fichu qui ait couvert son sein, un ruban de ma bien-aimée !

MÉPHISTOPHÉLÈS.

Vous verrez par là que je veux sincèrement plaindre et adoucir votre peine : ne perdons pas un moment ; dès aujourd'hui, je vous conduis dans sa chambre.

FAUST.

Et je pourrai la voir, la posséder?

MÉPHISTOPHÉLÈS.

Non, elle sera chez une voisine. Cependant, vous pourrez, en l'attente du bonheur futur, vous enivrer à loisir de l'air qu'elle aura respiré.

FAUST.

Partons-nous ?

MÉPHISTOPHÉLÈS.

Il est encore trop tôt.

FAUST.

Procure-moi donc un présent pour elle.

Il sort.

MÉPHISTOPHÉLÈS.

Déjà des présents ; c'est bien ! Voilà le moyen de réussir ! Je connais mainte belle place et maint vieux trésor bien enterré ; je veux les passer un peu en revue.

Il sort.

———

Le soir. — Une petite chambre bien rangée.

MARGUERITE, tressant ses nattes et les attachant.

Je donnerais bien quelque chose pour savoir quel est le seigneur de ce matin : il a, certes, le regard noble, et

sort de bonne maison, comme on peut le lire sur son front...
Il n'eût pas sans cela été si hardi.

Elle sort.

MÉPHISTOPHÉLÈS.

Entrez tout doucement, entrez donc!

FAUST, *après quelques instants de silence.*

Je t'en prie, laisse-moi seul.

MÉPHISTOPHÉLÈS, *parcourant la chambre.*

Toutes les jeunes filles n'ont pas autant d'ordre et de propreté.

Il sort.

FAUST, *regardant à l'entour.*

Sois bienvenu, doux crépuscule, qui éclaires ce sanctuaire. Saisis mon cœur, douce peine d'amour, qui vis dans ta faiblesse de la rosée de l'espérance! Comme tout ici respire le sentiment du silence, de l'ordre, du contentement! Dans cette misère, que de plénitude! Dans ce cachot, que de félicité! (Il se jette sur le fauteuil de cuir, près du lit.) Oh! reçois-moi, toi qui as déjà reçu dans tes bras ouverts des générations en joie et en douleur! Ah! que de fois une troupe d'enfants s'est suspendue autour de ce trône paternel! Peut-être, en souvenir du Christ, ma bien-aimée, entourée d'une jeune famille, a baisé ici la main flétrie de son aïeul. Je sens, ô jeune fille! ton esprit d'ordre murmurer autour de moi, cet esprit qui règle les jours comme une tendre mère, qui t'instruit à étendre proprement le tapis sur la table, et te fait remarquer même les grains de poussière qui crient sous tes pieds. O main si chère! si divine! La cabane devient par toi riche comme le ciel. Et là... (Il relève un rideau de lit.) Quelles délices cruelles s'emparent de moi! Je pourrais ici couler des heures entières. Nature! ici, tu faisais rêver doucement cet ange incarné. Ici reposait cette enfant, dont le sang palpitait d'une vie nouvelle; et ici, avec un saint et pur frémissement, se formait cette image de Dieu.

Et toi, qui t'y a conduit? De quels sentiments te trouves-tu agité? Que veux-tu ici? Pourquoi ton cœur se serre-t-il?... Malheureux Faust, je ne te reconnais plus!

Est-ce une faveur enchantée qui m'entoure en ces lieux? Je me sens avide de plaisir, et je me laisse aller aux songes de l'amour; serions-nous le jouet de chaque souffle de l'air?

Si elle rentrait en ce moment!... comme le cœur te battrait de ta faute! comme le grand homme serait petit! comme il tomberait confondu à ses pieds!

MÉPHISTOPHÉLÈS.

Vite, je la vois revenir.

FAUST.

Allons, allons, je n'y reviens plus.

MÉPHISTOPHÉLÈS.

Voici une petite cassette assez lourde que j'ai prise quelque part, placez-la toujours dans l'armoire, et je vous jure que l'esprit va lui en tourner. Je vous donne là une petite chose, afin de vous en acquérir une autre : il est vrai qu'un enfant est un enfant, et qu'un jeu est un jeu.

FAUST.

Je ne sais si je dois...

MÉPHISTOPHÉLÈS.

Pouvez-vous le demander? Vous pensez peut-être à garder le trésor : en ce cas, je conseille à votre avarice de m'épargner le temps, qui est si cher, et une peine plus longue. Je n'espère point de vous voir jamais plus sensé; j'ai beau, pour cela, me gratter la tête, me frotter les mains... (Il met la cassette dans l'armoire et en referme la serrure.) Allons, venez vite! vous voulez amener à vos vœux et à vos désirs l'aimable jeune fille, et vous voilà planté comme si vous alliez entrer dans un auditoire, et comme si la physique et la métaphysique étaient là devant vous en personnes vivantes. Venez donc.

Ils sortent.

DEUXIÈME PARTIE

MARGUERITE, avec une lampe.

Que l'air ici est épais et étouffant! (Elle ouvre la fenêtre.) Il ne fait pas cependant si chaud dehors. Quant à moi, je suis toute je ne sais comment. — Je souhaiterais que ma mère ne revînt pas à la maison. Un frisson me court par tout le corps... Ah! je m'effraye follement.

Elle se met à chanter en se déshabillant.

Autrefois, un roi de Thulé
Qui jusqu'au tombeau fut fidèle,
Reçut, à la mort de sa belle,
Une coupe d'or ciselé.

Comme elle ne le quittait guère,
Dans les festins les plus joyeux,
Toujours une larme légère
A sa vue humectait ses yeux.

Ce prince, à la fin de sa vie,
Légua tout, ses villes, son or,
Excepté la coupe chérie,
Qu'à la main il conserve encor.

Il fait à sa table royale
Asseoir ses barons et ses pairs,
Au milieu de l'antique salle
D'un château que baignaient les mers.

Alors, le vieux buveur s'avance
Auprès d'un vieux balcon doré ;
Il boit lentement, et puis lance
Dans les flots le vase sacré.

Le vase tourne, l'eau bouillonne,
Les flots repassent par-dessus ;
Le vieillard pâlit et frissonne...
Désormais il ne boira plus.

Elle ouvre l'armoire pour serrer ses habits et voit l'écrin.

Comment cette belle cassette est-elle venue ici dedans? J'avais pourtant sûrement fermé l'armoire. Cela m'étonne; que peut-il s'y trouver? Peut-être quelqu'un l'a-t-il apportée comme un gage, sur lequel ma mère aura prêté. Une petite clef y pend à un ruban. Je puis donc l'ouvrir sans indiscrétion. Qu'est cela? Dieu du ciel! je n'ai de mes jours rien vu de semblable. Une parure... dont une grande dame pourrait se faire honneur aux jours de fête! Comme cette chaîne m'irait bien! A qui peut appartenir tant de richesse? (Elle s'en pare et va devant le miroir.) Si seulement ces boucles d'oreilles étaient à moi! cela vous donne un tout autre air. Jeunes filles, à quoi sert la beauté? C'est bel et bon; mais on laisse tout cela : si l'on vous loue, c'est presque par pitié. Tout se presse après l'or; de l'or tout dépend. Ah! pauvres que nous sommes!

Une promenade.

MÉPHISTOPHÉLÈS, FAUST, se promenant, absorbé dans ses pensées.

MÉPHISTOPHÉLÈS, s'approchant.

Partout amour dédaigné! par les éléments de l'enfer!... je voudrais savoir quelque chose de plus odieux, que je puisse maudire.

FAUST.

Qu'as-tu qui t'intrigue si fort? Je n'ai vu de ma vie une figure pareille.

MÉPHISTOPHÉLÈS.

Je me donnerais volontiers au diable, si je ne l'étais moi-même.

FAUST.

Quelque chose s'est-il dérangé dans ta tête? ou cela t'amuse-t-il de tempêter comme un enragé?

MÉPHISTOPHÉLÈS.

Songez donc qu'un prêtre a raflé la parure offerte à Marguerite. — Sa mère prend la chose pour la voir, et cela commence à lui causer un dégoût secret! La dame a l'odorat fin, elle renifle sans cesse dans les livres de prières, et flaire chaque meuble l'un après l'autre, pour voir s'il est sain ou profane ; ayant, à la vue des bijoux, clairement jugé que ce n'était pas là une grande bénédiction : « Mon enfant, s'écria-t-elle, bien injustement acquis asservit l'âme et brûle le sang : consacrons-le tout à la mère de Dieu, et elle nous réjouira par la manne du ciel ! » La petite Marguerite fit une moue assez gauche. « Cheval donné, pensa-t-elle, est toujours bon : et vraiment celui qui a si adroitement apporté ceci ne peut être un impie. » La mère fit venir un prêtre : celui-ci eut à peine entendu un mot de cette bagatelle, que son attention se porta là tout entière, et il lui dit : « Que cela est bien pensé ! celui qui se surmonte ne peut que gagner. L'Église a un bon estomac, elle a dévoré des pays entiers sans jamais cependant avoir d'indigestion. L'Église seule, mes chères dames, peut digérer un bien mal acquis. »

FAUST.

C'est son usage le plus commun ; juifs et rois le peuvent aussi.

MÉPHISTOPHÉLÈS.

Il saisit là-dessus colliers, chaînes et boucles, comme si ce ne fût qu'une bagatelle, ne remercia ni plus ni moins que pour un panier de noix, leur promit les dons du ciel... et elles furent très-édifiées.

FAUST.

Et Marguerite ?

MÉPHISTOPHÉLÈS.

Elle est assise, inquiète, ne sait ce qu'elle veut, ni ce qu'elle doit ; pense à l'écrin jour et nuit, mais plus encore à celui qui l'a apporté.

FAUST.

Le chagrin de ma bien-aimée me fait souffrir ; va vite me chercher un autre écrin : le premier n'avait pas déjà tant de valeur.

MÉPHISTOPHÉLÈS.

Oh ! oui, pour monsieur tout est enfantillage !

FAUST.

Fais et établis cela d'après mon idée : attache-toi à la voisine, sois un diable et non un enfant, et apporte-moi un nouveau présent.

MÉPHISTOPHÉLÈS.

Oui, gracieux maître, de tout mon cœur. (Seul.) Un pareil fou, amoureux, serait capable de vous tirer en l'air le soleil, la lune et les étoiles, comme un feu d'artifice, pour le divertissement de sa belle.

Il sort.

La maison de la voisine.

MARTHE, seule.

Que Dieu pardonne à mon cher mari ! il n'a rien fait de bon pour moi ; il s'en est allé au loin par le monde et m'a laissée seule sur le fumier. Je ne l'ai cependant guère tourmenté, et je n'ai fait, Dieu le sait, que l'aimer de tout mon cœur. (Elle pleure.) Peut-être est-il déjà mort ! — O douleur ! — Si j'avais seulement son extrait mortuaire !

MARGUERITE entre.

Madame Marthe !

MARTHE.

Que veux-tu, petite Marguerite ?

MARGUERITE.

Mes genoux sont prêts à se dérober sous moi : j'ai retrouvé dans mon armoire un nouveau coffre, du même bois, et contenant des choses bien plus riches sous tous les rapports que le premier.

MARTHE.

Il ne faut pas le dire à ta mère ! elle irait encore le porter à son confesseur.

MARGUERITE.

Mais voyez donc ! admirez donc !

MARTHE, la parant.

Heureuse créature !

MARGUERITE.

Pauvre comme je suis, je n'oserais pas me montrer ainsi dans les rues, ni à l'église.

MARTHE.

Viens souvent me trouver, et tu essayeras ici en secret ces parures, tu pourras te promener une heure devant le miroir : nous y trouverons toujours du plaisir; et, s'il vient ensuite une occasion, une fête, on fera voir aux gens tout cela l'un après l'autre. D'abord une petite chaîne, ensuite une perle à l'oreille. Ta mère ne se doutera de rien, et on lui fera quelque histoire.

MARGUERITE.

Qui a donc pu apporter ici ces deux petites cassettes ? Cela n'est pas naturel.

On frappe.

MARTHE, regardant par le rideau.

C'est un monsieur étranger. — Entrez !

MÉPHISTOPHÉLÈS entre.

Je suis bien hardi d'entrer si brusquement, et j'en demande pardon à ces dames. (Il s'incline devant Marguerite.) Je désirerais parler à madame Marthe Swerdlein.

MARTHE.

C'est moi ; que me veut monsieur ?

MÉPHISTOPHÉLÈS, bas.

Je vous connais maintenant ; c'est assez pour moi. Vous avez là une visite d'importance; pardonnez-moi la liberté que j'ai prise, je reviendrai cette après-midi.

7.

MARTHE, gaîment.

Vois, mon enfant, ce que c'est que le monde : monsieur te prend pour une demoiselle.

MARGUERITE.

Je ne suis qu'une pauvre jeune fille... Ah! Dieu! monsieur est bien bon ; la parure et les bijoux ne sont point à moi.

MÉPHISTOPHÉLÈS.

Ah! ce n'est pas seulement la parure ; vous avez un air, un regard si fin... Je me réjouis de pouvoir rester.

MARTHE.

Qu'annonce-t-il donc? Je désirerais bien...

MÉPHISTOPHÉLÈS.

Je voudrais apporter une nouvelle plus gaie, mais j'espère que vous ne m'en ferez pas porter la peine ; votre mari est mort, et vous fait saluer.

MARTHE.

Il est mort! le pauvre cœur! O ciel! mon mari est mort! Ah! je m'évanouis!

MARGUERITE.

Ah! chère dame, ne vous désespérez pas.

MÉPHISTOPHÉLÈS.

Écoutez-en la tragique aventure.

MARTHE.

Oui, racontez-moi la fin de sa carrière.

MÉPHISTOPHÉLÈS.

Il gît à Padoue, enterré près de saint Antoine, en terre sainte, pour y reposer éternellement.

MARTHE.

Vous n'avez donc rien à m'en apporter?

MÉPHISTOPHÉLÈS.

Si fait, une prière grave et nécessaire : c'est de faire dire pour lui trois cents messes ; du reste, mes poches sont vides.

MARTHE.

Quoi ! pas une médaille ? pas un bijou ? Ce que tout ouvrier misérable garde précieusement au fond de son sac, et réserve comme un souvenir, dût-il mourir de faim, dût-il mendier ?

MÉPHISTOPHÉLÈS.

Madame, cela m'est on ne peut plus pénible ; mais il n'a vraiment pas gaspillé son argent ; aussi il s'est bien repenti de ses fautes, oui, et a déploré bien plus encore son infortune.

MARGUERITE.

Ah ! faut-il que les hommes soient si malheureux ! Certes, je veux lui faire dire quelques *Requiem*.

MÉPHISTOPHÉLÈS.

Vous seriez digne d'entrer vite dans le mariage, vous êtes une aimable enfant.

MARGUERITE.

Oh ! non ; cela ne me convient pas encore.

MÉPHISTOPHÉLÈS.

Sinon un mari, un galant en attendant ; ce serait le plus grand bienfait du ciel que d'avoir dans ses bras un objet si aimable.

MARGUERITE.

Ce n'est point l'usage du pays.

MÉPHISTOPHÉLÈS.

Usage ou non, cela se fait de même.

MARTHE.

Poursuivez donc votre récit.

MÉPHISTOPHÉLÈS.

Je m'assis près de son lit de mort : c'était un peu mieux que du fumier, de la paille à demi-pourrie ; mais il mourut comme un chrétien, et trouva qu'il en avait encore par-dessus son mérite. « Comme je dois, s'écria-t-il, me détester cordialement d'avoir pu délaisser ainsi mon état, ma femme ! ah ! ce souvenir me tue. Pourra-t-elle jamais me pardonner en cette vie ?...

MARTHE, en pleurant.

L'excellent mari ! je lui ai depuis longtemps pardonné !

MÉPHISTOPHÉLÈS.

« Mais, Dieu le sait, elle en fut plus coupable que moi ! »

MARTHE.

Il ment en cela ! Quoi ! mentir au bord de la tombe !

MÉPHISTOPHÉLÈS.

Il en contait sûrement à son agonie, si je puis m'y connaître. « Je n'avais, dit-il, pas le temps de bâiller ; il fallait lui faire d'abord des enfants, et ensuite lui gagner du pain... Quand je dis du pain, c'est dans le sens le plus exact, et je n'en pouvais manger ma part en paix. »

MARTHE.

A-t-il donc oublié tant de foi, tant d'amour ?... toute ma peine le jour et la nuit ?...

MÉPHISTOPHÉLÈS.

Non pas, il y a sincèrement pensé. Et il a dit : « Quand je partis de Malte, je priai avec ardeur pour ma femme et mes enfants ; aussi le ciel me fut-il propice, car notre vaisseau prit un bâtiment de transport turc, qui portait un trésor du grand sultan ; il devint la récompense de notre courage, et j'en reçus, comme de juste, ma part bien mesurée. »

MARTHE.

Et comment ? où donc ? Il l'a peut-être enterrée.

MÉPHISTOPHÉLÈS.

Qui sait maintenant où les quatre vents l'ont emportée? Une jolie demoiselle s'attacha à lui, lorsqu'en étranger il se promenait autour de Naples; elle se conduisit envers lui avec beaucoup d'amour et de fidélité, tant qu'il s'en ressentit jusqu'à sa bienheureuse fin.

MARTHE.

Le vaurien! le voleur à ses enfants! Faut-il que ni misère ni besoin n'aient pu empêcher une vie aussi scandaleuse!

MÉPHISTOPHÉLÈS.

Oui, voyez! il en est mort aussi. Si j'étais à présent à votre place, je pleurerais sur lui pendant l'année d'usage, et cependant je rendrais visite à quelque nouveau trésor.

MARTHE.

Ah! Dieu! comme était mon premier, je n'en trouverais pas facilement un autre dans le monde. A peine pourrait-il exister un fou plus charmant. Il aimait seulement un peu trop les voyages, les femmes étrangères, le vin étranger, et tous ces maudits jeux de dés.

MÉPHISTOPHÉLÈS.

Bien, bien; cela pouvait encore se supporter, si par hasard, de son côté, il vous en passait autant; je vous assure que, moyennant cette clause, je ferais volontiers avec vous l'échange de l'anneau.

MARTHE.

Oh! monsieur aime à badiner.

MÉPHISTOPHÉLÈS, à part.

Sortons vite, elle prendrait bien au mot le diable lui-même. (A Marguerite.) Comment va le cœur?

MARGUERITE.

Que veut dire par là monsieur?

MÉPHISTOPHÉLÈS, à part.

La bonne, l'innocente enfant! (Haut.) Bonjour, mesdames.

MARGUERITE.

Bonjour.

MARTHE.

Oh! dites-moi donc vite : je voudrais bien avoir un indice certain sur le lieu où mon trésor est mort et enterré. Je fus toujours amie de l'ordre, et je voudrais voir sa mort dans les affiches.

MÉPHISTOPHÉLÈS.

Oui, bonne dame, la vérité se connaît dans tous pays par deux témoignages de bouche; j'ai encore un fin compagnon que je veux faire paraître pour vous devant le juge. Je vais l'amener ici.

MARTHE.

Oh! oui, veuillez le faire.

MÉPHISTOPHÉLÈS.

Et que la jeune fille soit aussi là. — C'est un brave garçon; il a beaucoup voyagé et témoigne pour les demoiselles toute l'honnêteté possible.

MARGUERITE.

Je vais être honteuse devant ce monsieur.

MÉPHISTOPHÉLÈS.

Devant aucun roi de la terre.

MARTHE.

Là, derrière la maison, dans mon jardin, nous attendrons tantôt ces messieurs.

DEUXIÈME PARTIE

Une rue.

FAUST, MÉPHISTOPHÉLÈS.

FAUST.

Qu'est-ce qu'il y a? cela s'avance-t-il? cela finira-t-il bientôt?

MÉPHISTOPHÉLÈS.

Ah! très-bien! je vous trouve tout animé. Dans peu de temps, Marguerite est à vous. Ce soir, vous la verrez chez Marthe, sa voisine : c'est une femme qu'on croirait choisie exprès pour le rôle d'entremetteuse et de bohémienne.

FAUST.

Fort bien.

MÉPHISTOPHÉLÈS.

Cependant on exigera quelque chose de nous.

FAUST.

Un service en mérite un autre.

MÉPHISTOPHÉLÈS.

Il faut que nous donnions un témoignage valable, à savoir que les membres de son mari reposent juridiquement à Padoue, en terre sainte.

FAUST.

C'est prudent! il nous faudra donc maintenant faire le voyage?

MÉPHISTOPHÉLÈS.

Sancta simplicitas! Ce n'est pas cela qu'il faut faire : témoignez sans en savoir davantage.

FAUST.

S'il n'y a rien de mieux, le plan manque.

MÉPHISTOPHÉLÈS.

O saint homme!... le serez-vous encore longtemps?

Est-ce la première fois de votre vie que vous auriez porté faux témoignage? N'avez-vous pas de Dieu, du monde, et de ce qui s'y passe, des hommes et de ce qui règle leur tête et leur cœur, donné des définitions avec grande assurance, effrontément et d'un cœur ferme? et, si vous voulez bien descendre en vous-même, vous devrez bien avouer que vous en saviez autant que sur la mort de M. Swerdlein.

FAUST.

Tu es et tu resteras un menteur et un sophiste.

MÉPHISTOPHÉLÈS.

Oui, si l'on n'en savait pas un peu plus. Car, demain, n'irez-vous pas, en tout bien tout honneur, séduire cette pauvre Marguerite et lui jurer l'amour le plus sincère?

FAUST.

Et du fond de mon cœur.

MÉPHISTOPHÉLÈS.

Très-bien ! Ensuite ce seront des serments d'amour et de fidélité éternelle, d'un penchant unique et tout-puissant. Tout cela partira-t-il aussi du cœur?

FAUST.

Laissons cela; oui, c'est ainsi. Lorsque, pour mes sentiments, pour mon ardeur, je cherche des noms, et n'en trouve point, qu'alors je me jette dans le monde de toute mon âme, que je saisis les plus énergiques expressions, et que ce feu dont je brûle, je l'appelle sans cesse infini, éternel, est-ce là un mensonge diabolique?

MÉPHISTOPHÉLÈS.

Cependant, j'ai raison.

FAUST.

Écoute, et fais bien attention à ceci. — Je te prie d'épargner mes poumons. — Qui veut avoir raison et possède seulement une langue, l'a certainement. Et viens; je suis rassasié de bavardage, car, si tu as raison, c'est que je préfère me taire.

Un jardin.

MARGUERITE, au bras de FAUST; MARTHE, MÉPHIS-TOPHÉLÈS, se promenant de long en large.

MARGUERITE.

Je sens bien que monsieur me ménage; il s'abaisse pour ne pas me faire honte. Les voyageurs ont ainsi la coutume de prendre tout en bonne part, et de bon cœur; je sais fort bien qu'un homme aussi expérimenté ne peut s'entretenir avec mon pauvre langage.

FAUST.

Un regard de toi, une seule parole m'en dit plus que toute la sagesse de ce monde.

Il lui baise la main.

MARGUERITE.

Que faites-vous? Comment pouvez-vous baiser ma main? Elle est si sale, si rude! Que n'ai-je point à faire chez nous! Ma mère est si ménagère...

Ils passent.

MARTHE.

Et vous, monsieur, vous voyagez donc toujours ainsi?

MÉPHISTOPHÉLÈS.

Ah! l'état et le devoir nous y forcent! Avec quel chagrin on quitte certains lieux! et on n'oserait pourtant pas prendre sur soi d'y rester.

MARTHE.

Dans la force de l'âge, cela fait du bien, de courir çà et là librement par le monde. Cependant, la mauvaise saison vient ensuite, et se traîner seul au tombeau en célibataire, c'est ce que personne n'a fait encore avec succès.

MÉPHISTOPHÉLÈS.

Je vois avec effroi venir cela de loin.

MARTHE.

C'est pourquoi, digne monsieur, il faut vous consulter à temps.

Ils passent.

MARGUERITE.

Oui, tout cela sort bientôt des yeux et de l'esprit : la politesse vous est facile, mais vous avez beaucoup d'amis plus spirituels que moi.

FAUST.

O ma chère! ce que l'on décore tant du nom d'esprit n'est souvent plutôt que sottise et vanité.

MARGUERITE.

Comment?

FAUST.

Ah! faut-il que la simplicité, que l'innocence, ne sachent jamais se connaître elles-mêmes et apprécier leur sainte dignité! Que l'humilité, l'obscurité, les dons les plus précieux de la bienfaisante nature...

MARGUERITE.

Pensez un seul moment à moi, et j'aurai ensuite assez le temps de penser à vous.

FAUST.

Vous êtes donc toujours seule?

MARGUERITE.

Oui, notre ménage est très-petit, et cependant il faut qu'on y veille. Nous n'avons point de servante, il faut faire à manger, balayer, tricoter et coudre, courir, soir et matin; ma mère est si exacte dans les plus petites choses!... Non qu'elle soit contrainte à se gêner beaucoup, nous pourrions nous remuer encore comme bien d'autres. Mon père nous a laissé un joli avoir, une petite maison et un jardin à l'entrée de la ville. Cependant, je mène en ce moment des jours assez paisibles ; mon frère est soldat, ma petite sœur est morte : cette enfant me donnait bien du mal ; cependant, j'en prenais volontiers la peine ; elle m'était si chère !

FAUST.

Un ange, si elle te ressemblait.

MARGUERITE.

Je l'élevais, et elle m'aimait sincèrement. Elle naquit après la mort de mon père ; nous pensâmes alors perdre ma mère, tant elle était languissante ! Elle fut longtemps à se remettre, et seulement peu à peu, de sorte qu'elle ne put songer à nourrir elle-même la petite créature, et que je fus seule à l'élever en lui faisant boire du lait et de l'eau ; elle était comme ma fille. Dans mes bras, sur mon sein, elle prit bientôt de l'amitié pour moi, se remua et grandit.

FAUST.

Tu dus sentir alors un bonheur bien pur !

MARGUERITE.

Mais certes aussi bien des heures de trouble. Le berceau de la petite était la nuit près de mon lit ; elle se remuait à peine, que je m'éveillais ; tantôt il fallait la faire boire, tantôt la placer près de moi ; tantôt, quand elle ne se taisait pas, la mettre au lit, et aller çà et là dans la chambre en la faisant danser. Et puis, de grand matin, il fallait aller au lavoir, ensuite aller au marché et revenir au foyer ; et toujours ainsi, un jour comme l'autre. Avec une telle existence, monsieur, on n'est pas toujours réjouie ; mais on en savoure mieux la nourriture et le repos.

Ils passent.

MARTHE.

Les pauvres femmes s'en trouvent mal pourtant ; il est difficile de corriger un célibataire.

MÉPHISTOPHÉLÈS.

Qu'il se présente une femme comme vous, et c'est de quoi me rendre meilleur que je ne suis.

MARTHE.

Parlez vrai, monsieur : n'auriez-vous encore rien trouvé ? Le cœur ne s'est-il pas attaché quelque part ?

MÉPHISTOPHÉLÈS.

Le proverbe dit : *Une maison qui est à vous, et une brave femme, sont précieuses comme l'or et les perles.*

MARTHE.

Je demande si vous n'avez jamais obtenu des faveurs de personne ?

MÉPHISTOPHÉLÈS.

On m'a partout reçu très-honnêtement.

MARTHE.

Je voulais dire : votre cœur n'a-t-il jamais eu d'engagement sérieux ?

MÉPHISTOPHÉLÈS.

Avec les femmes, il ne faut jamais s'exposer à badiner.

MARTHE.

Ah ! vous ne me comprenez pas.

MÉPHISTOPHÉLÈS.

J'en suis vraiment fâché ; pourtant, je comprends que... vous avez bien des bontés.

Ils passent.

FAUST.

Tu me reconnus donc, mon petit ange, dès que j'arrivai dans le jardin ?

MARGUERITE.

Ne vous en êtes-vous pas aperçu ? Je baissai soudain les yeux.

DEUXIÈME PARTIE

FAUST.

Et tu me pardonnes la liberté que je pris? ce que j'eus la témérité d'entreprendre lorsque tu sortis tantôt de l'église?

MARGUERITE.

Je fus consternée! jamais cela ne m'était arrivé, personne n'a pu jamais dire du mal de moi. « Ah! pensais-je, aurait-il trouvé dans ma marche quelque chose de hardi, d'inconvenant? Il a paru s'attaquer à moi comme s'il eût eu affaire à une fille de mauvaises mœurs. » Je l'avouerai pourtant : je ne sais quoi commençait déjà à m'émouvoir à votre avantage; mais certainement je me voulus bien du mal de n'avoir pu vous traiter plus défavorablement encore.

FAUST.

Chère amie!

MARGUERITE.

Laissez-moi...

Elle cueille une marguerite et en arrache les pétales les unes après les autres.

FAUST.

Qu'en veux-tu faire? un bouquet?

MARGUERITE.

Non, ce n'est qu'un jeu.

FAUST.

Comment?

MARGUERITE.

Allons, vous vous moquerez de moi.

Elle effeuille et murmure tout bas.

FAUST.

Que murmures-tu?

MARGUERITE, à demi-voix.

Il m'aime. — Il ne m'aime pas.

FAUST.

Douce figure du ciel!

MARGUERITE continue.

Il m'aime. — Non. — Il m'aime. — Non... (Arrachant le dernier pétale, avec une joie douce.) Il m'aime!

FAUST.

Oui, mon enfant; que la prédiction de cette fleur soit pour toi l'oracle des dieux! Il t'aime! comprends-tu ce que cela signifie? Il t'aime!

Il lui prend les deux mains.

MARGUERITE.

Je frissonne!

FAUST.

Oh! ne frémis pas! Que ce regard, que ce serrement de main te disent ce qui ne peut s'exprimer : s'abandonner l'un à l'autre, pour goûter un ravissement qui peut être éternel! Éternel!... sa fin serait le désespoir!... Non! point de fin! point de fin!

Marguerite lui serre la main, se dégage et s'enfuit. Il demeure un instant dans ses pensées, puis la suit.

MARTHE, approchant.

La nuit vient.

MÉPHISTOPHÉLÈS.

Oui, et il nous faut partir.

MARTHE.

Je vous prierais bien de rester plus longtemps; mais on est si méchant dans notre endroit! C'est comme si personne n'avait rien à faire que de surveiller les allées et venues de ses voisins; et, de telle sorte qu'on se conduise, on devient l'objet de tous les bavardages. Et notre jeune couple?

MÉPHISTOPHÉLÈS.

S'est envolé là par l'allée. Inconstants papillons!

DEUXIÈME PARTIE

MARTHE.

Il paraît l'affectionner.

MÉPHISTOPHÉLÈS.

Et elle aussi. C'est comme va le monde.

Une petite cabane de jardin. — Marguerite y saute, se blottit derrière la porte, tient le bout de ses doigts sur ses lèvres et regarde par la fente.

MARGUERITE.

Il vient!

FAUST entre.

Ah! friponne, tu veux m'agacer! je te tiens!

Il l'embrasse.

MARGUERITE, *le saisissant, et lui rendant le baiser.*

O le meilleur des hommes! je t'aime de tout mon cœur!

Méphistophélès frappe.

FAUST, *frappant du pied.*

Qui est là!

MÉPHISTOPHÉLÈS.

Un ami.

FAUST.

Une bête!

MÉPHISTOPHÉLÈS.

Il est bien temps de se quitter.

MARTHE entre.

Oui, il est tard, monsieur.

FAUST.

Oserai-je vous reconduire?

MARGUERITE.

Ma mère pourrait... Adieu!

FAUST.

Faut-il donc que je parte? Adieu!

MARTHE.

Bonsoir.

MARGUERITE.

Au prochain revoir !

Faust et Méphistophélès sortent.

MARGUERITE.

Mon bon Dieu ! un homme comme celui-ci pense tout et sait tout. J'ai honte devant lui, et je dis *oui* à toutes ses paroles. Je ne suis qu'une pauvre enfant ignorante, et je ne comprends pas ce qu'il peut trouver en moi.

Elle sort.

Forêt et cavernes.

FAUST, seul.

Sublime Esprit, tu m'as donné, tu m'as donné tout, dès que je t'en ai supplié. Tu n'as pas en vain tourné vers moi ton visage de feu. Tu m'as livré pour royaume la majestueuse nature, et la force de la sentir, d'en jouir : non, tu ne m'as pas permis de n'avoir qu'une admiration froide et interdite, en m'accordant de regarder dans son sein profond, comme dans le sein d'un ami. Tu as amené devant moi la longue chaîne des vivants, et tu m'as instruit à reconnaître mes frères dans le buisson tranquille, dans l'air et dans les eaux. Et quand, dans la forêt, la tempête mugit et crie, en précipitant à terre les pins gigantesques dont les tiges voisines se froissent avec bruit, et dont la chute résonne comme un tonnerre de montagne en montagne, tu me conduis alors dans l'asile des cavernes, tu me révèles à moi-même, et je vois se découvrir les merveilles secrètes cachées dans mon propre sein. Puis, à mes yeux, la lune pure s'élève doucement vers le ciel, et, le long des rochers, je vois errer, sur les buissons humides, les ombres argentées du temps passé, qui viennent adoucir l'austère volupté de la méditation.

Oh ! l'homme ne possédera jamais rien de parfait, je le

sens maintenant : tu m'as donné avec ces délices, qui me rapprochent de plus en plus des dieux, un compagnon dont je ne puis déjà plus me priver désormais, tandis que, froid et fier, il me rabaisse à mes propres yeux, et, d'une seule parole, replonge dans le néant tous les présents que tu m'as faits ; il a créé dans mon sein un feu sauvage qui m'attire vers toutes les images de la beauté. Ainsi, je passe avec transport du désir à la jouissance, et, dans la jouissance, je regrette le désir.

Méphistophélès entre

MÉPHISTOPHÉLÈS.

Aurez-vous bientôt assez mené une telle vie? Comment pouvez-vous vous complaire dans cette langueur? Il est fort bon d'essayer une fois, mais pour passer vite à du neuf.

FAUST.

Je voudrais que tu eusses à faire quelque chose de mieux que de me troubler dans mes bons jours.

MÉPHISTOPHÉLÈS.

Bon! bon! je vous laisserais volontiers en repos ; mais vous ne pouvez me dire cela sérieusement. Pour un compagnon si déplaisant, si rude et si fou, il y a vraiment peu à perdre. Tout le jour, on a les mains pleines, et sur ce qui plaît à monsieur, et sur ce qu'il y a à faire pour lui, on ne peut vraiment lui rien tirer du nez.

FAUST.

Voilà tout juste le ton ordinaire ; il veut encore un remerciement de ce qu'il m'ennuie.

MÉPHISTOPHÉLÈS.

Comment donc aurais-tu, pauvre fils de la terre, passé ta vie sans moi? Je t'ai cependant guéri pour longtemps des écarts de l'imagination ; et, sans moi, tu serais déjà bien loin de ce monde. Qu'as-tu là à te nicher comme un hibou dans les cavernes et les fentes des rochers? Quelle nourriture humes-tu dans la mousse pourrie et les pierres mouillées! Plaisir de crapaud! passe-temps aussi beau qu'agréable! Le docteur te tient toujours au corps.

FAUST.

Comprends-tu de quelle nouvelle force cette course dans le désert peut ranimer ma vie? Oui, si tu pouvais le sentir, tu serais assez diable pour ne pas m'accorder un tel bonheur.

MÉPHISTOPHÉLÈS.

Un plaisir surnaturel! S'étendre la nuit sur les montagnes humides de rosée, embrasser avec extase la terre et le ciel, s'enfler d'une sorte de divinité, pénétrer avec transport par la pensée jusqu'à la moelle de la terre, repasser en son sein tous les six jours de la Création, bientôt s'épandre avec délices dans le grand tout, dépouiller entièrement tout ce qu'on a d'humain, et finir cette haute contemplation... (Avec un geste.) Je n'ose dire comment...

FAUST.

Fi de toi!

MÉPHISTOPHÉLÈS.

Cela ne peut vous plaire, vous avez raison de dire l'honnête fi. On n'ose nommer devant de chastes oreilles ce dont les cœurs chastes ne peuvent se passer; et, bref, je vous souhaite bien du plaisir à vous mentir à vous-même de temps à autre. Il ne faut cependant pas que cela dure trop longtemps, tu serais bientôt entraîné encore, et, si cela persistait, replongé dans la folie, l'angoisse et le chagrin. Mais c'est assez! ta bien-aimée est là-bas, et, pour elle, tout est plein de peine et de trouble; tu ne lui sors pas de l'esprit, et sa passion dépasse déjà sa force... Naguère la rage d'amour débordait comme un ruisseau qui s'enfle de neiges fondues; tu la lui as versée dans le cœur, et, maintenant, ton ruisseau est à sec. Il me semble qu'au lieu de régner dans les forêts, il serait bon que le grand homme récompensât la pauvre jeune fille trompée de son amour. Le temps lui paraît d'une malheureuse longueur, elle se tient toujours à la fenêtre et regarde les nuages passer sur la vieille muraille de la ville. *Si j'étais petit oiseau!* voilà ce qu'elle chante tout le jour et la moitié de la nuit. Une fois, elle est gaie, plus souvent triste; une autre fois elle pleure beaucoup, puis semble devenir plus tranquille, et toujours aime.

FAUST.

Serpent! serpent!

MÉPHISTOPHÉLÈS, à part.

N'est-ce pas?... Que je t'enlace!

FAUST.

Infâme! lève-toi de là, et ne nomme plus cette charmante femme! N'offre plus le désir de sa douce possession à mon esprit à demi vaincu.

MÉPHISTOPHÉLÈS.

Qu'importe! elle te croit envolé, et tu l'es déjà à moitié.

FAUST.

Je suis près d'elle; mais, en fussé-je bien loin encore, jamais je ne l'oublierais, jamais je ne la perdrais... Oui, j'envie le corps du Seigneur, pendant que ses lèvres le touchent.

MÉPHISTOPHÉLÈS.

Fort bien, mon ami; je vous ai souvent envié, moi, ces deux jumeaux qui paissent entre des roses.

FAUST.

Fuis, entremetteur!

MÉPHISTOPHÉLÈS.

Bon! vous m'invectivez, et j'en dois rire. Le Dieu qui créa le garçon et la fille reconnut tout de suite cette profession comme la plus noble, et en fit lui-même l'office. Allons! beau sujet de chagrin! vous allez dans la chambre de votre bien-aimée, et non pas à la mort, peut-être!

FAUST.

Qu'est-ce que les joies du ciel entre ses bras? Qu'elle

me laisse me réchauffer contre son sein!... En sentirai-je moins sa misère? Ne suis-je pas le fugitif... l'exilé? le monstre sans but et sans repos... qui, comme un torrent mugissant de rochers en rochers, aspire avec fureur à l'abîme?... Mais elle, innocente, simple, une petite cabane, un petit champ des Alpes, et elle aurait passé toute sa vie dans ce monde borné, au milieu d'occupations domestiques. Tandis que, moi, haï de Dieu, je n'ai point fait assez de saisir ses appuis pour les mettre en ruine, il faut que j'anéantisse toute la paix de son âme! Enfer! il le fallait cette victime! Hâte-toi, démon, abrége-moi le temps de l'angoisse! que ce qui doit arriver arrive à l'instant! Fais écrouler sur moi sa destinée, et qu'elle tombe avec moi dans l'abîme.

MÉPHISTOPHÉLÈS.

Comme cela bouillonne! comme cela brûle!... Viens et console-la, pauvre fou! Où une faible tête ne voit pas d'issue, elle se figure voir la fin. Vive celui qui garde toujours son courage! Tu es déjà assez raisonnablement endiablé! et je ne trouve rien de plus ridicule au monde qu'un diable qui se désespère.

Chambre de Marguerite.

MARGUERITE, seule, à son rouet.

Le repos m'a fui! hélas! la paix de mon cœur malade, je ne la trouve plus, et plus jamais!

Partout où je ne le vois pas, c'est la tombe! Le monde entier se voile de deuil!

Ma pauvre tête se brise, mon pauvre esprit s'anéantit!

Le repos m'a fui! hélas! la paix de mon cœur malade, je ne la trouve plus, et plus jamais!

Je suis tout le jour à la fenêtre, ou devant la maison, pour l'apercevoir de plus loin, ou pour voler à sa rencontre!

Sa démarche fière, son port majestueux, le sourire de sa bouche, le pouvoir de ses yeux,

Et le charme de sa parole, et le serrement de sa main! et puis, ah! son baiser!

Le repos m'a fui!... hélas! la paix de mon cœur malade, je ne la trouve plus, et plus jamais!

Mon cœur se serre à son approche! ah! que ne puis-je le saisir et le retenir pour toujours!

Et l'embrasser à mon envie! et finir mes jours sous ses baisers!

Le jardin de Marthe.

MARGUERITE, FAUST.

MARGUERITE.

Promets-moi, Henri!...

FAUST.

Tout ce que je puis.

MARGUERITE.

Dis-moi donc, quelle religion as-tu? Tu es un homme d'un cœur excellent; mais je crois que tu n'as guère de piété.

FAUST.

Laissons cela, mon enfant; tu sais si je t'aime; pour mon amour, je vendrais mon corps et mon sang; mais je ne veux enlever personne à sa foi et à son Église.

MARGUERITE.

Ce n'est pas assez; il faut encore y croire.

FAUST.

Le faut-il?

MARGUERITE.

Oh! si je pouvais quelque chose sur toi!... Tu n'honores pas non plus les saints sacrements.

FAUST.

Je les honore.

MARGUERITE.

Sans les désirer cependant. Il y a longtemps que tu n'es allé à la messe, à confesse; crois-tu en Dieu?

FAUST.

Ma bien-aimée, qui oserait dire : *Je crois en Dieu?* Demande-le aux prêtres ou aux sages, et leur réponse semblera une raillerie de la demande.

MARGUERITE.

Tu n'y crois donc pas ?

FAUST.

Sache mieux me comprendre, aimable créature; qui oserait le nommer et faire cet acte de foi : *Je crois en lui?* Qui oserait sentir et s'exposer à dire : *Je ne crois pas en lui?* Celui qui contient tout, qui soutient tout, ne contient-il pas, ne soutient-il pas toi, moi et lui-même? Le ciel ne se voûte-t-il pas là-haut? La terre ne s'étend-elle pas ici-bas, et les astres éternels ne s'élèvent-ils pas en nous regardant amicalement? Mon œil ne voit-il pas tes yeux? Tout n'entraîne-t-il pas vers toi et ma tête et mon cœur? Et ce qui m'y attire, n'est-ce pas un mystère éternel, visible ou invisible ?... Si grand qu'il soit, remplis-en ton âme; et, si par ce sentiment tu es heureuse, nomme-le comme tu voudras, bonheur! cœur! amour! Dieu! — Moi, je n'ai pour cela aucun nom. Le sentiment est tout, le nom n'est que bruit et fumée qui nous voile l'éclat des cieux.

MARGUERITE.

Tout cela est bel et bon ; ce que dit le prêtre y ressemble assez, à quelques autres mots près.

FAUST.

Tous les cœurs, sous le soleil, le répètent en tous lieux, chacun en son langage; pourquoi ne le dirais-je pas dans le mien ?

MARGUERITE.

Si on l'entend ainsi, cela peut paraître raisonnable; mais il reste encore pourtant quelque chose de louche, car tu n'as pas de foi dans le christianisme.

FAUST.

Chère enfant !

MARGUERITE.

Et puis j'ai horreur depuis longtemps de te voir dans une compagnie...

FAUST.

Comment ?

MARGUERITE.

Celui que tu as avec toi... je le hais du plus profond de mon cœur. Rien dans ma vie ne m'a plus blessé le cœur que le visage rebutant de cet homme.

FAUST.

Chère petite, ne crains rien.

MARGUERITE.

Sa présence me remue le sang. Je suis, d'ailleurs, bienveillante pour tous les hommes ; mais de même que j'aime à te regarder, de même je sens de l'horreur en le voyant ; à tel point que je le tiens pour un coquin... Dieu me pardonne, si je lui fais injure !

FAUST.

Il faut bien qu'il y ait aussi de ces drôles-là.

MARGUERITE.

Je ne voudrais pas vivre avec son pareil ! Quand il va pour entrer, il regarde d'un air railleur, et moitié colère ! On voit qu'il ne prend intérêt à rien ; il porte écrit sur le front qu'il ne peut aimer nulle âme au monde. Il me semble que je suis si bien à ton bras, si libre, si à l'aise... Eh bien, sa présence me met toute à la gêne.

FAUST.

Pressentiments de cet ange !

MARGUERITE.

Cela me domine si fort, que partout où il nous accompagne, il me semble aussitôt que je ne t'aime plus. Quand il est là aussi, jamais je ne puis prier, et cela me ronge le cœur; cela doit te faire le même effet, Henri!

FAUST.

Tu as donc des antipathies?

MARGUERITE.

Je dois me retirer.

FAUST.

Ah! ne pourrai-je jamais reposer une seule heure contre ton sein... presser mon cœur contre ton cœur, et mêler mon âme à ton âme?

MARGUERITE.

Si seulement je couchais seule, je laisserais volontiers ce soir les verrous ouverts; mais ma mère ne dort point profondément, et, si elle nous surprenait, je tomberais morte à l'instant.

FAUST.

Mon ange, cela ne t'arrivera point. Voici un petit flacon; deux gouttes seulement versées dans sa boisson l'endormiront aisément d'un profond sommeil.

MARGUERITE.

Que ne fais-je pas pour toi! Il n'y a rien là qui puisse lui faire mal?

FAUST.

Sans cela, te le conseillerais-je, ma bien-aimée?

MARGUERITE.

Quand je te vois, mon cher ami, je ne sais quoi m'oblige à ne te rien refuser; et j'ai déjà tant fait pour toi, qu'il ne me reste presque plus rien à faire.

Elle sort.

MÉPHISTOPHÉLÈS entre.

La brebis est-elle partie?

FAUST.

Tu as encore espionné?

MÉPHISTOPHÉLÈS.

J'ai appris tout en détail. M. le docteur a été là catéchisé ; j'espère que cela vous profitera. Les jeunes filles sont très-intéressées à ce qu'on soit pieux et docile à la vieille coutume. « S'il s'humilie devant elle, pensent-elles, il nous obéira aussi aisément. »

FAUST.

Le monstre ne peut sentir combien cette âme fidèle et aimante, pleine de sa croyance, qui seule la rend heureuse, se tourmente pieusement de la crainte de voir se perdre l'homme qu'elle aime !

MÉPHISTOPHÉLÈS.

O sensible, très-sensible galant ! Une jeune fille te conduit par le nez.

FAUST.

Vil composé de boue et de feu !

MÉPHISTOPHÉLÈS.

Et elle comprend en maître les physionomies : elle est en ma présence elle ne sait comment ; mon masque, là, désigne un esprit caché ; elle sent que je suis à coup sûr un génie, peut-être le diable lui-même. — Et cette nuit ?..

FAUST.

Qu'est-ce que cela te fait ?

MÉPHISTOPHÉLÈS.

C'est que j'y ai ma part de joie.

Au lavoir.

MARGUERITE et **LISETTE**, portant des cruches.

LISETTE.

N'as-tu rien appris sur la petite Barbe ?

MARGUERITE.

Pas un mot. Je vais peu dans le monde.

LISETTE.

Certainement (Sibylle me l'a dit aujourd'hui), elle s'est enfin aussi laissé séduire ! Les voilà toutes avec leurs manières distinguées !

MARGUERITE.

Comment ?

LISETTE.

C'est une horreur ! quand elle boit et mange, c'est pour deux !

MARGUERITE.

Ah !

LISETTE.

Voilà comment cela a fini ; que de temps elle a été pendue à ce vaurien ! C'était une promenade, une course au village ou à la danse ; il fallait qu'elle fût la première dans tout ; il l'amadouait sans cesse avec des gâteaux et du vin ; elle s'en faisait accroire sur sa beauté, et avait assez peu d'honneur pour accepter ses présents sans rougir ; d'abord une caresse, puis un baiser ; si bien que sa fleur est loin.

MARGUERITE.

La pauvre créature !

LISETTE.

Plains-la encore ! Quand nous étions seules à filer, et que, le soir, nos mères ne nous laissaient pas descendre, elle s'asseyait agréablement avec son amoureux sur le banc de la porte, et, dans l'allée sombre, il n'y avait pas pour eux d'heure assez longue. Elle peut bien maintenant aller s'humilier à l'église en cilice de pénitente.

MARGUERITE.

Il la prend sans doute pour sa femme.

LISETTE.

Il serait bien fou ; un garçon dispos a bien assez d'air autre part. Il a pris sa volée. .

MARGUERITE.

Ce n'est pas bien.

LISETTE.

Le rattrapât-elle encore, cela ne ferait rien ! Les garçons lui arracheront sa couronne, et nous répandrons devant sa porte de la paille hachée.

MARGUERITE, retournant à la maison.

Comment pouvais-je donc médire si hardiment quand une pauvre fille avait le malheur de faillir ? Comment se faisait-il que, pour les péchés des autres, ma langue ne trouvât pas de termes assez forts ? Si noir que cela me parût, je le noircissais encore. Cela ne l'était jamais assez pour moi, et je faisais tout aussi grand que possible ; et je suis maintenant le péché même ! Cependant,... tout m'y entraîna. Mon Dieu ! il était si bon ! Hélas ! il était si aimable !

Les remparts. — Dans un creux du mur l'image de la *Mater dolorosa*, des pots de fleurs devant.

MARGUERITE apporte un pot de fleurs.

Abaisse, ô mère de douleurs ! un regard de pitié sur ma peine !
Le glaive dans le cœur, tu contemples avec mille angoisses la mort cruelle de ton fils !
Tes yeux se tournent vers son père ; et tes soupirs lui demandent de vous secourir tous les deux !
Qui sentira, qui souffrira le mal qui déchire mon sein ? l'inquiétude de mon pauvre cœur, ce qu'il craint, et ce qu'il espère ? Toi seule, hélas ! peux le savoir !
En quelque endroit que j'aille, c'est une amère, hélas ! bien amère douleur que je traîne avec moi !
Je suis à peine seule, que je pleure, je pleure, je pleure ! et mon cœur se brise en mon sein !

Ces fleurs sont venues devant ma croisée ! tous les jours, je les arrosais de mes pleurs ; ce matin, je les ai cueillies pour te les apporter.

Le premier rayon du soleil dans ma chambre me trouve sur mon lit assise, livrée à toute ma douleur !

Secours-moi ! sauve-moi de la honte et de la mort ! abaisse, ô mère de douleurs ! un regard de pitié sur ma peine !

La nuit. — Une rue devant la porte de Marguerite.

VALENTIN, soldat, frère de Marguerite.

Lorsque j'étais assis à un de ces repas où chacun aime à se vanter, et que mes compagnons levaient hautement devant moi le voile de leurs amours, en arrosant l'éloge de leurs belles d'un verre plein, et les coudes sur la table,... moi, j'étais assis tranquillement, écoutant toutes leurs fanfaronnades; mais je frottais ma barbe en souriant, et je prenais en main mon verre plein. « Chacun son goût, disais-je; mais en est-il une dans le pays qui égale ma chère petite Marguerite, qui soit digne de servir à boire à ma sœur ? » Tope ! tope ! cling ! clang ! résonnaient à l'entour. Les uns criaient : *Il a raison, elle est l'ornement de toute la contrée !* Alors, les vanteurs restaient muets. Et maintenant !... c'est à s'arracher les cheveux ! à se jeter contre les murs ! Le dernier coquin peut m'accabler de plaisanteries, de nasardes ; il faudra que je sois devant lui comme un coupable; chaque parole dite au hasard me fera suer à grosses gouttes ! et, dussé-je les hacher tous ensemble, je ne pourrais point les appeler menteurs. Qui vient-là ? qui se glisse le long de la muraille? Je ne me trompe pas, ce sont eux. Si c'est lui, je le punirai comme il mérite, il ne vivra pas longtemps sous les cieux.

DEUXIÈME PARTIE

FAUST, MÉPHISTOPHÉLÈS.

FAUST.

Par la fenêtre de la sacristie, on voit briller de l'intérieur la clarté de la lampe éternelle; elle vacille et pâlit, de plus en plus faible, et les ténèbres la pressent de tous côtés; c'est ainsi qu'il fait nuit dans mon cœur.

MÉPHISTOPHÉLÈS.

Et moi, je me sens éveillé comme ce petit chat qui se glisse le long de l'échelle et se frotte légèrement contre la muraille; il me paraît fort honnête d'ailleurs, mais tant soit peu enclin au vol et à la luxure. La superbe nuit du sabbat agit déjà sur tous mes membres; elle revient pour nous après-demain, et l'on sait là pourquoi l'on veille.

FAUST.

Brillera-t-il bientôt dans le ciel, ce trésor que j'ai vu briller ici-bas?

MÉPHISTOPHÉLÈS.

Tu peux bientôt acquérir la joie d'enlever la petite cassette; je l'ai lorgnée dernièrement, et il y a dedans de beaux écus neufs.

FAUST.

Eh quoi! pas un joyau, pas une bague pour parer ma bien-aimée?

MÉPHISTOPHÉLÈS.

J'ai bien vu par là quelque chose, comme une sorte de collier de perles.

FAUST.

Fort bien; je serais fâché d'aller vers elle sans présents.

MÉPHISTOPHÉLÈS.

Vous ne perdriez rien, ce me semble, à jouir encore d'un autre plaisir. Maintenant que le ciel brille tout plein d'étoiles, vous allez entendre un vrai chef-d'œuvre ; je lui chante une chanson morale, pour la séduire tout à fait.

Il chante en s'accompagnant avec la guitare.

Devant la maison
De celui qui t'adore,
Petite Lison,
Que fais-tu, dès l'aurore?
Au signal du plaisir,
Dans la chambre du drille
Tu peux bien entrer fille,
Mais non fille en sortir.

Il te tend les bras,
A lui tu cours bien vite;
Bonne nuit, hélas!
Bonne nuit, ma petite!
Près du moment fatal,
Fais grande résistance,
S'il ne t'offre d'avance
Un anneau conjugal.

VALENTIN *s'avance.*

Qui leurres-tu là? l'ar le feu! maudit preneur de rats!... au diable d'abord l'instrument! et au diable ensuite le chanteur!

MÉPHISTOPHÉLÈS.

La guitare est en deux! elle ne vaut plus rien.

VALENTIN.

Maintenant, c'est le coupe-gorge?

MÉPHISTOPHÉLÈS, à Faust.

Monsieur le docteur, ne faiblissez pas! Alerte! tenez-vous près de moi, que je vous conduise. Au vent votre flamberge! Poussez maintenant, je pare.

VALENTIN.

Pare donc!

MÉPHISTOPHÉLÈS.

Pourquoi pas?

VALENTIN.

Et celle-ci?

DEUXIÈME PARTIE

MÉPHISTOPHÉLÈS.

Certainement.

VALENTIN.

Je crois que le diable combat en personne ! Qu'est cela ? Déjà ma main se paralyse.

MÉPHISTOPHÉLÈS, à Faust.

Poussez.

VALENTIN tombe.

Ô ciel !

MÉPHISTOPHÉLÈS.

Voilà mon lourdaud apprivoisé. Maintenant, au large ! il faut nous éclipser lestement, car j'entends déjà qu'on crie : « Au meurtre ! » Je m'arrange aisément avec la police ; mais, quant à la justice criminelle, je ne suis pas bien dans ses papiers.

MARTHE, à sa fenêtre.

Au secours ! au secours !

MARGUERITE, à sa fenêtre.

Ici, une lumière !

MARTHE, plus haut.

On se dispute, on appelle, on crie, et l'on se bat.

LE PEUPLE.

En voilà déjà un de mort.

MARTHE, entrant.

Les meurtriers se sont-ils donc enfuis ?

MARGUERITE, entrant.

Qui est tombé là ?

LE PEUPLE.

Le fils de ta mère.

MARGUERITE.

Dieu tout-puissant ! quel malheur !

VALENTIN.

Je meurs ! c'est bientôt dit, et plus tôt fait encore. Femmes, pourquoi restez-vous là à hurler et à crier ? Venez ici, et écoutez-moi ! (Tous l'entourent.) Vois-tu, ma petite Marguerite, tu es bien jeune, mais tu n'as pas encore l'habitude, et tu conduis mal tes affaires : je te le dis en confidence ; tu es déjà une catin, sois-le donc convenablement.

MARGUERITE.

Mon frère ! Dieu ! que me dis-tu là ?

VALENTIN.

Ne plaisante pas avec Dieu, Notre-Seigneur. Ce qui est fait est fait, et ce qui doit en résulter en résultera. Tu as commencé par te livrer en cachette à un homme, il va bientôt en venir d'autres ; et, quand tu seras à une douzaine, tu seras à toute la ville. Lorsque la honte naquit, on l'apporta secrètement dans ce monde, et l'on emmaillota sa tête et ses oreilles dans le voile épais de la nuit ; on l'eût volontiers étouffée, mais elle crût, et se fit grande, et puis se montra nue au grand jour, sans pourtant en être plus belle ; cependant, plus son visage était affreux, plus elle cherchait la lumière.

Je vois vraiment déjà le temps où tous les braves gens de la ville s'écarteront de toi, prostituée, comme d'un cadavre infect. Le cœur te saignera, s'ils te regardent seulement entre les deux yeux. Tu ne porteras plus de chaîne d'or, tu ne paraîtras plus à l'église ni à l'autel, tu ne te pavaneras plus à la danse en belle fraise brodée ; c'est dans de sales infirmeries, parmi les mendiants et les estropiés, que tu iras t'étendre... Et, quand Dieu te pardonnerait, tu n'en serais pas moins maudite sur la terre !

MARTHE.

Recommandez votre âme à la grâce de Dieu ! voulez-vous entasser sur vous des péchés nouveaux ?

VALENTIN.

Si je pouvais tomber seulement sur ta carcasse, abo

minable entremetteuse, j'espérerais trouver de quoi racheter de reste tous mes péchés !

MARGUERITE.

Mon frère ! O peine d'enfer !

VALENTIN.

Je te le dis, laisse là tes larmes ! Quand tu t'es séparée de l'honneur, tu m'as porté au cœur le coup le plus terrible. Maintenant, le sommeil de la mort va me conduire à Dieu, comme un soldat et comme un brave.

Il meurt.

L'église. — Messe, orgue et chant.

MARGUERITE, parmi la foule ; **LE MAUVAIS ESPRIT**, derrière elle.

LE MAUVAIS ESPRIT.

Comme tu étais tout autre, Marguerite, lorsque, pleine d'innocence, tu montais à cet autel, en murmurant des prières dans ce petit livre usé, le cœur occupé moitié des jeux de l'enfance, et moitié de l'amour de Dieu ! Marguerite, où est ta tête ? que de péchés dans ton cœur ! Pries-tu pour l'âme de ta mère, que tu fis descendre au tombeau par de longs, de bien longs chagrins ? A qui le sang répandu sur le seuil de la porte ? — Et dans ton sein, ne s'agite-t-il pas, pour ton tourment et pour le sien, quelque chose dont l'arrivée sera d'un funeste présage ?

MARGUERITE.

Hélas ! hélas ! puissé-je échapper aux pensées qui s'élèvent contre moi !

CHŒUR.

Dies iræ, dies illa,
Solvet sæclum in favilla [1].

L'orgue joue.

1.   Du Seigneur la juste colère
           Réduira le siècle en poussière.

LE MAUVAIS ESPRIT.

Le courroux céleste t'accable! la trompette sonne! les tombeaux tremblent, et ton cœur, ranimé du trépas pour les flammes éternelles, tressaille encore!

MARGUERITE.

Si j'étais loin d'ici! Il me semble que cet orgue m'étouffe; ces chants déchirent profondément mon cœur.

CHŒUR.

Judex ergo cum sedebit,
Quidquid latet apparebit,
Nil inultum remanebit [1].

MARGUERITE.

Dans quelle angoisse je suis! Ces piliers me pressent, cette voûte m'écrase. — De l'air!

LE MAUVAIS ESPRIT.

Cache-toi! Le crime et la honte ne peuvent se cacher! De l'air!... de la lumière!... Malheur à toi!

CHŒUR.

Quid sum miser tunc dicturus,
Quem patronum rogaturus,
Cum vix justus sit securus [2]?

LE MAUVAIS ESPRIT.

Les élus détournent leur visage de toi : les justes craindraient de te tendre la main. Malheur!

CHŒUR.

Quid sum miser tunc dicturus?

---

[1] Et quand le juge s'assiéra,
    Tout ce qu'on cache apparaîtra,
    Et tout crime se vengera.
[2] Que dirai-je au maître suprême,
    Qui me prêtera son appui,
        Lorsque le juste même
        Devra trembler pour lui?

MARGUERITE.

Voisine, votre flacon !

> *Elle tombe en défaillance.*

Nuit du sabbat. — Montagne du Harz. — Vallée de Schirk, et désert.

MÉPHISTOPHÉLÈS.

N'aurais-tu pas besoin d'un manche à balai ? Quant à moi, je voudrais bien avoir le bouc le plus solide… Dans ce chemin, nous sommes encore loin du but.

FAUST.

Tant que je me sentirai ferme sur mes jambes, ce bâton noueux me suffira. A quoi servirait-il de raccourcir le chemin ? car se glisser dans le labyrinthe des vallées, ensuite gravir ce rocher du haut duquel une source se précipite en bouillonnant, c'est le seul plaisir qui puisse assaisonner une pareille route. Le printemps agit déjà sur les bouleaux, et les pins mêmes commencent à sentir son influence : ne doit-il pas agir aussi sur nos membres ?

MÉPHISTOPHÉLÈS.

Je n'en sens vraiment rien, j'ai l'hiver dans le corps ; je désirerais sur mon chemin de la neige et de la gelée. Comme le disque épais de la lune rouge élève tristement son éclat tardif ! Il éclaire si mal, qu'on donne à chaque pas contre un arbre ou contre un rocher. Permets que j'appelle un feu follet : j'en vois un là-bas qui brûle assez drôlement. — Holà ! l'ami ! oserais-je t'appeler vers nous ? Pourquoi flamber ainsi inutilement ? Aie donc la complaisance de nous éclairer jusque là-haut.

LE FOLLET.

J'espère pouvoir, par honnêteté, parvenir à contraindre mon naturel léger, car notre course va habituellement en zigzag.

MÉPHISTOPHÉLÈS.

Hé ! hé ! il veut, je pense, singer les hommes. Qu'il marche donc droit au nom du diable, ou bien je souffle son étincelle de vie.

LE FOLLET.

Je m'aperçois bien que vous êtes le maître d'ici, et je m'accommoderai à vous volontiers. Mais songez donc ! la montagne est bien enchantée aujourd'hui, et, si un feu follet doit vous montrer le chemin, vous ne pourrez le suivre bien exactement.

FAUST, MÉPHISTOPHÉLÈS, LE FOLLET.

CHŒUR ALTERNATIF.

Sur le pays des chimères
Notre vol s'est arrêté :
Conduis-nous en sûreté
Pour traverser ces bruyères,
Ces rocs, ce champ dévasté.

Vois ces arbres qui se pressent
Se froisser rapidement;
Vois ces rochers qui s'abaissent
Trembler dans leur fondement.
Partout le vent souffle et crie.

Dans ces rocs, avec furie,
Se mêlent fleuve et ruisseau;
J'entends là le bruit de l'eau,
Si cher à la rêverie!
Les soupirs, les vœux flottants,
Ce qu'on plaint, ce qu'on adore...
Et l'écho résonne encore
Comme la voix des vieux temps.

Ou hou! chou hou! retentissent
Hérons et hiboux gémissent,
Mêlant leur triste chanson;
On voit de chaque buisson

Surgir d'étranges racines;
Maigres bras, longues échines,
Ventres roulants et rampants;
Parmi les rocs, les ruines,
Fourmillent vers et serpents.

A des nœuds qui s'entrelacent
Chaque pas vient s'accrocher
Là, des souris vont et passent
Dans la mousse du rocher.
Là, des mouches fugitives
Nous précèdent par milliers,
Et d'étincelles plus vives
Illuminent les sentiers.

Mais faut-il à cette place
Avancer ou demeurer?
Autour de nous tout menace,
Tout s'émeut, luit et grimace,
Pour frapper, pour égarer;
Arbres et rocs sont perfides;
Ces feux, tremblants et rapides,
Brillent sans nous éclairer!...

MÉPHISTOPHÉLÈS.

Tiens-toi ferme à ma queue! voici un sommet intermédiaire, d'où l'on voit avec admiration Mammon resplendir dans la montagne.

FAUST.

Que cet éclat d'un triste crépuscule brille singulièrement dans la vallée! Il pénètre jusqu'au plus profond de l'abîme. Là monte une vapeur, là un nuage déchiré; là brille une flamme dans l'ombre du brouillard, tantôt serpentant comme un sentier étroit, tantôt bouillonnant comme une source. Ici, elle ruisselle bien loin par cent jets différents au travers de la plaine, puis se réunit en un seul entre des rocs serrés. Près de nous jaillissent des étincelles qui répandent partout une poussière d'or. Mais regarde: dans toute sa hauteur, le mur de rochers s'enflamme.

MÉPHISTOPHÉLÈS.

Le seigneur Mammon n'illumine-t-il pas son palais

comme il convient pour cette fête! C'est un bonheur pour toi de voir cela! Je devine déjà l'arrivée des bruyants convives.

FAUST.

Comme le vent s'émeut dans l'air! De quels coups il frappe mes épaules!

MÉPHISTOPHÉLÈS.

Il faut t'accrocher aux vieux pics des rochers, ou bien il te précipiterait au fond de l'abîme. Un nuage obscurcit la nuit. Écoute comme les bois crient. Les hiboux fuient épouvantés. Entends-tu éclater les colonnes de ces palais de verdure? Entends-tu les branches trembler et se briser? Quel puissant mouvement dans les tiges! Parmi les racines, quel murmure et quel ébranlement! Dans leur chute épouvantable et confuse, ils craquent les uns sur les autres, et sur les cavernes éboulées sifflent et hurlent les tourbillons. Entends-tu ces voix dans les hauteurs, dans le lointain ou près de nous?... Eh! oui, la montagne retentit dans toute sa longueur d'un furieux chant magique.

SORCIÈRES en chœur.

Gravissons le Brocken ensemble.
Le chaume est jaune, et le grain vert,
Et c'est là haut, dans le désert,
Que toute la troupe s'assemble :
Là, monseigneur Urian s'assoit,
Et, comme prince, il nous reçoit.

UNE VOIX.

La vieille Baubo vient derrière;
Place au cochon! place à la mère!

CHŒUR.

L'honneur et le pas aux anciens!
Passe, la vieille, et tous les tiens...
Le cochon porte la sorcière,
Et la maison vient par derrière.

UNE VOIX.

Par quelle route prends-tu, toi?

DEUXIÈME PARTIE

UNE AUTRE VOIX.

Par celle d'Ilsentein, où j'aperçois une chouette dans son nid, qui me fait des yeux...

UNE VOIX.

Oh! viens donc en enfer; pourquoi cours-tu si vite?

UNE AUTRE VOIX.

Elle m'a mordu : vois quelle blessure!

SORCIÈRES. Chœur.

La route est longue, et les passants
Sont très-nombreux et très-bruyants;
Maint balai se brise ou s'arrête;
L'enfant se plaint, la mère pète.

SORCIERS. Demi-chœur.

Messieurs, nous montons mal vraiment :
Les femmes sont toujours devant;
Quand le diable les met en danse,
Elles ont mille pas d'avance.

AUTRE DEMI-CHŒUR.

Voilà parler comme il convient.
Pour aller au palais du maître,
Il leur faut mille pas peut-être,
Quand d'un seul bond l'homme y parvient.

VOIX d'en haut.

Avancez, avancez, sortez de cette mer de rochers.

VOIX d'en bas.

Nous gagnerions volontiers le haut. Nous barbottons toutes sans cesse; mais notre peine est éternellement infructueuse.

LES DEUX CHŒURS.

Le vent se calme, plus d'étoiles;
La lune se couvre de voiles,
Mais le chœur voltige avec bruit,
Et de mille feux il reluit

VOIX d'en bas.

Halte! halte!

VOIX d'en haut.

Qui appelle dans ces fentes de rochers?

VOIX d'en bas.

Prenez-moi avec vous; prenez-moi! Je monte depuis trois cents ans, et ne puis atteindre le sommet; je voudrais bien me trouver avec mes semblables.

LES DEUX CHŒURS.

Le balai, le bouc et la fourche
Sont là : que chacun les enfourche!
Aujourd'hui, qui n'est pas monté
Est perdu pour l'éternité.

DEMI-SORCIÈRE, en bas.

De bien travailler je m'honore,
Et pourtant je reste en mon coin;
Que les autres sont déjà loin,
Quand si bas je me traîne encore!

CHŒUR DE SORCIÈRES.

Une auge est un vaisseau fort bon;
On y met pour voile un torchon.
Car, si l'on ne vogue à cette heure,
Sans voguer il faudra qu'on meure.

LES DEUX CHŒURS.

Au sommet nous touchons bientôt;
Que chacun donc se jette à terre,
Et que, de là, l'armée entière
Partout se répande aussitôt.

MÉPHISTOPHÉLÈS.

Cela se serre, cela pousse, cela saute, cela glapit, cela siffle et se remue, cela marche et babille, cela reluit, étincelle, pue et brûle! C'est un véritable élément de sorcières... Allons, ferme, à moi! ou nous serons bientôt séparés. Où es-tu?

FAUST, dans l'éloignement.

Ici!

MÉPHISTOPHÉLÈS.

Quoi! déjà emporté là-bas? Il faut que j'use de mon

droit de maître du logis. Place! c'est M. Volant qui vient. Place, bon peuple! place! — Ici, docteur, saisis-moi! Et maintenant, fendons la presse en un tas; c'est trop extravagant, même pour mes pareils. Là-bas brille quelque chose d'un éclat tout à fait singulier. Cela m'attire du côté de ce buisson. Viens! viens! nous glisserons là.

FAUST.

Esprit de contradiction! Allons, tu peux me conduire. Je pense que c'est bien sagement fait ; nous montons au Brocken dans la nuit du sabbat, et c'est pour nous isoler ici à plaisir.

MÉPHISTOPHÉLÈS.

Tiens, regarde quelles flammes bigarrées! c'est un club joyeux assemblé. On n'est pas seul avec ces petits êtres.

FAUST.

Je voudrais bien pourtant être là-haut! Déjà je vois la flamme et la fumée en tourbillons ; là, la multitude roule vers l'esprit du mal. Il doit s'y dénouer mainte énigme.

MÉPHISTOPHÉLÈS.

Mainte énigme s'y noue aussi. Laisse la grande foule bourdonner encore : nous nous reposerons ici en silence. Il est reçu depuis longtemps que, dans le grand monde, on fait des petits mondes... Je vois là de jeunes sorcières toutes nues, et des vieilles qui se voilent prudemment. Soyez aimables, pour l'amour de moi : c'est une peine légère, et cela aide au badinage. J'entends quelques instruments; maudit charivari! il faut s'y habituer. Viens donc, viens donc, il n'en peut être autrement; je marche devant et t'introduis. C'est encore un nouveau service que je te rends. Qu'en dis-tu, mon cher? Ce n'est pas une petite place; regarde seulement là : tu en vois à peine la fin. Une centaine de feux brûlent dans le cercle; on danse, on babille, on fait la cuisine, on boit et on aime; dis-moi maintenant où il y a quelque chose de mieux.

FAUST.

Veux-tu, pour nous introduire ici, te présenter comme diable ?

MÉPHISTOPHÉLÈS.

Je suis, il est vrai, fort habitué à aller incognito; un jour de gala cependant, on fait voir ses cordons. Une jarretière ne me distingue pas, mais le pied du cheval est ici fort honoré. Vois-tu là cet escargot ? Il arrive en rampant, tout en tâtant avec ses cornes ; il aura déjà reconnu quelque chose en moi. Si je veux, aussi bien, je ne me déguiserai pas ici. Viens donc, nous allons de feux en feux : je suis le demandeur, et tu es le galant. (A quelques personnes assises autour de charbons à demi consumés.) Mes vieux messieurs, que faites-vous dans ce coin-ci ? Je vous approuverais, si je vous trouvais gentiment placés dans le milieu, au sein du tumulte et d'une jeunesse bruyante. On est toujours isolé chez soi.

GÉNÉRAL.

Aux nations bien fou qui se fira !
Car c'est en vain qu'on travaille pour elles;
Auprès du peuple, ainsi qu'auprès des belles,
　Jeunesse toujours prévaudra.

MINISTRE.

L'avis des vieux me semble salutaire,
Du droit chemin tout s'éloigne à présent.
Au temps heureux que nous régnions, vraiment
　C'était l'âge d'or de la terre.

PARVENU.

Nous n'étions pas sots non plus, Dieu merci,
Et nous menions assez bien notre affaire;
Mais le métier va mal en ce temps-ci,
　Que tout le monde veut le faire.

AUTEUR.

Qui peut juger maintenant des écrits
Assez épais, mais remplis de sagesse ?
Nul ici-bas. — Ah ! jamais la jeunesse
　Ne fut plus sotte en ses avis.

DEUXIÈME PARTIE

MÉPHISTOPHÉLÈS, *paraissant soudain très-vieux.*

Tout va périr; et, moi, je m'achemine
Vers le Bloksberg pour la dernière fois;
Déjà mon vase est troublé. Je le vois,
Le monde touche à sa ruine.

SORCIÈRE, *revendeuse.*

Messieurs, n'allez pas si vite! Ne laissez point échapper l'occasion! Regardez attentivement mes denrées; il y en a là de bien des sortes. Et cependant, rien dans mon magasin qui ait son égal sur la terre, rien qui n'ait causé une fois un grand dommage aux hommes et au monde. Ici, pas un poignard d'où le sang n'ait coulé; pas une coupe qui n'ait versé dans un corps entièrement sain un poison actif et dévorant; pas une parure qui n'ait séduit une femme vertueuse; pas une épée qui n'ait rompu une alliance, ou frappé quelque ennemi par derrière.

MÉPHISTOPHÉLÈS.

Ma mie, vous comprenez mal les temps; ce qui est fait est fait. Fournissez-vous de nouveautés, il n'y a plus que les nouveautés qui nous attirent.

FAUST.

Que je n'aille pas m'oublier moi-même... J'appellerais cela une foire.

MÉPHISTOPHÉLÈS.

Tout le tourbillon s'élance là-haut; tu crois pousser, et tu es poussé.

FAUST.

Qui est celle-là?

MÉPHISTOPHÉLÈS.

Considère-la bien, c'est Lilith.

FAUST.

Qui?

MÉPHISTOPHÉLÈS.

La première femme d'Adam. Tiens-toi en garde contre ses beaux cheveux, parure dont seule elle brille : quand elle peut atteindre un jeune homme, elle ne le laisse pas échapper de si tôt.

FAUST.

En voilà deux assises, une vieille et une jeune : elles ont déjà sauté comme il faut.

MÉPHISTOPHÉLÈS.

Aujourd'hui, cela ne se donne aucun repos. On passe à une danse nouvelle ; viens maintenant, nous les prendrons.

FAUST, dansant avec la jeune.

Hier, un aimable mensonge
Me fit voir un jeune arbre en songe.
Deux beaux fruits semblaient y briller,
J'y montai : c'était un pommier.

LA BELLE.

Les deux pommes de votre rêve
Sont celles de notre mère Ève ;
Mais vous voyez que le destin
Les mit aussi dans mon jardin.

MÉPHISTOPHÉLÈS, avec la vieille.

Hier, un dégoûtant mensonge
Me fit voir un vieil arbre en songe.
. . . .
. . . .

LA VIEILLE.

Salut ! qu'il soit le bienvenu,
Le chevalier du pied cornu !
. . . .
. . . .

PROCTOPHANTASMIST[1].

Maudites gens ! Qu'est-ce qui se passe entre vous ? Ne vous a-t-on pas instruits dès longtemps ? Jamais un esprit

---

1. Il serait trop long d'expliquer les mille allusions qui se cachent sous les noms et dans le langage abstrait de ces personnages. Gœthe a fait dans toute cette portion de son livre, et notamment dans l'*Inter-*

DEUXIÈME PARTIE

no se tient sur ses pieds ordinaires. Vous dansez maintenant comme nous autres hommes.

LA BELLE, dansant.

Qu'est-ce qu'il veut dans notre bal, celui-ci ?

FAUST, dansant.

Eh ! il est le même en tout. Il faut qu'il juge ce que les autres dansent. S'il ne trouvait point à dire son avis sur un pas, le pas serait comme non avenu. Ce qui le pique le plus, c'est de vous voir avancer. Si vous vouliez tourner en cercle, comme il fait dans son vieux moulin, à chaque tour, il trouverait tout bon, surtout si vous aviez bien soin de le saluer.

PROCTOPHANTASMIST.

Vous êtes donc toujours là ! Non, c'est inouï. Disparaissez donc ! Nous avons déjà tout éclairci ; la canaille des diables ne connaît aucun frein ; nous sommes bien prudents, et cependant le creuset est toujours aussi plein. Que de temps n'ai-je pas employé dans cette idée ! et rien ne s'épure. C'est pourtant inouï.

LA BELLE.

Alors, cessez donc de nous ennuyer ici.

PROCTOPHANTASMIST.

Je le dis à votre nez, Esprits : je ne puis souffrir le despotisme d'esprit ; et mon esprit ne peut l'exercer. (On danse toujours.) Aujourd'hui, je le vois, rien ne peut me réussir. Cependant, je fais toujours un voyage, et j'espère encore à mon dernier pas mettre en déroute les diables et les poëtes.

---

mède suivant, la satire de quelques souverains, ministres et poëtes de son temps, en employant la manière d'Aristophane. C'est pour donner l'œuvre entière que nous traduisons mot à mot ces passages, dont l'ironie n'est pas toujours saisissable, même pour nous. Madame de Staël avait eu raison, sans doute, de proclamer *Faust* une œuvre *intraduisible*. Mais comment cacher aux Français un poëme dont elle a dit ailleurs : « Il fait réfléchir sur tout, et sur quelque chose de *plus que tout ?* »

MÉPHISTOPHÉLÈS.

Il va tout de suite se placer dans une mare ; c'est la manière dont il se soulage, et, quand une sangsue s'est bien délectée après son derrière, il se trouve guéri des Esprits et de l'esprit. (A Faust, qui a quitté la danse.) Pourquoi as-tu donc laissé partir la jeune fille, qui chantait si agréablement à la danse?

FAUST.

Ah! au milieu de ses chants, une souris rouge s'est échappée de sa bouche.

MÉPHISTOPHÉLÈS.

Eh bien, c'était naturel! Il ne faut pas faire attention à ça. Il suffit que la souris ne soit pas grise. Qui peut y attacher de l'importance à l'heure du berger?

FAUST.

Que vois-je là?

MÉPHISTOPHÉLÈS.

Quoi?

FAUST.

Méphisto, vois-tu une fille pâle et belle qui demeure seule dans l'éloignement? Elle se retire languissamment de ce lieu, et semble marcher les fers aux pieds. Je crois m'apercevoir qu'elle ressemble à la bonne Marguerite.

MÉPHISTOPHÉLÈS.

Laisse cela! personne ne s'en trouve bien. C'est une figure magique, sans vie, une idole. Il n'est pas bon de la rencontrer ; son regard fixe engourdit le sang de l'homme et le change presque en pierre. As-tu déjà entendu parler de la Méduse?

FAUST.

Ce sont vraiment les yeux d'un mort, qu'une main chérie n'a point fermés. C'est bien là le sein que Marguerite m'abandonna, c'est bien le corps si doux que je possédai!

DEUXIÈME PARTIE

MÉPHISTOPHÉLÈS.

C'est de la magie, pauvre fou ! car chacun croit y retrouver celle qu'il aime.

FAUST.

Quelles délices !... et quelles souffrances ! Je ne puis m'arracher à ce regard. Qu'il est singulier, cet unique ruban rouge qui semble parer ce beau cou... pas plus large que le dos d'un couteau !

MÉPHISTOPHÉLÈS.

Fort bien ! Je le vois aussi ; elle peut bien porter sa tête sous son bras ; car Persée la lui a coupée. — Toujours cette chimère dans l'esprit ! Viens donc sur cette colline ; elle est aussi gaie que le Prater. Eh ! je ne me trompe pas, c'est un théâtre que je vois. Qu'est-ce qu'on y donne donc ?

SERVIBILIS.

On va recommencer une nouvelle pièce ; la dernière des sept. C'est l'usage ici d'en donner autant. C'est un dilettante qui l'a écrite, et ce sont des dilettanti qui la jouent. Pardonnez-moi, messieurs, si je disparais, mais j'aime à lever le rideau.

MÉPHISTOPHÉLÈS.

Si je vous rencontre sur le Blocksberg, je le trouve tout simple ; car c'est bien à vous qu'il appartient d'y être.

INTERMÈDE

WALPURGISNACTSTRAUM

(Songe d'une nuit de Sabbat)

ou

NOCES D'OR D'OBÉRON ET DE TITANIA [1]

DIRECTEUR DU THÉATRE.

Aujourd'hui, nous nous reposons,
Fils de Mieding [2], de notre peine :
Vieille montagne et frais vallons
Formeront le lieu de la scène.

HÉRAUT.

Les noces d'or communément
Se font après cinquante années;
Mais les brouilles [3] sont terminées,
Et l'or me plaît infiniment.

OBÉRON.

Messieurs, en cette circonstance,
Montrez votre esprit comme moi;

---

1. La scène qui va suivre, où Gœthe attaque une foule d'auteurs de son temps, est presque incompréhensible, même pour les Allemands, dans certains passages; cela en rendait la traduction exacte très-difficile; aussi ne me flatté-je pas d'être parvenu à la rendre claire et élégante autant que précise; mais j'ai tâché d'en éclairer une partie, en me servant des notes de l'édition Sautelet.
2. Directeur du théâtre de Veimar.
3. Allusion aux querelles d'Obéron et de Titania, dans *le Songe d'une nuit d'été*, de Shakspeare.

Aujourd'hui, la reine et le roi
Contractent nouvelle alliance.

PUCK[1].

Puck arrive assez gauchement
En tournant son pied en spirales;
Puis cent autres par intervalles
Autour de lui dansent gaiment

ARIEL[2].

Pour les airs divins qu'il module,
Ariel veut gonfler sa voix;
Son chant est souvent ridicule,
Mais rencontre assez bien parfois.

OBÉRON.

Notre union vraiment est rare,
Qu'on prenne exemple sur nous deux!
Quand bien longtemps on les sépare,
Les époux s'aiment beaucoup mieux.

TITANIA.

Époux sont unis, Dieu sait comme :
Voulez-vous les mettre d'accord?...
Au fond du Midi menez l'homme,
Menez la femme au fond du Nord.

ORCHESTRE. Tutti fortissimo.

Nez de mouches et becs d'oiseaux,
Suivant mille métamorphoses,
Grenouilles, grillons et crapauds,
Ce sont bien là nos virtuoses.

SOLO.

De la cornemuse écoutez,
Messieurs, la musique divine :
On entend bien, ou l'on devine,
Le *schnickschnack* qui vous sort du nez.

ESPRIT, qui vient de se former.

A l'embryon qui vient de naître
Ailes et pattes on joindra;

---

1. Personnage fantastique de Shakspeare. Esprit à la suite d'Obéron exécutant ses volontés, et le divertissant par ses bouffonneries.
2. Petit génie aérien, aux ordres du magicien, dans la *Tempête*.

C'est moins qu'un insecte peut-être..
Mais c'est ou moins un opéra.

UN PETIT COUPLE[1].

Dans les brouillards et la rosée
Tu t'élances... à petits pas;
Ta démarche sage et posée
Nous plait, mais ne s'élève pas.

UN VOYAGEUR CURIEUX.

Une mascarade, sans doute,
En ce jour abuse mes yeux;
Trouverai-je bien sur ma route
Obéron, beau parmi les dieux?

ORTHODOXE.

Ni griffes ni queue, ah! c'est drôle!
Ils me sont cependant suspects :
Ces diables-là, sur ma parole,
Ressemblent fort aux dieux des Grecs[2].

ARTISTE DU NORD.

Ébauche, esquisses, ou folie,
Voilà mon travail jusqu'ici!
Pourtant je me prépare aussi
Pour mon voyage d'Italie.

PURISTE.

Ah! plaignez mon malheur, passants.
Mes espérances sont trompées :
Des sorcières qu'on voit céans,
Il n'en est que deux de poudrées.

JEUNE SORCIÈRE.

Poudre et robes, c'est ce qu'il faut
Aux vieilles qui craignent la vue;
Pour moi, sur mon bouc je suis nue,
Car mon corps n'a point de défaut.

---

1. Peut-être le *petit couple* s'adresse-t-il à Wieland. Au moins, ce qu'il dit parait convenir merveilleusement à l'*Obéron* de ce poëte, imitateur un peu lourd du divin Arioste.

2. Schiller ayant composé une ode fort belle, où il regrettait, en poëte, la riante mythologie des Grecs, il y eut, à ce propos, grande rumeur parmi les théologiens allemands; car, prenant l'ode au sérieux, ils se fâchèrent tout de bon, et crièrent à l'impiété. C'est à ce petit poëme, intitulé *les Dieux de la Grèce*, que Gœthe fait allusion.

INTERMÈDE

MATRONE.

Ah! vous serez bientôt des nôtres,
Ma chère, je le parirais;
Votre corps, si jeune et si frais,
Se pourrira, comme tant d'autres.

MAITRE DE CHAPELLE.

Nez de mouches et becs d'oiseaux,
Ne me cachez pas la nature;
Grenouilles, grillons et crapauds,
Tenez-vous au moins en mesure.

GIROUETTE, tournée d'un côté.

Bonne compagnie en ces lieux :
Hommes, femmes, sont tous, je pense,
Gens de la plus belle espérance;
Que peut-on désirer de mieux?

GIROUETTE, tournée d'un autre côté.

Si la terre n'ouvre bientôt
Un abîme à cette canaille,
Dans l'enfer, où je veux qu'elle aille,
Je me précipite aussitôt.

XÉNIES[1].

Vrais insectes de circonstance,
De bons ciseaux l'on nous arma,
Pour faire honneur à la puissance
De Satan, notre grand-papa.

HENNINGS[2].

Ces coquins, que tout homme abhorre,
Naïvement chantent en chœur;
Auront-ils bien le front encore
De nous parler de leur bon cœur!

MUSAGÈTE[3].

Des sorcières la sombre masse
Pour mon esprit a mille appas;

---

1. Recueil d'épigrammes publié par Gœthe et Schiller, et où tout ce qu'il y avait en Allemagne d'écrivains connus, hors eux, fut passé en revue et moqué. La scène est en enfer, comme ici.
2. Une des victimes immolées dans les *Xénies*.
3. Rédacteur d'un journal littéraire qui avait pour titre *les Muses*.

Je saurais mieux guider leurs pas
Que ceux des vierges du Parnasse.

CI-DEVANT GÉNIE DU TEMPS [1].

Les braves gens entrent partout :
Le Blocksberg est un vrai Parnasse...
Prends ma perruque par un bout,
Tout le monde ici trouve place.

VOYAGEUR CURIEUX.

Dites-moi, cet homme si grand [2],
Après qui donc court-il si vite?
Dans tous les coins il va flairant...
Il chasse sans doute au jésuite.

GRUE.

Quant à moi, je chasse aux poissons
En eau trouble comme en eau claire;
Mais les gens dévots, d'ordinaire,
Sont mêlés avec les démons.

MONDAIN.

Les dévots trouvent dans la foi
Toujours un puissant véhicule,
Et sur le Blocksberg, croyez-moi,
Se tient plus d'un conventicule.

DANSEUR.

Déjà viennent des chœurs nouveaux :
Quel bruit fait frémir la nature?
Paix! du héron dans les roseaux
C'est le monotone murmure.

DOGMATIQUE [3].

Moi, sans crainte je le soutiens,
La critique au doute s'oppose,

---

1. Autre journal rédigé par Hennings. Goethe y était fort maltraité.
2. Ceci porte sur Nicolaï, qui publia un *Voyage en Europe*, où il recherchait curieusement, et dénonçait à l'opinion, les hommes par lui soupçonnés d'appartenir au corps des jésuites.
3. Ici commence une série de philosophes des différentes sectes qui partagent l'Allemagne, et ont de temps en temps partagé le monde. Nous ne nommerons pas les individus, de peur de nous tromper. D'ailleurs, les plaisanteries portant sur les doctrines plus que sur les hommes, elles gagneraient peu à devenir personnelles.

Car, si le diable est quelque chose,
Comment donc ne serait-il rien?

IDÉALISTE.

La fantaisie, hors de sa route,
Conduit l'esprit je ne sais où;
Aussi, si je suis tout, sans doute
Aujourd'hui je ne suis qu'un fou.

RÉALISTE.

Sondant les profondeurs de l'être,
Mon esprit s'est mis à l'envers;
A présent, je puis reconnaître
Que je marche un peu de travers.

SUPERNATURALISTE.

Quelle fête! quelle bombance!
Ah! vraiment je m'en réjouis,
Puisque, d'après l'enfer, je pense
Pouvoir juger du paradis.

SCEPTIQUE.

Follets, illusion aimable,
Séduisent beaucoup ces gens-ci;
Le doute paraît plaire au diable,
Je vais donc me fixer ici.

MAITRE DE CHAPELLE.

En mesure, maudites bêtes,
Nez de mouches et becs d'oiseaux,
Grenouilles, grillons et crapauds,
Ah! quels dilettantes vous êtes!

LES SOUPLES.

Qui peut avoir plus de vertus
Qu'un sans-souci?... Rien ne l'arrête;
Quand les pieds ne le portent plus,
Il marche très-bien sur la tête.

LES EMBARRASSÉS.

Autrefois, nous vivions gaîment,
Aux bons repas toujours fidèles;
Mais, ayant usé nos semelles,
Nous courons nu-pieds à présent.

FOLLETS.

Nous sommes enfants de la boue.
Cependant, plaçons-nous devant ;
Car, puisqu'ici chacun nous loue,
Il faut prendre un maintien galant

ÉTOILE tombée.

Tombée et gisante sur l'herbe,
Du sort je subis les décrets ;
A ma gloire, à mon rang superbe,
Qui peut me rendre désormais ?

LES MASSIFS.

Place ! place au poids formidable,
Qui sur le sol tombe d'aplomb !
Ce sont des esprits !... lourds en diable,
Car ils ont des membres de plomb.

PUCK.

Gros éléphants, ou, pour bien dire,
Esprits, marchez moins lourdement.
Le plus massif, en ce moment,
C'est Puck, dont la face fait rire.

ARIEL.

Si la nature, ou si l'esprit,
Vous pourvut d'ailes azurées,
Suivez mon vol dans ces contrées,
Où la rose pour moi fleurit.

L'ORCHESTRE, pianissimo.

Les brouillards, appuis du mensonge,
S'éclaircissent sur ces coteaux :
Le vent frémit dans les roseaux...
Et tout a fui comme un vain songe !

TROISIÈME PARTIE

Jour sombre. — Un champ.

FAUST, MÉPHISTOPHÉLÈS.

FAUST.

Dans le malheur!... le désespoir! Longtemps misérablement égarée sur la terre, et maintenant captive! Jetée, comme une criminelle, dans un cachot, la douce et malheureuse créature se voit réservée à d'insupportables tortures! Jusque-là, jusque-là! — Imposteur, indigne esprit!... et tu me le cachais! Reste maintenant, reste! roule avec furie tes yeux de démon dans ta tête infâme! — Reste, et brave-moi par ton insoutenable présence! Captive! accablée d'un malheur irréparable! abandonnée aux mauvais esprits et à l'inflexible justice des hommes!... Et tu m'entraînes pendant ce temps à de dégoûtantes fêtes, tu me caches sa misère toujours croissante, et tu l'abandonnes sans secours au trépas qui va l'atteindre!

MÉPHISTOPHÉLÈS.

Elle n'est pas la première.

FAUST.

Chien! exécrable monstre! — Change-le, Esprit infini! qu'il reprenne sa première forme de chien, sous laquelle il se plaisait souvent à marcher la nuit devant moi, pour se rouler devant les pieds du voyageur tranquille, et se jeter sur ses épaules après l'avoir renversé! Rends-lui la figure qu'il aime; que, dans le sable, il rampe devant moi sur le ventre, et que je le foule aux pieds, le maudit! —

Ce n'est pas la première! — Horreur! horreur qu'aucune âme humaine ne peut comprendre! plus d'une créature plongée dans l'abîme d'une telle infortune! Et la première, dans les tortures de la mort, n'a pas suffi pour racheter les péchés des autres, aux yeux de l'éternelle miséricorde! La souffrance de cette seule créature dessèche la moelle de mes os, et dévore rapidement les années de ma vie ; et toi, tu souris tranquillement à la pensée qu'elle partage le sort d'un millier d'autres!

MÉPHISTOPHÉLÈS.

Nous sommes encore aux premières limites de notre esprit, que celui de vous autres hommes est déjà dépassé. Pourquoi marcher dans notre compagnie, si tu ne peux en supporter les conséquences? Tu veux voler, et n'es pas assuré contre le vertige! Est-ce nous qui t'avons invoqué, ou si c'est le contraire?

FAUST.

Ne grince pas si près de moi tes dents avides. Tu me dégoûtes! — Sublime Esprit, toi qui m'as jugé digne de te contempler, pourquoi m'avoir accouplé à ce compagnon d'opprobre, qui se nourrit de carnage et se délecte de destruction?

MÉPHISTOPHÉLÈS.

Est-ce fini?

FAUST.

Sauve-la!... ou malheur à toi! la plus horrible malédiction sur toi, pour des milliers d'années!

MÉPHISTOPHÉLÈS.

Je ne puis détacher les chaînes de la vengeance, je ne puis ouvrir les verrous. — Sauve-la! — Qui donc l'a entraînée à sa perte?... Moi ou toi? (Faust lance autour de lui des regards sauvages.) Cherches-tu le tonnerre! Il est heureux qu'il ne soit pas confié à de chétifs mortels. Écraser l'innocent qui résiste, c'est un moyen que les tyrans emploient pour se faire place en mainte circonstance.

FAUST.

Conduis-moi où elle est! il faut qu'elle soit libre!

MÉPHISTOPHÉLÈS.

Et le péril auquel tu t'exposes! Sache que le sang répandu de ta main fume encore dans cette ville. Sur la demeure de la victime planent des esprits vengeurs, qui guettent le retour du meurtrier.

FAUST.

L'apprendre encore de toi! Ruine et mort de tout un monde sur toi, monstre! Conduis-moi, te dis-je, et délivre-la!

MÉPHISTOPHÉLÈS.

Je t'y conduis; quant à ce que je puis faire, écoute! Ai-je tout pouvoir sur la terre et dans le ciel! Je brouillerai l'esprit du geôlier, et je te mettrai en possession de la clef; il n'y a ensuite qu'une main humaine qui puisse la délivrer. Je veillerai, les chevaux enchantés seront prêts, et je vous enlèverai. C'est tout ce que je puis...

FAUST.

Allons! partons!

La nuit en plein champ.

FAUST, MÉPHISTOPHÉLÈS, galopant sur des chevaux noirs.

FAUST.

Qui se remue là autour du lieu du supplice?

MÉPHISTOPHÉLÈS.

Je ne sais ni ce qu'ils cuisent ni ce qu'ils font.

FAUST.

Ils s'agitent çà et là, se lèvent et se baissent.

MÉPHISTOPHÉLÈS.

C'est une communauté de sorciers.

FAUST.

Ils sèment et consacrent.

MÉPHISTOPHÉLÈS.

Passons! passons!

———

Un cachot.

FAUST, avec un paquet de clefs et une lampe, devant une petite porte de fer.

Je sens un frisson inaccoutumé s'emparer lentement de moi. Toute la misère de l'humanité s'appesantit sur ma tête. Ici! ces murailles humides... voilà le lieu qu'elle habite, et son crime fut une douce erreur! Faust, tu trembles de l'approcher! tu crains de la revoir! Entre donc! ta timidité hâte l'instant de son supplice.

Il tourne la clef. On chante au dedans.

C'est mon coquin de père
    Qui m'égorgea;
C'est ma catin de mère
    Qui me mangea;
Et ma petite sœur la folle
Jeta mes os dans un endroit
    Humide et froid,
Et je devins un bel oiseau qui vole,
    Vole, vole, vole!

FAUST, ouvrant la porte.

Elle ne se doute pas que son bien-aimé l'écoute, qu'il entend le cliquetis de ses chaînes et le froissement de sa paille.

Il entre.

TROISIÈME PARTIE

MARGUERITE, se cachant sous sa couverture.

Hélas! hélas! les voilà qui viennent. Que la mort est amère!

FAUST, bas.

Paix! paix! je viens te délivrer.

MARGUERITE, se traînant jusqu'à lui.

Es-tu un homme? tu compatiras à ma misère!

FAUST.

Tes cris vont éveiller les gardes!

Il saisit les chaînes pour les détacher.

MARGUERITE.

Bourreau! qui t'a donné ce pouvoir sur moi? Tu viens me chercher déjà, à minuit! Aie compassion, et laisse-moi vivre. Demain, de grand matin, n'est-ce pas assez tôt! (Elle se lève.) Je suis pourtant si jeune, si jeune, et je dois déjà mourir! Je fus belle aussi, c'est ce qui causa ma perte. Le bien-aimé était à mes côtés, maintenant il est bien loin; ma couronne est arrachée, les fleurs en sont dispersées... Ne me saisis pas si brusquement! épargne-moi! que t'ai-je fait? Ne sois pas insensible à mes larmes: de ma vie je ne t'ai vu.

FAUST.

Puis-je résister à ce spectacle de douleur?

MARGUERITE.

Je suis entièrement en ta puissance; mais laisse-moi encore allaiter mon enfant. Toute la nuit, je l'ai pressé contre mon cœur; ils viennent de me le prendre pour m'affliger, et disent maintenant que c'est moi qui l'ai tué. Jamais ma gaieté ne me sera rendue. Ils chantent des chansons sur moi! c'est mal de leur part! Il y a un vieux conte qui finit comme cela. A quoi veulent-ils faire allusion?

FAUST, se jetant à ses pieds.

Ton amant est à tes pieds, il cherche à détacher tes chaînes douloureuses.

MARGUERITE, s'agenouillant aussi.

Oh! oui, agenouillons-nous pour invoquer les saints! Vois sous ces marches, au seuil de cette porte... c'est là que bouillonne l'enfer! et l'esprit du mal, avec ses grincements effroyables... Quel bruit il fait!

FAUST, plus haut.

Marguerite! Marguerite!

MARGUERITE, attentive.

C'était la voix de mon ami! (Elle s'élance, les chaînes tombent.) Où est-il? Je l'ai entendu m'appeler. Je suis libre! personne ne peut me retenir, et je veux voler dans ses bras, reposer sur son sein! Il a appelé Marguerite; il était là, sur le seuil. Au milieu des hurlements et du tumulte de l'enfer, à travers les grincements, les rires des démons, j'ai reconnu sa voix si douce, si chérie!

FAUST.

C'est moi-même!

MARGUERITE.

C'est toi! oh! redis-le encore! (Le pressant contre elle.) C'est lui! lui! Où sont mes douleurs? où sont les angoisses de la prison? où sont les chaînes?... C'est bien toi! tu viens me sauver... Me voilà sauvée! — La voici, la rue où je te vis pour la première fois! voilà le jardin où, Marthe et moi, nous t'attendîmes.

FAUST, s'efforçant de l'entraîner.

Viens! viens avec moi!

MARGUERITE.

Oh! reste! reste encore... J'aime tant à être où tu es!

Elle l'embrasse.

TROISIÈME PARTIE

FAUST.

Hâte-toi ! nous payerons cher un moment de retard.

MARGUERITE.

Quoi ! tu ne peux plus m'embrasser ? Mon ami, depuis si peu de temps que tu m'as quittée, déjà tu as désappris à m'embrasser ? Pourquoi dans tes bras suis-je si inquiète ?... quand naguère une de tes paroles, un de tes regards, m'ouvraient tout le ciel et que tu m'embrassais à m'étouffer ! Embrasse-moi donc, ou je t'embrasse moi-même ! (Elle l'embrasse.) O Dieu ! tes lèvres sont froides, muettes. Ton amour, où l'as-tu laissé ? qui me l'a ravi ?

Elle se détourne de lui.

FAUST.

Viens ! suis-moi ! ma bien-aimée, du courage ! Je brûle pour toi de mille feux ; mais suis-moi, c'est ma seule prière !

MARGUERITE, fixant les yeux sur lui.

Est-ce bien toi ? es-tu bien sûr d'être toi ?

FAUST.

C'est moi ! viens donc !

MARGUERITE.

Tu détaches mes chaînes, tu me reprends contre ton sein... Comment se fait-il que tu ne te détournes pas de moi avec horreur ? Et sais-tu bien, mon ami, sais-tu bien qui tu délivres ?

FAUST.

Viens ! viens ! la nuit profonde commence à s'éclaircir.

MARGUERITE.

J'ai tué ma mère ! Mon enfant, je l'ai noyé ! il te fut donné comme à moi ! oui, à toi aussi. — C'est donc toi ?.. Je le crois à peine. Donne-moi ta main. — Non, ce n'est point un rêve. Ta main chérie !... Ah ! mais elle est humide ! essuie-la donc ! il me semble qu'il y a du sang. Oh Dieu ! qu'as-tu fait ? Cache cette épée, je t'en conjure !

FAUST.

Laisse là le passé, qui est passé ! Tu me fais mourir.

MARGUERITE.

Non, tu dois me suivre ! Je vais te décrire les tombeaux que tu auras soin d'élever dès demain ; il faudra donner la meilleure place à ma mère ; que mon frère soit tout près d'elle ; moi, un peu sur le côté, pas trop loin cependant, et le petit contre mon sein droit. Nul autre ne sera donc auprès de moi ! — Reposer à tes côtés, c'eût été un bonheur bien doux, bien sensible ! mais il ne peut m'appartenir désormais. Dès que je veux m'approcher de toi, il me semble toujours que tu me repousses ! Et c'est bien toi pourtant, et ton regard a tant de bonté et de tendresse !

FAUST.

Puisque tu sens que je suis là, viens donc !

MARGUERITE.

Dehors ?

FAUST.

A la liberté.

MARGUERITE.

Dehors, c'est le tombeau ! c'est la mort qui me guette ! Viens !... d'ici dans la couche de l'éternel repos, et pas un pas plus loin. — Tu t'éloignes ! ô Henri ! si je pouvais te suivre !

FAUST.

Tu le peux ! veuille-le seulement, la porte est ouverte.

MARGUERITE.

Je n'ose sortir, il ne me reste plus rien à espérer, et, pour moi, de quelle utilité serait la fuite ! Ils épient mon passage ! Puis se voir réduite à mendier, c'est si misérable, et avec une mauvaise conscience encore ! C'est si misérable d'errer dans l'exil ! Et, d'ailleurs, ils sauraient bien me reprendre.

FAUST.

Je reste donc avec toi !

MARGUERITE.

Vite ! vite ! sauve ton pauvre enfant ! va, suis le chemin le long du ruisseau, dans le sentier, au fond de la forêt, à gauche, où est l'écluse, dans l'étang. Saisis-le vite, il s'élève à la surface, il se débat encore ! sauve-le ! sauve-le !

FAUST.

Reprends donc tes esprits ; un pas encore, et tu es libre !

MARGUERITE.

Si nous avions seulement dépassé la montagne ! Ma mère est là, assise sur la pierre. Le froid me saisit à la nuque ! Ma mère est là, assise sur la pierre, et elle secoue la tête, sans me faire aucun signe, sans cligner de l'œil ; sa tête est si lourde ! elle a dormi si longtemps !... Elle ne veille plus ! elle dormait pendant nos plaisirs. C'étaient là d'heureux temps !

FAUST.

Puisque ni larmes ni paroles ne font rien sur toi, j'oserai t'entraîner loin d'ici.

MARGUERITE.

Laisse-moi ! non, je ne supporterai aucune violence ! Ne me saisis pas si violemment ! je n'ai que trop fait ce qui pouvait te plaire.

FAUST.

Le jour se montre !... Mon amie ! ma bien-aimée !

MARGUERITE.

Le jour ? Oui, c'est le jour ! c'est le dernier des miens ; il devait être celui de mes noces ! Ne va dire à personne que Marguerite t'avait reçu si matin. Ah ! ma couronne !... elle est bien aventurée !... Nous nous reverrons, mais ce ne sera pas à la danse. La foule se presse, on ne cesse de l'entendre ; la place, les rues pourront-elles lui suffire ?

La cloche m'appelle, la baguette de justice est brisée. Comme ils m'enchaînent! comme il me saisissent! Je suis déjà enlevée sur l'échafaud, déjà tombe sur le cou de chacun le tranchant jeté sur le mien. Voilà le monde entier muet comme le tombeau!

FAUST.

Oh! que ne suis-je jamais né!

MÉPHISTOPHÉLÈS, se montrant au dehors.

Sortez, ou vous êtes perdus! Que de paroles inutiles! que de retards et d'incertitudes! Mes chevaux s'agitent, et le jour commence à poindre.

MARGUERITE.

Qui s'élève ainsi de la terre? Lui! lui! chasse-le vite; que vient-il faire dans le saint lieu?... C'est moi qu'il veut.

FAUST.

Il faut que tu vives!

MARGUERITE.

Justice de Dieu, je me suis livrée à toi!

MÉPHISTOPHÉLÈS, à Faust.

Viens! viens! ou je t'abandonne avec elle sous le couteau!

MARGUERITE.

Je t'appartiens, Père! sauve-moi! Anges, entourez-moi, protégez-moi de vos saintes armées!... Henri, tu me fais horreur!

MÉPHISTOPHÉLÈS.

Elle est jugée!

VOIX, d'en haut.

Elle est sauvée!

MÉPHISTOPHÉLÈS, à Faust.

Ici, à moi!

Il disparaît avec Faust.

VOIX, du fond qui s'affaiblit.

Henri! Henri!

SECOND FAUST

AVERTISSEMENT

SUR LE SECOND FAUST ET SUR LA LÉGENDE

Le pacte infernal signé entre Faust et Méphistophélès ne s'est ni accompli ni dénoué entièrement dans le premier *Faust* de Gœthe. Lorsque Méphistophélès rappelle à lui le docteur au moment où Marguerite va marcher au supplice, le lecteur a pu supposer que l'âme de Faust tombait au pouvoir du démon, pendant que celle de Marguerite s'élevait au ciel, emportée par les anges. Le sens se trouve complet ainsi. Mais il restait pourtant à l'auteur le droit de continuer la vie fabuleuse de son héros et de mettre en œuvre le reste de la légende populaire, dont il s'était écarté dans l'épisode de *Marguerite*.

C'est ce que Gœthe a fait dans le second *Faust*, et nous avons dû, pour l'intelligence des deux ouvrages, donner aussi la source même où il s'était inspiré. On verra par là ce qui lui appartient en propre et ce qui forme le fonds commun où sont venus puiser tant d'auteurs qui ont traité le même sujet. Ainsi que nous l'avons annoncé ailleurs, nous avons traduit entièrement dans cette édition la partie du second *Faust* qui fut publiée en 1827, du vivant de l'auteur, sous le titre d'*Hélène*.

Le complément posthume de cette tragédie, qui a paru depuis dans ses œuvres complètes, ne se rattache plus aussi directement au développement clair et précis de la première donnée, et, quelles que soient souvent la poésie et la grandeur des idées de détail, elles ne forment plus cet ensemble harmonieux et correct, qui a fait du premier *Faust* un chef-d'œuvre immortel. Une analyse détaillée, mêlée des scènes les plus remarquables, entièrement traduites, nous a paru suffire pour guider le lecteur du dénoûment du premier *Faust* à ce magnifique acte d'*Hélène*, qui est véritablement la partie la plus importante du second *Faust* de Gœthe, et où se retrouve encore un beau reflet de ce puissant génie, dont la faculté créatrice s'était éteinte depuis bien des années, lorsqu'il essaya de lutter avec lui-même en publiant son dernier ouvrage.

Nous avons ensuite repris le récit de l'action secondaire qui se passe à la cour de l'empereur, et nous avons donné dans leur entier les scènes de la mort de Faust, dans lesquelles l'auteur semble s'être inspiré à son tour du poëme de *Manfred* de lord Byron, que son premier *Faust* avait évidemment inspiré. Notre travail se trouve ainsi complet, et l'examen analytique, reliant entre elles les grandes parties qui se correspondent, explique les scènes d'intermède et d'action épisodiques, fort diffuses et fort obscures pour les Allemands eux-mêmes.

SECOND FAUST

PROLOGUE

Une contrée riante.

FAUST, étendu sur un gazon fleuri, fatigué et inquiet, cherche à s'endormir, et des esprits appelés ELFES, figures légères et charmantes, voltigent en cercle autour de lui.

ARIEL chante accompagné des harpes d'Éole.

Si la pluie des fleurs du printemps
Tombe en flottant sur toutes choses,
Si la bénédiction des vertes prairies
Sourit à tous les fils de la terre,
Le grand esprit des petits elfes
Porte son aide partout où il peut;
Et que ce soit un saint ou un méchant,
L'homme de malheur excite toujours sa pitié.

Vous qui flottez autour de cette tête en cercle aérien,
Montrez ici la noble nature des elfes;
Adoucissez la douleur aiguë du cœur,
Arrachez les flèches amères du remords cuisant,
Et purifiez son âme des malheurs passés.
Il y a quatre périodes du repos de la nuit;
Remplissez-les avec bienveillance et activité.

D'abord vous penchez sa tête sur de frais coussins de verdure,
Puis vous le baignez dans la rosée du fleuve Léthé;
Bientôt les membres roidis s'assouplissent,
Et, se fortifiant, il repose en attendant le matin.
Vous remplirez alors le plus beau devoir des elfes
En le rendant à la sainte lumière du jour.

LE CHŒUR chante alternativement, tantôt à deux, tantôt à plusieurs voix.

    Les airs tièdes s'emplissent
    Autour du gazon vert;
    Doux zéphyrs, nuages zébrés
    Apportez le crépuscule.

  Chuchotez de douces paroles de paix,
Bercez le cœur dans un repos d'enfant;
Et sur les yeux de cet homme fatigué
    Fermez les portes du jour.

    La nuit déjà est tombée.
    L'étoile s'allie à l'étoile;
De grandes lumières, de petites étincelles
Scintillent ici comme au loin,
Se mirent là-bas dans le lac transparent,
Et éclairent la nuit là-haut;
La pompe sereine de la lune
Scelle le bonheur du repos.

Déjà les heures sont passées,
Joie et douleur ont disparu.
Pressens-le, tu pourras guérir;
Confie-toi au nouveau regard du jour.
Les vallées verdissent, les collines grandissent,
Et s'accouplent pour faire de l'ombre en repos;
Partout en folâtres flots d'argent
La semence vogue vers la récolte.

Aie le désir d'avoir des désirs,
Aspire à ces splendeurs du ciel:
La prison qui t'entoure est fragile;
Le sommeil est l'écorce; rejette-la.
Ne tarde pas à te lancer dans l'action.
Si la foule traîne en hésitant,
Le noble esprit peut tout accomplir
Quand il comprend et saisit tout.

    Un bruit immense annonce l'approche du soleil.

ARIEL.

Écoutez, écoutez! La tempête des Heures
Résonne déjà pour les oreilles des esprits;
  Déjà le nouveau jour est né.
Les portes du rocher grincent en ronflant;
Les roues de Phébus craquent en roulant.

Quel bruissement la lumière apporte!
C'est le bruit du tambour, le son de la trompette;
L'œil sourcille et l'oreille s'étonne;
 On ne peut ouïr l'inouï.
Cachez-vous dans les couronnes de fleurs.
Plus avant, plus avant; restez tranquilles
Dans les rochers, sous les feuillages;
 Si ce bruit vous frappait, vous en resteriez sourds.

FAUST.

Les pulsations de la vie battent avec une nouvelle ardeur, pour faire un riant accueil au crépuscule éthéré. Et toi, terre, tu dormais aussi cette nuit, et tu respires à mes pieds, nouvellement rafraîchie. Tu commences déjà à m'environner de délices, tu animes et encourages ma forte résolution d'aspirer désormais à l'Être suprême. Déjà le monde s'ouvre à demi dans les lueurs du crépuscule, la forêt retentit d'une existence à mille voix. Dans toutes les vallées, les nuages se fondent; les clartés du ciel s'affaissent dans les profondeurs, et branchages et feuillages jaillissent de l'abîme parfumé, où ils dormaient jusqu'à présent. Les couleurs aussi se détachent du fond de verdure, où la fleur et la feuille égouttent la rosée tremblante. Un paradis se dévoile autour de moi.

Regardez! Les cimes des montagnes lointaines jouissent d'avance de cette heure de fête! Elles sont baignées déjà de l'éternelle lumière, qui, plus tard, viendra jusqu'à nous. Déjà la clarté naissante glisse au-devant de nous par les pentes verdies des hauteurs. Le soleil s'avance en vainqueur. Hélas! voici déjà mes yeux blessés de ses flèches ardentes!

Il en est donc ainsi, lorsqu'un espoir longtemps cherché touche enfin aux portes ouvertes de l'accomplissement et du salut! A voir les flammes s'élancer des profondeurs qui gisent au delà, l'homme s'épouvante et s'arrête. Nous ne voulions qu'allumer le flambeau de la vie, et c'est une mer de flammes qui se répand autour nous! Et quelles flammes! Est-ce amour? est-ce haine? Enveloppés de ces replis brûlants, épouvantés d'une terrible alternative de douleurs et de joie, nous nous retournons bientôt vers la terre pour nous réfugier de nouveau sous l'humble voile de notre existence ignorante !

Que le soleil luise donc derrière moi ! La cascade bruit sur les récifs. C'est elle que je contemple avec un transport qui s'accroît sans cesse. De chute en chute, elle roule, s'élançant en mille et mille flots et jetant aux airs l'écume, sur l'écume bruissante. Mais que l'arc bigarré de cette tempête éternelle se courbe avec majesté ! tantôt en lignes pures, tantôt se fondant en air lumineux, et répandant autour de la cascade un doux frisson d'air agité. C'est là l'image de l'activité humaine ; saisis-en bien l'aspect et le sens, et tu comprendras que notre vie n'est de même qu'un reflet aux mille couleurs.

EXAMEN ANALYTIQUE

Après ce prologue où l'auteur vient de retremper son héros dans l'atmosphère romanesque et féerique du *Songe d'une nuit d'été*, déjà évoquée pour l'intermède du sabbat, l'action se transporte au milieu d'une cour impériale du moyen âge. Les personnages qui paraissent n'ont pas d'autre nom que l'empereur, le chancelier, le maréchal, etc. L'empereur, assis au milieu des conseillers, demande où est son fou. Un page vient lui apprendre que ce pauvre homme s'est laissé choir en descendant un escalier. Est-il mort? est-il ivre? On ne le sait pas. Il ne remue plus.

Un second page annonce aussitôt qu'un autre fou vient de se présenter à sa place, qu'il est fort bien vêtu, mais que les hallebardiers ne veulent pas le laisser entrer. L'empereur donne un ordre, et Méphistophélès vient s'agenouiller devant le trône. Son compliment est gracieusement accueilli, et il prend la place de son prédécesseur à droite du prince.

Le conseil se met à discuter les affaires de l'État. Le chancelier parle longtemps contre la corruption du siècle, et, passant en revue toutes les classes de la société, y signale partout un esprit d'immoralité et de révolte auquel il faut chercher remède. Les juges eux-mêmes et les possesseurs de charges publiques ne sont pas exceptés de sa censure.

Le général se plaint des troupes et des officiers qui réclament un arriéré de solde, et menacent la tranquillité du pays. Le trésorier lui répond que les caisses sont vides, que tout le monde vit pour soi, et que la richesse de l'empire a été tarie par les guerres et les divisions des partis politiques.

Le maréchal énumère les provisions de bouche que la cour dévore chaque jour, et se plaint de la cherté des subsistances, qu'on gaspille à l'envi. Tous ces conseillers inquiets et maussades semblent être les mêmes dont nous avons entendu déjà les lamentations dans la *nuit du sabbat*[1] du premier *Faust*. Au reste, toute l'action désormais se passe dans un monde vague, où il devient difficile de distinguer les fantômes des personnages réels.

L'empereur, étourdi de toutes ces plaintes, se tourne vers son nouveau fou, et lui demande s'il n'a pas, à son tour, une plainte à faire. Méphistophélès s'étonne, au contraire, des jérémiades qu'il vient d'entendre. Il commence par flatter l'empereur, qui peut tout, et qui n'a qu'à souffler pour abattre ses ennemis. Avec un peu de courage et de bonne volonté, tous ces embarras disparaîtront, et l'astre de l'empire recouvrera tout son éclat.

Les courtisans murmurent à ces paroles :

— Cela est aisé à dire! Mais que faut-il faire? Les gens à projets trouvent tout facile...

— Qu'est-ce qui vous manque? dit Méphistophélès. De l'argent? Voyez la grande difficulté! Le sol même de l'empire en est rempli. C'est de l'or brut dans les veines des monts ; c'est de l'or monnayé dans les trous des murailles, où l'ont caché les citoyens, effrayés depuis longues années des guerres et des révolutions. Il ne s'agit que de faire paraître ces richesses à la face du soleil, au moyen des forces données à l'homme par la nature et par l'esprit.

— La nature et l'esprit! s'écrie le chancelier; ce ne sont pas des mots à dire à des chrétiens! C'est pour de telles paroles qu'on brûle les athées. La nature est le péché ; l'esprit est le diable en personne, et le doute est le produit de leur accouplement monstrueux !...

1. Voyez page 151

— Je reconnais bien là, dit Méphistophélès, votre savante circonspection. Ce que vous ne touchez pas, vous le croyez à mille lieues ! Ce que vous ne chiffrez pas vous semble faux ! Ce que vous ne sauriez peser n'a pour vous aucun poids ! Ce que vous ne pouvez monnayer vous paraît sans valeur.

— Mais, dit l'empereur, à quoi bon tant de paroles ? Nous manquons d'argent, trouvez-en.

Méphistophélès promet encore une fois tous les trésors enfouis sous la terre, et est soutenu dans ses assertions par l'astrologue de la cour, qui offre l'aide de la divination et des charmes pour trouver les mines inconnues et les trésors enfouis.

Ces deux personnages s'accordent à faire un si brillant tableau de ces finances impériales *à recouvrer* sous la terre, que le souverain veut se mettre tout de suite en besogne et prendre en main la pioche et la pelle. L'astrologue fait observer que le carnaval va s'ouvrir, et qu'il convient de le passer dans la joie. Il suffit d'avoir foi dans l'avenir, et de faire un dernier étalage de luxe et d'abondance publique.

— A partir du mercredi des Cendres, dit l'empereur, nous commencerons donc nos nouveaux travaux. Jusque-là, vivons en gaieté.

Les fanfares résonnent, le conseil se sépare, et Méphistophélès rit à part soi de la façon dont il vient de jouer son rôle de fou.

Ici commence un intermède bouffon et satirique dont il est difficile de fixer les vagues allusions. Il ressemble en cela à celui de la première partie, intitulé : *les Noces d'or d'Obéron et de Titania.*

La scène représente une vaste salle entourée de galeries et parée pour le carnaval. Là se presse une foule de personnages de tout temps, dont on ne peut trop dire si ce sont des masques ou des fantômes. Un héraut est chargé du *récitatif* de cette longue scène, où mille acteurs divers chantent ou dissertent, selon leur rôle. Des jardiniers et des jardinières, des bûcherons, des oiseleurs, des pêcheurs, forment une sorte d'entrée de ballet. Une mère et sa fille cherchent l'épouseur, rare à fixer; Polichinelle raille la foule affairée; des parasites se promettent les joies du festin, et des chœurs dominent par leurs chants le tumulte de l'assemblée. Le héraut donne aussi passage à un groupe de poëtes didactiques, satyriques et romanesques; quelques-uns d'entre eux chantent la nuit et les tombeaux, et se pressent autour d'un vampire nouvellement ressuscité, pour en tirer des inspirations. Le héraut fait entrer derrière eux une mascarade selon la mythologie grecque, composée des Grâces et des Parques, qui chantent leurs diverses fonctions humaines et divines. Les personnages symboliques, la Crainte, l'Espérance, la Sagesse, prennent part à leur tour à ce concert, où *Zoïle-Thersite* élève sa voix discordante.

Bientôt Plutus arrive, entouré d'un brillant cortége, et la foule émerveillée fait cercle autour de lui. Le jeune homme qui conduit le char de ce dieu sème sur son passage des bijoux, des perles et des pierreries qui, recueillis par les assistants, se transforment en insectes, en papillons, en feux follets. On sent déjà que Méphistophélès n'est pas étranger à ces prodiges, et joue encore, dans un monde plus relevé, son rôle de physicien de la taverne d'Auerbach [1]. Plutus, à son tour, descend du char, et ouvre un coffre-fort où brille l'or fondu, mesuré dans des vases d'airain. La foule se presse avidement vers ces sources nouvelles de prospérité. Mais Plutus, plongeant son sceptre dans le métal bouillonnant, en asperge l'assemblée, qui pousse des cris de douleur et de colère.

Une entrée de faunes, de satyres et de nymphes amène, en chantant un chœur, le dieu Pan, qu'une députation de gnômes vient complimenter, et auquel ils promettent les trésors renfermés dans la terre. On commence à voir ici que le dieu Pan n'est que l'empereur lui-même, déguisé. Les gnômes le conduisent vers le merveilleux trésor de Plutus; mais, au moment où il se penche pour regarder dans le

---

[1] *Voyez* pages 84 et suiv.

coffre, sa barbe et son costume prennent feu, et les courtisans, qui se précipitent pour éteindre les flammes, sont incendiés à leur tour. Le héraut, qui raconte toute cette scène au moment où elle se passe, appelle au secours de l'empereur, et maudit la mascarade imprudente. Méphistophélès, ou peut-être Faust, car l'auteur ne le nomme pas, caché sous les habits de Plutus, apaise les flammes, raille l'assemblée de sa frayeur et déclare que tout cela n'était qu'un tour de magie blanche.

Après cet intermède, l'action précédente recommence, et la cour, réunie dans des jardins, s'entretient des événements merveilleux de la fête qui vient de se passer. Ici, pour la première fois, nous voyons reparaître Faust, qui demande à l'empereur s'il est content de la mascarade. Ce dernier est enthousiasmé de ses nouveaux hôtes, et approuve fort l'idée du divertissement, qui l'avait un peu effrayé d'abord, mais qui s'est dénoué si heureusement.

— J'avais l'air de Pluton dans toutes ces flammes ! dit-il avec orgueil, et, au milieu de la foule embrasée, il me semblait régner sur le peuple des salamandres.

Méphistophélès le flatte en lui jurant qu'il s'en faut de bien peu qu'il ne règne en effet sur tous les éléments.

Soudain, le maréchal entre tout en joie, annonçant que tout va le mieux du monde ; le général vient dire aussi que les troupes ont été payées ; le trésorier s'écrie que ses coffres regorgent de richesses. Tout l'or qui roulait et ruisselait dans l'intermède semble être allé se condenser et se refroidir dans les caisses publiques.

— C'est donc un prodige ? dit l'empereur.

— Nullement, dit le trésorier. Pendant que, cette nuit, vous présidiez à la fête sous le costume du grand Pan, votre chancelier nous a dit : « Je gage que, pour faire le bonheur général, il me suffirait de quelques traits de plume. » Alors, pendant le reste de la nuit, mille artistes ont rapidement reproduit quelques mots écrits de sa main, indiquant seulement : ce papier vaut *dix*; cet autre vaut *cent*; cet autre, *mille*, ainsi de suite. Votre signature est supposée, en outre, sur tous ces papiers. Depuis ce moment, tout le peuple se livre à la joie, l'or circule et afflue partout ; l'empire est sauvé.

— Quoi ! dit l'empereur, mes sujets prennent cela pour argent comptant ? L'armée et la cour se contentent d'être payées ainsi ? C'est un miracle que je ne puis trop admirer.

Ici, Méphistophélès, qui vient de jouer ce rôle de Law dans une cour du moyen âge, en inspirant ces idées au chancelier, développe la théorie des *banques* et du *papier-monnaie* ; et l'empereur, pour reconnaître le service que le docteur et lui viennent de lui rendre, les crée à tout jamais surintendants des finances et directeurs des mines dans toute l'étendue de ses possessions. Le fou qu'on avait cru mort, et que Méphistophélès avait remplacé, reparaît à la fin de cette scène. On lui apprend tout ce qui s'est passé, et l'empereur, joyeux de le retrouver vivant, le comble de richesses *en papier*. Le fou, seul de toute la cour, ne fait pas grand cas de ces billets de banque, et les veut faire servir à quelque usage inférieur. On se moque de lui, et on le laisse seul avec Méphistophélès, qui lui jure que ce papier vaut de l'or.

— Mais, dit le fou, me le changera-t-on bien contre de l'or ?

— Sans doute, tout de suite, dit Méphistophélès.

— Je vais le changer, dit le fou. Mais, avec de l'or puis-je acquérir comme autrefois une terre, une maison, un bois autour de la maison ?

— Sans nul doute.

— Je vais vite changer le papier contre l'or, et l'or contre la maison et la terre. Dès ce soir, je vivrai tranquillement dans ma propriété !

— Pas si fou ! dit Méphistophélès seul, en quittant la scène ; pas si fou !

Dans toutes ces scènes épisodiques, Faust a été presque oublié. Il reparaît dans la suivante avec ses désirs, son activité et ses poétiques aspirations de la première partie : c'est pourquoi nous donnerons cette scène dans son entier.

Une galerie sombre.

FAUST, MÉPHISTOPHÉLÈS.

MÉPHISTOPHÉLÈS.

Pourquoi m'amènes-tu dans ce passage écarté ? Il n'y a ici nul plaisir ; il nous faut retourner dans cette foule bigarrée de la cour, où notre magie a tant de succès.

FAUST.

Ne me parle pas ainsi ; tu as dans les vieux jours usé tout cela à tes semelles ; cependant, ta manière d'agir à présent ne tend qu'à me manquer de parole. Moi, au contraire, je suis tourmenté ; le maréchal et le chambellan me poussent, l'empereur veut que cela se fasse sur-le-champ... Il veut voir Hélène et Pâris, le modèle des hommes et celui des femmes ; il veut les voir en figures humaines. Vite donc à l'œuvre, je ne saurais manquer à ma parole.

MÉPHISTOPHÉLÈS.

Ta légèreté à promettre était imprudence.

FAUST.

Tu n'as pas, compagnon, réfléchi non plus jusqu'où ces artifices nous conduiront. Nous avons commencé par le rendre riche ; maintenant, il veut que nous l'amusions.

MÉPHISTOPHÉLÈS.

Tu crois que tout se fait si vite !... Nous touchons ici à des obstacles plus rudes : tu vas mettre la main sur un domaine étranger, et te faire inconsidérément de nouvelles obligations. Tu comptes évoquer aisément Hélène, comme le fantôme du papier-monnaie, avec des sorcelleries empruntées, avec des fantasmagories postiches... J'appelle aisément à mon service les sorcières, les nains et les monstres ; mais de telles héroïnes ne servent point aux amourettes du diable.

FAUST.

Voilà toujours ta vieille chanson. On est, avec toi, dans une incertitude continuelle; tu es le père des obstacles, et, pour chaque remède, tu demandes un salaire à part. Cependant, cela finit par se faire, avec un peu de murmure, je le sais, et à peine on a pensé à la chose, que tu l'apportes déjà.

MÉPHISTOPHÉLÈS.

Le peuple des ombres païennes est en dehors de ma sphère d'activité; il habite un enfer à lui. Pourtant il existe un moyen.

FAUST.

Parle, et sans retard.

MÉPHISTOPHÉLÈS.

Je te découvre à regret un des plus grands mystères. Il est des déesses puissantes, qui trônent dans la solitude. Autour d'elles n'existent ni le lieu, ni moins encore le temps. L'on se sent ému rien que de parler d'elles. Ce sont LES MÈRES.

FAUST, effrayé.

Les Mères!

MÉPHISTOPHÉLÈS.

Ce mot t'épouvante?

FAUST.

Les Mères! les Mères! cela résonne d'une façon si étrange!

MÉPHISTOPHÉLÈS.

Cela l'est aussi. Des déesses inconnues à vous mortels, et dont le nom nous est pénible à prononcer, à nous-mêmes. Il faut chercher leur demeure dans les profondeurs du vide. C'est par ta faute que nous avons besoin d'elles.

FAUST.

Où est le chemin?

MÉPHISTOPHÉLÈS.

Il n'y en a pas. A travers des sentiers non foulés encore

et qu'on ne peut fouler,.. un chemin vers l'inaccessible, vers l'impénétrable... Es-tu prêt? — Il n'y a ni serrures ni verrous à forcer; tu seras poussé parmi les solitudes. — As-tu une idée du vide et de la solitude ?

FAUST.

De tels discours sont inutiles ; cela rappelle la caverne de la sorcière, cela reporte ma pensée vers un temps qui n'est plus! N'ai-je pas dû me frotter au monde, apprendre la définition du vide et la donner? — Si je parlais raisonnablement, selon ma pensée, la contradiction redoublait de violence. N'ai-je pas dû, contre ces absurdes résistances, chercher la solitude et le désert, et, pour pouvoir à mon gré vivre seul, sans être entièrement oublié, m'abandonner enfin à la compagnie du diable?

MÉPHISTOPHÉLÈS.

Si tu traversais l'Océan, perdu dans son horizon sans rivages, tu verrais du moins la vague venir sur la vague, et même, quand tu serais saisi par l'épouvante de l'abîme, tu apercevrais encore quelque chose. Tu verrais les dauphins qui fendent les flots verts et silencieux, tu verrais les nuages qui filent, et le soleil, la lune et les étoiles qui tournent lentement. Mais, dans le vide éternel de ces profondeurs, tu ne verras plus rien, tu n'entendras point le mouvement de tes pieds, et tu ne trouveras rien de solide où te reposer par instants.

FAUST.

Tu parles comme le premier de tous les mystagogues qui ait jamais trompé de fervents néophytes. Mais c'est au rebours. Tu m'envoies dans le vide, afin que j'y accroisse mon art, ainsi que mes forces; tu me traites comme ce chat auquel on faisait retirer du feu les châtaignes. N'importe! je veux approfondir tout cela, et, dans ton néant, j'espère, moi, trouver le grand tout.

MÉPHISTOPHÉLÈS.

Je te rends justice avant que tu t'éloignes de moi, et je vois bien que tu connais le diable. Prends cette clef.

FAUST.

Ce petit objet!

MÉPHISTOPHÉLÈS.

Touche-la, et tu apprécieras ce qu'elle vaut.

FAUST.

Elle croît dans ma main! elle s'enflamme! elle éclaire!

MÉPHISTOPHÉLÈS.

T'aperçois-tu de ce qu'on possède en elle? Cette clef sentira pour toi la place que tu cherches. Laisse-toi guider par elle, et tu parviendras près des Mères.

FAUST, frémissant.

Des Mères! cela me frappe toujours comme une commotion électrique. Quel est donc ce mot que je ne puis entendre?

MÉPHISTOPHÉLÈS.

Ton esprit est-il si borné qu'un mot nouveau te trouble? Veux-tu n'entendre rien toujours que ce que tu as entendu? Tu es maintenant assez accoutumé aux prodiges pour ne point t'étonner de ce que je puis dire *au delà de ta portée.*

FAUST.

Je ne cherche point à m'aider de l'indifférence; la meilleure partie de l'homme est ce qui tressaille et vibre en lui. Si cher que le monde lui vende le droit de sentir, il a besoin de s'émouvoir et de sentir profondément l'immensité.

MÉPHISTOPHÉLÈS.

Descends donc! je pourrais dire aussi bien : monte; c'est la même chose. Échappe à ce qui est, en te lançant dans les vagues régions des images. Réjouis-toi au spectacle du monde qui depuis longtemps n'est plus. Le mouvement de la terre entraîne les nuages; agite la clef et tiens-la loin de ton corps.

FAUST, *transporté.*

Dieu ! je trouve en la serrant de nouvelles forces, et pour cette grande entreprise déjà ma poitrine s'élargit.

MÉPHISTOPHÉLÈS.

Un trépied ardent te fera reconnaître que tu es arrivé à la plus profonde des profondeurs. Aux lueurs qu'il projette, tu verras les Mères, les unes assises, les autres allant et venant, comme cela est. Forme, transformation, éternel entretien de l'esprit éternel, entouré des images de toutes choses créées. Elle ne te verront pas, car elles ne voient que les *êtres* qui ne sont pas nés. Là, point de faiblesse; car le danger sera grand. Va droit où tu verras le trépied et touche-le avec la clef. (*Faust élève la clef avec l'attitude de la résolution.*) C'est bien. Alors, le trépied s'y attache et te suit en esclave. Tu remontes tranquillement; le bonheur t'élève, et, avant qu'elles t'aient vu, te voilà de retour avec lui; et, dès que tu l'auras posé sur le sol, tu pourras évoquer de la nuit éternelle héros et héroïnes, toi, le premier qui ait osé cette action. Elle sera accomplie, et par toi seul, et tu verras durant l'opération magique se transformer en dieu les vapeurs de l'encens.

FAUST.

Et que faut-il faire maintenant ?

MÉPHISTOPHÉLÈS.

Maintenant, que tout ton être tende en bas; trépigne pour descendre; tu trépigneras pour remonter.

Faust trépigne sur le sol et disparaît.

MÉPHISTOPHÉLÈS.

Puisse sa clef le mener à bonne fin ! Je suis curieux de savoir s'il reviendra.

Une salle du palais.

Faust a disparu dans l'abîme du vide. Méphistophélès, qui vient de lui donner les moyens d'accomplir courageusement son épreuve, retourne près de l'empereur, qui, dans une salle richement éclairée, attend le résultat de cette fantasmagorie. Le chambellan exprime à Méphistophélès l'impatience du souverain. Réduit à un rôle secondaire, le diable semble ici chargé d'amuser le tapis en attendant le retour de l'illustre magicien. On l'accable de questions, de prières ; on lui demande des secrets de physique, de médecine, et même de toilette. Une jeune blonde se plaint des rougeurs qui tachent sa blanche peau dans la saison d'été. Méphistophélès lui donne la formule d'un onguent de frai de grenouilles et de langues de crapauds. Une brune expose piteusement son pied frappé d'un rhumatisme, qui ne peut ni danser ni courir. Le diable applique seulement son pied fourchu sur le pied de cette belle, qui s'enfuit en criant, mais guérie. Bientôt, ne sachant plus auquel entendre, le diable se dérobe à cette cohue.

Dans la salle des chevaliers, l'empereur, assis, continue d'attendre ; le héraut exprime les vœux de l'assemblée, préparée aux plus étranges apparitions. L'astrologue, qui, jusque-là, a toujours sondé l'espace, de son œil et de sa pensée, annonce enfin ce qu'aperçoit sa clairvoyance surnaturelle.

Dans le vide.

FAUST, *d'un ton solennel.*

J'invoque votre nom, ô Mères qui régnez dans l'espace sans bornes, éternellement solitaires, sociables pourtant, la tête environnée des images de la vie active, mais sans vie! Ce qui a une fois été se meut là-bas dans son apparence et dans son éclat, car toute chose créée se dérobe tant qu'elle peut au néant; et vous, forces toutes-puissantes, vous savez répartir toutes choses pour la tente des jours ou la voûte des nuits. Les unes sont emportées dans le cours heureux de la vie; l'enchanteur hardi s'empare des autres, et, se confiant dans son art, il prodigue noblement les miracles à la foule émerveillée.

L'ASTROLOGUE, sur le théâtre.

La clef ardente touche à peine le vase du trépied, qu'une vapeur épaisse s'en exhale et remplit l'espace. Elle roule, partage, dissipe et ramasse tour à tour les flocons nébuleux. Et maintenant, écoutez le sublime chœur des esprits; leur marche répand l'harmonie autour d'eux, et quelque chose d'inexprimable s'exhale de ces sons aériens. Les sons qui s'éloignent se déroulent en mélodies; la colonnade et le triglyphe résonnent, et il semble que le temple chante tout entier. La vapeur s'affaisse; du sein de ses plus légers nuages, s'avance un beau jeune homme dont les mouvements sont réglés par l'harmonie. Ici s'arrête ma tâche, et je n'ai nul besoin de le nommer. Qui ne reconnaîtrait le gracieux Pâris?

UNE DAME.

Oh! quel éclat de forte et brillante jeunesse!

UNE AUTRE.

Frais et plein de sève comme une pêche nouvelle.

UNE AUTRE.

J'admire le doux contour de ses lèvres finement coupées.

UNE AUTRE.

C'est une coupe où tu t'abreuverais volontiers.

UNE AUTRE.

Il est charmant; mais il a peu d'élégance.

UNE AUTRE.

Ses membres n'ont pas toute la souplesse qu'il faut.

UN CHEVALIER.

C'est le pâtre qui se trahit dans toute sa personne. Rien de la dignité du prince ni des manières de la cour.

UN AUTRE.

Eh! c'est un beau jeune homme dans sa demi-nudité; mais je voudrais bien voir la figure qu'il ferait sous le harnais.

UNE DAME.

Il s'assied à terre mollement, gracieusement.

UN CHEVALIER.

Sur son sein... vous vous trouveriez bien, n'est-ce pas?

UNE AUTRE DAME.

Il courbe son bras si gracieusement sur sa tête!

LE CHAMBELLAN.

Un homme sans usage. J'en suis révolté...

UNE DAME.

Vous autres seigneurs, vous trouvez à redire à tout.

LE CHAMBELLAN.

En présence de l'empereur, s'étendre ainsi!

LA DAME.

C'est une pose qu'il prend; il se croit seul.

LE CHAMBELLAN.

L'acteur même doit ici suivre l'étiquette.

LA DAME.

L'aimable jeune homme est plongé dans un doux sommeil.

LE CHAMBELLAN.

Le voilà qui ronfle à présent; c'est naturel! c'est parfait!

UNE JEUNE DAME, ravie.

Quel est ce parfum mêlé d'encens et de rose... qui, en le rafraîchissant, descend jusqu'au fond du cœur?

UNE AUTRE PLUS VIEILLE.

Il est vrai, un souffle divin répand dans l'air une odeur douce et pénétrante. C'est son haleine !

UNE PLUS VIEILLE.

C'est le sang frais de la croissance... qui circule comme ambroisie par tout le corps de ce jeune homme et s'exhale dans l'atmosphère autour de lui !

MÉPHISTOPHÉLÈS.

C'est donc elle enfin !... Eh bien, je ne sens pas mon repos compromis. Elle est parfaite; mais sa beauté ne me dit rien !

L'ASTROLOGUE.

Pour moi, je n'ai, cette fois, rien à faire davantage. Je l'avoue en honneur et le reconnais. La beauté vient là en personne ; et, quand j'aurais une langue de flamme... On a beaucoup chanté de tout temps la beauté. Celui à qui elle apparaît se sent saisi, hors de lui-même. Celui à qui elle appartient possède le suprême bien !

FAUST.

Ai-je encore mes yeux ? Il semble qu'à travers mon âme s'échappe à flots la source de la beauté pure ! Ma course de terreur aura-t-elle cette heureuse récompense ? Combien le monde m'était nul et fermé ! Qu'il me semble changé depuis mon sacerdoce ? Le voilà désirable enfin ! solide, durable !... Meure le souffle de mon être si je vais jamais habiter loin de toi ! L'image adorée qui me charma jadis dans le miroir magique [1] n'était que le reflet vague d'une telle beauté ! Tu deviens désormais le mobile de toute ma force, l'aliment de ma passion ! A toi désir, amour, adoration, délire !...

MÉPHISTOPHÉLÈS.

Contenez-vous ! Ne sortez pas de votre rôle.

---

1. Voyez page 99.

UNE VIEILLE DAME.

Grande, bien taillée ; seulement, la tête trop petite !

UNE PLUS JEUNE.

Regardez donc le pied... Comment ferait-il pour être plus lourd ?

UN DIPLOMATE.

J'ai vu des princesses de cette beauté. Des pieds à la tête, elle me paraît accomplie !

UN COURTISAN.

Elle s'approche doucement du jeune homme endormi.

UNE DAME.

Qu'elle est laide encore près de cette pure image de la jeunesse !

UN POÈTE.

Il est éclairé de sa beauté.

UNE DAME.

Endymion et la Lune. C'est un vrai tableau !

LE POÈTE.

C'est juste. La déesse semble descendre et se pencher sur lui pour boire son haleine. O sort digne d'envie !... Un baiser ! La mesure est pleine.

UNE DUÈGNE.

Quoi ! devant tout le monde ? C'est trop d'extravagance.

FAUST.

Redoutable faveur pour le jeune homme !

MÉPHISTOPHÉLÈS.

Silence ! Laisse l'image accomplir sa volonté.

LE COURTISAN.

Elle s'éloigne en glissant légèrement. Il s'éveille.

UNE DAME.

Elle regarde tout à l'entour. Je l'avais bien pensé.

LE COURTISAN.

Et s'étonne ! C'est un prodige que ce qui lui arrive.

UNE DAME.

Mais, pour elle, il n'y a là nul prodige, croyez-moi.

LE COURTISAN.

Elle revient vers lui avec une attitude pleine de pudeur.

UNE DAME.

Je remarque qu'elle semble lui apprendre quelque chose. En pareil cas, les hommes sont bien sots. Il croit vraiment qu'il est le premier.....

UN CHEVALIER.

Laissez-moi l'admirer... Délicate avec majesté !

UNE DAME.

L'impudique ! Cela est de la dernière inconvenance.

UN PAGE.

Je voudrais bien me trouver à sa place.

UN COURTISAN.

Qui ne se prendrait en une telle nasse !

UNE DAME.

C'est un bijou qui a passé par toutes les mains ! Aussi la dorure en est bien usée.

UNE AUTRE DAME.

Depuis sa dixième année, elle n'a plus rien valu.

UN CHEVALIER.

Chacun choisit ce qui lui plaît le mieux. Je me contenterais bien de ce beau reste.

UN SAVANT.

Je la vois clairement ici ; cependant, j'avoue que je doute si c'est bien là véritablement Hélène ; la réalité mène à l'absurde... Je me tiens avant tout à la lettre des textes. Je lis donc qu'elle a, en effet, séduit par sa beauté toutes les barbes grises de Troie. Et, comme il me semble, le fait s'accomplit même ici. Je ne suis pas jeune, et cependant elle me plaît.

L'ASTROLOGUE.

Ce n'est plus un jeune homme, c'est maintenant un hardi héros, qui la saisit sans lui laisser la force de se défendre; il la soulève de son bras puissant. Serait-ce qu'il veut l'enlever?

FAUST, s'élançant.

Fou! téméraire! que fais-tu? Tu ne m'entends pas! Arrête! c'est trop!

MÉPHISTOPHÉLÈS.

Cette fantasmagorie est cependant ton ouvrage.

L'ASTROLOGUE.

Un mot seulement. D'après tout ce que j'ai vu, j'appellerais cette scène : L'ENLÈVEMENT D'HÉLÈNE.

FAUST.

Quel enlèvement? Suis-je pour rien à cette place? N'ai-je point dans la main cette clef? Elle m'a guidé à travers l'épouvante, et le flot et la vague des espaces solitaires, et m'a ramené sur ce terrain solide. Ici, je prends pied! ici est le domaine du réel, et, d'ici, l'Esprit peut lutter avec les Esprits, et se promettre l'empire du double univers!... Elle était si loin; comment la vois-je maintenant si près? Je la sauve, et elle est doublement à moi. Courage! ô Mères! Mères, exaucez-moi! Celui qui a connue ne peut plus se détacher d'elle!

L'ASTROLOGUE.

Que fais-tu? Faust! Faust! — De force il la saisit; déjà l'image s'est troublée. Il attaque le jeune homme avec la clef; il le touche. Malheur à nous! malheur!... Hélas! hélas!

Explosion. Faust tombe à terre. Les Esprits se fondent en vapeur.

MÉPHISTOPHÉLÈS, relevant Faust et le chargeant sur ses épaules.

Voilà ce que c'est; se charger d'un tel fou, c'est de quoi arriver à mal, fût-on le diable lui-même !

Ténèbres, tumulte.

La chambre d'étude du docteur Faust.

Méphistophélès a reporté le docteur Faut dans son ancienne demeure, il l'a couché sur le lit de ses pères ; et, pendant que son corps endormi repose, le diable retrouve tout en place, tel qu'ils l'ont laissé, jusqu'à la plume même qui a servi au pacte, et où brille encore le reste de la goutte de sang tirée aux veines du docteur.

— C'est une pièce rare, et qui se vendra cher aux antiquaires, dit Méphistophélès.

Un chœur d'insectes salue le maître, et court, bourdonne et danse autour de lui; la vieille fourrure de la robe doctorale bruit de ces chants légers. Méphistophélès revêt encore une fois ce costume, et voit la cloche pour appeler les gens de la maison. Un serviteur arrive, et s'effraye de voir cet hôte inattendu. — Méphistophélès le reconnaît.

— Vous vous appelez Nicomède? lui dit-il.

— Vous me connaissez?

— Je vous reconnais ; vous avez vieilli beaucoup, et vous êtes étudiant encore, respectable sire !...

Le vieil étudiant a passé au service du docteur Vagner, qui se livre à de graves expériences de chimie transcendante. Un bachelier entre à son tour la tête haute et fier de son nouveau grade. Il parle et raisonne sur tout, et prétend argumenter contre le diable lui-même, qu'il trouve arriéré, suranné et sentant la vieille école. On reconnaît dans ce fier personnage l'humble étudiant de la première partie.

La scène se passe ensuite au laboratoire de Vagner, qui, las de la chimie et de la physique expérimentale, a imaginé de dérober le secret de la Création. A force de combiner les gaz, les fluides et les plus purs éléments de la matière, il est parvenu à concentrer dans une fiole le mélange précis où doit éclore le genre humain. De ce moment, la femme devient inutile; la science est maîtresse du monde... Mais, au moment où déjà la flamme reluit au fond de la fiole, Méphistophélès entre brusquement.

— Silence! arrêtez-vous, dit Vagner.
— Qu'y a-t-il?
— Un homme va se faire.
— Un homme? Vous avez donc enfermé des amants quelque part?
— Bon! dit Vagner : une femme et un homme, n'est-ce pas? C'était là l'ancienne méthode; mais nous avons trouvé mieux. Le point délicat d'où jaillissait la vie, la douce puissance qui s'élançait de l'intérieur des êtres confondus, qui prenait et donnait, destinée à se former d'elle-même, s'alimentant des substances voisines d'abord, et ensuite des substances étrangères, tout ce système est vaincu, dépassé; et, si la brute s'y plonge encore avec délices, l'homme doué de plus nobles facultés doit rêver une plus noble et plus pure origine...

En effet, cela monte et bouillonne; la lueur devient plus vive, la fiole tinte et vibre, un petit être se dessine et se forme dans la liqueur épaisse et blanchâtre; ce qui tintait prend une voix. Homonculus, dans sa fiole, salue son père scientifique. Il se réjouit de vivre, et craint seulement que le père, en l'embrassant, ne brise trop tôt son enveloppe de cristal : c'est là la loi des choses. Ce qui est naturel s'étend dans toute la nature; mais le produit de l'art n'occupe qu'un espace borné.

Homonculus salue aussi le diable, qu'il appelle son cousin, et lui demande sa protection pour vivre dans le monde. Le diable lui conseille de donner tout de suite une preuve de sa vitalité. Homonculus s'échappe des mains de Vagner, et s'en va voltiger sur le front de Faust, endormi. Là, il semble prendre part au rêve que fait le docteur dans ses aspirations vers la beauté antique; il assiste avec lui à l'image de la naissance d'Hélène. Léda se baigne sous de frais ombrages, dans les eaux pures de l'Eurotas. Un bruit se fait entendre dans la feuillée; des femmes s'échappent à demi nues, et la reine, restée seule, reçoit dans ses bras le cygne divin.

Ce rêve donne à Faust l'idée d'où sortiront les scènes étranges qui se préparent. L'apparition fantastique qui a eu lieu dans le palais lui a laissé, comme on l'a vu, une impression extraordinaire. S'il a saisi la clef magique dans la scène que nous avons rapportée, c'était pour attaquer le spectre de Pâris, qu'il n'a pu voir sans jalousie tenter d'enlever Hélène. Mêlant tout à coup les idées du monde réel et celles du monde fantastique, il s'est épris profondément de la beauté d'Hélène, qu'on ne pouvait voir sans l'aimer. Où est-elle? elle existe quelque part dans le monde, puisque l'art magique a pu la faire apparaître. Fantôme pour tout autre, elle représente un objet réel pour cette vaste intelligence qui conçoit à la fois le connu et l'inconnu.

C'est par ce dénoûment que la scène se lie à l'intermède qui va suivre. Il semble que, dans cette partie, l'auteur ait voulu donner un pendant à la *nuit de sabbat* de la première partie, en créant, cette fois, une sorte de sabbat du Tartare antique. Erichto ouvre la scène, et décrit les terreurs de cette nuit orageuse, qui se passe aux champs de Pharsale. Faust et Méphistophélès passent bientôt, portés sur le manteau magique, et guidés par Homonculus, qui voltige dans l'air en les éclairant, comme le follet du premier sabbat. Les sages de la Grèce, les sphinx et les sirènes, rêvent leurs pensées et chantent leurs chants. Méphistophélès les interroge curieusement, et discute avec eux sur des points d'histoire et de philosophie.

Pendant ce temps, Faust se transporte aux rives du Pénéios et se plonge dans ses flots en interrogeant les nymphes qui l'habitent. Il rencontre Chiron, qui l'invite à sauter sur son dos et lui fait traverser le fleuve; ce centaure l'emporte aux champs de Cynocéphale, où Rome vainquit la Grèce.

Chiron parle à Faust avec enthousiasme des héros de son temps, de Jason, d'Orphée et d'Achille, son élève. Mais Faust ne veut entendre parler que d'Hélène, la belle des belles, le type le plus pur de l'antique beauté.

Mais la beauté n'est rien selon Chiron, la grâce seule est irrésistible. Telle était Hélène quand elle s'assit sur son dos de coursier.

— Tu l'as portée?

— Elle? dit Chiron? Oui, sur ce dos même où tu es assis. Elle se tenait comme toi à ma chevelure, où elle plongeait ses blanches mains, rayonnante de charmes, jeune, délices du vieillard.

— Elle avait à peine sept ans alors, n'est-ce pas? dit Faust.

— Prends garde, observe Chiron, les philologues se trompent souvent et trompent les autres. C'est un être à part que la femme mythologique; le poëte la crée selon sa fantaisie. Elle ne sera jamais majeure, jamais vieille; elle a toujours l'aspect séduisant qui éveille les désirs. On l'enleva jeune, et, vieille, on la désire encore. En un mot, pour le poëte, le temps n'existe pas.

— Ainsi, dit Faust, le temps n'eut sur elle aucun empire! Achille la rencontra bien à Phéra, en dehors de tout espace de temps. Quel étrange bonheur! cet amour fut conquis sur le destin. Et ne puis-je, moi, par la seule force du désir, rappeler à la vie les formes abstraites et uniques, la créature éternelle et divine, aussi grande que tendre, aussi sublime qu'aimable? Tu la vis jadis, et, moi, aujourd'hui, je l'ai vue, aussi belle que charmante, aussi belle que désirée; maintenant, tout mon esprit, tout mon être en sont possédés. Je ne vis point si je ne puis l'atteindre.

Ici, Chiron juge que Faust a perdu la raison, il le renvoie à Manto, la fille d'Esculape, qui, moins sévère que Chiron, admire ce noble esprit humain possédé de la soif de l'impossible. Elle promet à Faust son aide puissante, et le guide vers l'antre obscur de Perséphone, creusé dans le pied du mont Olympe.

Méphistophélès parcourt d'un autre côté les vagues régions du monde des ombres; de l'entretien des sages, il passe à celui des lamies, qui tentent de le séduire en lui offrant des charmes analogues à sa nature diabolique. Il en veut saisir une petite qui lui glisse dans les mains comme une couleuvre; et une grasse plus appétissante, qui, au toucher, tombe en morceaux comme un champignon.

Le chœur des ombres antiques finit par reconnaître Méphistophélès pour un fils de sorcière, fille elle-même de sibylle, et Méphistophélès, humilié, se met à railler l'antiquité comme le temps présent. Il quitte enfin le séjour des ombres et retourne prendre pied sur la matière, formulée par un roc nommé Oréas, qui se prévaut de sa qualité pour mépriser les rêves des poëtes et les fantômes des âges évanouis.

HÉLÈNE

Devant le palais de Ménélas, à Sparte.

HÉLÈNE arrive, suivie d'un chœur de TROIS JEUNES PRISONNIÈRES, PANTHALIS, la coryphée [1].

HÉLÈNE.

Beaucoup admirée et beaucoup blâmée, je suis Hélène ; j'arrive du bord où nous venons de débarquer, encore ivre du balancement animé des vagues, qui, venant des plaines phrygiennes, nous a portés sur leur dos *haut voûté*, par la faveur de Poseidon et la force d'Euros, dans les baies paternelles. Là en bas, le roi Ménélas se réjouit de son retour et de celui des plus vaillants de ses guerriers. Moi, je te salue, haute maison que Tyndaréos, mon père, à son retour, s'est fait élever près de la pente de la colline de Pallas ; et, lorsqu'ici je grandis fraternellement avec Clytemnestre, avec Castor et avec Pollux, compagnons de mes jeux, cette maison était ornée plus magnifiquement que toutes les autres maisons de Sparte. Salut, battants de la porte d'airain ! C'est alors que vous vous ouvriez largement, pleins d'hospitalité, qu'il arriva un jour que, moi, l'élue entre plusieurs, je vis apparaître Ménélas comme mon fiancé. Ouvrez-vous de nouveau, pour que je puisse remplir fidèlement l'ordre pressé du roi, comme il convient à l'épouse. Laissez-moi entrer ! et que tout ce qui,

---

1. Toute cette partie a été traduite littéralement, ce qui était le seul moyen de donner une idée des effets du style de Gœthe, qui a tenté ici une sorte de pastiche de la versification grecque.

jusqu'à présent, m'assaillit fatalement reste derrière moi ; car, depuis que, sans inquiétude, je quittai cette place, pour visiter le temple de Cythère, obéissant à un devoir sacré, et que, là, un ravisseur, le Phrygien, m'enleva, bien des choses sont passées que les hommes de loin et de près aiment à se raconter, mais que celui-ci n'aime pas à entendre, de qui la tradition, en grandissant, a pris la forme du conte.

LE CHŒUR.

Ne dédaigne pas, ô femme illustre !
L'honorable possession du plus grand des biens ;
Car le plus grand bonheur, tu le possèdes seule :
La gloire de la beauté, qui s'élève au-dessus de tout.
Le héros est précédé par son nom;
　Alors, il marche fièrement :
Mais le plus opiniâtre des hommes
Se soumet à la beauté toujours triomphante.

HÉLÈNE.

Ainsi, je viens ici portée par les vagues avec mon époux, et c'est lui qui m'envoie devant lui à sa ville ; mais je ne sais quelle est sa pensée, si je viens comme épouse, si je viens comme reine, si je viens comme sacrifice des poignantes douleurs du prince et pour les malheurs prolongés des Grecs. Je suis conquise, mais je ne sais si je suis prisonnière ! Les immortels m'ont singulièrement départi la renommée et la destinée, ces compagnes scabreuses de la beauté, qui sont même à ce seuil, près de moi, avec une présence sombre et menaçante. Car déjà, dans le navire profond, l'époux ne me regarda que rarement ; il ne prononça aucune parole indulgente. Il était là en face de moi, comme s'il rêvait malheur. Mais, lorsque, naviguant vers le profond rivage de la baie, les proues des navires avaient à peine salué la terre, il dit, comme inspiré par un dieu : « Ici, mes guerriers débarquent suivant l'ordre; je les passerai en revue le long du rivage. Mais, toi, continue ton voyage le long de la rive féconde de l'Eurotas, marche en dirigeant les coursiers sur l'ornement de l'humide prairie, jusqu'à ce que tu sois arrivée à la belle plaine où se trouve Lacédémone, autrefois vaste champ voisin de hautes montagnes; entre dans la maison du prince, qui s'élève jusqu'aux nuages, et passe en revue les servantes qui y sont restées, à la tête desquelles est la vieille et prudente intendante. Celle-ci te montrera la riche collection des trésors, tels que ton père les a laissés, et que j'ai accumulés moi-même en les augmentant dans la paix et dans la guerre. Tu trouveras tout dans le meilleur ordre; car c'est là le privilége du prince, qu'il retrouve, en revenant, tout fidèlement à sa place tel qu'il l'y avait laissé. Car le serviteur n'a pas le droit de rien changer par sa volonté.

LE CHŒUR.

Réjouis-toi maintenant en contemplant le trésor magnifique
Qui s'est toujours augmenté par le prix et par la masse;
Car l'éclat de la chaîne, la splendeur de la couronne,
Montrent leur fierté d'être ici, et semblent sentir ce qu'ils sont
Mais entre seulement, et les anime de ta présence;
Ils seront bientôt rendus à l'existence et au mouvement.
Je me réjouis de voir la beauté qui lutte d'empire
Avec l'or, et les perles, et les diamants.

HÉLÈNE.

Le maître continua à parler en maître : « Lorsque tu auras tout vu l'un après l'autre, alors prends des trépieds qui te sont nécessaires et d'autres vases dont le sacrificateur a besoin pour le saint usage des fêtes, les bassins, les coupes et le plateau. Que l'eau la plus pure soit dans les cruches élancées; de plus, que le bois sec, prêt à jeter des flammes, soit là; enfin que le couteau bien affilé ne manque pas. Et, pour tout le reste, je l'abandonne à tes soins. » Ainsi il dit, me pressant de partir; mais l'ordonnateur ne m'indique rien qui respire et qu'il veuille sacrifier pour honorer les Olympiens. Cela est grave; pourtant, ne crains rien, et j'abandonne tout aux dieux, qui achèvent ce qui semble être conçu dans leur sein. Qu'il soit bien ou mal apprécié par les hommes, nous devons supporter le destin, nous qui sommes mortels. Mainte fois le sacrificateur a levé la hache pesante vers la nuque de l'animal couché sur la terre, et n'a pu l'achever, en étant empêché, ou par un ennemi voisin, ou par l'intervention d'un dieu.

LE CHOEUR.

Tu ne saurais deviner ce qui arrivera.
    Reine, marche en avant,
    Forte dans ton courage !
    Le bien et le mal arrivent
    A l'homme sans être prévus.
Nous ne le croirions pas si d'avance on ne nous l'annonçait.
Troie n'a-t-elle pas brûlé ? Nous avons cependant vu
La mort devant nos yeux, la mort ignominieuse ;
    Et ne sommes-nous pas ici
Attachées à toi, te servant pleines de joie ?
Nous voyons le soleil éblouissant du ciel
Et ce qu'il y a de plus beau sur la terre,
Et toi, si charmante ; heureuses que nous sommes !

HÉLÈNE.

Soit ! quoi qu'il arrive, il me convient de monter sans retard dans la maison du roi, laquelle, longtemps désirée, et beaucoup regrettée, et presque perdue pour toujours se trouve de nouveau devant mes yeux, je ne sais comment. Les pieds ne me portent pas si légèrement sur les marches élevées, que je franchissais jadis comme un enfant.

LE CHOEUR.

    Jetez, ô mes sœurs !
    O tristes prisonnières,
Jetez au loin toutes vos douleurs ;
Partagez le bonheur de notre maîtresse,
    Partagez le bonheur d'Hélène,
    Qui vers le foyer de son père,
    D'un pied lent et tardif
    Mais d'autant plus ferme,
    S'approche toute en joie.
    Chantez et louez les dieux saints,
    Qui rétablissent le bonheur,
    Et ramènent l'homme à ses foyers.
    Celui qui est libre plane,
    Comme sur des ailes,
Sur les choses les plus dures ; tandis qu'en vain
Le prisonnier, plein de désir et de regret,

Au delà du créneau de son cachot
Étend le bras en se désolant.
Mais elle, un dieu la saisit,
Elle, la fugitive,
Et des ruines d'Ilion,
Il la reporta dans ces lieux,
Dans la vieille maison de son père,
Parée de nouveau pour elle,
Après les innombrables
Délices et tourments
De sa première jeunesse,
Dont elle doit garder la mémoire.

PANTHALIS, coryphée.

Abandonnez maintenant le sentier parsemé de joie et de chants, et tournez vos regards vers les battants de la porte. Que vois-je, mes sœurs ? la reine ne retourne-t-elle pas vers nous à pas redoublés et pleine d'émotion ? Qu'est-ce, grande reine ? Qu'as-tu pu rencontrer d'effrayant dans le portique de la maison, au lieu du salut des tiens ? Tu ne le caches pas, car j'aperçois de l'aversion sur ton front ; une noble colère en lutte avec la surprise.

HÉLÈNE, qui a laissé les battants de la porte ouverts.

La crainte vulgaire ne convient pas à la fille de Jupiter, et la main légère et fugitive de la frayeur ne la touche pas ; mais l'épouvante qui, s'élevant de *l'origine des choses*, s'élève sous mille formes, comme des nuages brûlants du foyer central de la montagne, ébranle jusqu'à la poitrine du héros.

Ainsi, aujourd'hui, pleins d'horreur, les dieux du Styx m'ont masqué l'entrée de la maison, que volontiers, comme l'hôte renvoyé, je voudrais franchir en m'éloignant. Mais non ! j'ai reculé jusqu'au grand jour, et vous ne me pousserez pas plus loin, puissances, qui que vous soyez. Je songerai à me *consacrer* ; alors, l'épouse purifiée pourra, comme son époux, saluer le feu du foyer.

LA CORYPHÉE.

Découvre à tes servantes, femme illustre,
A celles qui t'assistent, ce qui est arrivé.

HÉLÈNE.

Ce que j'ai vu, vous le verrez de vos yeux, si la vieille nuit n'a pas englouti ces images dans la profondeur de son sein fécond en merveilles. Mais, pour que vous le sachiez, je vous le dis en ces termes. Lorsque j'entrai dans le premier espace intérieur de la maison du roi, marchant avec solennité, et me rappelant les premiers devoirs, je m'étonnai du silence des galeries désertes. Mon oreille ne fut point frappée du bruit de ceux qui marchent en travaillant; mon regard cherchait en vain ces êtres empressés et remuants poussés par les occupations, et aucune servante n'apparut, aucune intendante, de celles qui viennent toujours pour saluer l'étranger; mais, lorsque je m'approchai vers le siége du foyer, là, je vis, près des débris des cendres éteintes, assise à terre, oh! quelle grande femme *voilée*! non comme endormie, mais comme rêvant. Je l'appelle au travail du ton de quelqu'un qui croit voir l'intendante de la maison, que la précaution de mon époux avait peut-être placée là en attendant; mais cette femme immobile reste assise enveloppée. Enfin elle remue, sur mes menaces, le bras droit, comme si elle me repoussait et du foyer et du portique.

Je me détourne d'elle avec colère, et je précipite mes pas vers les degrés où s'élève le *Thalamos* paré et placé près de la salle du trésor. Mais la vision se lève et saute brusquement de la terre; me barrant le chemin en maîtresse, elle se montre dans sa taille décharnée, et le regard creux, sombre et sanguinaire; singulière figure qui trouble et l'œil et l'esprit. Mais je parle en vain; car la parole ne saurait construire des formes en créatrice. Tenez, la voilà elle-même! elle ose se présenter au jour! — Ici, nous sommes les maîtresses, jusqu'à l'arrivée de notre seigneur et de notre roi.

Phébus, l'ami de la beauté, repousse ces créations de la nuit, et les refoule dans les cavernes, ou bien il en triomphe.

PHORKYAS *se montre sur le seuil entre les jambages des portes.*

SECOND FAUST

LE CHŒUR.

J'ai beaucoup éprouvé, quoique la chevelure
Flotte, jeune encore, autour de mes tempes,
J'ai vu bien des spectacles d'horreur ;
Les malheurs de la guerre, la nuit d'Ilion,
  Lorsqu'elle succomba ;
A travers les bruits pleins de nuages et de poussière
Des guerriers qui s'entre-choquaient, j'entendis les dieux
Crier avec fracas, j'entendis la Discorde
D'une voix d'airain retentir à travers champs
  A l'entour des murailles.
Hélas ! ils étaient encore debout,
Les murs de Troie ; mais l'incendie,
  Gagnant déjà de proche en proche,
  Va se répandant çà et là,
  Avec le souffle de la tempête,
  Au-dessus de la ville endormie.
En fuyant, je vis, à travers la fumée, et la braise,
Et la flamme qui s'étendait comme une langue,
L'arrivée des dieux dans une effrayante colère.
Je vis s'avancer des figures merveilleuses
  Aux formes gigantesques.
A travers la vapeur éclairée par le feu.
Si je le vis, ou si l'esprit, maîtrisé par l'angoisse,
  M'a formé ces illusions,
  Jamais je ne pourrais l'affirmer ;
  Mais ce que je vois ici d'horrible,
  Cela, je le sais sans en douter :
  De la main je le toucherais,
  Si je n'étais retenue par la crainte.
Laquelle des filles de Phorkyas peux-tu donc être ?
  Car je te compare à cette race.
Es-tu une de celles qui n'ont qu'un œil et une dent
  Qu'elles se repassent alternativement ?
  Oses-tu bien, monstre,
  A côté de la beauté,
  Te montrer devant le regard connaisseur
  De Phébus, le dieu du beau !
  Mais avance toujours, avance !
  Il ne contemple pas ce qui est laid ;
  De même que jamais son œil sacré
  N'a regardé l'ombre qui le suit.
Nous, mortels, hélas ! nous sommes condamnés
Malheureusement par la triste destinée
A avoir cette indicible douleur de la vue
Que fait naître ce qui est abominable, éternellement maudit

Dans ceux qui aiment ce qui est beau.
Eh bien, écoute donc : si insolemment
Tu nous braves, écoute les malédictions,
Écoute les menaces, les invectives qui sortent
De la bouche maudissante des bienheureux
Que les dieux ont formés!

PHORKYAS.

La parole est vieille, mais le sens est toujours vrai et sublime. Que jamais la pudeur et la beauté ne s'accordent à traverser, en se donnant la main, le vert sentier de la terre.

Profondément enracinée, réside dans toutes les deux une si ancienne haine, que, n'importe où elles se trouvent en chemin, chacune tourne le dos à son ennemie; chacune se presse de marcher en avant de plus belle; la pudeur affligée, mais la beauté toujours hautaine et insolente, jusqu'à ce qu'enfin la nuit creuse de l'Orcus les entoure, à moins que l'âge ne les ait domptées avant cette époque. Je vous trouve maintenant, audacieuses qui venez de l'étranger, remplies d'arrogance, pareilles à l'essaim à la fois bruyant et rauque qui, par-dessus notre tête, en nuage prolongé, envoie d'en haut ces sons qui engagent le voyageur silencieux à jeter ses regards en haut; mais ils passent leur chemin, et lui va le sien; il en sera ainsi de nous. Qui êtes-vous donc, vous qui, sauvages comme des Ménades, semblables aux femmes ivres, osez faire ce vacarme autour du palais sublime du roi? Qui donc êtes-vous, qui aboyez en voyant l'intendante, comme la meute des chiens en apercevant la lune? Croyez-vous que la race dont vous sortez m'est cachée? Toi, jeune engeance! enfantée dans la guerre, élevée dans les batailles, toi, dévorée par la luxure, à la fois séduite et séductrice, énervant et la force du guerrier, et la force du citoyen! Ainsi groupées, vous ressemblez à des sauterelles qui se précipitent d'en haut pour couvrir les moissons verdoyantes des champs. Vous, dissipatrices de l'application étrangère! vous dont la gourmandise détruit la prospérité naissante! toi, marchandise conquise, vendue au marché, troquée!

HÉLÈNE.

Celle qui, en présence de la maîtresse, gronde les servantes usurpe ses droits comme patronne de la maison : car à elle seule il convient de vanter ce qui est louable, ou même de réprimander tout ce qui mérite blâme.

Aussi suis-je satisfaite des services qu'elles m'ont rendus lorsque la force d'Ilion fut assiégée et succomba, et fut anéantie, non moins que lorsque nous supportâmes les peines communes de la vie errante, où chacun d'ordinaire ne pense qu'à soi. J'attends encore ici pareille chose de ce joyeux troupeau. Le maître ne demande pas ce qu'est l'esclave, seulement comment il sert. Tais-toi donc, et ne détourne d'elles ni les regards ni ta figure hideuse. As-tu bien gardé jusqu'ici la maison du roi à la place de la maîtresse de la maison ?

Cela sera ta gloire ; mais, à présent, elle revient elle-même. Retire-toi maintenant, afin de ne pas être punie au lieu d'être louée.

PHORKYAS.

Menacer les habitantes de la maison demeure un droit immense, que l'illustre épouse du souverain comblé des faveurs de Dieu a bien mérité par une sage direction en de longues années. A présent que tu es reconnue et que tu entres de nouveau dans ton ancien rang de reine et de maîtresse de la maison, saisis les rênes relâchées depuis longtemps ; règne et gouverne maintenant ; prends possession du trésor et de nous telles que nous sommes. Mais, avant tout, protége-moi, moi, la plus vieille, contre ce troupeau de filles, qui, près du cygne de la beauté, semble une bande d'oies criardes mal emplumées.

LA CORYPHÉE.

Que la laideur se montre laide auprès de la beauté !

PHORKYAS.

Que la sottise paraît sotte auprès de la prudence !

A partir de ce vers, les choristes répondent chacune en sortant du chœur.

PREMIÈRE CHORÉTIDE.

Raconte-nous de l'Érèbe, ton père ; raconte-nous de la Nuit, ta mère.

PHORKYAS.

Parle donc de Scylla, ton cousin germain.

DEUXIÈME CHORÉTIDE.

Maint et maint monstre s'élève dans ton arbre généalogique!

PHORKYAS.

A l'Orcus va chercher ta consanguinité!

TROISIÈME CHORÉTIDE.

Ceux qui y habitent sont trop jeunes pour toi.

PHORKYAS.

Va attirer dans tes filets amoureux le vieux Tirésias.

QUATRIÈME CHORÉTIDE.

La nourrice d'Orion est son arrière-petite-fille.

PHORKYAS.

Les Harpies, je suppose, l'ont nourrie de leurs *excréments*.

CINQUIÈME CHORÉTIDE.

Avec quoi nourris-tu cette maigreur si bien soignée?

PHORKYAS.

Ce n'est pas avec du sang, dont tu es si avide.

SIXIÈME CHORÉTIDE.

Tu n'aimes que des cadavres, hideux cadavre toi-même.

PHORKYAS.

Des dents de vampire brillent dans ta bouche insolente.

LA CORYPHÉE.

Je fermerai la tienne si je dis qui tu es.

PHORKYAS.

Commence par te nommer, et l'énigme est devinée.

HÉLÈNE.

Sans colère, mais en m'affligeant, je me place entre vous, vous interdisant la fureur d'une pareille lutte de paroles; car rien n'est si nuisible au service des maîtres que la désunion des fidèles serviteurs. L'écho de ses ordres accomplis rapidement ne lui revient plus alors avec harmonie; au contraire, autour de lui naît un bruit, un tumulte; plus d'unité; il s'y perd, c'est en vain qu'il gronde. Ce n'est pas tout : vous avez, dans votre colère sans frein, évoqué des images et des figures si fatales et si pleines d'horreur que je me sens poussée vers l'Orcus, en dépit des champs fleuris de ma patrie qui m'entourent. Est-ce bien le souvenir? était-ce une illusion qui m'a saisie? Étais-je tout cela? le suis-je? le serai-je à l'avenir, le rêve et le fantôme de ceux qui détruisent les villes? Les jeunes filles frémissent; mais, toi, la plus vieille, tu n'es pas émue. Parle donc, mais parle clairement.

PHORKYAS.

Celui qui se souvient du bonheur varié des longues années, celui-là croit que la plus grande faveur des dieux n'est qu'un rêve. Mais, toi, jouissant de si grandes faveurs, sans mesure et sans fin, tu n'as vu, ta vie durant, que des amoureux enflammés soudainement aux coups les plus audacieux. Déjà Thésée te saisit, de bonne heure excité par sa flamme ardente, fort comme Hercule, jeune homme aux formes belles et magnifiques.

HÉLÈNE.

Il me ravit! moi, biche svelte de dix ans! et le château d'Aphidné, dans l'Attique, me cacha.

PHORKYAS.

Alors, délivrée bientôt par Castor et par Pollux, tu fus entourée par l'élite des héros.

HÉLÈNE.

Cependant, je favorisai secrètement, comme je l'avoue volontiers, Patrocle, lui, l'image de Pélée!

PHORKYAS.

Mais la volonté de ton père te destina à Ménélas, qui sut traverser les mers et sut aussi garder sa maison.

HÉLÈNE.

Il lui donna à la fois sa fille et le soin de son empire; Hermione fut le fruit de cette union.

PHORKYAS.

Mais, tandis que Ménélas conquérait au loin avec valeur l'héritage de Crète, à toi, épouse solitaire, il apparut un hôte d'une beauté fatale.

HÉLÈNE.

Pourquoi me ressouvenir de ce demi-veuvage, et des suites affreuses qui en sont résultées pour moi?

PHORKYAS.

Cette entreprise me valut, à moi, née libre à Crète, la captivité et un long esclavage.

HÉLÈNE.

Il t'a nommée immédiatement intendante, te confiant beaucoup : et le château et le trésor conquis par sa valeur.

PHORKYAS.

Que tu as abandonnés, songeant à Ilion, la ville aux fortes murailles et aux joies inépuisées de l'amour.

HÉLÈNE.

Ne me rappelle pas les joies! ma poitrine et ma tête furent inondées par des souffrances inexprimables.

PHORKYAS.

Cependant, on dit que tu apparus sous deux faces, comme double fantôme, à la fois dans Ilion et en Égypte.

HÉLÈNE.

Ne rends pas plus confus encore mes sens égarés; même maintenant, je ne sais, je suis...

PHORKYAS.

Ils ajoutaient, ensuite, que, montant du creux empire des ombres, Achille se joignit ardemment à toi ! t'aimant *antérieurement*, contre toutes les résolutions de la destinée.

HÉLÈNE.

Mais, comme idole, je m'unis à lui, idole lui-même. C'était un songe ; ces paroles le disent assez... Je perds connaissance... et deviens une idole encore une fois, je le sens !

Elle tombe dans les bras du chœur.

LE CHŒUR.

Tais-toi, tais-toi !
Toi, au regard oblique, à la bouche méchante :
Des lèvres si hideuses, ne montrant qu'une dent !...
Que peut-il sortir de cet effroyable gouffre entr'ouvert ?
Car le méchant qui paraît bienfaisant,
La colère du loup sous la toison de la brebis
M'inspirent plus de frayeur
Que la gueule du chien à trois têtes.
Nous sommes là écoutant avec anxiété :
Quand, comment peut-il sortir, ce monstre sans égal,
Placé là dans toute son horreur ?
Car, maintenant, au lieu de nous verser
La douce parole consolatrice, puisée dans le Léthé,
Tu remues, des temps passés, plus de mal que de bien,
Et tu rembrunis, en même temps,
Et l'éclat du présent et la lumière de l'espérance
Qui doucement commençaient à poindre.
Tais-toi, tais-toi !
Que l'âme de la reine,
Déjà près de s'enfuir,
Se maintienne encore et conserve palpable
La plus pure de toutes les formes
Que le soleil ait jamais éclairées.

Hélène s'est remise et se retrouve au milieu des autres.

PHORKYAS.

Sors des nuages légers, magnifique soleil de ce jour, qui, voilé, nous ravissais encore et qui règnes maintenant en éblouissant par ton éclat. Tu vois dans ton regard charmant comme le monde se déroule devant tes yeux pleins de douceur. Qu'elles m'appellent laide tant qu'elles veulent, je sais aussi ce qui est beau.

HÉLÈNE.

Si je sors en chancelant du vide qui m'entourait dans le vertige, je voudrais cependant encore jouir du repos, car mes membres sont si las; mais il convient aux reines, il convient à tous les hommes de se posséder et de prendre courage, quelque menaçantes que soient les circonstances.

PHORKYAS.

Es-tu enfin là dans ta grandeur, dans ta beauté ? Ton regard signifie-t-il un ordre ? Quel est-il ? Prononce-le !

HÉLÈNE.

Tenez-vous prête à réparer ce que l'insigne négligence de votre querelle a fait perdre : ayez hâte d'accomplir un sacrifice tel que le roi me l'a commandé.

PHORKYAS.

Tout est prêt dans la maison, la coupe, le trépied, la hache aiguë, tout ce qui est nécessaire pour arroser et pour encenser ; désigne la victime !

HÉLÈNE.

Le roi ne l'a pas indiquée.

PHORKYAS.

Il ne l'a pas prononcé ? Ô mot fatal !

HÉLÈNE.

Quelle douleur s'empare de toi ?

PHORKYAS.

Reine, c'est toi qui es la victime !

HÉLÈNE.

Moi ?

PHORKYAS.

Et celles-ci.

LE CHŒUR.

Malheur et désespoir!

PHORKYAS.

Tu tomberas par la hache!

HÉLÈNE.

Horrible! mais je l'ai pressenti. Malheureuse que je suis!

PHORKYAS.

Cela me semble inévitable.

LE CHŒUR.

Hélas! et nous, quel sera notre sort?

PHORKYAS

Elle meurt d'une noble mort; mais vous, au balcon élevé de la maison qui supporte le faîte du toit, comme les grives quand on les prend, vous trembloterez à la file. *(Hélène et le chœur sont étonnés et effrayés, formant un groupe significatif symétriquement disposé.)* Spectres! vous voilà immobiles comme des figures effrayées de quitter le jour qui ne vous appartient pas. Les hommes, ces spectres qui tous vous ressemblent, ne renoncent pas volontiers à la lumière brillante et sublime du soleil; mais personne ne prie pour eux et personne ne les sauve de cette foi; tous ils le savent, mais peu s'y plaisent... Il est certain, vous êtes perdues! Courage donc, à l'œuvre! *(Frappant dans ses mains; on voit à la porte apparaître des nains déguisés, qui exécutent avec promptitude les ordres qu'elle a prononcés.)* Approche-toi, monstre sombre, *rond comme une boule*... Roule vers ici, il y a du mal à faire à pleines mains. Faites place à l'autel aux cornes d'or; déposez la hache éblouissante au-dessus du bord d'argent; emplissez d'eau les vases, car il y aura à laver la souillure affreuse du sang noir; étendez ici précieusement le tapis sur la poussière, afin que la victime s'agenouille royalement, et soit enveloppée, à la vérité la tête séparée, mais ensevelie avec décence et dignité.

LA CORYPHÉE.

La reine demeure abandonnée à ses pensées ; les jeunes filles se fanent comme le gazon moissonné. Mais, à moi, leur doyenne, il semble qu'un devoir sacré m'impose d'échanger la parole avec toi, la plus *âgée des âgées*. Tu es expérimentée, sage ; tu sembles être bienveillante pour nous, quoique cette jeune troupe écervelée t'ait méconnue ; c'est pourquoi, dis ce que tu crois possible pour nous sauver.

PHORKYAS.

Rien de si facile : seulement, de la reine il dépend de se conserver, et vous autres aussi qui lui appartenez. Il faut de la résolution et de la promptitude.

LE CHŒUR.

O la plus révérée des parques! la plus sage des sibylles, tiens fermés les ciseaux d'or ; alors, annonce-nous le jour et le salut, car nous sentons déjà douloureusement nos jeunes membres se remuer, tressaillir, se détacher, qui préféraient d'abord se réjouir dans la danse et se reposer ensuite sur le sein du bien-aimé.

HÉLÈNE.

Laisse-les se lamenter! Je ressens de l'affliction, mais nulle crainte ; cependant, si tu peux nous sauver, j'y consens avec reconnaissance ; pour l'esprit sage, pénétrant, au regard lointain, souvent l'impossible se montre encore possible ; parle et dis ton moyen de salut!

LE CHŒUR.

Parle! parle! hâte-toi de dire comment nous échapperons à ces affreux lacets qui saisissent déjà, menaçants, notre col, comme de hideux ornements. Nous le pressentons déjà, malheureuses! c'est pour nous suffoquer, pour nous étouffer, si toi, ô Rhéa! la mère auguste de tous les dieux, tu n'as pas pitié de nous.

PHORKYAS.

Avez-vous assez de patience pour écouter silencieusement le fil prolongé du discours? Ce sont de nombreuses histoires.

LE CHŒUR.

Nous te suivrons avec patience! car, en t'écoutant, nous prolongeons notre vie.

PHORKYAS.

Celui qui, restant dans sa maison, garde un noble trésor et sait cimenter les murailles élevées de sa demeure, de même qu'assurer le toit contre la pluie battante, celui-là passera bien les longs jours de sa vie; mais celui qui franchit criminellement, avec des pas fugitifs, le chemin sacré du seuil de sa porte, celui-là trouve, en retournant, l'ancienne place, mais tout transformé, sinon détruit.

HÉLÈNE.

A quoi bon ici ces sentences banales? Tu peux raconter; ne rappelle pas des choses fâcheuses.

PHORKYAS.

Cela est historique et n'est aucunement un reproche. De golfe en golfe, Ménélas a ramé; Ménélas combattait en pirate, et les rivages et les îles furent traités en ennemis. Revenant couvert de butin, il entassa ces richesses dans son palais. Pendant dix longues années, il resta devant Ilion; je ne sais combien de temps il lui fallut pour revenir. Mais que se passa-t-il ici sur la place du palais sublime de Tyndare? Qu'est devenu l'empire tout à l'entour?

HÉLÈNE.

Gronder est donc ta seconde nature, pour que tu ne saches point remuer les lèvres sans prononcer un blâme?

PHORKYAS.

Tant d'années demeura abandonné le vallon montueux qui s'étend au nord de Sparte! Le Taygète est par derrière, où, comme un joyeux ruisseau, l'Eurotas roule, et traverse ensuite largement notre vallée, le long des roseaux, où il nourrit vos cygnes. Là-bas, derrière le vallon montagneux, une race audacieuse s'est établie, sortie de la nuit cimmérienne ; elle a construit une tour inaccessible, d'où elle maltraite, selon ses désirs, et le sol et ceux qui l'habitent.

HÉLÈNE.

Quoi ! ils ont pu accomplir chose pareille ? Cela semble impossible.

PHORKYAS.

Ils avaient assez de temps ; il y a une vingtaine d'années que cela s'est passé.

HÉLÈNE.

Y a-t-il un seul maître ? Sont-ce des brigands ? sont-ils nombreux et alliés ?

PHORKYAS.

Ce ne sont point des brigands ; mais l'un d'eux est le maître de tous. Je ne l'attaque pas par des paroles, bien qu'il m'ait déjà visitée ; il ne dépendait que de lui de tout prendre ; mais il se contenta de quelques dons libres : c'est ainsi qu'il les nomma, mais non comme tribut.

HÉLÈNE.

Quel air a-t-il ?

PHORKYAS.

Il n'est point mal ! Il me plaît, à moi ; c'est un homme alerte, hardi, bien fait, comme il s'en trouve peu parmi les Grecs ; c'est un homme intelligent. On attaque ces gens comme des barbares ; mais je ne pense pas qu'on en trouve parmi eux un seul aussi cruel que maint héros qui, devant Ilion, s'est montré semblable aux anthropophages. Je fais cas de sa générosité ; je me suis confiée à lui... Et son château, ah ! si vos yeux le voyaient ! c'est bien autre chose que ces vieux remparts que vos pères ont élevés sans plan et sans pensée, comme des Cyclopes qui construisent à la manière *cyclopéenne*, roulant la pierre brute sur des pierres brutes ; mais, là, au contraire, là, tout est horizontal, perpendiculaire et régulier.

En un mot, voyez le château du dehors, il aspire vers le ciel, si solide, si bien ordonné, clair et poli comme l'acier. A y grimper, la pensée même glisse ; et, dans l'intérieur, de vastes cours fermées, entourées d'architectures de toute espèce et à toutes les fins. Voilà des colonnettes, des arceaux, des ogives, des balcons, des galeries qui dominent en dedans et au dehors, et des blasons.

LE CHŒUR.

Qu'appelle-t-on des blasons?

PHORKYAS.

Ajax n'avait-il pas des serpents enlacés sur son bouclier, comme vous l'avez vu vous-mêmes ? Les Sept, là-bas devant Thèbes, portaient chacun sur son bouclier de riches images significatives. Là, on voyait la lune et les étoiles sur le firmament nocturne, et aussi la déesse, le héros et les échelles, les glaives et les flambeaux, et tous les fléaux qui menacent fatalement les bonnes villes. Notre troupe de héros possède des figures de ce genre qu'elle a conservées par héritage de ses premiers aïeux, dans le premier éclat des couleurs. Vous voyez des lions, des aigles, et aussi des serres et des becs, puis des cornes de *buffle*, des ailes, des roses, des queues de paon, aussi des raies or, et noir et argent, bleu et rouge. De pareilles choses sont appendues dans ces salles, les unes après les autres, formant une file. Dans les salles sans bornes, immenses comme le monde, là, vous pouvez danser.

LE CHŒUR.

Dis, y a-t-il là aussi des danseurs?

PHORKYAS.

Les meilleurs, une jeune troupe, fraîche, aux boucles d'or. Quel parfum de jeunesse elle répand! Pâris seul exhalait cette douce odeur lorsqu'il vint trop près de la reine.

HÉLÈNE.

Tu sors tout à fait de ton rôle ; dis-moi le dernier mot.

PHORKYAS.

Tu dois le lire; c'est à toi à prononcer ce *oui* simple, grave et intelligible! Aussitôt je t'entourerai de ce château.

LE CHŒUR.

Oh! dis-la, cette vaillante parole! sauve-toi, et nous en même temps.

HÉLÈNE.

Comment dois-je craindre que le roi Ménélas ne soit assez cruel envers moi pour vouloir ma perte?

PHORKYAS.

As-tu donc oublié comment il mutila ton Déiphobus, ce frère de Pâris tué dans le combat, sans l'avoir écouté, qui, avec opiniâtreté, te conquit, toi veuve, et te prit heureusement pour concubine; il lui coupa le nez et les oreilles et le mutila plus encore. C'était une horreur à le voir.

HÉLÈNE.

C'est ainsi qu'il le traita, et c'est à cause de moi qu'il agit ainsi.

PHORKYAS.

Pour lui-même, il te fera pareille chose. La beauté est indivisible; celui qui l'a possédée tout entière préfère l'anéantir, maudissant tout partage de possession. (Trompettes dans le lointain: le chœur frémit.) Avec quelle force le son jeté de la trompette saisit et déchire l'oreille et les entrailles; ainsi la jalousie se cramponne et s'introduit dans la poitrine de l'homme, qui n'oublie jamais ce qu'il a possédé jadis, et ce qu'il a perdu maintenant, et qu'il ne possède plus.

LE CHŒUR.

N'entends-tu pas retentir les cors? ne vois-tu pas les éclairs des armes?

PHORKYAS.

Sois le bienvenu, seigneur et roi; je te rendrai volontiers compte, à toi.

LE CHŒUR.

Mais nous?

PHORKYAS.

Vous le savez clairement; vous voyez sa mort devant vos yeux; la vôtre aussi y est comprise : non, vous ne sauriez être sauvées.

HÉLÈNE.

J'ai médité sur ce qu'il y a de plus pressé, sur ce que je dois tenter. Tu es un *mauvais génie*, je le sens bien, et je le crains. Tu tournes le bien en mal. Mais, avant tout, je veux te suivre au castel; le reste, je le sais; ce que la reine peut cacher mystérieusement et profondément en son sein est impénétrable à chacun. Vieille, marche en avant!

LE CHŒUR.

Oh! que volontiers nous allons,
D'un pied fugitif!
Derrière nous la mort;
Devant nous du château
Les murs inaccessibles.
Qu'il nous protège aussi bien
Que le château d'Ilion,
Qui pourtant a succombé
Sous une ruse infâme.

Des nuages se répandent, voilent le fond, et, si l'on veut, le voisinage du spectateur.

Comment? mais comment,
Sœurs, regardez à l'entour!
Le jour n'était-il pas serein?
Des files de nuages s'étendent,
Sortis des flots sacrés d'Eurotas.
Déjà le regard perd le doux rivage
Couronné partout de roseaux;
Et aussi les cygnes, libres, gracieux, fiers,
Qui se glissent mollement sur l'eau,
Nageant ensemble avec délices.
Hélas! je ne les vois plus;
Mais cependant, cependant,
J'entends encore leurs chants;
J'entends encore dans le lointain de terribles sons.

Ces sons signifient la mort;
Hélas! pourvu qu'ils ne nous annoncent pas aussi,
Au lieu du salut, et des secours promis,
Notre heure et notre fin dernière,
A nous qui ressemblons aux cygnes,
Avec leurs beaux cols blancs, hélas!
Et à celle qui est née des cygnes.
Malheur à nous, malheur à nous!
Tout autour de nous déjà
Est voilé de nuages;
Nous ne pouvons nous voir l'une l'autre!
Qu'arrive-t-il donc? Marchons-nous?
Ou planons-nous seulement,
En frôlant le sol de nos pas?
Ne vois-tu rien? N'est-ce pas peut-être
Hermès qui plane devant nous?
Son sceptre d'or ne luit-il pas,
Nous guidant, nous précipitant,
Vers le mélancolique séjour de l'Hadès,
Plein de formes insaisissables,
Et toujours vide, si fort qu'on le remplisse?

Le théâtre change et représente l'intérieur de la cour d'un château du moyen âge.

LE CHŒUR.

Oui, tout d'un coup, le nuage s'assombrit, il perd son éclat grisâtre, et devient brun comme les murs. Des murailles s'opposent en effet au regard, et arrêtent sa liberté. Est-ce une cour? est-ce une profonde fosse, affreuse dans tous les cas? Hélas! sœurs, nous sommes prises, prises comme jamais nous ne l'avons été.

LA CORYPHÉE.

Précipitée et frivole, véritable image de femme, qui dépend de chaque moment, jouet et caprice du temps, du bonheur et du malheur, ni l'une ni l'autre ne savez rien supporter avec calme; toujours l'une contredit l'autre avec violence, et les autres se disputent à travers leurs paroles. Dans la joie comme dans la douleur, vous pleurez et vous riez du même ton. Maintenant taisez-vous! et attendez en écoutant ce que la reine résoudra dans sa sublime sagesse, pour elle et pour nous.

HÉLÈNE.

Où es-tu, pythonisse? N'importe ton nom, sors de ces nuages, de ce sombre castel! Et tu allais peut-être pour m'annoncer à ce magnifique seigneur et héros, pour me préparer un bon accueil. Je t'en remercie; mais conduis-moi promptement vers lui; je ne désire que la fin de ce labyrinthe; je ne désire que le repos.

LA CORYPHÉE.

C'est en vain, ô reine! que tu jettes les regards à l'entour; le simple fantôme a disparu; il est resté peut-être là-bas dans le nuage, au sein duquel nous sommes venues ici, je ne sais comment, promptement et sans faire un pas. Peut-être erre-t-il dans le labyrinthe de ce castel qui s'est formé d'éléments si divers, interrogeant peut-être le seigneur, touchant la salutation auguste que l'on doit au prince. Mais vois donc déjà là-haut se remuer en foule dans les galeries, sur les croisées et sous les portails, en s'entre-choquant, beaucoup de serviteurs; cela nous annonce un accueil à la fois distingué et favorable.

LE CHŒUR.

Mon cœur s'épanouit! Oh! voyez seulement là
Avec quelle retenue et quel pas mesuré
La jeune troupe gracieuse fait mouvoir avec harmonie
Son cortège réglé; comment, et d'après quel ordre
Semble rangé et formé de si bonne heure
    Ce magnifique peuple d'adolescents!
Que dois-je admirer le plus? Est-ce la démarche élégante?
Est-ce la chevelure bouclée autour du front éclatant,
Et les joues rouges comme des pêches,
Couvertes encore d'un velouté si doux?
Volontiers j'y mordrais; mais je frissonne en y pensant;
Car dans une tentation pareille,
La bouche, hélas! peut se remplir de cendres!
Mais les plus beaux s'approchent de nous,
    Que peuvent-ils porter là?
    Des degrés pour le trône,
    Un tapis et un siège,
    Une draperie à l'entour,
    Qui semble une tente.

La voilà qui flotte,
En des guirlandes de nuages
Au-dessus de la tête
De notre reine ;
Car déjà elle est montée
Sur le magnifique siége.
Approchez, degré par degré,
Formez-vous en cercle majestueux.
Dignement, trois fois dignement !
Soit bénie une réception si belle !

Tout ce que le chœur vient de prononcer s'exécute peu à peu. Faust, après que des jeunes enfants et des varlets ont défilé en long cortége, paraît en haut de l'escalier dans un costume de cour, en chevalier du moyen âge, et descend avec lenteur et dignité.

LA CORYPHÉE, le contemplant attentivement.

Si à celui-ci les dieux, comme ils le font souvent, n'ont pas prêté pour peu d'instants une figure merveilleuse, un port sublime, une présence aimable et charmante ; s'il doit garder ces avantages ; alors, on peut dire qu'il réussira dans tout ce qu'il doit entreprendre, soit dans les combats avec les hommes, soit dans ceux que les femmes soutiennent. En vérité, il est préférable à beaucoup d'autres que mes yeux ont cependant hautement estimés. Je vois le prince, avec sa démarche lente et grave, sa retenue pleine de respect... Hélas ! sauve-toi, ô reine !

FAUST, s'approchant ; à ses côtés un prisonnier enchaîné.

Au lieu d'un salut solennel, comme il convenait, au lieu d'un accueil respectueux, voici que je t'amène, rudement chargé de fers, le serviteur que voilà, lequel, oubliant son devoir, m'a détourné du mien. — Ici, agenouille-toi pour faire l'aveu de ta faute à cette femme sublime. — Voilà, auguste souveraine, l'homme chargé de veiller du haut de la tour, avec son œil perçant, de regarder tout à l'entour pour épier rigoureusement, dans l'espace des cieux et sur l'étendue de la terre, tout ce qui peut s'annoncer çà et là ; et tout ce qui peut se mouvoir, depuis le cercle des collines dans la vallée, jusque dans le castel élevé; soit les flots d'un troupeau, soit les flots d'une armée. Nous nous partageons ceux-là, et nous attaquons l'autre. Aujourd'hui, ô quel oubli! Tu approches, il ne l'annonce point. La réception pleine d'honneur, due à une si noble étrangère, se trouve manquée. Il a, par ce forfait, mérité la mort; déjà son sang aurait coulé; mais toi seule as le droit de punir, ou de faire grâce à ton gré.

HÉLÈNE.

Cette haute autorité, telle que sur eux tu me l'accordes, comme arbitre, comme souveraine (et sans doute c'est une épreuve), je l'exerce maintenant; le premier devoir d'un juge est d'entendre les accusés. — Parle donc!

LYNCÉUS, gardien de la tour.

Laissez-moi m'agenouiller, laissez-moi voir,
Laissez-moi mourir, laissez-moi vivre!
Car je suis dévoué tout entier
A cette femme envoyée des dieux.

J'attendais les délices du matin,
J'épiais à l'est l'arrivée du jour.
Tout d'un coup le soleil, devant moi,
Se leva par miracle au sud.

Mon regard tourné vers ce côté,
Au lieu des gorges, au lieu des hauteurs,
Au lieu de l'espace de la terre et des cieux,
Ne voyait plus que celle qui est sans égale.

Je suis doué d'un regard perçant,
Comme le lynx placé au haut des arbres;
Mais, maintenant, il fallait que je fisse effort,
Comme au sortir d'un profond rêve;

Je ne savais plus comment m'orienter;
Le créneau, la tour, la porte fermée...
Les nuages planent et s'entr'ouvrent,
Et voici, la déesse en sort.

Les yeux et le sein tournés vers elle,
Je m'enivrais de ce doux éclat.
Cette beauté, combien elle éblouit!
Elle m'aveuglait tout à fait, malheureux!

J'ai oublié les devoirs du garde,
J'ai oublié le *cor enchanté*;
Menace toujours de m'anéantir!
La beauté dompte toute colère.

HÉLÈNE.

Je ne puis pas punir le mal que j'ai causé. Malheur à moi! Cruelle, cruelle destinée qui me poursuit, de séduire partout le cœur des hommes à ce point, qu'ils ne respectent ni eux-mêmes, ni toute autre chose honorable. Pillant, séduisant, combattant, enlevant des demi-dieux, des héros, des dieux, même des démons, je fus conduite par eux çà et là. Je mis en désordre le monde maintes fois, et, à présent, je cause l'embarras partout. Éloigne ce brave, donne-lui la liberté; qu'aucune honte n'atteigne celui qui est ébloui par les dieux.

FAUST.

C'est avec étonnement, ma reine, que je vois celle qui touche le but si juste, et en même temps je me sens atteint. Je vois l'arc qui a lancé la flèche et qui m'a blessé. Des flèches suivent les flèches et m'atteignent. Partout je les pressens emplumées, perçant à travers l'air et les murailles. Que suis-je maintenant? Tout à coup vous tournerez contre moi ceux qui m'étaient toujours fidèles, et je crains déjà que mon armée n'obéisse à la femme triomphante qui n'a jamais été vaincue. Que puis-je faire, que de me remettre à votre disposition moi-même, et tout ce qui m'appartient? Permettez que je me jette à genoux en vous reconnaissant, libre et fidèle, comme ma souveraine, vous qui, en paraissant, acquiers la possession et le trône.

LYNCÉUS, *portant une caisse et accompagné d'hommes qui en portent d'autres.*

Vous me voyez de retour, ma reine. Le riche mendie un regard; il te voit et se sent à la fois misérable comme un pauvre, et riche comme un prince. Qu'est-ce que j'étais et qu'est-ce que je suis maintenant? Que faut-il vouloir?

que faire? A quoi bon l'étincelle des plus beaux yeux ?
Elle rejaillit devant vous. — Nous arrivâmes du côté du
Levant; c'en était fait de l'Occident : le premier ne savait
rien du dernier, le premier tomba, le second resta debout,
la lance du troisième n'était pas loin; chacun était fortifié au centuple; des milliers furent tués inaperçus.
Nous poussâmes plus loin, nous entraînâmes tout avec
violence; partout nous fûmes les maîtres; et là où je
commandais aujourd'hui en maître, un autre vola et pilla
demain. Celui-ci s'empara de la plus belle femme, celui-là
du plus beau taureau; tous les chevaux furent enlevés.
Mais, moi, j'aimais à épier ce qu'il y a de plus beau, de
plus rare qu'on ait jamais vu, et tout ce qu'un autre possédait n'était pour moi que de l'herbe séchée.

> J'étais à la trace des trésors,
> Je suivais seulement ma vue perçante;
> Je regardais dans toutes les poches;
> Tout intérieur était transparent pour moi,
> Et des monceaux d'or m'appartenaient;
> Mais avant tout est la plus noble pierre,
> L'émeraude mérite de verdoyer sur ton cœur.
> Maintenant, balance entre l'oreille et la bouche
> La gouttelette sortie des gouffres de la mer;
> Les rubis sont tout à fait éclipsés,
> Le rouge de tes joues les rend pâles.
> Et c'est ainsi que le plus grand des trésors,
> Je le transporte ici à ta place;
> Devant tes pieds je dépose
> La récolte de plus d'une bataille sanglante.
> Je traîne ici bien des caisses,
> J'ai encore plus de ces coffres de fer;
> Permets que je suive ta trace,
> Et je remplirai ton trésor jusqu'aux voûtes.
> Car à peine as-tu monté au trône,
> Que déjà se courbent, déjà s'inclinent
> L'esprit, et la richesse et le pouvoir,
> Devant ton unique image.
> Tout cela je le tenais ferme à moi;
> Mais, maintenant, malicieuse, il est ton bien;
> Je l'ai cru digne, sublime et *de poids*.
> Maintenant, je vois que ce n'était rien.
> Disparu est tout ce que j'ai possédé;

C'est une herbe moissonnée, fanée.
Oh ! rends-lui par un regard indulgent
Toute sa valeur qu'il a perdue !

FAUST.

Éloigne promptement ce fardeau acquis avec audace, sans être blâmé, à la vérité, mais sans récompense. Déjà tout ce que le castel recèle dans son sein est à elle. Il est donc inutile de lui offrir un trésor spécial. Pars, et amoncelle trésor sur trésor avec ordre. Montre l'image sublime du luxe qu'aucun regard n'a encore vu ! Que les voûtes brillent comme les cieux purs. Prépare des paradis de la vie surnaturelle, fais devant ses pas rouler des tapis sur des tapis ; que son pied foule un parterre velouté, et que son regard, que les dieux n'éblouissent pas, ne rencontre partout que l'éclat le plus sublime.

LYNCÉUS.

Ce que le seigneur ordonne est facile ; pour le serviteur, c'est un jeu ; la fierté de cette beauté ne règne-t-elle pas sur le bien et sur la vie ? Déjà toute l'armée est adoucie, tous les glaives sont paralysés et émoussés devant cette magnifique image ; le soleil même est froid devant la splendeur de sa figure. Tout est vide, tout est nul.

HÉLÈNE, à Faust.

Je désire te parler ; mais monte, viens à mes côtés ! La place vide appelle le seigneur et assure la mienne.

FAUST.

Permets d'abord qu'à genoux je te rende ce loyal hommage, femme sublime ; la main qui m'élève à tes côtés, permets que je la baise. Reçois-moi, comme co-régent de ton empire sans bornes ; tu auras en moi et adorateur et serviteur et gardien, tout dans l'un.

HÉLÈNE.

Je vois et j'entends des merveilles sans nombre ; je suis ravie d'étonnement. Je voudrais m'informer de beaucoup de choses. Mais je désire savoir pourquoi le ton du discours de cet homme m'a semblé si singulier et si affable. Un son semble harmonieusement succéder à un autre son, et, lorsqu'une parole a frappé l'oreille, arrive une autre parole pour caresser la première.

FAUST.

Si déjà le langage de nos peuplades te séduit, alors certainement leur chant te transportera; car il satisfait et l'oreille et le sens dans toute sa profondeur. Mais ce qu'il y a de plus sûr, essayons-le immédiatement; il appellera, il attirera de doux discours.

HÉLÈNE.

Ainsi, dis-moi comment faire pour dire de si belles paroles?

FAUST.

Rien de si facile; il faut que cela parte du cœur, et, lorsque la poitrine est brisée d'espoir et de regret, on regarde à l'entour, et on demande —

HÉLÈNE.

— qui est heureux avec soi?

FAUST.

L'esprit ne contemple ni le futur, ni le passé. Le présent seul —

HÉLÈNE.

— est notre bonheur.

FAUST.

C'est un trésor, un gain sublime, possession et gage; qui le confirme?

HÉLÈNE.

— Ma main.

LE CHŒUR.

Qui ose blâmer notre reine,
Si elle accorde au seigneur de ce château
Un accueil amical?
Car, avouez-le, toutes nous sommes prisonnières

Comme cela nous est arrivé souvent,
Depuis l'ignominieuse chute d'Ilion,
Et depuis que nous errons dans un labyrinthe d'existences
Pleines d'angoisse et de chagrin.
Des femmes exposées à l'amour des hommes
Ne font pas elles-mêmes de choix,
Mais elles les subissent ;
Et à des bergers aux cheveux d'or,
Peut-être comme à des *faunes* au poil rude.
Selon que l'occasion se présente,
Elles accordent un pareil droit
Sur leurs membres délicats et faibles. —
Plus près et plus près encore ils sont assis,
Appuyés déjà l'un contre l'autre,
L'épaule à l'épaule, le genou contre le genou,
Les mains dans les mains ; ils se bercent
Sur l'élévation sublime
Du trône aux splendides coussins.
La majesté ne se prive pas
De la secrète joie
De se manifester hautement
Devant les regards du peuple.

HÉLÈNE.

Je me sens si loin, et cependant si près. Et j'aime à me dire : « Me voilà, là. »

FAUST.

A peine je respire ; la parole me manque, ma bouche tremble ; c'est un rêve ; le jour et le lieu sont disparus.

HÉLÈNE.

Il me semble que j'ai trop vécu, et, cependant, je me sens si nouvelle ! identifiée avec toi ; si fidèle à toi, inconnu.

FAUST.

N'analyse pas la destinée la plus unique ; l'existence est un devoir, ne fût-ce que pour un instant.

PHORKYAS, entrant avec violence.

Épelez encore l'alphabet de l'amour,
Jouez-vous en creusant les choses amoureuses,
Continuez à aimer et à subtiliser par oisiveté ;

Mais le temps n'est pas favorable.
Ne sentez-vous pas un sourd tremblement ?
Prêtez l'oreille seulement
Au son aigu de la trompette.
Le malheur n'est pas loin ;
Ménélas, avec des flots de peuple,
Est en marche vers vous !
Préparez-vous à la lutte terrible !...
Entouré de la foule des vainqueurs,
Mutilé comme Déiphobus,
Tu expieras la protection donnée à ces femmes.
Suspendue à un fil léger,
Celle-ci trouvera près de l'autel
La hache fraîchement aiguisée.

FAUST.

Audacieuse interruption ! elle s'annonce à contretemps. Même dans les dangers, je n'aime pas l'impétuosité irréfléchie. Le plus beau des messagers, un message de malheur le rend laid ; et toi, la plus laide des laides, tu aimes à apporter le message le plus affreux. Mais, cette fois-ci, tu ne réussiras pas ; remplis les airs de ton haleine vide. Ici, il n'y a pas de danger, et même le danger ne serait qu'une vaine menace.

Signaux, explosion des tours, trompettes et clairons, musique guerrière, passage de forces militaires formidables.

FAUST.

Bientôt tu verras de nouveau assemblé le cercle inséparable des héros. Celui-là seul est digne de la faveur des femmes, qui sait les protéger par la force. (Aux chefs, qui se séparent des colonnes et qui s'approchent.) Avec cette colère calme et retenue, qui vous assure la victoire, allez, jeunesse au sang pur du Nord, et vous, forces de l'Orient dans sa fleur ! Couvertes d'acier, éblouissantes de rayons, ces armées qui brisèrent empire sur empire, elles avancent, la terre tremble ; elles marchent et le tonnerre suit.

C'est près de Pylos que nous mîmes pied à terre. Le vieux Nestor n'est plus ! et tous les petits liens de royauté, notre troupe sauvage les brise. Sans retard repousse maintenant de ces murs Ménélas jusqu'à la mer ! Qu'il y rôde, pillant et guettant sa proie, c'était là son penchant et sa destinée.

La reine de Sparte m'ordonne de vous saluer comme ducs. Mettons maintenant à ses pieds et la montagne et la vallée, et la conquête de l'empire sera à vous. Toi, Germain, défends les baies de Corinthe avec des boulevards et des digues. Et toi, Goth, je recommande à la résistance l'Achaïe avec ses cent gorges. Que les armées des Francs marchent vers Élis, que les Saxons aient Messine en partage, que le Normand balaye les mers, et qu'il grandisse l'Argolide.

Alors, chacun demeurera chez soi et dirigera la force et l'éclair vers l'extérieur ; mais Sparte trônera sur vous, siége de la reine pour de longues années. Elle vous voit jouir à la fois, vous, tous et chacun, de pays où rien ne manque. Vous chercherez avec confiance, à ses pieds, sanction, droit et lumière.

Faust descend, les princes font un cercle autour de lui, afin d'écouter mieux l'ordre et l'ordonnance.

LE CHŒUR.

Celui qui demande la plus belle pour soi,
Bravement avant toute chose
Doit avec sagesse regarder ses armes :
En flattant, il a bien su gagner
Ce qu'il y a de plus désirable sur terre ;
Mais il ne le possédera pas tranquillement :
De rusés séducteurs la surprennent,
Des brigands audacieux la lui arrachent,
Qu'il y pense et y prenne garde.
Je loue notre souverain pour cela ;
Je l'estime plus haut que tous les autres,
D'avoir réussi, par sa prudence et par sa valeur,
A faire que les forts soient là, obéissants,
Debout, à attendre son signal.
Ils exécutent loyalement son ordre ;
Chacun en tirant profit pour soi,
Comme pour appeler le remerciement du prince,
Et tous deux pour le profit de la gloire, son égale.
Car qui l'arrachera désormais
Au puissant qui la possède ?
Elle lui appartient. Oh ! qu'il la garde !

Doublement nous le souhaitons !
Il l'a entourée au dedans des sûres murailles ;
Au dehors, de la plus vaillante armée.

FAUST.

Les dons accordés à ceux-ci, à chacun un riche territoire, ces dons sont grands et magnifiques : qu'ils partent, nous gardons l'empire du centre. Et ils te protégeront avec ardeur, tour à tour, toi, terre qui n'es pas une île, mais que les vagues ont rattachée par une légère chaîne de collines aux derniers hôtes des montagnes de l'Europe. Que ce pays, acquis maintenant à ma reine, fasse plus que tout autre le bonheur de tous ; lorsqu'au doux gazouillement des hautes eaux d'Eurotas elle sortit de la coquille, son auguste mère et sa sœur furent éblouies de son éclat. Ce pays, ta patrie, te montrant, tourné vers toi, sa plus grande beauté, oh ! préfère-le à celui qui t'appartient. Et même, quand sur ses plus hautes montagnes le dard du soleil est vainqueur, le rocher verdoie encore, et la chèvre y prend sa frugale pitance. La source ruisselle, les ruisseaux se précipitent, et déjà commencent à verdir les ravins, les pentes et les prés ; l'on voit passer sur cent collines des troupeaux de brebis. Les bêtes à cornes marchent d'un pas mesuré vers le bord escarpé, l'abri est préparé pour elles, le roc se voûte en cent cavernes. Pan les protége ; des nymphes séjournent dans les grottes humides et rafraîchies, et, désireux des régions plus élevées, l'arbre s'élève de branche en branche. Ce sont déjà de vieilles forêts : le chêne est grand, fort et dur ; l'érable, plein d'un doux suc, s'élève dans toute sa grâce et se joue de son fardeau. Et, maternellement, dans l'ombre tranquille jaillit le lait pur pour l'enfant et l'agneau ; les fruits pendent partout, et le miel dégoutte de la tige creusée. Là, le bien-être est héréditaire ; la joue devient sereine comme la bouche, chacun est immortel à sa place, ils sont saints et contents, et ainsi se développe le gracieux enfant pour devenir un jour père heureux. Nous sommes surpris, et nous nous demandons : « Sont-ce des hommes ou des dieux ? » C'est ainsi qu'Apollon s'était associé aux pasteurs ; car, là où la nature règne dans sa pureté, tous les mondes s'embrassent et se confondent. (Assis à côté d'elle.) Ainsi pour toi comme pour moi, tout a réussi ; oublions le passé ; oh ! sois fière de ton origine divine, tu appartiens entièrement au premier monde. Un château ne doit pas t'enfermer. Conservant son éternelle jeunesse, pour nous, pour nos délices, l'Italie est voisine encore de Sparte. Appelée à jouir du bonheur le plus sublime, tu touches au point suprême de ton sort : les trônes se changent en verdure, notre bonheur est libre au sein de la nature.

La scène change. Des kiosques fermés s'adossent à un rang de cavernes entourées de treillages ombragés. Faust et Hélène ne sont pas vus. Le chœur, dormant, est dispersé çà et là.

PHORKYAS.

Je ne sais pas depuis quand les filles dorment ; si elles ont rêvé ce que j'ai vu clairement, je l'ignore. Éveillons-les. Les jeunes gens s'étonneront, et vous, adultes, qui, assis là-bas, attendez pour voir enfin la solution de ces miracles dignes de foi. Debout ! debout ! secouez vos cheveux, ne clignotez plus, et écoutez-moi.

LE CHŒUR.

Parle toujours et raconte ce qui s'est passé de merveilleux ; nous désirons entendre ce que nous ne pouvons pas croire, car nous nous ennuyons à regarder ces rochers.

PHORKYAS.

A peine vous êtes-vous frotté les yeux, mes enfants, et déjà vous vous ennuyez. Apprenez donc ce qui suit : dans ces cavernes, dans ces grottes et kiosques, notre seigneur et son épouse trouvaient protection et sûreté, comme un couple amoureux épris des charmes de la nature.

LE CHŒUR.

Comment, là-dedans ?

PHORKYAS.

Séparés du monde, ils n'appelaient que moi seule pour les servir. J'étais auprès d'eux honorée de leur confiance ; mais, comme cela convient aux confidentes, je regardais autour de moi, je m'adressais partout, cherchant des racines, des mousses et des écorces dont je connaissais l'efficacité, et ils restaient seuls.

LE CHŒUR.

Tu parles comme si un monde entier était là dedans : des forêts et des prairies, des ruisseaux et des lacs ; quels contes nous récites-tu donc ?

PHORKYAS.

Sans doute, inexpérimentées que vous êtes, ce sont des profondeurs que vous n'avez point sondées ; des salles et des cours partout, que je découvrais à force de chercher. Tout à coup j'entends des éclats de rire résonnant dans la caverne ; j'y porte mes regards, et je vois un jeune garçon sautant du sein de la mère vers le père, du père vers la mère ; les badinages, les cajoleries, les agaceries du fol amour m'étourdirent. Nu, un génie sans ailes, un faune sans animalité, il bondit sur la terre ferme ; mais le sol, par la réaction, le fait sauter au milieu des airs, et, au second, au troisième saut, il touche à la voûte. La mère, pleine d'angoisses, s'écrie : « Bondis toujours ainsi et selon ton loisir ; mais garde-toi de voler, car le vol ne t'est pas permis. » Et le père lui donne des exhortations : « L'élasticité qui te pousse en haut est dans la terre ; touche le sol seulement du doigt du pied, et tu seras bientôt fort comme le fils de la terre, Antée. » Conformément à ces paroles, il sautille sur la masse du rocher d'une pente à l'autre, comme saute une balle au jeu de paume ; mais tout à coup il disparaît dans la fente du gouffre, et il nous semble perdu. La mère se lamente, le père la console, et, moi, haussant les épaules, je me tiens debout. Et de nouveau quelle apparition ? Est-ce qu'il y a là des trésors cachés? Il s'est richement vêtu d'habits rayés de fleurs; des houppes tombent le long des bras, des écharpes flottent autour du sein; portant dans sa main la lyre d'or, comme un petit Phébus, il avance, plein de courage, jusqu'au bord, jusqu'à la saillie. Nous fûmes frappés d'étonnement. Les parents, ravis d'admiration, se jetèrent l'un dans les bras de l'autre; car quelle splendeur environne sa tête? Cela est difficile à dire, si c'est l'éclat de l'or ou la flamme du génie qui brille. Et c'est ainsi qu'il s'annonce par ses actions et ses mouvements comme maître futur de tout ce qui est beau, et sentant dans ses veines les mélodies éternelles; tel vous l'entendrez et vous le verrez.

LE CHOEUR.

Tu appelles cela un miracle, toi, né en Crète! Tu n'as donc jamais écouté la parole du poète, qui enseigne à tous? N'as-tu jamais appris la richesse divine, héroïque, des traditions de l'Ionie, des souvenirs de la Grèce? Tout ce qui se fait aujourd'hui n'est qu'une faible image des délicieux jours de nos aïeux. Ton récit n'égale pas celui qu'un agréable mensonge, plus digne de foi que la vérité, raconta du fils de Maïa. Les suivantes prodiguaient leurs soins à ce nourrisson, à peine né, gentil et vigoureux; mais le petit espiègle retire bientôt ses membres souples et précieusement emmaillottés, semblable au papillon qui, déployant ses ailes, s'échappe promptement et voltige hardiment dans l'éther rayonnant. Ainsi, lui, plus agile encore, prouva bientôt par son adresse qu'il favoriserait les fripons et les voleurs. Il vola au dominateur des mers le trident, à Phébus l'arc et la flèche, à Héphestion la tenaille; il eût pris même l'éclair de son père Jupiter, s'il n'eût pas eu peur du feu. Il remporta la victoire au carrousel sur Éros, et enleva la ceinture à Cypris, malgré ses caresses.

Une musique douce et mélodieuse se fait entendre dans la caverne.
Tous font attention et semblent être profondément touchés.

PHORKYAS.

Écoutez ces sons charmants, délivrez-vous vite des fables, abandonnez la foule de vos dieux; c'est passé. Personne ne veut plus vous comprendre : nous demandons davantage, car ce qui doit toucher le cœur doit venir du cœur.

Elle se retire vers le rocher.

LE CHŒUR.

Si tu aimes, être terrible, ces douces images, nous voilà touchées jusqu'aux larmes. Que l'éclat du soleil disparaisse des cieux, s'il peut se faire jour dans l'âme, nous trouverons alors dans notre cœur ce que le monde entier nous refuse.

HÉLÈNE, FAUST, EUPHORION, *dans le costume ci-dessus indiqué.*

EUPHORION.

Si vous entendez le chant d'un enfant, votre joie ressemble à la sienne; si vous me voyez sauter selon leur cadence, le cœur vous bondit de plaisir.

HÉLÈNE.

L'amour, pour rendre heureux les hommes, unit deux personnes; pour combler leur bonheur, il en faut trois.

FAUST.

Tout est alors trouvé : je suis à toi et tu es à moi, nous sommes unis pour toujours; que jamais cela ne change!

LE CHŒUR.

L'aspect de l'enfant réunit le plaisir de beaucoup d'années dans ce couple. Que cet aspect est doux à nos cœurs!

EUPHORION.

Laissez-moi danser! laissez-moi sauter, au sein des airs! Tout pénétrer et tout saisir, voilà ma joie.

HÉLÈNE

FAUST.

Sois modéré, sois prudent! Calme cette audace! Ne te prépare point la chute et le malheur. Ta perte serait la nôtre, ô mon cher fils !

EUPHORION.

Je ne veux pas plus longtemps rester attaché à la terre! Laissez mes mains, laissez mes cheveux, laissez mes vêtements, ils sont à moi.

HÉLÈNE.

Oh! pense! oh! pense à qui tu appartiens : hélas! quel malheur, si tu troublais ce noble assemblage : — moi, toi et lui!

LE CHŒUR.

Bientôt, je le crois, le nœud sera brisé.

HÉLÈNE et FAUST.

Arrête, arrête, pour l'amour de tes parents, tes désirs sans bornes! Sois tranquille, suis l'usage de tous !

EUPHORION.

Seulement pour vous plaire, je m'arrêterai. (Entraînant le chœur à la danse.) Doucement je me mêlerai à ces chœurs joyeux. Est-ce bien là la mélodie ? est-ce bien le mouvement?

HÉLÈNE.

Oui, cela est bien fait. Guide le cercle harmonieux de ces belles danseuses.

FAUST.

Oh! si cela était passé! La bouffonnerie me réjouit peu.

EUPHORION et LE CHŒUR, entrelacés, chantant et dansant.

Si tu remues tes bras charmants, si tu secoues dans les airs ta chevelure lumineuse, si ton pied et tes pas si doux volent la terre, si les membres ont des mouvements gracieux, alors tu as atteint ton but, bel enfant! tous nos cœurs sont pour toi; tout te sourit.

EUPHORION.

Vous êtes tous des chevreuils fugitifs! C'est un jeu nouveau où il faut courir! Je suis le chasseur, vous êtes le gibier.

LE CHŒUR.

Si tu veux que nous te suivions, sois moins agile; car nous n'avons qu'un but, qu'un seul désir de récompense, c'est de t'embrasser, ô belle image!

EUPHORION.

Ah! par les forêts, par les ronces et les rochers!... Ce qui est facilement atteint me répugne; seulement, ce qu'il faut forcer me séduit.

HÉLÈNE et FAUST.

Quelle espièglerie! quel tapage! Aucune modération n'est à espérer. Il s'élance, et ses cris résonnent comme le cor à travers monts et vallées. Quel désordre! quels cris!

LE CHŒUR, entrant isolé.

Il a passé devant nous, se riant de nous avec dédain: de toute la foule, il amène la plus bruyante.

EUPHORION, entraînant une jeune fille.

Si je traîne ici la fière jeune fille, si je la serre contre mon sein avec délices, si je baise sa bouche, malgré sa résistance, je le fais pour montrer ma force et ma volonté.

LA JEUNE FILLE.

Laisse-moi! Moi aussi, j'ai de la force et du courage. Ma volonté, comme la tienne, ne se laisse pas facilement forcer. Tu te fies à ton bras? Tiens ferme, insensé que tu es, et je te brûle pour m'amuser. (Elle jette des flammes et flamboie en s'élevant.) Suis-moi dans les airs, suis-moi dans le tombeau: cherche à attraper le but que tu as manqué.

EUPHORION, secouant les flammes.

Que dois-je faire ici, entre le rocher et la montagne

touffue? Ne suis-je pas jeune et frais? Les vents sifflent, les flots mugissent dans le lointain, je les entends; je veux m'en approcher.

Il monte plus haut sur le rocher.

HÉLÈNE, FAUST et LE CHŒUR.

Veux-tu ressembler aux chamois? Nous tremblons de te voir tomber.

EUPHORION.

Il faut que je monte toujours plus haut, que mes regards se portent toujours plus loin. Maintenant, je sais où je suis : au milieu de l'île, au milieu du pays de Pélops; moitié sur la terre, moitié dans la mer.

LE CHŒUR.

Si tu ne veux pas rester paisiblement à la montagne et dans la forêt, cherchons alors les vignes rangées au penchant des collines, allons cueillir des figues et des pommes. Reste, oh! reste dans ce beau pays.

EUPHORION.

Rêvez-vous la paix? Que chacun rêve ce qui lui est doux. La guerre est le mot de ralliement. La victoire! voilà un mot qui sonne bien!

LE CHŒUR.

Celui qui en temps de paix désire le retour de la guerre se sépare de l'espérance et du bonheur...

EUPHORION.

Pas de vagues, pas de murs; le cœur de l'homme, ferme comme l'airain, est le rempart le plus certain. Voulez-vous rester sans conquêtes? Allons, armés légèrement, faire la guerre; les femmes deviennent des amazones, et chaque enfant devient un héros.

LE CHŒUR.

Divine poésie! qu'elle monte vers le ciel! qu'elle brille, cette belle étoile, loin et toujours plus loin! elle nous suit, et c'est avec plaisir qu'on entend sa marche harmonieuse.

EUPHORION.

Non, je n'ai pas paru comme un enfant; l'adolescent arrive armé, associé avec ceux qui sont forts, libres et hardis. Partons! ce n'est que là où s'ouvre le chemin de la gloire.

HÉLÈNE et FAUST.

A peine entré dans la vie, tu désires déjà en sortir? Est-ce que nous ne sommes rien pour toi? Notre belle réunion est donc un rêve?

EUPHORION.

Entendez-vous le tonnerre sur la mer? l'entendez-vous dans la vallée, dans la poussière et dans les vagues, dans la foule et dans le tumulte, vers la douleur et le tourment? La mort est une loi; cela se comprend assez.

HÉLÈNE, FAUST et LE CHOEUR.

Quelle horreur! quel délire! la mort est pour toi une loi!

EUPHORION.

Dois-je tendre ailleurs? Non; je veux ma part de misère et de malheur!

LES PRÉCÉDENTS.

Orgueil et danger! destin mortel!

EUPHORION.

Je sens des ailes qui se déplient... Là-bas, là-bas, il faut aller! admirez mon vol!

Il se jette dans les airs; les vêtements le portent un instant, sa tête est radieuse, une trace de lumière devient visible.

HÉLÈNE

LE CHŒUR.

Icare! assez de douleurs!

Un beau jeune homme tombe aux pieds des parents; l'on croit reconnaître dans ce cadavre une figure connue; mais l'enveloppe matérielle disparaît aussitôt, l'auréole monte comme une comète vers le ciel, les vêtements et le manteau restent sur la terre[1].

HÉLÈNE et FAUST.

De dures souffrances viennent tout de suite après la joie.

EUPHORION, voix venant de la profondeur.

Ne me laissez pas seul, ma mère, dans ce sombre séjour.

Pause.

LE CHŒUR, chant funèbre.

Pas seul! — Qu'importe où tu séjourneras!
 Nous croyons assez te connaître.
 Hélas! si tu quittes le jour,
 Nul cœur ne se séparera de toi.
 A peine nous osons te plaindre;
 Avec envie nous célébrons ton sort :
 Dans le jour ou dans les ténèbres,
L'amour et le courage furent grands en toi!

Hélas! né pour le bonheur de la terre,
Issu d'aïeux sublimes, doué de tant de force,
Hélas! trop tôt perdu pour toi-même,
Enlevé dans la fleur de ta jeunesse!..
Un œil d'aigle pour contempler le monde;
Une âme sympathique à tous les mouvements du cœur,
 Ardemment aimé de la meilleure des femmes,
 Poëte aux chants incomparables!...

Rien n'a pu l'arrêter, et toi-même,
 Tu t'es pris au réseau fatal!
Ainsi, tu t'es brouillé sans crainte
Avec les mœurs et avec la loi.
Pourtant, tu as, par tes rêves sublimes,
 Montré ce que valait ton audace si noble;
Tu voulais remporter le plus beau des triomphes;
 Mais c'est là que tu t'es perdu!

1. On suppose que cette allégorie se rapporte à Byron.

Qui réussira mieux? Sombre question,
Que le destin tient voilée encore,
Lorsqu'à la plus fatale des journées
Tous les peuples se taisent en perdant leur sang !
Mais de nouveaux chants retentissent,
Ne restez pas plus longtemps affligés,
Car le sol les reproduit encore
Comme il les a produits toujours !

Pause complète. La musique cesse.

HÉLÈNE, s'adressant à Faust.

Une ancienne parole s'éprouve aussi tristement en moi, c'est que la beauté et le bonheur ne se réunissent pas pour longtemps. Le lien de la vie et de l'amour est déchiré ; en le déplorant, je te dis adieu, pénétrée de douleur. Encore une fois, je me jette dans tes bras. Perséphone, reçois-moi ! reçois mon fils !

Elle embrasse Faust : tout ce qui est matériel en elle disparaît, le vêtement et le voile lui restent dans les bras.

PHORKYAS, à Faust.

Tiens bien ce qui te reste de tout ce que tu possédais. Elle se détache du vêtement. Déjà les démons en tirent les pointes, et voudraient l'entraîner dans leur séjour. Tiens ferme ! La déesse n'est plus. Tu l'as perdue ; mais son vêtement est divin. Use de ce présent inestimable, et lève-toi. Il te transportera dans les airs aussi longtemps que tu pourras t'y maintenir. Nous nous reverrons, mais loin, très-loin d'ici.

Les vêtements d'Hélène se changent en nuages, ils entourent Faust, l'enlèvent, et l'emportent dans les airs.

PHORKYAS. Elle lève de terre le manteau et la lyre, et les montre.

C'est par bonheur que je les trouve. Il est vrai que la flamme a disparu ; mais le monde n'est pas à plaindre : en voilà assez pour consacrer les poëtes futurs, pour combattre l'envie et l'esprit de métier stérile. Et, si je ne puis conférer le génie, je puis du moins prêter l'habit.

HÉLÈNE

PANTHALIS.

Maintenant, hâtez-vous, jeunes filles! Enfin, nous sommes débarrassées du charme que nous imposait cette vieille sibylle de Thessalie. Ainsi nos oreilles n'entendent plus ce tintamarre de sons confus qui distrait l'ouïe, et plus encore le sens intérieur. Descendons dans le Hadès! La reine n'y est-elle point allée à pas mesurés et graves? Que les pas des fidèles servantes suivent immédiatement les siens; nous la trouverons près du trône de ceux que nul n'approfondit.

LE CHŒUR.

Les reines sont reines partout;
Même dans le Hadès, elles ont les premières places;
Se rangeant fièrement près de leurs égales,
Familières avec Perséphone [1];
Mais nous, nous sommes reléguées au fond
Sous les profondes prairies d'Asphodèle,
Parmi les peupliers longuement élancés,
Au sein des pâturages stériles.
Quel passe-temps nous reste-t-il?
Plaintives comme les chauves-souris,
Bruissantes sans joie comme des spectres.

LA CORYPHÉE.

Celui qui ne s'est acquis aucun nom,
Qui n'aspire vers rien de noble,
Appartient aux éléments; aussi passez, passez!
Je désire ardemment être seule avec ma reine;
Non-seulement le mérite, mais la fidélité
Nous conserve notre existence.

Elle part.

TOUTES.

Nous sommes rendues à la lumière du jour;
A la vérité, nous ne sommes plus des personnes,
Nous le sentons, nous le savons;
Mais nous n'irons jamais vers le Hadès;
La nature, éternellement vivante,
A des droits sur nous comme esprits,
Et nous sur elle comme nature.

---

[1]. Proserpine.

UNE PARTIE DU CHŒUR.

Et nous, dans les sifflements et les chuchotements, dans les doux souffles des zéphyrs, nous attirons en folâtrant, nous appelons doucement les racines des sources vitales vers les branches, tantôt par des feuilles, tantôt par des fleurs. Nous ornons avec transport les cheveux qui flottent librement dans les airs. Lorsque le fruit tombe, aussitôt le peuple pleure de joie et de vie, et les troupeaux se rassemblent en hâte pour saisir, pour goûter, se reposant laborieusement, et, comme devant les premiers dieux, on se prosterne devant nous tout à l'entour.

UNE AUTRE PARTIE DU CHŒUR.

Nous, à ce miroir poli qui s'étend au flanc de ces parois de rochers, nous nous plions en caressant, nous nous mouvons en douces vagues, nous écoutons et prêtons l'oreille à chaque son, le chant des oiseaux, les bruits des roseaux ; que cela soit la voix formidable de Pan, notre réponse est toute prête. Si le vent souffle, nous soufflons aussi en réponse ; s'il tonne, nos tonnerres roulent et redoublent effroyablement ; trois fois, dix fois, nous y répondons.

UNE TROISIÈME PARTIE DU CHŒUR.

Sœurs ! les sens émus, nous avançons avec les ruisseaux ; car cette suite de collines richement ornées dans le lointain, là-bas, nous attire. Toujours en descendant, toujours plus profondément, nous versons l'eau, serpentant comme des méandres, tantôt vers la prairie, tantôt vers les pelouses, comme le jardin qui entoure la maison. Là, les sommets élancés des cyprès l'indiquent, par delà le paysage, le long des rives et au miroir des vagues aspirant à l'Éther.

UNE QUATRIÈME PARTIE.

Errez, vous autres, où il vous plaira ; nous nous entrelaçons, nous bruissons autour de la colline plantée partout, où sur le cep la vigne verdit. Là, tous les jours, à chaque heure, la passion du vigneron nous fait voir le résultat heureux de son labeur plein d'amour; tantôt avec la hache, tantôt avec la bêche, tantôt en amoncelant, en coupant, en rattachant; il prie tous les dieux, mais avant tous le dieu du soleil. Bacchus le doucereux se soucie peu du fidèle serviteur; il repose dans les feuillages; il s'appuie dans les cavernes, folâtrant avec le plus jeune des faunes. Tout ce dont il a besoin pour la douce ivresse reste toujours préparé pour lui dans les antres, remplissant les cruches et les vases conservés à droite et à gauche, au fond de ces caves éternelles. Mais, lorsque tous les dieux, lorsque Hélios, avant tout, en formant de l'air, en créant des vapeurs, en chauffant, en brûlant, ont amoncelé la corne d'abondance des grains, où travaillait le silencieux vendangeur, aussitôt tout s'anime encore, et chaque feuillage remue; un bruit sourd se fait entendre de cep à cep. Des corbeilles craquent, des seaux clapotent, des hottes gémissent de toutes parts vers la grande cuve, pour la danse vigoureuse des vignerons. Et c'est ainsi qu'on foule furieusement aux pieds la sainte abondance des grains pleins de sève. Écumant et vomissant, tout s'entremêle, hideusement broyé. Et maintenant retentissent dans l'oreille les sons d'airain des cymbales et des bassins. Car Dionysos a dépouillé le voile de ses mystères. Il se montre avec ses satyres et leurs femelles chancelantes, et l'animal aux longues oreilles de Silénus vient à travers, avec son ton rauque et criard. Rien n'est ménagé; des animaux à pied fourchu foulent aux pieds toute pudeur : tous les sens tournent comme dans un tourbillon; l'oreille est horriblement étourdie. Les hommes ivres tâtonnent après les coupes, les têtes, les ventres sont pleins. L'un ou l'autre résiste encore; mais il ne fait qu'augmenter le tumulte; car, pour faire place au vin nouveau, on vide rapidement les outres des vieilles vendanges.

Le rideau tombe, Phorkyas se lève comme un géant à l'avant-scène, descend du cothurne, ôte son masque et son voile, et se montre comme Méphistophélès, pour commenter, si c'était nécessaire, la pièce dans l'épilogue.

Le champ de bataille.

Après la mort, ou plutôt l'anéantissement du fantôme adoré d'Hélène, Faust se retrouve sur le sommet d'une montagne, encore ébloui des visions perdues, qui pour lui ont été réelles, et ont occupé quelque temps l'activité de son âme. Méphistophélès vient lui demander s'il n'est pas las encore de la vie, et s'il n'a pas tout épuisé, la science, la gloire, l'amour de cœur, l'amour d'intelligence, et n'est pas content encore d'avoir pu sonder vivant deux infinis : le temps et l'espace. Que peut-il vouloir encore? La richesse, le pouvoir, le plaisir des sens? Mais ce sont là des phases de l'existence, que Faust a traversées sans s'y arrêter.

— Je vois, dit Méphistophélès, qu'il nous faut passer à une autre sphère ; celle-ci est épuisée, tordue comme une orange vide. C'est vers la lune que ton esprit aspire maintenant, je le vois bien.

— Tu te trompes, dit Faust, la terre est encore un théâtre assez vaste pour l'activité qui me reste. Je veux frapper d'admiration les races humaines. Je veux laisser des monuments de mon passage et pétrir enfin la nature au moule idéal de ma pensée. Assez de rêves : la gloire n'est rien, l'action est tout.

— Qu'il soit donc fait à ton gré! dit le diable, qui commence à désespérer de fatiguer une intelligence si robuste.

Et ils abaissent de nouveau leur vol sur le monde matériel. La vie humaine recommence à bruire autour d'eux.

Combien de temps s'est-il passé depuis qu'ils ont quitté la cour de l'empereur? Des années, des instants, peut-être. Mais l'empereur est encore vivant. La prospérité financière improvisée par Méphistophélès n'a pas été de longue durée. Le papier-monnaie est redevenu papier; les folles dissipations de la cour ont mis le comble à la misère publique. Une grande partie de l'empire s'est soulevée, et le souverain légitime joue sa couronne dans une dernière bataille. Faust ordonne à Méphistophélès de le secourir, et se dispose lui-même à prendre part au combat, revêtu d'une armure brillante. Trois personnages magiques deviennent les aides de camp du nouveau général, et Méphistophélès évoque de terre les fantômes innombrables des âmes disparues. L'empereur, placé entre ses deux amis, les questionne en tremblant sur ces effrayantes levées qui se déroulent en légions bizarres, tantôt représentant des forces à vaincre le monde, et tantôt d'innocents brouillards embrasés des feux du couchant. L'aide de ces fantômes n'empêche pas les véritables troupes de l'empereur d'être taillées en pièces, si bien qu'il ne restera plus un bras de chair et de sang pour protéger le sein de l'empereur contre les hardis révoltés. En effet, ceux-là n'ont pas tardé à s'apercevoir que les lances qui les menaçaient ne faisaient aucune blessure, et déjà les voilà qui gravissent les hauteurs. Ici, Méphistophélès fait appel aux esprits des sources souterraines qui envoient à la surface de la terre une apparence d'inondation. Les troupes ennemies se croient au moment d'être noyées, ainsi que l'armée du pharaon, et se dispersent comme des troupeaux au milieu des brouillards qui égarent leurs yeux et leurs pensées. L'empereur, maître du champ de bataille, est bientôt rejoint par les siens. Il ne songe plus qu'à récompenser ceux qui lui sont restés fidèles. A ce moment, tout le monde l'a été, et chacun apporte ses preuves. L'archevêque seul vient faire entendre des paroles sévères et reprocher à l'empereur de n'avoir triomphé qu'à l'aide des puissances infernales. On l'apaise en lui promettant de bâtir une magnifique église sur le lieu même de la bataille, et en faisant au clergé de l'empire de riches dotations.

Quant à Faust, il demande la concession d'un vaste royaume où il puisse réaliser ses plans et ses découvertes: pour n'avoir pas à s'embarrasser dans les mille réseaux du droit, des souvenirs et de la propriété, il choisit un terrain vierge encore, qu'il se charge lui-même de gagner sur la mer. Maintenant, soit qu'en effet la mer recule et se continue derrière des digues immenses, soit qu'un nouveau prestige crée un pays d'illusions sur les dunes arides de l'Océan, Faust se trouve le souverain d'une riche contrée habitée par un peuple paisible. Un voyageur qui jadis a fait naufrage sur ces lieux mêmes, reconnaît en passant les écueils qui brisèrent son navire, devenus aujourd'hui des rochers pittoresques ; la ligne bleue de la mer s'est reportée bien loin de là, à l'horizon. Il reconnaît néanmoins sur la hauteur qui jadis était le rivage, deux vieillards vénérables, personnages typiques formulés par les noms de Philémon et Baucis. Le vieux couple qui l'a sauvé jadis des flots lui apprend toutes les merveilles qui se sont passées depuis sa venue, et hoche la tête en parlant du nouveau maître du pays et de la prospérité chanceuse qu'il a répandue dans les environs. En effet, un palais éblouissant s'est élevé dans une nuit, de vastes forêts sont sorties de terre comme l'herbe, des maisons flottent au soleil, des canaux répandent la fécondité, et, dans tout ce pays si riche et si vaste, il n'est pas une image de Dieu, pas une cloche, pas une église ; le nom du ciel y meurt sur les lèvres. Ce n'est que sur l'ancienne terre ferme qu'une antique chapelle est restée debout encore avec sa cloche qui tinte le jour, et sa lampe qui luit dans les ténèbres.

Un palais. — Un grand parc. — Un grand canal.

FAUST, très-vieux, se promène en rêvant : LYNCÉUS.

LYNCÉUS, le veilleur de la tour, à travers le porte-voix.

Le soleil tombe, les derniers vaisseaux entrent joyeusement dans le port. Une grande nacelle est sur le point d'arriver au canal. Les pavillons bigarrés flottent gaiement dans l'air, les mâts se dressent avec souplesse. C'est par toi que le nautonier se dit heureux ; le bonheur te salue à bon droit.

La clochette sonne sur les dunes.

FAUST, se réveillant.

Maudites cloches! La blessure qu'elles me causent brûle comme un coup meurtrier. Devant moi, mon empire s'étend à l'infini; derrière moi, le chagrin me harcèle et me rappelle par ces sons envieux que la source de mes richesses n'est pas pure! La pelouse sous les tilleuls, la vieille maison, la petite église caduque, ne m'appartiennent pas... et, si je voulais aller respirer là-bas, ces ombrages étrangers me feraient frissonner; ils sont une épine pour les yeux, une épine pour les pieds. Oh! que ne suis-je loin d'ici!

LE VEILLEUR DE LA TOUR.

Comme la nacelle cingle joyeusement, poussée par un frais zéphyr! Sa course rapide nous apporte des coffres, des caisses et des sacs pleins de richesses!

La nacelle arrive, chargée des productions de toutes les contrées du monde.

Profonde nuit.

LYNCÉUS, chantant sur les créneaux.

Né pour voir,
Payé pour apercevoir,
Attaché à la tour,
Le monde me charme.
Je vois au loin,
Je vois près de moi
La lune et les étoiles,
La forêt et le chevreuil.
Je vois en toutes choses
L'éternelle beauté,
Et, comme cela me plaît,
Je me plais à moi-même!
Se lever sur ce monde sombre!
Je vois des feux étincelants
A travers la double nuit des tilleuls...
Hélas! la cabane intérieure est en flamme,
Elle qui était garnie de mousse et située en lieu humide!

De cet enfer brûlant,
Des éclairs montent en langues de feu
A travers les feuilles, à travers les branches
O mes yeux! faut-il que vous voyiez cela!
Faut-il que mon regard porte si loin!
Voici la petite chapelle qui croule
Écrasée du fardeau des branches.
Les flammes embrasent déjà le faîte,
Et jusqu'à la racine brûlent
Les troncs creux, rouges comme pourpre!...

FAUST, sur le balcon, le regard dirigé vers les dunes.

Quel chant plaintif entends-je là-haut? D'abord des paroles, puis des sons! Mon veilleur se lamente, et l'action qui vient de s'accomplir me chagrine intérieurement. Mais, pour quelques tilleuls ruinés et réduits en troncs de charbon, qu'importe! Un vaste espace sera bientôt déblayé, et ma vue s'étendra à l'infini. Je verrai aussi la nouvelle demeure bâtie pour ce vieux couple, qui, dans le sentiment de sa vertu, achève paisiblement ses jours

MÉPHISTOPHÉLÈS et SES TROIS SERVITEURS.

Nous voilà arrivés de toutes les forces des chevaux. Pardonnez si tout n'a pas été très-bien. Nous frappâmes d'abord à coups redoublés, et personne n'ouvrit la porte; nous secouâmes et frappâmes toujours, et voilà la porte vermoulue enfoncée. Nous nous mîmes à appeler à grands cris et avec menaces; mais les vieillards paraissaient tout étourdis, et, comme il arrive en pareille occurrence, nous ne pouvions leur faire entendre raison; sur quoi, nous n'hésitâmes pas à les tirer dehors avec force. Le couple s'est beaucoup débattu, et ils ont fini par tomber expirants à terre. Un étranger, qui était caché dans la maison et qui fit mine de se défendre, fut étendu mort près d'eux. En peu de temps, la paille s'enflamma aux charbons brûlants répandus autour de la cabane. La voilà maintenant qui pétille dans le feu et sert de bûcher aux trois corps.

FAUST.

Étiez-vous sourds à mes paroles? Je voulais l'échange

et non le vol. J'abhorre cette action imprudente et tyrannique. Partagez entre vous ma malédiction.

CHŒUR.

La vieille parole retentit : obéis à la force !
Et, si tu es courageux, si tu tiens ferme,
Tu risqueras et la maison et la cour, et toi-même.

Ils sortent.

FAUST, sur le balcon.

Les étoiles ont perdu leurs regards et leur clarté ; la flamme tombe et s'amoindrit ; un frisson d'air l'évente encore et porte jusqu'ici la vapeur et la fumée. Ordre vite donné et trop vite accompli ! Qui flotte là dans l'ombre ?

QUATRE FEMMES GRISES s'avancent.

LA PREMIÈRE.

Je m'appelle la Famine.

LA SECONDE.

Je m'appelle la Dette.

LA TROISIÈME.

Je m'appelle le Souci.

LA QUATRIÈME.

Je m'appelle la Détresse.

TOUTES TROIS.

La porte est close, nous ne pouvons entrer. C'est la maison d'un riche, nous n'y avons point affaire.

LA FAMINE.

Là, je deviens ombre.

LA DETTE.

Là, je deviens à rien.

LA DÉTRESSE.

Là, se détourne le visage déshabitué de moi.

LE SOUCI.

Vous, mes sœurs, vous ne pouvez et n'osez rien ici. Le souci peut se glisser seul par le trou de la serrure.

Le Souci disparait.

LA FAMINE.

Vous, mes compagnes sombres, éloignez-vous.

LA DETTE.

Je m'attache à toi seule et marche à ton côté.

LA DÉTRESSE.

Et la Détresse marche sur vos talons.

TOUTES TROIS.

Les nuages filent, les étoiles sont voilées. Là, derrière, derrière, de loin, de loin, le voilà qui vient, notre père le Trépas.

FAUST, dans le palais.

Quatre j'en vis venir, et trois seulement s'en vont. Je ne puis saisir le sens de leurs paroles. Cela résonnait comme *détresse;* puis venait une rime plus sombre : *la mort.* Cela sonnait creux et de la voix sourde des fantômes. Je n'ai pu m'affranchir encore de cette impression. Si je pouvais éloigner la magie de mon chemin et désapprendre tout à fait les formules cabalistiques! Si je pouvais, nature, être *seulement un homme* devant toi; alors, cela vaudrait bien la peine d'être homme!

Je l'étais jadis, avant que je cherchasse à pénétrer tes voiles, avant que j'eusse maudit avec des paroles criminelles le monde et moi-même. Maintenant, l'air est plein de tels fantômes, qu'on ne saurait comment leur échapper. Si le jour pur et clair vient sourire un seul instant, la nuit nous replonge aussitôt dans les voiles épais du rêve. Nous revenons gaiement des campagnes reverdies, tout à coup un oiseau crie; que crie-t-il? *Malheur!* Le malheur! il nous surprend, enveloppés jeunes et vieux des liens de la superstition. Il arrive, il s'annonce, il avertit.

et nous nous trouvons seuls, épouvantés en sa présence... La porte grince, mais personne n'entre. (Avec terreur.) Y a-t-il quelqu'un ici ?

LE SOUCI.

La réponse est dans la demande.

FAUST.

Et qui es-tu donc ?

LE SOUCI.

Je suis là, voilà tout.

FAUST.

Éloigne-toi.

LE SOUCI.

Je suis où je dois être.

FAUST, d'abord en colère, puis s'apaisant peu à peu.

Alors, ne prononce aucune parole magique... Prends garde à toi !

LE SOUCI.

L'oreille ne m'entendant pas,
Je murmurerai dans le cœur ;
Sous diverses métamorphoses
J'exerce mon pouvoir effrayant ;
Sur le sentier ou sur la vague,
Éternel compagnon d'angoisse,
Toujours trouvé, jamais cherché,
Tantôt flatté, tantôt maudit !
N'as-tu jamais connu le Souci ?

FAUST.

Je n'ai fait que courir par le monde, saisissant aux cheveux tout plaisir, négligeant ce qui ne pouvait me suffire, et laissant aller ce qui m'échappait. Je n'ai fait qu'accomplir et désirer encore, et j'ai ainsi précipité ma vie dans une éternelle action. D'abord grand et puissant, à présent, je marche avec sagesse et circonspection. Le cercle de la terre m'est suffisamment connu. La vue sur l'autre monde nous est fermée. Qu'il est insensé, celui qui dirige ses regards soucieux de ce côté, et qui s'imagine être au-dessus des nuages, au-dessus de ses semblables! Qu'il se tienne ferme à cette terre; le monde n'est pas muet pour l'homme qui vaut quelque chose. A quoi bon flotter dans l'éternité? Tout ce que l'homme connaît, il peut le saisir. Qu'il poursuive donc son chemin, sans s'épouvanter des fantômes; qu'il marche, il trouvera du malheur et du bonheur; lui qui est toujours mécontent de tout, du mal comme du bien.

LE SOUCI.

Lorsqu'une fois je possède quelqu'un,
Le monde entier ne lui vaut rien;
D'éternelles ténèbres le couvrent,
Le soleil ne se lève ni ne se couche pour lui;
Ses sens, si parfaits qu'ils soient,
Sont couverts de voiles et de ténèbres.
De tous les trésors, il ne sait rien posséder;
Bonheur, malheur deviennent des caprices.
Il meurt de faim au sein de l'abondance.
Que ce soient délices ou tourments,
Il remet au lendemain,
N'attend rien de l'avenir
Et n'a plus jamais de présent.

FAUST.

Tais-toi! je ne veux pas entendre un non-sens. Va-t'en! cette mauvaise litanie rendrait fou l'homme le plus sage.

LE SOUCI.

S'il doit aller, s'il doit venir,
La résolution lui manque.
Sur le milieu d'un chemin frayé,
Il chancelle et marche à demi-pas.
Il se perd de plus en plus,
Regarde à travers toute chose,
A charge à lui-même et à autrui;
Respirant et étouffant tour à tour,
Ni bien vivant, ni bien mort,
Sans désespoir, sans résignation,
Dans un roulement continuel,
Regrettant ce qu'il fait, haïssant ce qu'il doit faire,
Tantôt libre, tantôt prisonnier,
Sans sommeil ni consolation,

Il reste fixé à sa place
Et tout préparé pour l'enfer.

FAUST.

Misérables fantômes! c'est ainsi que vous en agissez mille et mille fois avec la race humaine; vous changez des jours indifférents en affreuses tortures. Je le sais, on se défait difficilement des esprits de ténèbres; mais ta puissance, ô Souci! rampant ou puissant, je ne la reconnaîtrai pas.

LE SOUCI.

Vois donc avec quelle rapidité
Je pars en te jetant des imprécations!
Les hommes sont aveugles toute leur vie;
Eh bien, Faust, deviens-le à la fin de tes jours!

Il lui souffle au visage.

FAUST, aveugle.

La nuit paraît être devenue plus profonde; mais à l'intérieur brille une lumière éclatante. Ce que j'ai résolu, je veux m'empresser de l'accomplir. La parole du Seigneur a seule de la puissance. O vous, mes serviteurs, levez-vous de vos couches les uns après les autres, et faites voir ce que j'ai si audacieusement médité; saisissez l'instrument, remuez la pelle et le pieu; il faut que cette œuvre désignée s'accomplisse; l'ordre exact, l'application rapide sont toujours couronnés par le plus beau succès; qu'une œuvre des plus grandes s'achève, un seul esprit suffit pour mille mains!

Grand vestibule du palais. — Des flambeaux.

MÉPHISTOPHÉLÈS, comme gardien, en tête.

Venez, venez! entrez, entrez!
Lémures paresseuses,
Formées de fibres, de veines et d'os
Rajustés et ranimés à demi.

LÉMURES, en chœur.

Nous voilà prêtes à l'instant ;
Car, d'après ce que nous avons appris,
Il s'agit d'une vaste contrée
Que nous devons occuper.

Les pieux pointus sont prêts,
Et la chaîne aussi, pour mesurer.
Quant à la cause de ton invocation,
C'est ce que nous avons oublié.

MÉPHISTOPHÉLÈS.

Il ne s'agit pas ici de travaux artificiels ; procédez d'après les règles ordinaires. Le plus grand s'y couchera de toute sa grandeur ; vous autres, vous creuserez le gazon autour de lui. Comme on l'a fait à nos pères, faites une excavation oblongue et carrée ; hors du palais, une maison étroite ; c'est là la fin imbécile de tout le monde.

LÉMURES, creusant avec des gestes moqueurs.

Oh ! que j'étais jeune ! je vivais, j'aimais,
Et c'était si doux, ce me semble !
Partout où des sons joyeux frappaient mes oreilles,
Mes pieds se remuaient d'eux-mêmes.
Voilà que la vieillesse sournoise
M'a frappé de ses béquilles ;
J'ai bronché à travers la porte de la tombe.
Pourquoi aussi la porte était-elle justement ouverte ?

FAUST, sortant du palais en tâtonnant aux piliers de la porte.

Comme le cliquetis des pelles me réjouit ; c'est la foule qui me flatte, qui réconcilie la terre avec elle-même, qui met des bornes aux vagues et qui entoure la mer d'une sorte de chaîne.

MÉPHISTOPHÉLÈS, à part.

Tu ne travailles que pour nous avec tes digues et tes bords ; car tu apprêtes par là un grand repas au démon de la mer, à Neptune. Tu es perdu dans tous les cas. Les éléments ont pactisé avec nous, et le tout n'aboutit qu'à la destruction.

HÉLÈNE

FAUST.

Gardien !

MÉPHISTOPHÉLÈS.

Me voici.

FAUST.

Travailleur, travaille de ton mieux. Encourage-les par la jouissance et la sévérité ; paye, leurre ; pousse-les. Je veux, chaque jour, avoir des nouvelles du fossé et des progrès qu'il fait par la longueur.

MÉPHISTOPHÉLÈS, à demi-voix.

On parle, à ce que j'ai appris, non d'un fossé, mais d'une fosse.

FAUST.

Un marais se traîne le long des montagnes et infecte tout ce que nous avons acquis jusqu'à présent. Dessécher ce marais méphitique, ce serait le couronnement de nos travaux. J'offrirais de vastes plaines à des millions d'hommes pour qu'ils y vivent librement, sinon sûrement. Voici des champs verdoyants et fertiles ; hommes et troupeaux se reposent à leur aise sur la nouvelle terre, attachés par la ferme puissance des collines qu'ils élèvent par leurs travaux ardents. Un paradis sur terre ! Que dehors les flots bruissent jusqu'aux bords : à mesure qu'ils les lèchent pour faire une voie, nous nous empressons de remplir nous-mêmes la brèche.

Oui, je m'abandonne à la foi de cette parole, qui est la dernière fin de la sagesse. Celui-là seul est digne de la liberté comme de la vie, qui, tous les jours, se dévoue à les conquérir, et y emploie, sans se soucier du danger, d'abord son ardeur d'enfance, puis sa sagesse d'homme et de vieillard. Puissé-je jouir du spectacle d'une activité semblable et vivre avec un peuple libre sur une terre de liberté ! A un tel moment, je pourrais dire : « Reste encore ! tu es si beau ! » La trace de mes jours terrestres ne pourrait plus s'envoler dans le temps... Dans le pressentiment d'une telle félicité, je jouis maintenant du plus beau moment de ma vie.

Faust tombe, les lémures le saisissent et le placent dans le tombeau.

MÉPHISTOPHÉLÈS.

Aucune joie ne le rassasie, aucun bonheur ne lui suffit. Il s'élance ainsi toujours après des images qui changent. Le dernier instant, si vide et si méprisable qu'il fût, le malheureux eût voulu le saisir et l'arrêter. Le temps est resté le maître. Le vieillard gît là sur le sable. *L'heure s'arrête...*

LE CHŒUR.

Elle s'arrête; elle se tait comme minuit.

L'aiguille tombe.

MÉPHISTOPHÉLÈS.

Elle tombe! Tout est accompli.

LE CHŒUR.

Tout est passé!

MÉPHISTOPHÉLÈS.

Passé! Un mot inepte. Pourquoi passé? Ce qui est passé et le pur néant, n'est-ce pas la même chose? Que nous veut donc cette éternelle création, si tout ce qui fut créé va s'engloutir dans le néant! « C'est passé! » Que faut-il lire à ce texte? C'est comme si cela n'avait jamais été! Et pourtant cela se meut encore dans une certaine région, comme si cela existait. Pourquoi?... J'aimerais mieux simplement le vide éternel.

ÉPILOGUE

Faust est mort, le pacte est accompli, le pari semble gagné. Dans une sorte d'épilogue, Méphistophélès, resté près du cadavre, appelle à son aide les sombres légions. L'âme, encore attachée au corps, va tomber comme un fruit mûr. Mais cette âme puissante a résisté jusqu'au dernier moment. Le son de la cloche mystique était arrivé jusqu'à son oreille. Une pensée divine l'avait remplie et enivrée à l'instant suprême. Aussi les anges arrivent près du corps en même temps que les démons. Les sombres cohortes lâchent pied sans résistance. L'Hosanna seul les met en déroute. Méphistophélès, sombre et railleur toujours, se dresse fièrement au milieu des armées célestes. Il fait valoir ses droits, il discute, il ergote comme un docteur sur la lettre du traité. Les anges lui répondent par des cantiques et développent devant lui toute la splendeur de leurs phalanges. Une pluie de roses tombe sur le sol. L'éther vibre de mélodies. Le diable lui-même se sent séduit par ce spectacle. Le doute de sa propre négation le saisit ; entraîné depuis si longtemps par l'âme sublime de Faust à travers les sphères infinies, parmi toutes les beautés de la création, dans le dédale du monde antique qu'il ignorait, et dont les fantômes de sages et de dieux se sont entretenus avec lui, le diable, fils des temps nouveaux, a perdu beaucoup de son orgueil et de sa haine ; toujours il proteste, comme on vient de voir plus haut ; mais la vérité se glisse malgré lui dans son esprit rebelle. Les chants célestes lui sont doux à entendre, le parfum des roses divines flatte son odorat. L'admirable beauté des anges le séduit même, et lui inspire des paroles de désir et d'amour. Au milieu de ces anges lutins, de ces fleurs, de ces rondes d'esprits folâtres, le vieux diable ressemble au satyre antique enlacé par des enfants. Cette double image participe de l'alliance du monde ancien et du monde nouveau tentée par le poëte. On prévoit que le diable, un jour, sera pardonné selon le vœu de sainte Thérèse. L'ange déchu se laisse enlever l'âme de Faust pendant ce rêve du paradis.

Réveillé par les chants de triomphe des anges qui remontent au ciel avec leur proie, Méphistophélès exhale ses plaintes comme l'avare qui a perdu son trésor :

— Qu'y a-t-il? Que sont-ils devenus? Je me suis donc laissé duper par cette engeance qui m'enlève le fruit de ma peine! C'était pour cela qu'ils rôdaient autour de la tombe. Un grand, un unique trésor m'est ravi. Cette grande âme, qui s'était donnée à moi, ils me l'ont dérobée par la ruse. A qui me plaindre, maintenant? Qui jugera mon droit acquis? — Te voilà donc trompé dans tes vieux jours, et tu l'as mérité; tu as à plaisir gâté tes affaires! Un désir insensé, une fantaisie vulgaire, une absurde pensée d'amour t'a égaré, toi le démon!... Et, quand tout ton esprit et toute ton expérience avaient su mener à bien cette sotte entreprise, voici que, pour un moment d'insigne folie, le dénoûment tourne contre toi!

Emportée loin de la terre par les esprits du ciel, l'âme de Faust traverse d'abord une région intermédiaire où prient de saints anachorètes, auxquels l'auteur donne les noms mystiques de *Pater Extaticus*, *Pater Profundus*, *Pater Seraphicus*. Dans cette solitude céleste, les âmes s'épurent et laissent au passage les dernières souillures de leur enveloppe terrestre. Une sphère supérieure encore est habitée par les *enfants de minuit* et les anges novices, qui, de là, transmettent l'âme aux saintes femmes, sur lesquelles règne et plane la souveraine du ciel, *Mater Gloriosa*.

ÉPILOGUE

Les trois grandes pénitentes, Madeleine, la Samaritaine et Marie l'Égyptienne, chantent un hymne à la sainte Vierge, en l'implorant. Marguerite, après elles, intercède pour l'âme de Faust, en répétant quelques paroles de la prière même qu'elle adressait, dans la première partie, à l'image de *Mater Dolorosa*.

Le ciel pardonne : l'âme de Faust, régénérée, est accueillie par les esprits bienheureux ; et l'auteur semble donner pour conclusion que le génie véritable, même séparé longtemps de la pensée du ciel, y revient toujours, comme au but inévitable de toute science et de toute activité.

Dans le ciel.

LES TROIS PÉNITENTES.

Magna Peccatrix (S. Lucæ, viii, 36), Mulier Samaritana (S. Joh., iv), Maria Ægyptiaca (Acta Sanctorum).

CHŒUR.

Toi qui à de grandes pécheresses
N'as jamais refusé de s'approcher de toi ;
Toi qui as fait monter dans l'éternité
La pénitence ressentie au fond du cœur,
Daigne accueillir cette bonne âme
Qui ne s'est qu'une fois oubliée
Et qui n'avait jamais pressenti sa faute ;
Daigne lui accorder son pardon.

UNE PÉNITENTE, appelée autrefois MARGUERITE.

Abaisse, abaisse,
Toi sans pareille,
Toi, radieuse,
Ton regard de grâce vers mon bonheur !
L'amant de ma jeunesse
Échappé aux troubles de la vie,
Il revient auprès de moi !

ENFANTS BIENHEUREUX, *s'approchant en cercle.*

Il nous surpasse déjà en grandeur
Par la force de sa stature;
Il récompensera pleinement
Nos soins, notre fidélité et notre sollicitude;
Nous fûmes de bonne heure éloignés
Des chœurs joyeux des hommes;
Mais celui-ci a appris beaucoup,
Et il nous apprendra à son tour.

LA PÉNITENTE, autrefois MARGUERITE.

Entouré du noble chœur des esprits,
Le nouveau venu se reconnaît à peine;
A peine il pressentit cette vie renouvelée,
Et déjà il ressemble à la sainte cohorte.
Vois comme il se délivre de tout lien terrestre!
Comme il jette à bas ses vieilles dépouilles!
Et comme de la robe éthérée
Jaillit la première force de la jeunesse.
Permettez-moi de le guider et de l'instruire;
Car le nouveau jour l'éblouit encore.

MATER GLORIOSA.

Viens, élève-toi jusqu'aux sphères supérieures!
Dès qu'il pressentira ta présence, il te suivra!

CHŒURS CÉLESTES.

LÉGENDE DE FAUSTE

PAR VIDMANN

TRADUITE EN FRANÇAIS AU XVIe SIÈCLE PAR PALMA CAYET

L'origine de Fauste, et ses études.

Le docteur Fauste fut fils d'un paysan natif de Veinmart sur le Rhod, qui a eu une grande parenté à Wittenberg, comme il y a eu de ses ancêtres gens de bien et bons chrétiens; même son oncle qui demeura à Wittenberg et en fut bourgeois fort puissant en biens, qui éleva le docteur Fauste, et le tint comme son fils; car, parce qu'il était sans héritiers, il prit ce Fauste pour son fils et héritier, et le fit aller à l'école pour étudier en la théologie. Mais il fut débauché d'avec les gens de bien, et abusa de la parole de Dieu. Pourtant, nous avons vu telle parenté et alliance de fort gens de bien et opulents comme tels avoir été du tout estimés et qualifiés prud'hommes, s'être laissés sans mémoire et ne s'être fait mêler parmi les histoires, comme n'ayant vu ni vécu en leurs races de tels enfants impies d'abomination. Toutefois, il est certain que les parents du docteur Fauste (comme il a été su d'un chacun à Wittenberg) se réjouirent de tout leur cœur de ce que leur oncle l'avait pris comme son fils, et, comme de là en avant ils ressentirent en lui son esprit excellent et sa mémoire, il s'ensuivit sans doute que ses parents eurent un grand soin de lui, comme Job, au chapitre I, avait soin de ses enfants, à ce qu'ils ne fissent point d'offense contre Dieu. Il advient aussi souvent que les parents qui sont impies ont des enfants perdus et mal conseillés, comme il s'est vu de Cam, Gen. 4; de Ruben, Gen. 49; d'Absalon, 2 Reg. 15, 18. Ce que je récite ici, d'autant que cela est notoire quand les parents abandonnent leur devoir et sollicitude, par le moyen de quoi ils seraient excusables. Tels ne sont que des masques, tout ainsi que des flétrissures à leurs enfants; singulièrement comme il est advenu au docteur Fauste d'avoir été mené par ses parents. Pour mettre ici chaque article, il est à savoir qu'ils l'ont laissé faire en sa jeunesse à sa fantaisie, et ne l'ont point tenu assidu à étudier, qui a été envers lui par sesdits parents encore plus petitement. Item, quand ses parents, vu sa maligne tête et inclination, et qu'il ne prenait pas plaisir à la théologie, et que de là il fut encore approuvé manifestement, même il y eut clameur et propos commun, qu'il allait après les enchantements, ils le devaient admonester à temps, et le tirer de là, comme ce n'était que songes et folies, et ne devaient pas amoindrir ces fautes-là, afin qu'il n'en demeurât coupable.

Mais venons au propos. Comme donc le docteur Fauste eut parachevé tout le cours de ses études, en tous les chefs plus subtils de sciences, pour être qualifié et approuvé, il passa outre de là en avant, pour être examiné par les recteurs, afin qu'il fût examiné pour être maître, et autour de lui y eut seize maîtres, par qui il fut ouï et enquis, et, avec dextérité, il emporta le prix de la dispute.

Et ainsi, pour ce qu'il fut trouvé avoir suffisamment étudié sa partie, il fut fait docteur en théologie. Puis, après, il eut encore à lui en tête folle et orgueilleuse, comme on appelle des curieux spéculateurs, et s'abandonna aux mauvaises compagnies, et, mettant la sainte Écriture sous le banc, et mena une vie d'homme débauché et impie, comme cette histoire donne suffisamment à entendre ci-après.

Or, c'est au dire commun et très-véritable, qui est au plaisir du diable, il ne le laisse reposer ni se défendre. Il entendit que, dans Cracovie, au royaume de Pologne, il y avait ci-devant une grande école de magie, fort renommée, où se trouvaient telles gens qui s'amusaient aux paroles chaldéennes, persanes, arabiques et grecques, aux figures, caractères, conjurations et enchantements, et semblables termes, que l'on peut nommer d'exorcismes et sorcelleries, et les autres pièces ainsi dénommées par exprès les arts dardaniens, les nigromances, les charmes, les sorcelleries, la divination, l'incantation, et tels livres, paroles et termes que l'on pourrait dire. Cela fut très-agréable à Fauste, et y spécula et étudia jour et nuit; en sorte qu'il ne voulut plus être appelé théologien. Ainsi fut homme mondain, et s'appela docteur de médecine, fut astrologue et mathématicien. Et en un instant il devint droguiste; il guérit premièrement plusieurs peuples avec des drogues, avec des herbes, des racines, des eaux, des potions, des receptes et des clystères. Et puis après, sans raison, il se mit à être beau diseur, comme étant bien versé dans l'Écriture divine. Mais, comme dit bien la règle de Notre-Seigneur, Jésus-Christ : « Celui qui sait la volonté de son maître et ne la fait pas, celui-là sera battu au double. »

Item : « Nul ne peut servir deux maîtres. »

Item : « Tu ne tenteras pas le Seigneur ton Dieu. »

Fauste s'attira tous ces châtiments sur soi, et mit son âme à son plaisir par-dessus la barrière; tellement, qu'il se persuada n'être point coupable.

Le serviteur de Fauste.

Le docteur Fauste avait un jeune serviteur qu'il avait élevé quand il étudiait à Wittenberg, qui vit toutes les illusions de son maître Fauste, toutes ses magies et son art diabolique. Il était un mauvais garçon, coureur et débauché, du commencement qu'il vint demeurer à Wittenberg : il mendiait, et personne ne voulait le prendre à cause de sa mauvaise nature. Ce garçon se nommait Christofle Wagner, et fut dès lors serviteur du docteur Fauste : il se tint très-bien avec lui, en sorte que le docteur Fauste l'appelait son fils. Il allait où il voulait, quoiqu'il allât boitant et de travers.

Le docteur Fauste conjure le diable pour la première fois.

Fauste vint en une forêt épaisse et obscure, comme on se peut figurer, qui est située près de Wittenberg, et s'appelle la forêt de Mangealle, qui était autrefois très-bien connue de lui-même. En cette forêt, vers le soir, en une croisée de quatre chemins, il fit avec un bâton un cercle rond, et deux autres qui entraient dedans le grand cercle. Il conjura ainsi le diable en la nuit, entre neuf et dix heures ; et lors manifestement le diable se relâcha sur le point, et se fit voir au docteur Fauste en arrière, et lui proposa : « Or sus, je veux sonder ton cœur et ta pensée, que tu me l'exposes comme un singe attaché à son billot, et que non-seulement ton corps soit à moi, mais aussi ton âme ; et tu me seras obéissant, et je t'enverrai où je voudrai pour faire mon message. » Et ainsi le diable amiella étrangement Fauste, et l'attira à son abusion.

Lors le docteur Fauste conjura le diable, à quoi il s'efforça tellement, qu'il fit un tumulte qui était comme s'il eût voulu renverser tout de fond en comble ; car il faisait plier les arbres jusques en terre ; et puis le diable faisait comme si toute la forêt eût été remplie de diables, qui apparaissaient au milieu et autour du cercle à l'environ comme un grand charriage menant bruit, qui allaient et venaient çà et là, tout au travers par les quatre coins, redonnant dans le cercle comme des élans et foudres, comme des coups de gros canon, dont il semblait que l'enfer fût entr'ouvert ; et encore y avait-il toute sorte d'instruments de musique amiables, qui s'entendaient chanter fort doucement, et encore quelques danses ; et y parurent aussi des tournois avec lances et épées, tellement que le temps durait fort long à Fauste, et il pensa de s'enfuir hors du cercle. Il prit enfin une résolution unique et abandonnée, et y demeura, et se tint ferme à sa première condition (Dieu permettant ainsi, à ce qu'il pût poursuivre), et se mit comme auparavant à conjurer le diable de nouveau, afin qu'il se fît voir à lui devant ses yeux, de la façon qui s'ensuit. Il s'apparut à lui, à l'entour du cercle, un griffon, et puis un dragon puant le soufre et soufflant; en sorte que, quand Fauste faisait les incantations, cette bête grinçait étrangement les dents, et tomba soudain de la longeur de trois ou quatre aunes, qui se mit comme un peloton de feu, tellement que le docteur Fauste eut une horrible frayeur. Nonobstant, il embrassa sa résolution, et pensa encore plus hautement de faire que le diable lui fût assujetti. Comme quand Fauste se vantait, en compagnie un jour, que la plus haute tête qui fût sur la terre lui serait assujettie et obéissante, et ses compagnons étudiants lui répondaient qu'ils ne savaient point de plus haute tête que le pape, ou l'empereur, ou le roi. Lors répondait Fauste : « La tête qui m'est assujettie est encore plus haute, comme elle est décrite en l'épître de saint Paul aux Éphésiens : « C'est le prince de ce monde sur la terre et dessous le ciel. » Ainsi donc, il conjura cette étoile une fois, deux fois, trois fois, et lors devint une poutre de feu, un homme au-dessus qui se défit; puis après, ce furent six globes de feu comme des lumignons, et s'en éleva un au-dessus, et puis un autre par-dessous, et ainsi conséquemment, tant qu'il se changea du tout, et qu'il s'en forma une figure d'un homme tout en feu, qui allait et venait tout autour du cercle, par l'espace d'un quart d'heure. Soudain ce diable et esprit se changea sur-le-champ en la forme d'un moine gris, vint avec Fauste en propos, et demanda ce qu'il voulait.

Le nom du diable qui visita Fauste.

Le docteur Fauste demanda au diable comme il s'appelait, quel était son nom. Le diable lui répondit qu'il s'appelait Méphistophélès.

Les conditions du pacte, quelles elles sont.

Au soir, environ vêpres, entre trois et quatre heures, le diable volatique se montra au docteur Fauste derechef, et le diable dit au docteur Fauste : « J'ai fait ton commandement, et tu me dois commander. Partant, je suis venu pour t'obéir, quel que soit ton désir, d'autant que tu m'as ainsi ordonné, que je me présentasse devant toi à cette heure ici. » Lors Fauste lui fit réponse, ayant encore son âme misérable, toute perplexe, d'autant qu'il n'y avait plus moyen de différer l'heure donnée. Car un homme en étant venu jusque-là ne peut plus être à soi; mais il est, quant à son corps, en la puissance du diable, et de là en avant la personne est en sa puissance. Lors Fauste lui demanda les pactions qui s'ensuivent :

Premièrement, qu'il peut faire prendre une telle habitude, forme et représentation d'esprit, qu'en icelle il vînt et s'apparût à lui.

Pour le second, que l'esprit fît tout ce qu'il lui commanderait, et lui apportât tout ce qu'il voudrait avoir de lui.

Pour le troisième, qu'il lui fût diligent, sujet et obéissant, comme étant son valet.

Pour le quatrième, qu'à toute heure qu'il l'appellerait et le demanderait, il se trouvât au logis.

Pour le cinquième, qu'il se gouvernât tellement par la maison, qu'il ne fût vu ni reconnu de personne que de lui seul, à qui il se montrerait, comme serait son plaisir et son commandement.

Et, finalement, que toutes fois et quantes qu'il l'appellerait, il eût à se montrer en la même figure comme il lui ferait commandement.

Sur ces six points, le diable répondit à Fauste qu'en toutes ces choses, il lui voulait être volontaire et obéissant et qu'il voulût aussi proposer d'autres articles par ordre, et, lorsqu'il les accomplirait, qu'il n'aurait faute de rien.

Les articles que le diable lui proposa sont tels que ci-après :

Premièrement, que Fauste lui promît et jurât qu'il serait sien, c'est-à-dire en la possession et jouissance du diable.

Pour le second, qu'afin de plus grande confirmation, il lui ratifiât par son propre sang, et que de son sang il lui en écrivît un tel transport et donation de sa personne.

Pour le troisième, qu'il fût ennemi de tous les chrétiens.

Pour le quatrième qu'il ne se laissât attirer à ceux qui le voudraient convertir.

Conséquemment, le diable voulut donner à Fauste un certain nombre d'années qu'il aurait à vivre, dont il serait aussi tenu de lui, et qu'il lui tiendrait ces articles, et qu'il aurait de lui tout son plaisir et tout son désir. Et qu'il le pourrait en tout presser, que le diable eût à prendre une belle forme et telle qu'il lui plairait.

Ledit Fauste fut tellement transporté de la folie et superbité d'esprit, qu'ayant péché une fois, il n'eut plus de souci de la béatitude de son âme ; mais il s'abandonna au diable, et lui promit d'entretenir les articles susdits. Il pensait que le diable ne serait pas si mauvais, comme il le faisait paraître, ni que l'enfer fût si impétueux, comme on en parle.

Le docteur Fauste s'oblige.

Après tout cela, le docteur Fauste dressa par-dessus cette grande oubliance et outrecuidance, un instrument au diable et une reconnaissance, une briève soumission et confession, qui est acte horrible et abominable. Et cette obligation-là fut trouvée en sa maison, après son misérable départ de ce monde.

C'est ce que je prétends montrer évidemment, pour instruction et exemple à tous les bons chrétiens, afin qu'ils n'aient que faire avec le diable, et qu'ils puissent retirer d'entre ses pattes leurs corps et leurs âmes.

comme Fauste s'est outrageusement abandonné à son misérable valet et obéissant, qui se disait être par le moyen de telles œuvres diaboliques, qui est tout ainsi que les Parthes faisaient, s'obligeant les uns aux autres ; il prit un couteau pointu, et se piqua une veine en la main gauche, et se dit un homme véritable. Il fut vu, en sa main ainsi piquée, un écrit comme d'un sang de mort, en ces mots latins : *O homo, fuge!* qui est à dire : « O homme, fuis-t'en de là, et fais le bien. »

Puis le docteur Fauste reçoit son sang sur une tuile et y met des charbons tout chauds, et écrit comme s'ensuit ci-après.

« Jean Fauste, docteur, reçois de ma propre main manifestement pour une chose ratifiée, et ce en vertu de cet écrit, qu'après que je me suis mis à spéculer les éléments, et après les dons qui m'ont été distribués et départis de là-haut : lesquels n'ont point trouvé d'habitude dans mon entendement. Et de ce que je n'ai peut-être enseigné autrement des hommes, lors je me suis présentement adonné à un esprit qui s'appelle Méphistophélès, qui est valet du prince infernal en Orient, par paction entre lui et moi, qu'il m'adresserait et m'apprendrait, comme il m'était prédestiné, qui aussi réciproquement m'a promis de m'être sujet en toutes choses. Partant et à l'opposite, je lui ai promis et lui certifie que d'ici à vingt-quatre ans, de la date de ces présentes, vivant jusque-là complétement, comme il m'enseignera en son art et science, et en ses inventions me maintiendra, gouvernera, conduira, et me fera tout bien, avec toutes les choses nécessaires à mon âme, à ma chair, à mon sang et à ma santé, que je suis et serai sien à jamais. Partant, je renonce à tout ce qui est pour la vie du maître céleste et de tous les hommes, et que je sois en tout sien. Pour plus grande certitude, et plus grande confirmation, j'ai écrit la présente promesse de ma propre main, et l'ai sous-écrite de mon propre sang, que je me suis tiré expressément pour ce faire, de mon sens et de mon jugement, de ma pensée et volonté, et l'ai arrêté, scellé et testifié, etc. »

La subscription. Jean Fauste, docteur de la production des éléments et des choses spirituelles.

Fauste tira cette obligation à son diable, et lui dit : « Toi, tiens le brevet. » Méphistophélès prit le brevet, et voulut encore de Fauste avoir cela, qu'il lui en fît une copie. Ce que le malheureux Fauste dépêcha.

Les hôtes du docteur Fauste se veulent couper le nez.

Le docteur Fauste avait, en un certain lieu, invité des hommes principaux pour les traiter, sans qu'il eût apprêté aucune chose. Quand donc ils furent venus, ils virent bien la table couverte, mais la cuisine était encore froide. Il se faisait aussi des noces, le même soir, d'un riche et honnête bourgeois, et avaient été tous les domestiques de la maison empêchés pour bien et honorablement traiter les gens qui y avaient été invités; ce que le docteur Fauste ayant appris, commanda à son esprit que, de ces noces, il lui apportât un service de vivres tout apprêtés, soit poissons ou autres, et qu'incontinent il les enlevât de là, pour traiter ses hôtes. Soudain, il y eut, en la maison où l'on faisait les noces, un grand vent par les cheminées, fenêtres et portes, qui éteignit toutes les chandelles; après que le vent fut cessé et les chandelles derechef allumées et qu'ils eurent vu d'où le tumulte avait été, ils trouvèrent qu'il manquait à un mets une pièce de rôti, à un autre une poule, à un autre une oie, et que dans la chaudière il manquait aussi de grands poissons. Lors furent Fauste et ses invités pourvus de vivres; mais le vin manquait, toutefois non pas longtemps, car Méphistophélès fut fort bien au voyage de Florence dans les caves de Fougres, dont il en emporta quantité. Mais, après qu'ils eurent mangé, ils désiraient (qui est ce pourquoi ils étaient principalement venus) qu'il leur fît pour plaisir quelques tours d'enchantement. Lors il leur fit venir sur la table une vigne avec ses grappes de raisin, dont un chacun en prit sa part. Il commanda puis après de prendre un couteau et le mettre à la racine comme s'ils eussent voulu couper ; néanmoins ils n'en purent pas venir à bout ; puis, après, il s'en alla hors des étuves et ne tarda guère sans revenir. Lors ils s'arrêtèrent tous et se tinrent l'un l'autre par le nez, et un couteau dessus. Quand donc puis après ils voulurent, ils purent couper les grappes. Cela leur fut ainsi mis aucunement ; mais ils eussent bien voulu qu'il les eût fait venir toutes mûres.

Au jour du dimanche, Hélène enchantée.

Au jour du dimanche, des étudiants vinrent, sans être invités, en la maison du docteur Fauste pour souper avec lui, et apportèrent avec eux des viandes et du vin, car c'étaient gens de dépense volontaire.

Comme donc le vin eut commencé à monter, il y eut propos à table de la beauté des femmes, et l'un commença de dire à l'autre, qu'il ne voulait point voir de belles femmes, sinon la belle Hélène de Grèce, parce que sa beauté avait été cause de la ruine totale de la ville de Troie, disant qu'elle devait être très-belle, de ce qu'elle avait été tant de fois dérobée, et que pour elle s'était faite une telle élévation.

Le docteur Fauste répondit : « Puisque vous avez tant de désir de voir la belle personne de la reine Hélène, femme de Ménélaüs et fille de Tyndare et de Léda, sœur de Castor et de Pollux (qui a été la plus belle de toute la Grèce), je vous la veux faire venir elle-même ; que vous voyiez personnellement son esprit en sa forme et stature comme elle a été en vie. »

Sur cela, le docteur Fauste défendit à ses compagnons que personne ne dît mot, et qu'ils ne se levassent point de la table pour s'émouvoir à la caresser, et sortit hors du poêle.

Ainsi, comme il entrait dedans, la reine Hélène suivait

après lui à pied, si admirablement belle, que les étudiants ne savaient pas s'ils étaient eux-mêmes ou non, tant ils étaient troublés et transportés en eux-mêmes.

Ladite Hélène apparut en une robe de pourpre noire précieuse; ses cheveux lui traînaient jusques en bas si excellemment beaux, qu'ils semblaient être fin or, et si bas qu'ils venaient jusques au-dessous des jarrets, au gros de la jambe, avec de beaux yeux noirs, un regard amoureux, et une petite tête bien façonnée, ses lèvres rouges comme des cerises, avec une petite bouche, un beau long cou blanc comme un cygne, ses joues vermeilles comme une rose, un visage très-beau et lissé, et son corsage longuet, droit et proportionné. Enfin, il n'eût pas été possible de trouver en elle une seule imperfection.

Elle se fit ainsi voir par toute la salle du poêle, avec une façon toute mignarde et poupine, tellement que les étudiants furent enflammés en son amour, et ce n'est qu'ils savaient que ce fût un esprit, il leur fût facilement venu un tel embrasement pour la toucher. Ainsi Hélène s'en retourna avec le docteur Fauste hors de l'étuve.

L'enfant de Fauste et d'Hélène.

Afin que l'esprit donnât du contentement au docteur Fauste avec sa misérable chair, il se présenta à lui environ la minuit, comme s'il s'était éveillé, la figure de la belle Hélène de Grèce, toute telle que ci-devant il l'avait représentée devant les étudiants, et se mit en son sein, étant une stature toute pareille d'alors, avec un visage amoureux et charmant. Comme le docteur Fauste vit cela, il se rendit son prisonnier de cœur, tellement qu'il eut amitié avec elle et la tint pour sa femme de joie, qui lui gagna tellement l'amour, qu'il n'eût pu avoir sa vue hors d'elle, et enfin elle devint grosse de lui, et enfanta un fils dont le docteur Fauste s'en réjouit fort, et l'appela Juste Fauste. Mais, comme il vint à la fin de sa vie, cet enfant s'engloutit, tout de même que la mère.

Les lamentations et gémissements du docteur Fauste.

Au docteur Fauste coulaient les heures comme une horloge, toujours en crainte de casser; car il était tout affligé, il gémissait, et pleurait, et rêvait en soi-même, battant des pieds et des mains comme un désespéré. Il était ennemi de soi-même et de tous les hommes, en sorte qu'il se fit celer, et ne voulut voir personne, non pas même son esprit, ni le souffrir auprès de lui. C'est pourquoi j'ai bien voulu insérer ici une de ses lamentations qui ont été mises par écrit.

« Ah! Fauste! tu es bien d'un cœur dévoyé et non naturel, qui, par ta compagnie, es damné au feu éternel, lorsque tu avais pu obtenir la béatitude, lors tu l'as instamment perdue. Ah! libre volonté, est-ce que tu as réduit mes membres, que dorénavant ils ne peuvent plus voir que leur destruction? Ah! miséricorde et vengeance, en quoi j'ai eu occasion de m'engager pour gage et abandon! O indignation et compassion! pourquoi ai-je été fait homme? O la peine qui m'est apprêtée pour endurée! Ah! ah! malheureux que je suis! ah! ah! que me sert de me lamenter?

« Ah! ah! ah! misérable homme que je suis! O malheureux et misérable Fauste, tu seras fort bien en la troupe des malheureux, que je suis, pour endurer les douleurs extrêmes de la mort, et même une mort plus pitoyable, que jamais créature malheureuse ait endurée. Ah! ah! mes sens dépravés, ma volonté corrompue, mon outrecuidance et libertinage! O ma vie fragile et inconstante! ô toi qui as fait mes membres et mon corps, et mon âme aussi aveugle comme tu es, ô volupté temporelle, en quelle peine et travail m'as-tu amené, que tu as ainsi aveuglé et obscurci mes yeux! Ah! ma triste pensée, et toi, mon âme troublée, où est ta connaissance? O misérable travail! ô douteuse espérance! que jamais plus il ne soit mémoire de toi! Ah! tourment sur tourment, ennui sur ennui!

Hélas ! déploration !... Qui me délivrera ? où m'irai-je cacher ? où fuirai-je ?... Or, je suis où j'ai voulu être ; je suis pris ! »

Sur un tel regret ci-dessus récité, il apparut à Fauste son esprit Méphistophélès, qui vint à lui et l'attaqua par ses discours injurieux, de reproche et de moquerie.

Comment le docteur Fauste fut en enfer.

Le docteur Fauste s'ennuyait si fort, qu'il songeait et rêvait toujours de l'enfer. Il demanda à son valet Méphistophélès qu'il fît en sorte qu'il pût enquérir son maître Lucifer et Bélial, et allèrent à eux ; mais ils lui envoyèrent un diable qui avait nom Belzebub, commandant sous le ciel, qui vint et demanda à Fauste ce qu'il désirait. Il répond que c'était s'il y aurait quelque esprit qui le pût mener en enfer et le ramener aussi, tellement qu'il pût voir la qualité de l'enfer, son fondement, sa propriété et substance, et s'en retirer ainsi. « Oui, dit Belzebub, je te mènerai environ la minuit, et t'y emporterai. » Comme donc ce fut à la minuit, et qu'il faisait obscur, Belzebub se montra à lui, et avait sur son dos une selle d'ossements, et tout autour elle était fermée, et y monta Fauste là-dessus, et ainsi s'en va de là. Maintenant, écoutez comment le diable l'aveugla et lui fit le tour du singe ; c'est qu'il ne pensait en rien autre chose, sinon qu'il était en enfer.

Il l'emporta en un air où le docteur Fauste s'endormit, tout ainsi que quand quelqu'un se met en l'eau chaude ou dedans un bain. Puis, après, il vint sur une haute montagne, au-dessus d'une grande île. De là, les foudres, les poix et les lances de feu éclataient avec un si grand bruit et tintamarre, que le docteur Fauste s'éveilla. Le serpent diabolique faisait de telles illusions, en cet abîme, au pauvre Fauste ; mais Fauste, comme il était tout entouré de feu, comme il lui semblait, c'est qu'il ne trouva pourtant pas aucune roussure ni brûlure ; mais il sentait un petit vent comme un rafraîchissement et une récréation; il entendit aussi là-dessus certains instruments, dont toute l'harmonie était fort plaisante; et toutefois il ne put voir aucun instrument, ni comment ils étaient faits, tant l'enfer était en feu, et n'osa pas demander de quelle forme ils étaient faits; car il lui avait été défendu auparavant, qu'il ne pouvait absolument parler ni demander d'aucune chose, parce qu'il était ainsi englouti de son diabolique serpent, de Belzebub et de deux ou trois autres. Alors, le docteur Fauste entra encore plus avant dans l'abîme, et, les trois s'en étant allés avec le susdit Belzebub, il se rencontra au docteur Fauste sur cela un gros cerf-volant avec de grosses cornes et trompes, qui voulut fracasser ou enfondrer le docteur Fauste en l'abîme susdit, dont il eut grande frayeur; mais les trois susdits serpents chassaient avec ledit cerf. Comme donc le docteur Fauste se vit entrer plus avant au fond de la caverne, il vit que tout à l'entour de lui il n'y avait rien que des verminiers et couleuvres puantes. Mais les couleuvres étaient fort grosses; après lesquelles vinrent des ours volant comme au secours, qui combattirent et joutèrent contre les couleuvres, et les vainquirent tellement, qu'il lui fut sûr et libre de passer par là, et, comme il fut arrivé plus en avant en descendant, voici un gros taureau volant qui venait dessus une grande porte et tour, qui s'en courut ainsi furieux et bramant contre Fauste, et poussa si rudement contre son siége, que le siége et le serpent avec vint à donner dessus dessous avec ledit Fauste.

Le docteur Fauste tomba encore plus bas dans l'abîme avec de grandes blessures et avec un grand cri; car il pensait déjà maintenant : « C'est fait de moi! » même il ne pouvait plus avoir son esprit. Toutefois, il le vint encore attaquer, pour le faire tomber plus bas; un vieux, tout hérissé magot, vint le tourmenter et irriter. En la suprémité de l'enfer, il y avait un brouillard si épais et ténébreux, qu'il ne voyait rien du tout, et au-dessus il se forma une grosse nuée sur quoi montaient deux gros dragons, et menaient un chariot avec eux, où le vieux magot mit le docteur Fauste ; après s'ensuivit, l'espace d'un gros quart d'heure, une grosse nuée ténébreuse, tellement que le docteur Fauste n'eût su voir ni les dragons ni le chariot, ni s'y prendre en tâtonnant ; et, en allant plus avant, il descendit encore plus profondément. Mais, aussitôt que cette grosse nuée ténébreuse et puante fut engloutie, il vit un cheval et un chariot suivant après. Et, après, fut le docteur Fauste remis à l'air, et, au même instant, il entendit plusieurs coups de foudre et éclairs, tellement que cela allait si menu, que le docteur Fauste se tint coi sans dire mot, ayant grande frayeur et tout tremblant. Sur cela, le docteur Fauste vint sur une eau grosse et tempétueuse, où les deux dragons le poussèrent dedans pour y être submergé ; mais il n'y trouvait point d'eau : ains il y trouva une grosse vapeur de chaline ardente, et les vapeurs et les ondes venaient à battre tellement le docteur Fauste, qu'il perdit le cheval et son chariot, et tomba encore de plus en plus au profond et en une impétuosité de haut en bas, tant que finalement il vint à tomber dans l'abîme, qui était fort creux et tout pointu par le dedans des rochers ; c'est pourquoi il se tint là comme s'il eût été mort ; il regardait de tous côtés, et ne vit personne, ni ne put rien entendre. Mais enfin il lui commença à naître une petite lumière ; comme il fut descendu encore plus bas, il vit de l'eau à l'entour de lui. Le docteur Fauste regarda alors ce qu'il devait faire, disant : « Puisque tu es abandonné des esprits infernaux, il faut que tu t'enfonces dans ce gouffre, ou dans cette eau, ou que tu te défasses comment que ce soit. » Alors, il se dépita en soi-même, et se vanta mettre en un courage désespéré, au travers un endroit qu'il vit tout en feu, en disant : « Maintenant, vous, esprits, recevez cette offrande dévouée à votre service, à quoi mon âme est condamnée. » Comme il se fut ainsi jeté à travers par précipitation, il entendit un bruit et tumulte fort effroyable qui faisait ébranler les montagnes et les rochers, et tant plus que lui pensait qu'il se passât, le bruit se faisait encore plus grand ; et, comme il fut venu jusqu'au fondement, il vit dans le feu plusieurs bourgeois, quelques empereurs, rois, princes, seigneurs et des gens d'armes tout enharnachés à milliers. Autour du feu, il y en avait une grande chaudière pleine d'eau, dont quelques-uns d'eux buvaient, les autres se rafraîchissaient et baignaient ; les autres, sortant de la chaudière, s'en couraient au feu pour s'échauffer.

Le docteur Fauste entra dans le feu, en voulut retirer une âme damnée, et, comme il pensait la tenir par la main, elle s'évanouit de lui tout à coup en arrière. Mais il ne pouvait alors demeurer là longtemps, à cause de la chaleur ; et comme il regardait çà et là, voici que vint le dragon ou bien Belzebub, avec sa selle dessus, et s'assit dessus et le passa ainsi en haut ; car Fauste ne pouvait là plus endurer, à cause des tonnerres, des tempêtes, des brouillards, du soufre, de la fumée, du feu, froidure et chaleur mêlés ensemble ; de plus, à cause qu'il était las d'endurer les effrois, les clameurs, les lamentations des malheureux, les hurlements des esprits, les travaux et les peines, et autres choses. Le docteur Fauste n'ayant eu, en tout ce temps-là, aucun bien au dedans de cet enfer, aussi son valet n'avait pensé autre chose d'en pouvoir rien emporter, puisqu'il avait désiré de voir l'enfer, il eût mieux aimé le voir une fois, et demeurer toujours dehors, puis après. En cette façon vint Fauste derechef en sa maison ; après qu'il se fut ainsi endormi sur sa selle, l'esprit le rejeta tout endormi sur son lit ; et, après que le jour fut venu, et que le docteur Fauste fut réveillé, il ne se trouva point autrement que s'il se fût trouvé aussi longtemps en une prison ténébreuse ; car il n'avait point vu autre chose, sinon comme des monceaux de feu, et ce que le feu avait baillé de soi. Le docteur Fauste, ainsi couché sur son lit, pensait après l'enfer. Une fois, il le prenait à bon escient qu'il eût été là dedans, et qu'il l'avait vu. Une autre fois, il doutait là-dessus, que le diable lui eût fait quelque illusion et trait d'enchanterie par les yeux, comme cela fut vrai ; car il n'avait garde de lui faire voir effectivement l'enfer, de crainte de lui causer trop d'appréhension. Cette histoire et cet acte, touchant ce qu'il avait vu, et comment il avait été transporté en l'enfer, et comment le diable l'avait aveuglé, le docteur Fauste lui-même l'a ainsi écrit, et a été ainsi trouvé après sa mort en une tablette de la propre écriture de sa main, et ainsi couché en un livre fermé qui fut trouvé après sa mort.

Esprits infernaux, entre lesquels les sept principaux sont nommés par leurs noms.

Le diable, qui s'appelle Bélial, dit au docteur Fauste : « Depuis le septentrion, j'ai vu ta pensée, et est telle, que volontiers tu pourrais voir quelques-uns des esprits infernaux qui sont princes; pourtant j'ai voulu m'apparaître à toi avec mes principaux conseillers et serviteurs, à ce que tu aies ton désir accompli. » Le docteur Fauste répond : « Or sus, où sont-ils? » Sur cela, Bélial dit. Or, Bélial était apparu au docteur Fauste en la forme d'un éléphant marqueté et ayant l'épine du dos noire; seulement, ses oreilles lui pendaient en bas, et ses yeux tout remplis de feu, avec de grandes dents blanches comme neige, et une longue trompe, qui avait trois aunes de longueur démesurée, et avait au col trois serpents volants. Ainsi vinrent au docteur Fauste les esprits l'un après l'autre, dans son poêle; car ils n'y eussent pu être tous à la fois. Or, Bélial les montra au docteur Fauste l'un après l'autre comme ils étaient et comment ils s'appelaient. Ils vinrent devant lui, les sept esprits principaux, à savoir le premier : Lucifer, le maître gouverneur, saluant le docteur Fauste, lequel le décrit ainsi : « C'était un grand homme, et était chevelu et picoté, de la couleur comme des glands de chêne rouges, qui avaient une grande queue après eux. » Après venait Belzebub, qui avait les cheveux peints de couleur, velu par tout le corps; il avait une tête de bœuf avec deux oreilles effroyables, aussi tout marqueté de hampes, et chevelu, avec deux gros floquets si rudes comme les charains du foulon qui sont dans les champs, demi vert et jaune, qui flottaient sur les floquets d'en bas, qui étaient comme d'un four tout de feu ; il avait une queue de dragon. Astaroth, celui-ci vint en la forme d'un serpent, et allait sur la queue tout droit ; il n'avait point de pieds ; sa queue avait des couleurs comme de briques changeantes, son ventre était fort gros, il avait deux petits pieds fort courts, tout jaunes, et le ventre un peu blanc et jaunâtre, le cou tout de châtain roux, et une pointe en façon de piques et traits, comme le hérisson, qui avançaient de la longueur des doigts. Après, vint Satan, tout blanc et gris, et marqueté ; il avait la tête d'un âne et avait la queue comme d'un chat, et les cornes des pieds longues d'une aune. Suivit aussi Annabry ; il avait la tête d'un chien noir et blanc, et des mouchetures blanches sur le noir, et, sur le blanc, des noires ; seulement, il avait les pieds et les oreilles pendantes comme un chien, qui étaient longues de quatre aunes.

Après tous ceux-ci, venait Dythican, qui était d'une aune de long ; mais il avait seulement le corps d'un oiseau, qui est la perdrix ; il avait seulement tout le cou vert et moucheté ou ombragé.

Le dernier fut Drac, avec quatre pieds fort courts, jaune et vert, le corps par-dessus flambant brun, comme du feu bleu, et sa queue rougeâtre. Ces sept, avec Bélial, qui sont ses conseillers d'entretien, étaient ainsi habillés des couleurs et façons qui ont été récitées.

D'autres aussi lui apparurent, avec semblables figures, comme des bêtes inconnues, comme des pourceaux, daims, cerfs, ours, loups, singes, lièvres, buffles, chevaux, boucs, verrats, ânes et autres semblables. En telles couleurs et formes, ils se présentèrent à lui selon que chacun sortait dudit poêle, l'un après l'autre. Le docteur Fauste s'étonna fort d'eux, et demanda aux sept qui s'étaient arrêtés, pourquoi ils n'étaient apparus en autres. Ils répondirent et dirent qu'autrement ils ne pourraient plus rentrer en enfer, et pourtant qu'ils étaient les bêtes et les serpents infernaux ; quoiqu'ils fussent fort effroyables et hideux, toutefois, ils pouvaient aussi prendre forme et barbe d'homme quand ils voulaient. Le docteur Fauste dit là-dessus : « C'est assez, puisque les sept sont ici; » et pria les autres de prendre leur congé, ce qui fut fait.

Lors le docteur Fauste leur demanda qu'ils se fissent voir en essai pour voir ce qu'il en arriverait, et alors ils se changèrent l'un après l'autre, comme ils avaient fait auparavant en toute sorte de bêtes, aussi en gros oiseaux, en serpents et en bêtes de rapine à quatre et à deux pieds. Cela plut bien au docteur Fauste, et leur dit si lui aussi le pourrait davantage. Ils dirent oui, et lui jetèrent un petit livre de sorcellerie, et qu'il fît aussi son essai, ce qu'il fit de fait. Toutefois, le docteur Fauste ne put pas faire davantage. Et devant qu'eux aussi voulussent prendre congé, il leur demanda qui avait fait les insectes. Ils dirent : « Après la faute des hommes ont été créés les insectes, afin que ce fût pour la punition et honte des hommes; et nous autres ne pouvons tant, que de faire venir force insectes, comme d'autres bêtes. » Lors tout incontinent apparurent, au docteur Fauste, dans son poêle ou étuve, toute sorte de tels insectes, comme fourmis, lézards, mouches bovines, grillons, sauterelles et autres. Alors, toute la maison se trouva pleine de cette vermine. Toutefois, il était fort en colère contre tout cela, transporté et hors de son sens; car, entre autres de tels reptiles et insectes, il y en avait qui le piquaient comme fourmis; les bergails le piquaient, les mouches lui couraient sur le visage, les puces le mordaient, les taons ou bourdons lui volaient autour. Tant qu'il en était tout étonné, les poux le tourmentaient en la tête et au cou, les araignées lui filaient de haut en bas, les chenilles le rongeaient, les guêpes l'attaquaient. Enfin il fut tout partout blessé de toute cette vermine, tellement qu'on pourrait bien dire qu'il n'était encore qu'un jeune diable, de ne se pouvoir pas défendre de ces bestions. Au reste, le docteur Fauste ne pouvait pas demeurer dans les dites étuves ou poêles; mais, d'abord qu'il fut sorti du poêle, il n'eut plus aucune plaie, et n'y eut plus de tels fantômes autour de lui, et tous disparurent, s'étant dévorés l'un l'autre vivement, et avec promptitude.

Moqueries de Méphistophélès et gémissements du docteur Fauste.

Comme le docteur Fauste se tourmentait tellement qu'il ne pouvait plus parler, son esprit Méphistophélès vint à lui, et lui dit : « D'autant que tu as su la sainte Écriture, et qu'elle t'enseigne de n'aimer et adorer qu'un seul Dieu, le servir seul, et non pas un autre, ni à gauche, ni à droite, et que c'était ton devoir d'être soumis et obéissant à lui; mais comme vous n'avez pas fait cela, ainsi au contraire, vous l'avez abandonné et renié, vous avez perdu sa grâce et miséricorde; et vous vous êtes ainsi abandonné en corps et en âme à la puissance du diable; c'est pourquoi il faut que vous accomplissiez votre promesse; et entends bien mes rhythmes :

As-tu été, ainsi quoi ?
Tout bien te sera sans émoi.
As-tu cela, tiens-le bien,
Le malheur vient en un rien.
Partant, tais-toi, souffre et accorde,
Nul ton malheur plaint ni recorde.
C'est ta honte, et de Dieu l'offense.
Ton mal court toujours sans dépense.

« Partant, mon Fauste, il n'est pas bon de manger avec des grands seigneurs et avec le diable, des cerises; car ils vous en jettent les noyaux au visage, comme tu vois maintenant; c'est pourquoi il te faut tenir loin de là. Tu eusses été assez loin de lui, mais ta superbe impétuosité l'a frappé; tu as un art que ton Dieu t'a donné, tu l'as méprisé, et ne l'as pas rendu utile; mais tu as appelé le diable au logis, et vous êtes convenu avec lui pour vingt-quatre ans, jusque aujourd'hui. Il t'a été tout d'or, ce que l'Esprit t'a dit. Partant, le diable t'a mis une sonnette au cou comme à un chat. Vois-tu, tu as été une très-belle créature dès ta naissance; mais tout ainsi qu'un homme porte une rose en sa main, elle est passée et écoulée; il n'en demeure rien; tu as mangé tout ton pain, tu peux bien chanter la chansonnette ; tu es venu jusqu'au jour du carême-prenant, tu seras bientôt à Pâques. Tout ce que tu appelles à ton aide ne sera pas sans occasion ; une saucisse rôtie a deux bouts. Du diable, il ne peut rien venir de bon ; tu as eu un mauvais métier et nature, pourtant la nature ne laisse jamais la nature ; ainsi, un chat ne laisse jamais la souris. L'aigre principalement fait l'amertume. Pendant que la cuiller est neuve, il en faut user à la cuisine ; après, quand elle est vieille, le cuisinier la jette, d'autant que ce n'est plus que fer. N'est-il pas ainsi de toi ? n'es-tu pas un vrai pot neuf et une cuiller neuve pour le diable? Maintenant, il ne t'est point nécessaire que le marchand t'apprenne à vendre. Et, après, n'as-tu pas suffisamment fait entendre, par ta préface, que Dieu t'a abandonné? De plus, mon Fauste, n'as-tu pas abusé par une témérité grande, qu'en toutes les affaires et en ton département tu t'es appelé l'ami du diable, pourtant, persuadé que Dieu est le maître ; mais le diable que comme un abbé ou un moine? L'orgueil ne fait jamais rien de bien ; tu as voulu être appelé le maître Jean en tous bourgs ou villages ; ainsi pourrait être un homme fou, de vouloir jouer avec les pots au lait ; quiconque veut beaucoup avoir aura fort peu. Fais maintenant cette mienne doctrine entrer dedans ton cœur ; et mon enseignement, lequel tu as possible oublié, c'est que tu n'avais pas bien connu qui est le diable, d'autant qu'il est le singe de Dieu. Aussi est-il un menteur et meurtrier, et la moquerie apporte diffame. Oh ! si vous eussiez eu Dieu devant les yeux! mais tu t'es laissé aller. Tu ne devais pas ainsi t'agréer d'être avec le diable, comme tu as fais légèrement, et lui as ajouté foi ; car qui croit facilement sera soudain trompé. Le diable a ouvert sa gueule, et tu es entré dedans ; tu t'es donné à lui comme son sujet, et l'as signé de ton propre sang ; ainsi traite-t-il ses sujets, tu as laissé entrer par une oreille ce qui est sorti par l'autre. » Après donc que le diable eut assez chanté à Fauste le pauvre Judas, il disparut incontinent et rendit Fauste tout mélancolique et troublé.

Les vingt-quatre ans du docteur Fauste étaient terminés, quand, en la dernière semaine, l'Esprit lui apparut. Il le somma sur son écrit et promesse, qu'il lui mit devant les yeux, et lui dit que le diable, la seconde nuit d'après, lui emporterait sa personne, et qu'il en fût averti.

Le docteur Fauste, tout effrayé, se lamenta et pleura toute la nuit. Mais son Esprit, lui ayant apparu, lui dit : « Mon ami, ne sois point de si petit courage ; si tu perds ton corps, il n'y a pas loin d'ici jusqu'à ce qu'on te fasse jugement. Néanmoins tu mourras à la fin, quand même tu vivrais cent ans... Les Turcs, les juifs, et les empereurs qui ne sont pas chrétiens, mourront aussi, et pourront être en pareille damnation. Ne sais-tu pas bien encore qu'il t'est ordonné ? Sois de bon courage, ne t'afflige pas tant ; si le diable t'a ainsi appelé, il te veut donner une âme et un corps de substance spirituelle, et tu n'endureras pas comme les damnés. » Il lui donna de semblables consolations, fausses cependant et contraires à l'Écriture sainte. Le docteur Fauste, qui ne savait pas comment payer autrement sa promesse qu'avec sa peau, alla, le jour susdit que l'Esprit lui avait prédit que le diable l'enlèverait, trouver ses plus fidèles compagnons, maîtres bacheliers et autres étudiants, lesquels l'avaient souvent cherché ; il les pria qu'ils voulussent venir avec lui au village de Romlique, situé à une demi-lieue de Wittenberg, pour s'y aller promener, et puis, après, prendre un souper avec lui, ce qu'ils lui accordèrent. Ils allèrent là ensemble, et y prenaient un déjeuner assez ample, avec beaucoup de préparatifs somptueux et superflus, tant en viandes qu'en vins que l'hôte leur présenta ; et le docteur Fauste se tint avec eux fort plaisamment ; mais ce n'était pas de bon cœur. Il les pria encore derechef qu'ils voulussent avoir agréable d'être avec lui, et souper avec lui au soir, et qu'ils demeurassent avec lui toute la nuit, qu'il avait à leur dire chose d'importance ; ils le lui promirent et prirent encore un souper. Comme donc le vin du souper fut servi, le docteur Fauste contenta l'hôte, et pria les étudiants qu'ils voulussent aller avec lui, en un autre poêle, et qu'il avait là quelque chose à leur dire. Cela fut fait, et le docteur Fauste parla à eux de la sorte :

« Mes amis fidèles et du tout aimés du seigneur, la raison pourquoi je vous ai appelés est que je vous connais depuis longtemps, et que vous m'avez vu traiter de beaucoup d'expériments et incantations, lesquels toutefois ne sont provenus d'ailleurs que du diable, à laquelle volupté diabolique rien ne m'a attiré que les mauvaises compagnies qui m'ont circonvenu, et tellement que je me suis obligé au diable; à savoir, au dedans de vingt-quatre ans, tant en corps qu'en âme. Maintenant, ces vingt-quatre ans-là sont à leur fin jusqu'à cette nuit proprement, et voici à présent, l'heure m'est présentée devant les yeux, que je serai emporté; car le temps est achevé de sa course; et il me doit enlever cette nuit, d'autant que je lui ai obligé mon corps et mon âme, si sûrement que c'est avec mon propre sang.

« Finalement, et pour conclusion, la prière amiable que je vous fais est que vous vouliez vous mettre au lit et dormir en repos; et ne vous mettez pas en peine si vous entendez quelque bruit à la maison, ne vous levez point du lit, car il ne vous arrivera aucun mal; et je vous prie, quand vous aurez trouvé mon corps, que vous le fassiez mettre en terre : car je meurs comme un bon chrétien, et comme un mauvais tout ensemble : comme un bon chrétien, d'autant que j'ai une vive repentance dans mon cœur, avec un grand regret et douleur; je prie Dieu de me faire grâce, afin que mon âme puisse être délivrée. Je meurs aussi comme un mauvais chrétien, d'autant que je veux bien que le diable ait mon corps, que je lui laisse volontiers, et que seulement il me laisse avec mon âme en paix. Sur cela, je vous prie que vous vouliez vous mettre au lit, et je vous désire et souhaite la bonne nuit; mais, à moi elle sera pénible, mauvaise et épouvantable. »

Le docteur Fauste fit cette déclaration avec une affection cordiale, avec laquelle il ne se montrait point autrement être affligé, ni étonné, ni abaissé de courage. Mais les étudiants étaient bien surpris de ce qu'il avait été si dévoyé, et que, pour une science trompeuse, remplie d'impostures et d'illusions, il se fût ainsi mis en danger de s'être donné au diable en corps et en âme; cela les affligeait beaucoup, car ils l'aimaient tendrement. Ils lui dirent : « Ah ! monsieur Fauste, où vous êtes-vous réduit, que vous ayez si longtemps tenu cela secret, sans en rien dire, et ne nous avez point révélé plus tôt cette triste affaire? Nous vous eussions délivré de la tyrannie du diable par le moyen des bons théologiens. Mais, maintenant, c'est une diffamie et une chose honteuse à votre corps et à votre âme. » Le docteur Fauste leur répondit : « Il ne m'a été nullement loisible de ce faire, quoique j'en aie eu souvent la volonté. Comme là-dessus un voisin m'avait averti, j'eusse suivi sa doctrine, pour me retirer de telles illusions et me convertir; mais, comme j'avais fort bien la volonté de le faire, le diable vint qui me voulut enlever, comme il fera cette nuit, et me dit qu'aussitôt que je voudrais entreprendre de me convertir à Dieu, il m'emporterait avec soi dans l'abime des enfers. »

Comme donc ils entendirent cela du docteur Fauste, ils lui dirent : « Puisque maintenant il n'y a pas moyen de vous garantir, invoquez Dieu, et le priez que, pour l'amour de son cher fils Jésus-Christ, il vous pardonne, et dites : « Ah! mon Dieu, soyez miséricordieux à moi, pauvre « pécheur, et ne venez point en jugement contre moi; car « je ne puis pas subsister devant vous, et combien qu'il « me faille laisser mon corps au diable, veuillez néan- « moins garantir mon âme! » S'il plaît à Dieu, il vous garantira. » Il leur dit qu'il voulait bien prier Dieu, et qu'il ne voulait pas se laisser aller comme Caïn, lequel dit que ses péchés étaient trop énormes pour en pouvoir obtenir pardon. Il leur récita aussi comme il avait fait ordonnance par écrit de sa fosse pour son enterrement. Ces étudiants et bons seigneurs, comme ils donnèrent le signe de la croix sur Fauste pour se départir, pleurèrent et s'en allèrent l'un après l'autre.

Mais le docteur Fauste demeura au poêle, et, comme

les étudiants s'allaient mettre au lit, pas un ne put dormir ; car ils voulaient entendre l'issue. Mais, entre douze et une heure de nuit, il vint dans la maison un grand vent tempétueux qui l'ébranla de tous côtés, comme s'il eût voulu la faire sauter en l'air, la renverser et la détruire entièrement : c'est pourquoi les étudiants pensèrent être perdus, sautèrent hors de leurs lits, et se consolaient l'un l'autre, se disant qu'il ne sortissent point de la chambre. L'hôte s'encourut avec tous ses domestiques en une autre maison. Les étudiants, qui reposaient auprès du poêle, où était le docteur Fauste, y entendirent des sifflements horribles et des hurlements épouvantables, comme si la maison eût été pleine de serpents, couleuvres, et autres bêtes vilaines et sales : tout cela était entré par la porte du docteur Fauste dans le poêle. Il se leva pour crier à l'aide et au meurtre, mais avec bien de la peine et à demi-voix ; et, un moment après, on ne l'entendit plus. Comme donc il fut jour, et que les étudiants, qui n'avaient point dormi toute la nuit, furent entrés dans le poêle, où était le docteur Fauste, ils ne le trouvèrent plus, et ne virent rien, sinon le poêle tout plein de sang répandu : le cerveau s'était attaché aux murailles, d'autant que le diable l'avait jeté de l'une à l'autre. Il y avait là aussi ses yeux et quelques dents, ce qui était un spectacle abominable et effroyable. Lors les étudiants commencèrent à se lamenter et à pleurer, et le cherchèrent d'un côté et d'autre. A la fin, ils trouvèrent son corps gisant hors du poêle, parmi de la fiente, ce qui était triste à voir ; car le diable lui avait écrasé la tête et cassé tous les os.

Les susdits maîtres et étudiants, après que Fauste fut ainsi mort, demeurèrent auprès de lui jusqu'à ce qu'on l'eût enterré au même lieu ; après, ils s'en retournèrent à Wittenberg, et allèrent en la maison du docteur Fauste, où ils trouvèrent son serviteur Wagner, qui se trouvait fort mal, à cause de son maître. Ils trouvèrent aussi l'histoire de Fauste toute dressée et décrite par lui-même, comme il a été récité ci-devant, mais sans la fin, laquelle a été ajoutée des maîtres et étudiants. Semblablement au même jour, Hélène enchantée avec son fils d'enchantement ne furent plus trouvés depuis, mais s'évanouirent avec lui. Il y eut aussi, puis après dans sa maison, une telle inquiétude, que personne depuis n'y a pu habiter. Fauste apparut à son serviteur Wagner, encore plein de vie, en la même nuit, et lui déclara beaucoup de choses secrètes. Et même on l'a vu encore depuis paraître à la fenêtre, qui jouait avec quiconque y fût allé.

Ainsi finit toute l'histoire de Fauste, qui est pour instruire tout bon chrétien, principalement ceux qui sont d'une tête et d'un sens capricieux, superbe, fou et téméraire, à craindre Dieu et fuir tous les enchantements et tous les charmes du diable, comme Dieu a commandé bien expressément, et non pas d'appeler le diable chez eux et lui donner consentement, comme Fauste a fait; car ceci nous est un exemple effroyable. Et tâchons continuellement d'avoir en horreur telles choses et d'aimer Dieu surtout; élevons nos yeux vers lui, adorons-le et chérissons-le de tout notre cœur, de toute notre âme et de toutes nos forces : et, à l'opposite, renonçons au diable et à tout ce qui en dépend ; et qu'ainsi nous soyons finalement bienheureux avec Notre-Seigneur. *Amen.* Je souhaite cela à un chacun du profond de mon cœur. Ainsi soit-il.

Soyez vigilants, et prenez garde; car votre adversaire le diable va autour de vous, comme un lion bruyant, et cherche qui il dévorera : auquel résistez, fermes en la foi. *Amen.*

Note de la quatrième édition.

Cette légende, comme on le voit, n'offre aucune donnée qui se rattache à l'invention de l'imprimerie, dont Faust partage l'honneur avec Gutenberg et Schoeffer. Nous avons choisi la plus curieuse; mais un grand nombre d'autres constatent ce détail et supposent que Faust s'était donné au diable pour réparer sa fortune, perdue dans les essais de son invention. Le plus ancien auteur qui ait parlé de ces documents, Conrad Durieux, pense que ces légendes ont été fabriquées par des moines, irrités de la découverte de *Johann Fust* ou *Faust*, qui leur enlevait les utiles fonctions de copistes de manuscrits. Klinger, l'auteur allemand du livre remarquable intitulé *les Aventures de Faust et sa Descente aux enfers*, a admis cette version.

Cependant, à Leipzig, où l'on voit encore la cave de l'*Auerbach*, illustrée par le souvenir de Faust et de Méphistophélès, les peintures anciennes conservées dans les arcs des voûtes et qui viennent d'être restaurées, portent la date de 1525, et l'invention de l'imprimerie date environ de 1440 ; il faudrait donc admettre, ou qu'il a existé deux Faust différents, ou que Faust était très-vieux lorsqu'il fit un pacte avec le diable ; ce qui rentrerait, du reste, dans la supposition qu'a fait Gœthe, qu'il invoque le diable pour se rajeunir.

L'histoire du vieux Paris conserve des souvenirs de Faust, qui vint apporter à Louis XI un exemplaire de la première Bible, et qui, accusé de magie, à cause de son invention même, parvint à se soustraire au bûcher ; ce que l'on attribua, comme toujours, à l'intervention du diable.

1853

POÉSIES ALLEMANDES

NOTICE

SUR

LES POËTES ALLEMANDS

Ce serait une erreur de croire que la littérature allemande aujourd'hui si brillante, si riche en grands noms, remonte par une chaîne non interrompue à cette vieille poésie du Nord, dont elle porte le caractère. C'est après plusieurs siècles d'imitations étrangères ou d'inspirations nationales faibles et incolores, que la poésie allemande constitua cette belle école dont Klopstock fut le premier maître, et qui, bien que s'affaiblissant depuis Gœthe et Schiller, n'a point encore cessé de produire. La véritable gloire littéraire de l'Allemagne ne date donc que de la dernière moitié du XVIIIe siècle. En remontant plus haut, on ne trouve guère qu'un seul ouvrage, le poëme des *Nibelungen*, qui soit digne d'exciter vivement l'intérêt.

Avant l'apparition de cette immense épopée, qui parut vers le temps de Frédéric Ier, surnommé Barberousse, on ne peut recueillir que des notions incertaines sur les premiers poëtes germains. Les ouvrages les plus anciens et les plus remarquables dont on se souvienne sont écrits en gothique; mais cette langue cessa bientôt d'être en usage, et fut remplacée par la langue *franque* que parlaient les Francs qui envahirent la Gaule sous les Mérovingiens. Cette dernière fut parlée aussi en France jusqu'à Charlemagne, qui tenta de la relever de la désuétude où elle commençait à tomber, en Allemagne surtout. Il fit même faire un recueil des légendes et chants nationaux composés dans cette langue; mais elle ne fut plus d'un usage général, et, comme le latin, ne sortit plus de l'enceinte des cours et des couvents. Le saxon ou bas germain plaisait davantage au peuple, et c'est en saxon que furent composées les premières poésies vraiment nationales de l'Allemagne.

Leur succès était tel, que Charlemagne s'en effraya. Ces chants, tout empreints du patriotisme et de la mythologie des vieux peuples du Nord, apportaient un grand obstacle aux progrès de sa domination et de la religion chrétienne qu'il voulait leur imposer. Aussi furent-ils sévèrement défendus après la conquête, et ceux particulièrement que ces peuples avaient l'usage d'entonner sur la tombe de leurs parents.

Cette proscription dura encore même après la chute de l'empire de Charlemagne, parce que les ecclésiastiques craignaient aussi l'influence des idées superstitieuses qui régnaient dans ces chants, qu'ils nommaient « poésies diaboliques » (*carmina diabolica*). Pendant plusieurs siècles, les vers latins furent donc seuls permis et encouragés; de sorte que les peuples ne participaient plus aux grandes inspirations de la poésie.

Ce fut à l'époque des croisades que le vers reparut dans la langue vulgaire. On retrouve là une période analogue à celle de nos troubadours, et ces poëmes composés pour les cours et pour les châteaux n'arrivaient guère non plus jusqu'à la foule, qui commença dès lors à avoir ses poëtes et ses narrateurs grossiers, parmi lesquels Hans Sachs, le cordonnier, a seul laissé un nom célèbre.

On ne sait trop comment classer le poëme des *Niebelungen* (*Livre des héros*), dont on ignore les auteurs, mais qui, versifié vers le xive siècle, doit remonter beaucoup plus haut comme invention. Il en est de même pour nous des *romans* de chevalerie du cycle d'Artus et du cycle de Charlemagne, qui furent refaits et retraduits de siècle en siècle, sans qu'on puisse davantage indiquer clairement la source et l'époque de leur composition.

Le poëme des *Niebelungen* se rapporte aussi aux premiers temps semi-fabuleux de la chevalerie. Le sujet n'en est pas moins grand que celui de l'*Iliade*, auquel on l'a si souvent comparé. La peinture et la sculpture allemandes tirent encore aujourd'hui des récits de ce poëme leurs plus belles inspirations, et le sentiment de l'unité nationale s'y retrempe toujours avec orgueil.

Les *minnesinger* ou maîtres chanteurs perfectionnèrent la poésie chevaleresque, et parvinrent même à la populariser autant que possible, par les ressources et les efforts de leur institution semi-religieuse, semi-féodale. Ces compagnons, la plupart pauvres, mais d'illustre naissance, ainsi que nos trouvères, parcouraient les châteaux et les villes, et luttaient devant tous dans les fêtes publiques, comme les poëtes de l'antiquité.

C'est le dialecte souabe qui prédomine dans leurs ouvrages; langue molle et doucereuse, parfaitement adaptée à leurs sujets chevaleresques, galants et parfois satiriques. On ne peut donner au juste la date de la décadence de cette poésie, qui n'a fait briller aucun nom, et n'a laissé aucun monument digne de souvenir.

A partir de la Réforme, l'imagination des Allemands se tourna trop complétement vers les idées théologiques et philosophiques pour que la poésie prît une grande place. Luther ne la trouva bonne qu'à rimer des cantiques sacrés. D'ailleurs, le dialecte souabe allait mourir sous sa traduction de la Bible. Luther créa le nouvel allemand, celui de nos jours; le Nord triompha du Midi, et, les anciennes cordes se refusant à vibrer, il fallut en attacher de nouvelles.

Peu à peu la poésie lyrique se releva sous une autre forme, mais elle ne fut longtemps qu'un pâle écho des autres littératures. Mathisson, Ramler, Blumañer et Rabener le satiriste entonnèrent tour à tour des chants épiques, lyriques et didactiques; Gleim composait des fables; Opitz, Gottsched et Bodmer brillèrent aussi dans cette école semi-française du xviiie siècle.

Klopstock commence une ère nouvelle, et entame, ainsi que nous l'avons dit, la série des poëtes modernes. Comme versificateur, il tenta de créer une nouvelle lyrique à la manière des Grecs, sans rime, mais avec le rhythme ancien; il ne se contenta pas de l'invention de l'hexamètre, il alla plus loin et composa dans cette forme un grand nombre de poésies; mais cette réforme fut peu goûtée. Plus heureux dans ses pensées que dans sa forme, il donna à la poésie moderne une inspiration à la fois religieuse et nationale, « la faisant toucher, suivant l'expression de Schlegel, d'une main au christianisme, et de l'autre à la mythologie du Nord, comme aux deux éléments principaux de toute culture intellectuelle et de toute poésie européenne moderne. » Aussi la sensation que produisit en Allemagne l'apparition de *la Messiade* fut-elle prodigieuse : l'histoire littéraire de tous les peuples offre peu d'exemples d'un succès aussi éclatant; c'était un de ces ouvrages que chacun regarde comme la réalisation de tous ses vœux, de toutes ses espérances en littérature, et qui remettent à l'école tous les écrivains d'un siècle. De sorte que rien ne manqua au triomphateur, pas même les insultes des esclaves : toutes les coteries, toutes les écoles littéraires, dont ce succès ruinait totalement les principes et la poétique, fondirent avec fureur sur le jeune étudiant qui se trouvait être soudain le premier et même le seul poète de l'Allemagne. Mais, au sein de toute cette gloire, Klopstock avait à peine de quoi vivre, et se voyait forcé d'accepter l'offre d'un de ses parents, nommé Weiss, qui lui proposait de faire l'éducation de ses enfants. Il se rendit chez lui à Langensalza, et là, se prit d'une passion malheureuse pour la sœur de son ami Schmied. Cette jeune fille, qu'il appelle Fanny dans ses poésies, honorait le poète presque comme un dieu, mais le refusa constamment pour époux. Il tomba alors dans une mélancolie qui dura longtemps; cependant, ses études littéraires et ses voyages finirent par l'en guérir si bien, qu'il épousa, en 1751, Marguerite Moller, une de ses admiratrices les plus passionnées.

Or, ce fut là la plus belle époque de sa vie, il terminait les dix premiers chants de *la Messiade*, et composait ses plus belles odes; mais, depuis la mort de sa femme, arrivée en 1758, et à laquelle il fut extrêmement sensible, il ne retrouva plus les inspirations de sa jeunesse ; seulement, il s'enthousiasma plus tard pour les premiers temps de notre révolution, et composa un assez grand nombre d'odes politiques, qui lui valurent le titre de citoyen français.

Cependant le règne de la Terreur fut bientôt l'objet de toute son indignation, comme on le verra dans l'ode sur Charlotte Corday : le vieux poëte pleurait alors amèrement les dernières illusions pour lesquelles son âme s'était réveillée, et que le couteau de Robespierre avait aussi frappées de mort.

Klopstock était né, en 1724, dans l'abbaye de Quedlimbourg ; il mourut à Hambourg en 1803, après avoir été témoin de la plupart des triomphes de Goethe et de Schiller, dans cette littérature qu'il avait relevée et comme préparée à un essor plus sublime. Il était, ainsi que Vieland et Goethe, membre de l'Institut national de France.

Vieland, Herder, Lessing, Hœlty, suivirent plus ou moins Klopstock dans la voie qu'il avait ouverte. Herder a composé un *Cid* épique et lyrique. Vieland créa son *Obéron* dans le goût des poëmes italiens du moyen âge. Mais tous ces auteurs refusèrent d'adopter la versification de Klopstock ; la rime triompha de tous côtés ; Stolberg, le traducteur d'Homère et le créateur d'un nouveau style dans le genre iambique, précéda Burger, duquel date la phase la plus importante de la nouvelle poésie lyrique. Il porta surtout l'analyse intime dans la poésie, et sa vie était bien faite pour l'inspirer dignement. Rompant tout à fait avec le genre didactique, admiratif, et d'imitation grecque ou latine, il osa chanter ses propres sentiments, ses impressions, sa vie, ses amours. Ceux-ci lui ont fourni un continuel aliment et des contrastes sans nombre. Après avoir mené une jeunesse assez dissipée, Burger, déjà célèbre, songea à se marier ; il fit une proposition de mariage à une jeune fille qu'il croyait aimer ; mais, le jour même du mariage, il vit pour la première fois sa belle-sœur Molly, âgée alors de dix-sept ans, et involontairement il s'écria :

— Ah! malheureux, je me suis trompé!

Tous ses chants sont donc adressés à Molly, qui elle-même était éperdument amoureuse de Burger marié.

La morale n'eut cependant rien à redire à cette sympathie, car Molly était vertueuse; mais il arriva que la femme du poëte mourut, et, si l'on en croit quelques suppositions, d'une mort volontaire, pour céder le cœur de Burger à Molly, sa sœur.

Ils s'épousèrent et vécurent heureux, quoiqu'ils fussent bien pauvres, et de là datent les chants de la liberté, de la joie de Burger. Mais, hélas! Molly mourut dans ses premières couches, et notre poëte fut au désespoir. Il errait donc d'un lieu à l'autre, traînant avec lui une maladie de poitrine, lorsqu'une veuve de Francfort, se disant amoureuse de ses poésies, lui fit des propositions de mariage par écrit. Comme elle avait de la fortune, il accepta; mais, un an après son troisième mariage, il divorça, et s'en alla seul chercher la mort et une place à côté de sa chère Molly. Tel fut Burger, qui, il est vrai, avait déjà un modèle en Hœlty, professeur de différentes langues, et qui le premier sut trouver le ton naturel des chants populaires. Burger, mort, en 1794, a laissé des chansons, des ballades, des contes, des épigrammes, et surtout sa célèbre ballade de *Lénore*, qui parut en 1772, deux ans avant son premier mariage.

Schiller marche encore l'un des premiers de cette famille de poëtes créateurs. Célèbre en France par ses pièces de théâtre surtout, il nous est moins connu comme poëte lyrique; mais, en Allemagne, sa poésie est populaire.

Jean-Frédéric Schiller naquit en 1759 à Marbach, petite ville de Souabe; son père, qui était jardinier du duc de Wurtemberg, lui fit faire quelques études, jusqu'au temps où le duc de Wurtemberg le prit sous sa protection, et, lui ayant fait apprendre un peu de médecine, le nomma à vingt ans, par grâce singulière, chirurgien de son régiment de grenadiers. Mais le jeune Schiller, qui avait peu de goût pour cette carrière, en avait pris beaucoup, au contraire, pour le théâtre, et composa vers ce temps son premier ouvrage, *les Brigands*, qui fut représenté à Mannheim avec un grand succès. Son protecteur cependant ne s'en émerveilla pas, et lui ordonna d'en finir avec le théâtre sous peine de perdre sa protection. Sa sévérité s'étendit jusqu'à le priver quelque temps de sa liberté. L'homme qui avait écrit *les Brigands* devait souffrir plus que tout autre d'une telle punition; aussi saisit-il avec empressement la première occasion de s'échapper, et dès ce moment la littérature fut sa seule ressource. Il se fixa à Mannheim, et y composa plusieurs pièces de théâtre, qui, à l'âge de vingt-quatre ans, le placèrent au premier rang des écrivains de sa patrie. C'est de cette époque (1783) que datent ses premières poésies, qui furent universellement admirées, et lui valurent une belle place auprès de Gœthe, que dans ce genre pourtant il n'effaça pas. C'est ce que ne peuvent se figurer ceux qui les lisent dans les traductions; car, là, Schiller est plus brillant, et il reste plus de lui; mais la grâce, la naïveté, le charme de la versification, voilà ce que les traductions ne peuvent rendre, et les imitations encore moins.

Schiller fit paraître, en 1790, son *Histoire de la guerre de Trente ans*, qui est un des plus beaux monuments historiques que les Allemands aient produits. En 1792, sa réputation était déjà européenne, et l'Assemblée nationale lui déféra le titre de citoyen français; récompense alors banale, mais qui eut une heureuse influence, s'il est vrai, comme on l'a dit, qu'il composa sa tragédie de *Jeanne d'Arc* comme tribut de reconnaissance envers cette nouvelle patrie. Vers les derniers temps de sa vie, il publia un grand nombre de traductions, à l'exemple de Gœthe, et mourut en terminant une version littérale de *Phèdre*.

Il était âgé de quarante-cinq ans, et succomba à une fièvre catarrhale que ses travaux continuels avaient aggravée. On lui demanda, quelques instants avant sa mort, comment il se trouvait, il répondit :

— Toujours plus tranquille.

Et il expira.

C'était le 9 mai 1805. Sa mort causa un deuil universel,

d'autant plus profond qu'elle était moins attendue, et que le souvenir de ses sublimes travaux était encore une espérance. Ses restes ont été transférés depuis dans le tombeau des rois : une telle distinction n'ajoutera rien à sa gloire ; mais elle honore le pays et le prince qui l'ont décernée.

Schiller est certes l'auteur dont les poésies, tant lyriques que dramatiques, furent les plus répandues en Allemagne. Cependant, Schiller est toujours dramatique, même dans ses poésies les plus lyriques, et, comme Kant a eu une grande influence sur la poésie de Schiller, il composa plusieurs poëmes philosophiques et didactiques, tels que *la Résignation*, etc. Il est, en outre, descriptif et toujours grand orateur. La rhétorique joue, en effet, un grand rôle dans ses poésies comme dans ses drames. Les poésies de Schiller furent populaires avant celles de Gœthe ; car le sentiment de la liberté et du progrès politiques accompagne Schiller jusque dans ses chants d'amour, jusque dans ses ballades et ses odes. Gœthe vint et forma avec Schiller le plus grand contraste littéraire qui ait jamais existé entre deux poëtes. Gœthe se sert pleinement des formes grecques pour l'expression, et n'admet qu'une charpente plastique pour le chant lyrique. Ses poésies diverses sont autant de statuettes, des arabesques, des portraits, des bas-reliefs, existant en eux-mêmes, dans une forme absolue tout à fait séparée du poëte. *C'est un artiste qui crée, et non une mère ;* l'œuvre ne ressemble aucunement à son maître, car le maître veut rester indifférent à tout, et ne veut que peindre. Donnez-lui une légende, un amour, un ange, un diable, un enfant, une fleur, il le rendra par sa forme plastique, par son expression pure et grecque, d'une manière admirable ; mais lui-même n'y est plus pour rien : sa personnalité n'existe que dans le roman ; mais dès qu'il se met à faire des vers, il revêt son habit d'architecte, de peintre et de statuaire, et fait son travail à son aise, sans se donner beaucoup de peine et sans s'abandonner comme Schiller, qui, à chaque ligne, à ce qu'il prétend, perdait une goutte de sang. Gœthe cependant, par cette forme artistique, plut à l'aristocratie de l'Allemagne, et, par là, provoqua une réaction qui plus tard le détrôna même dans l'opinion publique. Le fait est qu'il y a bon nombre d'Allemands qui ne connaissent pas un chant de Gœthe, tandis qu'ils apprennent tout Schiller par cœur.

La vie de Gœthe, qu'il a écrite lui-même sous le titre *Poésie et Vérité*, ne présente qu'un petit nombre de faits. Ses Mémoires ne sont guère qu'un récit de ses impressions à propos de tous les événements politiques et littéraires qui remuèrent l'Allemagne autour de lui. La longue série de ses amourettes vient seule varier ce tissu léger de rêves et d'appréciations. Marguerite, Claire, Frédérica, lui fournirent, dit-il, les types féminins de ses premières créations ; mais on voit que ces amours laissèrent peu de traces dans une imagination si personnelle et si artiste, et que ces gracieuses images ne repassent plus devant ses yeux qu'à l'état d'éléments poétiques.

Le long séjour de Gœthe à Strasbourg et son étude continuelle de la littérature française semblent lui avoir donné cette belle clarté, ce mouvement pur de style et cette méthode de progression, si rares parmi ses compatriotes, et dont les principes remontent surtout à nos grands poëtes du XVIIᵉ siècle.

Le père de Gœthe, jurisconsulte distingué, l'avait d'abord destiné à la jurisprudence ; mais Gœthe put à peine prendre ses degrés dans la science du droit ; épris du génie et de la gloire de Klopstock, il se jugea digne de marcher derrière lui à la régénération de la littérature allemande.

Dès lors, toutes les forces de son âme se tournèrent vers la littérature ; et nulle époque n'était plus favorable pour l'apparition d'un homme de génie, car Klopstock, qui avait commencé une révolution si brillante, était loin de l'avoir terminée ; il avait éveillé partout une soif de poésie, un désir de bons ouvrages qui risquait de s'éteindre faute d'aliments ; en vain tout l'essaim des poëtes en sous-ordre aspirait à continuer le grand homme : sa puissante voix, qui avait remué l'Allemagne, ne trouvait plus que de faibles échos et pas une voix digne de répondre à son appel.

Le génie n'aperçoit pas un chaos sans qu'il lui prenne envie d'en faire un monde; ainsi Gœthe s'élança avec délices au milieu de toute cette confusion, et son premier ouvrage, *Goëtz de Berlichingen*, fixa tous les regards sur lui. C'était en 1773; il avait alors vingt-quatre ans. Ce drame national, qui ouvrait à la scène allemande une nouvelle carrière, valut à son auteur d'universels applaudissements; mais, comme il n'avait pu trouver de libraire pour le publier et qu'il l'avait fait imprimer lui-même, il fut embarrassé pour en payer les frais, à cause d'une contrefaçon qui lui ravit son bénéfice. *Werther* parut un an après, et chacun sait quel bruit fit ce roman dans toute l'Europe. « Ce petit livre, dit Gœthe lui-même, fit une impression prodigieuse, et la raison en est simple : il parut à point nommé; une mine fortement chargée, la plus légère étincelle suffit à l'embraser; *Werther* fut cette étincelle. Les prétentions exagérées, les passions mécontentes, les souffrances imaginaires, tourmentaient tous les esprits. *Werther* était l'expression fidèle du malaise général; l'explosion fut donc rapide et terrible. On se laissa même entraîner par le sujet; et son effet redoubla sous l'empire de ce préjugé absurde qui suppose toujours à un auteur dans l'intérêt de sa dignité l'intention d'instruire. On oubliait que celui qui se borne à raconter n'approuve ni ne blâme, mais qu'il tâche à développer simplement la succession des sentiments et des faits. C'est par là qu'il éclaire, et c'est au lecteur à réfléchir et à juger. »

De ce moment commença cette sorte de fanatisme de toute l'Allemagne pour Gœthe, qui faisait dire à madame de Staël, « que les Allemands chercheraient de l'esprit dans l'adresse d'une lettre écrite de sa main. » Les ouvrages qu'il fit paraître successivement vers cette époque peuvent, il est vrai, nous le faire comprendre, et sont maintenant assez connus en France pour que nous nous dispensions d'en faire l'éloge; il suffit de nommer *Faust*.

Egmont, *le Tasse*, etc., pour trouver des oreilles attentives. En rendre compte n'entre pas dans notre plan; et cependant nous n'aurions pas autre chose à faire si nous voulions donner ici la vie de Gœthe; car elle ne se compose que d'événements très-simples, et qui dépendent tous de la publication de ses ouvrages. En 1775, les premiers lui avaient concilié l'amitié du duc de Saxe-Veimar; aussitôt après son avénement, ce prince l'appela auprès de lui, et en fit son premier ministre. Depuis cette époque, Gœthe demeura toujours à Veimar, partageant son temps entre les affaires publiques et ses travaux littéraires, et fit de cette petite ville l'Athènes de l'Allemagne. Là se réunirent Schiller, Herder, les deux Schlegel, Stolberg, Bardt, Bœttiger; glorieux rivaux, poétique cénacle où descendait le souffle divin, où s'élaborait pour l'Allemagne un siècle de grandeur et de lumières.

Gœthe, né à Francfort-sur-le-Mein, en 1749, est mort en 1833, un an après la mort de son fils, et en laissant plusieurs volumes d'œuvres posthumes. La seconde partie de *Faust* est le dernier ouvrage auquel il travailla. Il s'éteignit comme son héros, en rêvant encore des prodiges de travail et d'action.

Si nous voulons maintenant apprécier le mouvement littéraire de son époque, il nous faut remonter au moment où son école et celle de Schiller partageaient la littérature en deux camps égaux. Uhland fut le premier qui essaya de se frayer encore une nouvelle voie. Né en Souabe, il chercha à réveiller l'antique écho de la poésie des trouvères de Souabe, et, parti de l'imitation de Gœthe, il étendit loin le nouveau domaine. Un chevalier amoureux, un cloître, un tintement de cloche, un roi aveugle et vaillant, le troubadour lui-même : voilà ses héros. De temps à autre, il prend un thème moderne, et le revêt de la forme romanesque du moyen âge, comme dans *Marie la Faucheuse*; mais même ses chants joyeux, ses chants de table et de joie, sentent le moyen âge. Il n'y a rien de moderne en lui que ses poésies politiques, en sa qualité de député de Wurtemberg, et celles-ci sont, de l'avis de tout le monde, plus que médiocres. Cependant Uhland eut un succès inattendu; car, dans ce temps-là même, les Schlegel s'appliquèrent à décrier la forme subjective de Schiller; ils déclarèrent Gœthe le dieu du Parnasse, sauf à le détrôner plus tard, lorsque celui-ci se tourna contre eux. De plus encore, les chants héroïques de Kœrner, disciple de Schiller, commencèrent à perdre beaucoup de leur vogue, dans un moment où l'Allemagne crut voir qu'elle avait versé son sang en pure perte; Uhland lui-même le démontra dans plusieurs de ses chants et Kœrner fut déclaré un pauvre poëte, pâle imitateur de Schiller. On était ivre de plastique, et, pour se consoler du présent, on recula au moyen âge, et on chanta de nouveau les prouesses des chevaliers et l'amour des princesses, sauf à y ajouter, par-ci par-là, un poëme graveleux qui ressortait encore du domaine des minnesinger du moyen âge. Cette manie cependant toucha bientôt à son terme, et Heine fut, pour ainsi dire, le précurseur lyrique de notre révolution de Juillet, qui, en Allemagne, produisit tant de résultats littéraires.

En effet, ce fut Heine qui, se séparant entièrement de la forme purement objective de Gœthe et d'Uhland sans adopter la manière opposée, de Schiller, sut rendre, par des procédés d'art inconnus jusqu'à lui, ses sentiments personnels pleins de poésie, de mélancolie, et même d'ironie, sous une forme neuve, révolutionnaire même, qui ne cessa pas pour cela d'être très-populaire. Heine fit école; un essaim considérable de jeunes poëtes lyriques tâchèrent de l'imiter; mais aucun d'eux n'eut ni son génie, ni même sa manière de faire le vers, qui n'est qu'à lui. Ce qu'il y a d'extraordinaire en Heine, c'est qu'il a exclu entièrement la politique de ses chants, bien que la forme de ces mêmes chants dénote un esprit révolutionnaire et absolu. Abstraction faite de l'ironie lyrique de Heine, de cet esprit railleur dont il sait affubler une phrase sérieuse, Heine a composé des chants vraiment classiques, des chants populaires, que tous les jeunes gens en Allemagne savent par cœur.

Heine est, parmi les nouveaux poëtes lyriques, le dernier du temps ancien et le premier de notre ère moderne, et il a éclipsé bien des réputations à demi évanouies. A côté de lui, le professeur Ruckert, à Halle, s'est fait une réputation fondée sur ses chants orientaux, sur ses traductions classiques des chants arabes et sur sa nouvelle forme empruntée à l'Orient. Ruckert penche pour l'école de Schiller; il est réflectif, didactique même. Uhland, il est vrai, avait raillé dans un poëme cette forme surannée; mais Ruckert n'en tint pas compte. Seulement, il se plait trop dans les comparaisons orientales, et finit par cacher sa pensée sous un bouquet de roses et de lis cueillis dans l'Orient. Il a traduit la célèbre épopée *Nal et Damayanti*, chef-d'œuvre *indou*, et a successivement publié *Roses* et *Fleurs de l'Orient*, les proverbes de sagesse des brames et quelques recueils de sonnets de lui. Ruckert est original, mais nullement populaire. Chamisso, le Français, sut encore prendre une petite place dans le Parnasse lyrique de l'Allemagne. Chamisso a fait quelques chansons qui se distinguent par la finesse de l'observation et du sentiment, et par cet excès d'ironie qui lui est particulier. Il est beaucoup plus allemand dans ses poésies que dans sa prose. Tous ces poëtes existaient avant Heine, qui tout d'un coup apparut comme le représentant de vœux nouveaux. Bientôt la lyrique changea de forme; car, tandis que l'école de Souabe imitait Uhland par de petites compositions sans couleur et sans caractère (et il faut nommer ici Gustave Schwab, les frères Stœber, etc.), du bout de l'Allemagne commencèrent à retentir des chants de liberté et même de critique philosophique. Nous ne voulons pas désigner Berlin, car jamais Berlin n'a produit un poëte. Mais c'est l'Autriche qui donna le mouvement pour quelque temps; l'Autriche, dis-je, et bien malgré elle. C'est ainsi que le comte Auersberg composa ses *Promenades de Vienne*, qui ne sont rien que des chants de liberté, et ce fut ce petit livre qui fonda sa réputation. Il a écrit sous le nom d'Anastasius Grün; son talent est plutôt épique que lyrique; mais il a de l'énergie dans l'expression et dans la pensée.

18.

A côté de lui vient Lenau, également comte; mais celui-ci ne brille que dans le second rang. De nos jours, Carl Beck, né à Pesth, a fait une grande sensation en Allemagne, par ses *Chansons cuirassées*, et sa Bible. Freilligrath de Detmold a su encore se faire un nom par sa forme *hugoïenne*, c'est ainsi qu'on l'appelle, et par ses portraits orientaux. Freilligrath est commis dans une épicerie, tout en composant des poésies lyriques qui ont eu quelque réputation. Dingelstaed, à Cassel, entra en même temps en lice par ses sonnets. Creuzenach, à Francfort, s'est fait remarquer par sa forme classique; Saphir, à Vienne, par son esprit *voltairien*, et Zedlitz, par une seule pièce de vers, que le nom magique de Napoléon a fait voler d'un bout de l'Europe à l'autre. Nous ne devons même pas oublier dans cette énumération le roi Louis de Bavière, qui, sans être devenu positivement le roi des poètes allemands, a cependant su conquérir une place distinguée. Il faut accorder plus d'éloges encore à la pensée qu'il a eue de faire construire, sur le rivage du Danube, un magnifique temple de marbre dédié à tous les génies et à toutes les gloires de l'Allemagne, et portant le nom de *Wahlalla*. Les images des grands poètes ont pris place dans ce monument parmi celles des artistes et des guerriers; Klopstock, Schiller, Gœthe, Jean-Paul, etc., y attendent leurs successeurs poétiques. C'est là assurément une noble idée et un magnifique poëme de marbre et de bronze qui garantit l'immortalité de son poète et fondateur.

La décentralisation en Allemagne produit des résultats littéraires tout à fait différents de ceux qu'on voit en France, et il est rare qu'un nom puisse primer comme ceux de Schiller et de Gœthe. La plupart des poëtes lyriques sont encore vivants. Uhland cependant, ayant épuisé le moyen âge, se tait; Heine et Ruckert peuvent être regardés comme complets dans leur carrière de poëtes lyriques. Il n'y a plus que les Almanachs des Muses qui nous révèlent encore des noms inconnus. Cependant, jamais l'Allemagne n'a produit plus de vers, et même de vers remarquables; elle est arrivée, comme nous, à ce point où les pensées de détail et les procédés de versification se sont tellement vulgarisés et mis à la portée de tous, que, selon l'expression du célèbre critique Menzel, « il paraît beaucoup de bonnes poésies et pas un bon poëte. »

GŒTHE

MA DÉESSE

Laquelle doit-on désirer le plus entre toutes les filles du ciel? Je laisse à chacun son opinion; mais je préférerai, moi, cette fille chérie de Dieu, éternellement mobile et toujours nouvelle, l'Imagination.

Car il l'a douée de tous les caprices joyeux qu'il s'était réservés à lui seul, et la folle déesse fait aussi ses délices.

Soit qu'elle aille, couronnée de roses, un sceptre de lis à la main, errer dans les plaines fleuries, commander aux papillons, et, comme l'abeille, s'abreuver de rosée dans le calice des fleurs;

Soit qu'elle aille, tout échevelée et le regard sombre, s'agiter dans les vents à l'entour des rochers, puis se montrer aux hommes teinte des couleurs du matin et du soir, changeante comme les regards de la lune;

Remercions tous notre père du ciel, qui nous donna pour compagne, à nous pauvres humains, cette belle, cette impérissable amie!

Car il l'a unie à nous seuls par des nœuds divins, et lui a ordonné d'être notre épouse fidèle dans la joie comme dans la peine, et de ne nous quitter jamais.

Toutes les autres misérables espèces qui habitent cette terre vivante et féconde errent au hasard, cherchant leur nourriture au travers des plaisirs grossiers et des douleurs amères d'une existence bornée, et courbée sans cesse sous le joug du besoin.

Mais, nous, il nous a accordé sa fille bien-aimée; réjouissons-nous! et traitons-la comme une maîtresse chérie; qu'elle occupe la place de la dame de la maison.

Et que la sagesse, cette vieille marâtre, se garde bien de l'offenser.

Je connais sa sœur aussi : moins jeune, plus posée, elle est ma paisible amie. Oh! puisse-t-elle ne jamais me quitter avant que ma vie s'éteigne, celle qui fit si longtemps mon bonheur et ma consolation : l'Espérance!

LA NOBLE FEMME D'AZAN-AGA

Complainte imitée du morlaque.

Qu'aperçoit-on de blanc, là-bas, dans la verte forêt?... de la neige ou des cygnes? Si c'était de la neige, elle serait fondue; des cygnes, ils s'envoleraient. Ce n'est pas de la neige, ce ne sont pas des cygnes, c'est l'éclat des tentes d'Azan-Aga. C'est là qu'il est couché, souffrant de ses blessures; sa mère et sa sœur sont venues le visiter; une excessive timidité retient sa femme de se montrer à lui.

Mais ses blessures vont beaucoup mieux, et il envoie dire ceci à son épouse fidèle : « Ne m'attends plus à ma cour, tu ne m'y verras plus, ni parmi les miens. »

Lorsque l'épouse eut reçu ces dures paroles, elle resta interdite et profondément affligée : voilà qu'elle entendit les pas d'un cheval devant la porte; elle crut que c'était son époux Azan qui venait, et monta dans sa tour pour s'en précipiter à sa vue. Mais ses deux filles s'élancèrent effrayées sur ses pas en versant des larmes amères : « Ce n'est point le cheval de notre père Azan, c'est ton frère Pintorovitch qui vient. »

Et l'épouse d'Azan court au-devant de son frère, l'entoure de ses bras en gémissant : « Vois la honte, mon frère, où ta sœur est réduite... Il m'a abandonnée!... la mère de cinq enfants! »

Le frère se tait : il tire de sa poche la lettre de séparation, enveloppée de soie rouge, qui renvoie l'épouse à sa mère, et la laisse libre de se donner à un autre.

L'épouse, après avoir connu ce triste message, baise au front ses deux fils, ses deux filles aux joues ; mais, hélas ! au moment de quitter son dernier enfant encore à la mamelle, sa douleur redouble et elle ne peut faire un pas.

Le frère, impatient, l'enlève, la met en croupe sur son cheval, et se hâte, avec cette femme éplorée, vers la demeure de ses pères.

Peu de temps s'était écoulé, pas encore sept jours, mais c'était bien assez, que déjà plusieurs nobles s'étaient présentés pour consoler notre veuve et la demander en mariage.

Et même le puissant cadi d'Imoski ; et la femme fit en pleurant cette prière à son frère : « Je t'en conjure par ta vie, ne me donne pas à un autre époux, de peur qu'ensuite la vue de mes pauvres enfants ne me brise le cœur. »

Le frère ne s'émut point de ces paroles, décidé à la donner au cadi d'Imoski ; mais la vertueuse femme le supplia enfin pour toute grâce d'envoyer au cadi un billet qui contenait ces mots : « La jeune veuve te salue amicalement, et, par la présente lettre, te supplie avec respect que, lorsque tu viendras accompagné de tes esclaves, tu lui apportes un long voile, afin qu'elle s'en enveloppe en passant devant la maison d'Azan, et qu'elle ne puisse pas y voir ses enfants chéris. »

A peine le cadi eut-il lu cet écrit, qu'il assembla tous ses esclaves, et se prépara à aller au-devant de la veuve avec le voile qu'elle demandait.

Il arriva heureusement à la demeure de la princesse, elle en ressortit heureusement avec lui. Mais, lorsqu'elle passa devant la maison d'Azan, les enfants reconnurent leur mère, et l'appelèrent ainsi : « Reviens, reviens dans ta maison ! viens manger le pain du soir avec tes enfants ! » L'épouse d'Azan fut tout émue de ces paroles, elle se tourna vers le prince : « Permets que les esclaves et les chevaux s'arrêtent devant cette porte chérie, afin que je fasse encore quelques dons à mes petits enfants. »

Et ils s'arrêtèrent devant cette porte chérie; et elle fit des dons à ses pauvres enfants; elle donna aux garçons des bottines brodées en or, aux filles de riches habits, et au plus petit, qui s'agitait dans son berceau, une robe qu'il mettrait quand il serait plus grand.

Azan-Aga était caché et voyait tout cela, et rappela ses enfants d'une voix émue : « Revenez à moi, mes pauvres petits! le cœur de votre mère est glacé, il s'est tout à fait fermé et ne sait plus compatir à nos peines. »

L'épouse d'Azan entendit cela, elle se précipita à terre toute blême, et la vie abandonna son cœur déchiré, lorsqu'elle vit ses enfants fuir devant elle.

L'AIGLE ET LA COLOMBE

Un jeune aigle avait pris son vol pour chercher sa proie; la flèche d'un chasseur l'atteint et lui coupe le tendon de l'aile droite. Il tombe dans un bois de myrtes, où, pendant trois jours, il dévore sa douleur; où, pendant trois longues nuits, il s'abandonne à la souffrance. Enfin, le baume universel le soulage, le baume de la bienfaisante nature : il se glisse hors du bois, et agite ses ailes... Hélas! c'en est fait! le tendon est coupé! à peine peut-il raser la surface de la terre pour chasser une vile proie; profondément affligé, il va se poser sur une humble pierre, au bord d'un ruisseau; il lève ses regards vers le chêne, vers le ciel, et puis une larme a mouillé son œil superbe.

Voilà que deux colombes qui folâtraient parmi les myrtes viennent s'abattre près de lui; elles errent en sautillant sur le sable doré, traversent côte à côte le ruisseau, et leur œil rouge, qui se promène au hasard autour d'elles se fixe enfin sur l'oiseau affligé. Le mâle, à qui cette vue inspire un intérêt mêlé de curiosité, presse son essor vers le bosquet le plus voisin, et regarde l'aigle avec un air de complaisance et d'amitié :

« Tu es triste, ami, reprends courage : n'as-tu pas autour de toi tout ce qu'il faut pour un bonheur tranquille? Des rameaux d'or te protégent contre les feux du jour; tu peux, sur la tendre mousse qui borde le ruisseau, exposer ta poitrine aux rayons du couchant. Tu promèneras tes pas parmi les fleurs couvertes d'une fraîche rosée; ce bois t'offrira une nourriture délicate et abondante, ce ruisseau pur apaisera ta soif... Ô mon ami! le vrai bonheur est dans la modération, et la modération trouve partout ce qu'il lui faut. — Ô sage! s'écria l'aigle en retombant sur lui-même avec une douleur plus sombre; ô sagesse! tu parles bien comme une colombe! »

LE CHERCHEUR DE TRÉSORS

Pauvre d'argent, malade de cœur, je traîne ici des jours bien longs; la misère est le plus grand des maux, la richesse le premier des biens! Il faut que je mette fin à mes peines, que je découvre un trésor... dussé-je pour cela sacrifier mon âme et signer ma perte avec mon sang!

Et je me mis à tracer des cercles et des cercles encore : une flamme magique les parcourut bientôt; alors, je mêlai ensemble des herbes et des ossements, et le mystère fut accompli. Je creusai la terre à la place indiquée par les flammes, sûr d'y rencontrer un vieux trésor... La nuit autour de moi était noire et orageuse.

Et je vis une lumière de loin; c'était comme une étoile qui s'avançait du bout de l'horizon : minuit sonna, elle se rapprocha de plus en plus, et je distinguai bientôt que cette clarté éblouissante était produite par une coupe enchantée que portait un bel enfant.

Des yeux d'une douceur infinie étincelaient sous sa couronne de fleurs; il entra dans mon cercle magique, tout resplendissant de l'éclat du vase divin qu'il portait, et m'invita gracieusement à y boire, et je me dis : « Cet enfant, avec sa boisson merveilleuse, ne peut être l'esprit malin.

— Bois, me dit-il, bois le désir d'une vie plus pure, et tu comprendras mes avis : ne reviens plus en ces lieux, tourmenté d'une fatale avidité, n'y creuse plus la terre dans une espérance coupable ; travaille le jour, réjouis-toi le soir ; passe les semaines dans l'activité, les fêtes dans la joie, et des changements magiques s'opéreront dans ton existence. »

CONSOLATION DANS LES LARMES

« Comment es-tu si triste au milieu de la commune joie? On voit à tes yeux que sûrement tu as pleuré.

— Si j'ai pleuré, solitaire, c'est d'une douleur qui n'afflige que moi ; et les larmes que je verse sont si douces, qu'elles me soulagent le cœur.

— Viens ! de joyeux amis t'invitent, viens reposer sur notre sein, et, quelque objet que tu aies perdu, daigne nous confier ta perte.

— Parmi tout votre bruit, tout votre tumulte, vous ne pouvez comprendre ce qui fait mon tourment... Eh bien, non, je n'ai rien perdu, quel que soit ce qui me manque !

— Alors, relève-toi, jeune homme! à ton âge, on a des forces et du courage pour acquérir.

— Oh! non, je ne puis l'acquérir! ce qui me manque est trop loin de moi... C'est quelque chose d'aussi élevé, d'aussi beau que les étoiles du ciel !

— Les étoiles, on ne peut pas les désirer ; on jouit de leur éclat, on les contemple avec ravissement, lorsque la nuit est claire.

— Oui, je contemple le ciel avec ravissement, pendant des

jours entiers : oh! laissez-moi pleurer la nuit, aussi longtemps que je pourrai pleurer! »

LE ROI DES AULNES

Qui voyage si tard par la nuit et le vent? C'est le père et son fils, petit enfant qu'il serre dans ses bras pour le garantir de l'humidité et le tenir bien chaudement.

« Mon enfant, qu'as-tu à cacher ton visage avec tant d'inquiétude? — Papa, ne vois-tu pas le roi des Aulnes?... le roi des Aulnes, avec sa couronne et sa queue? — Rien, mon fils, qu'une ligne de brouillard. »

— « Viens, charmant enfant, viens avec moi... A quels beaux jeux nous jouerons ensemble ; il y a de bien jolies fleurs sur les bords du ruisseau, et, chez ma mère, des habits tout brodés d'or! » —

« Mon père, mon père, entends-tu ce que le roi des Aulnes me promet tout bas? — Sois tranquille, enfant, sois tranquille; c'est le vent qui murmure parmi les feuilles séchées. »

— « Beau petit, viens avec moi! mes filles t'attendent déjà : elles dansent la nuit, mes filles ; elles te caresseront, joueront et chanteront avec toi. » —

« Mon père, mon père, ne vois-tu pas les filles du roi des Aulnes, là-bas où il fait sombre? — Mon fils, je vois ce que tu veux dire... Je vois les vieux saules, qui sont tout gris! »

— « Je t'aime, petit enfant : ta figure me charme ; viens avec moi de bonne volonté, ou de force je t'entraîne. » —

« Mon père! mon père! il me saisit, il m'a blessé, le roi des Aulnes! »

Le père frissonne, il précipite sa marche, serre contre lui son fils, qui respire péniblement, atteint enfin sa demeure... L'enfant était mort dans ses bras.

L'ÉLÈVE SORCIER

Le vieux maître est enfin sorti, et je prétends que ses génies fassent aussi ma volonté. J'ai bien remarqué les signes et les paroles qu'il emploie, et j'aurai bien la hardiesse de faire comme lui des miracles.

« Allons ! allons ! vite à l'ouvrage : que l'eau coule dans ce bassin, et qu'on me l'emplisse jusqu'aux bords !

« Approche donc, vieux balai : prends-moi ces haillons ; depuis longtemps, tu es fait au service, et tu te soumettras aisément à devenir mon valet. Tiens-toi debout sur deux jambes, lève la tête, et va vite, va donc ! me chercher de l'eau dans ce vase.

« Allons ! allons ! vite à l'ouvrage : que l'eau coule dans ce bassin, et qu'on me l'emplisse jusqu'aux bords ! »

Tiens ! le voilà qui court au rivage !... Vraiment, il est au bord de l'eau !... Et puis il revient accomplir mon ordre avec la vitesse de l'éclair !... Une seconde fois ! Comme le bassin se remplit ! comme les vases vont et viennent bien sans répandre !

« Attends donc ! attends donc ! ta tâche est accomplie ! » Hélas ! mon Dieu ! mon Dieu !... j'ai oublié les paroles magiques !

Ah ! ce mot, il était à la fin, je crois ; mais quel était-il ? Le voilà qui revient de nouveau ! « Cesseras-tu, vieux balai ?... » Toujours de nouvelle eau qu'il apporte plus vite encore !... Hélas ! quelle inondation me menace !

Non, je ne puis plus y tenir... Il faut que je l'arrête... Ah ! l'effroi me gagne !... Mais quel geste, quel regard me faut-il employer ?

« Envoyé de l'enfer, veux-tu donc noyer toute la maison ? Ne vois-tu pas que l'eau se répand partout à grands flots ? » Un imbécile de balai qui ne comprend rien ! « Mais, bâton que tu es, demeure donc en repos !

« Tu ne veux pas t'arrêter, à la fin !... Je vais, pour t'apprendre, saisir une hache, et te fendre en deux ! »

Voyez-vous qu'il y revient encore! « Comme je vais me jeter sur toi, et te faire tenir tranquille!... » Oh! oh! ce vieux bâton se fend en craquant!... C'est vraiment bien fait : le voici en deux, et, maintenant, je puis espérer qu'il me laissera tranquille.

Mon Dieu! mon Dieu! les deux morceaux se transforment en valets droits et agiles!... Au secours, puissance divine!

Comme ils courent! Salle, escaliers, tout est submergé! Quelle inondation!... O mon seigneur et maître, venez donc à mon aide!... Ah! le voilà qui vient! « Maitre, sauvez-moi du danger : j'ai osé évoquer vos esprits, et je ne puis plus les retenir.

—Balai! balai! à ton coin! et vous, esprits, n'obéissez désormais qu'au maître habile, qui vous fait servir à ses vastes desseins. »

LE DIEU ET LA BAYADÈRE.

Nouvelle indienne.

Mahadoeh, le maître de la terre, y descendait pour la sixième fois, afin de s'y faire notre semblable, et d'y éprouver nos douleurs et nos joies. Habitant parmi les mortels, il s'était résigné au même sort; il voulait observer les hommes, en homme, pour récompenser ou punir. Et, quand il avait, dans son voyage, traversé une ville, humilié quelques grands, élevé quelques petits, le dieu s'en éloignait le soir, et poursuivait sa route.

Un jour qu'il sortait ainsi d'une ville, il aperçut une jeune et jolie fille aux joues toutes roses, dans l'une des dernières maisons. « Bonjour, ma jeune enfant. — Grand merci, seigneur; veuillez m'attendre, je viens à votre rencontre. — Qui donc es-tu? — Une bayadère; et c'est ici ma maison. » Elle s'approche en faisant retentir les joyeuses cymbales, figure autour de lui mille danses variées; puis se prosterne et lui offre des fleurs.

Elle l'attire enfin gracieusement chez elle : « Bel étranger, ma demeure va s'éclairer pour toi de lumière brillante. Es-tu fatigué, tu pourras t'y reposer; je panserai tes pieds blessés par le voyage; tout ce que tu peux désirer, repos, joie et plaisir, viendra s'offrir à toi. » Et elle cherche à adoucir les feintes souffrances du dieu qui lui sourit : il démêle avec joie un cœur sensible parmi tant de corruption.

Et il exige d'elle un service d'esclave; mais la jeune fille s'en acquittait avec un zèle toujours nouveau, et ce qu'elle faisait d'abord par complaisance, elle sembla bientôt le faire par besoin; car, de même que la fleur se remplace bientôt par le fruit, l'amour insensiblement conduit à la soumission. Mais, pour l'éprouver mieux, le dieu la fait passer successivement des brûlants transports du plaisir aux angoisses et à la douleur.

Et, dès qu'il lui donne un baiser, elle ressent en elle toutes les peines de l'amour, elle comprend son esclavage, et pleure pour la première fois. Elle se jette aux pieds du dieu; non qu'elle en espère quelque intérêt ou quelque retour, mais parce que ses membres refusent de la soutenir. Bientôt cependant la nuit étendra ses voiles sur les instants de bonheur qui récompenseront son amour.

Après un court sommeil, elle se réveille et trouve son aimable hôte mort à ses côtés : en vain le presse-t-elle dans ses bras en jetant de grands cris... Il ne se réveillera plus ! Et la flamme va dévorer bientôt sa froide dépouille; les brames ont déjà entonné l'hymne des morts... Elle l'entend à peine, qu'elle s'élance, se jette à travers la foule... « Qui es-tu? de quel droit t'approches-tu de ce bûcher funèbre? »

Mais elle se précipite tout éplorée sur le cadavre. « C'est mon bien-aimé que je veux, et je viens le chercher sur son bûcher; je viens mêler ma cendre à la sienne! Il était à moi, à moi tout entier... Encore un doux sommeil entre ses bras! » Et les prêtres chantaient : « Nous conduisons au tombeau le vieillard glacé par de longues souffrances, et le jeune homme aussi qui n'en a jamais éprouvé.

— Écoute les paroles des prêtres : celui-ci n'était point ton époux ; tu es une bayadère, et n'as point de devoirs à remplir. L'ombre seule accompagne le corps au dernier séjour ; l'épouse seule y suit l'époux ; c'est à la fois son devoir et sa gloire. Sonnez, trompettes, accompagnez le chant sacré. — Recevez, ô dieux, l'ornement de la terre, et que les flammes s'élèvent jusqu'à vous ! »

Ainsi les prêtres demeurent sourds à ses prières ; mais, les bras étendus, elle se jette dans cette mort éclatante. Tout à coup le jeune dieu se relève du sein de la flamme, embrasse celle qui l'aimait si tendrement, et l'emporte au ciel avec lui. Ainsi les dieux se réjouissent du repentir, et accordent le bonheur éternel aux coupables que la douleur a purifiés.

LE VOYAGEUR

LE VOYAGEUR.

Dieu te bénisse, jeune femme, ainsi que l'enfant que nourrit ton sein ! Laisse-moi, sur ces rochers, à l'ombre de ces ormes, déposer mon fardeau, et me délasser près de toi.

LA FEMME.

Quel motif te fait, pendant la chaleur du jour, parcourir ce sentier poudreux ? Apportes-tu des marchandises de la ville pour les vendre dans ces contrées ? Tu souris, étranger, de cette question.

LE VOYAGEUR.

Je n'apporte point de marchandises de la ville. Mais le soir va bientôt répandre sa fraîcheur ; montre-moi, aimable jeune femme, la fontaine où tu te désaltères.

LA FEMME.

Voici un sentier dans les rochers... Monte devant ; ce chemin parmi les broussailles conduit à la chaumière que j'habite, à la fontaine où je me désaltère.

LE VOYAGEUR.

Des traces de la main industrieuse de l'homme au milieu de ces buissons! Ce n'est pas toi qui as uni ces pierres, ô nature, si riche dans ton désordre!

LA FEMME.

Encore plus haut!

LE VOYAGEUR.

Une architrave couverte de mousse! Je te reconnais, esprit créateur! tu as imprimé ton cachet sur la pierre!

LA FEMME.

Monte toujours, étranger!

LE VOYAGEUR.

Voici que je marche sur une inscription... Et ne pouvoir la lire! Vous n'êtes plus, ô paroles si profondément ciselées dans le marbre, et qui deviez rendre témoignage devant mille générations de la piété de votre auteur!

LA FEMME.

Tu t'étonnes, étranger, de voir ces pierres; autour de ma chaumière, il y en a bien d'autres!

LE VOYAGEUR.

Là-haut?

LA FEMME.

Sur la gauche, en traversant les buissons.... Ici.

LE VOYAGEUR.

O muses! ô grâces!

LA FEMME.

C'est ma chaumière.

LE VOYAGEUR.

Les débris d'un temple!

LA FEMME.

Et, plus bas, sur le côté, coule la source où je me désaltère.

LE VOYAGEUR.

Tu vis encore sur ta tombe, divin génie! ton chef-d'œuvre s'est écroulé sur toi, ô immortel!

LA FEMME.

Attends, je vais te chercher un vase pour boire.

LE VOYAGEUR.

Le lierre revêt maintenant tes créations légères et divines. Comme tu t'élancés du sein de ces décombres, couple gracieux de colonnes, et toi, leur sœur, là-bas solitaire!... La tête couverte de mousse, vous jetez sur vos compagnes, à vos pieds renversées, un regard triste mais majestueux! La terre, les débris, nous les cachent; des ronces et de hautes herbes les couvrent encore de leur ombre. Estimes-tu donc si peu, ô nature! les chefs-d'œuvre de ton chef-d'œuvre? Tu ruines sans pitié ton propre sanctuaire, et tu y sèmes le chardon!

LA FEMME.

Comme mon petit enfant dort bien! Étranger, veux-tu te reposer dans la chaumière, ou si tu préfères rester ici à l'air? Il fait frais. Prends le petit, que j'aille te chercher de l'eau. — Dors, mon enfant, dors!

LE VOYAGEUR.

Que son sommeil est doux! comme il respire paisiblement et dans sa brillante santé!... Toi qui naquis sur ces restes saints du passé, puisse son génie venir reposer sur toi! Celui que son souffle caresse saura, comme un dieu, jouir de tous les jours! Tendre germe, fleuris, sois l'honneur du superbe printemps, brille devant tous tes frères, et, quand tes fleurs tomberont fanées, qu'un beau fruit s'élève de ton sein, pour mûrir aux feux du soleil!

LA FEMME.

Que Dieu te bénisse! — Et il dort encore? Mais je n'ai avec cette eau fraîche qu'un morceau de pain à t'offrir!

LE VOYAGEUR.

Je te remercie. — Comme tout fleurit autour de nous, et reverdit!

LA FEMME.

Mon mari va bientôt revenir des champs : ô reste, étranger, reste pour manger avec nous le pain du soir!

LE VOYAGEUR.

C'est ici que vous habitez?

LA FEMME.

Oui, là, parmi ces murs : mon père a bâti la chaumière avec des tuiles et des décombres, et nous y demeurons depuis. Il me donna à un laboureur, et mourut dans nos bras. — As-tu bien dormi, mon amour? Comme il est gai, comme il veut jouer, le petit fripon!

LE VOYAGEUR.

O nature inépuisable! tu as créé tous les êtres pour jouir de la vie! tu as partagé ton héritage à tous les enfants comme une bonne mère... A chacun une habitation. L'hirondelle bâtit son nid dans les donjons, et s'inquiète peu des ornements que cache son ouvrage. La chenille file autour de la branche dorée un asile d'hiver pour ses œufs : et toi, homme! tu te bâtis une chaumière avec les débris sublimes du passé... Tu jouis sur des tombes! — Adieu, heureuse femme!

LA FEMME.

Tu ne veux donc pas rester?

LE VOYAGEUR.

Dieu vous garde! Dieu bénisse votre enfant!

LA FEMME.

Je te souhaite un heureux voyage.

LE VOYAGEUR.

Où me conduira ce sentier que j'aperçois sur la montagne?

LA FEMME.

A Cumes.

LE VOYAGEUR.

Y a-t-il encore loin?

LA FEMME.

Trois bons milles.

LE VOYAGEUR.

Adieu. — Guide mes pas, nature, les pas d'un étranger sur ces tombeaux sacrés d'autrefois ; guide-moi vers une retraite qui me protége contre le vent du nord, où un bois de peupliers me garde des rayons brûlants du midi ; et, quand, le soir, je rentrerai dans ma chaumière, le visage doré des derniers feux du soleil, fais que j'y trouve une pareille femme avec un enfant dans ses bras.

LA PREMIÈRE NUIT DU SABBAT

Morceau lyrique.

UN DRUIDE.

Voici mai qui nous sourit ! la forêt s'est dégagée de ses glaçons et de ses frimas. La neige a disparu, et de joyeux chants retentissent parmi la verdure nouvelle. La blanche neige s'est retirée vers les hautes montagnes : il faut cependant que nous y montions, selon la coutume antique et sainte, pour célébrer les louanges du Père de toutes choses. Que la flamme s'élève à travers la fumée : c'est ainsi que les cœurs montent à lui !

DES DRUIDES.

Que la flamme s'élève à travers la fumée ! Suivons la coutume antique et sainte de célébrer les louanges du Père de toutes choses. Montons, montons encore !

UNE VOIX DANS LE PEUPLE.

Mais quelle audace vous transporte! voulez-vous marcher à la mort?... Ne savez-vous pas que nos ennemis victorieux sont de ce côté? Leurs piéges sont tendus autour de ces retraites pour surprendre les païens, les pécheurs!... Hélas! ils égorgeront dans nos cabanes et nos femmes et nos enfants, et nous marcherons tous vers une mort certaine!

CHŒUR DES FEMMES.

Dans l'asile de nos cabanes, ils égorgeront nos enfants, ces impitoyables vainqueurs! et nous marcherons tous vers une mort certaine!

UN DRUIDE.

Celui vers qui vont s'élever nos sacrifices protégera ses adorateurs. La forêt est libre, le bois n'y manque pas, et nous en ferons d'énormes bûchers. Cependant, arrêtons-nous dans les broussailles voisines, et tenons-nous tranquilles tout le jour; plaçons des guerriers pour veiller à notre défense; mais, ce soir, il faut avec courage songer à remplir nos devoirs!

CHANT DES GUERRIERS QUI VEILLENT.

Veillez ici, braves guerriers, aux environs de la forêt, et veillez en silence, pendant qu'ils rempliront leur saint devoir.

UN GUERRIER.

Ces chrétiens insensés se laissent abuser par notre audace : si nous les effrayions nous-mêmes au moyen du diable, auquel ils croient?... Venez! il faut nous armer de cornes, de fourches et de brandons, faire grand bruit à travers les rochers. Chouettes et hibous, accompagnez notre ronde et nos hurlements!

CHŒUR DES GUERRIERS QUI VEILLENT.

Armons-nous de fourches et de cornes, comme le diabl auquel ils croient, et faisons grand bruit à travers les rochers. Chouettes et hibous, accompagnez notre ronde et nos hurlements!

UN DRUIDE.

Maintenant, au sein de la nuit, célébrons hautement les louanges du Père de toutes choses! Le jour approche où il faudra lui porter un cœur purifié! Il peut permettre à l'ennemi de triompher aujourd'hui et quelques jours encore; mais la flamme s'élance de la fumée: ainsi s'épure notre culte; on peut nous ravir nos vieux usages; mais la lumière divine, qui nous la ravira?

UN CHRÉTIEN.

A moi! au secours, mes frères!... Ah! voici l'enfer qui nous vient!... Voyez ces corps magiques tout en feu!... ces hommes-loups et ces femmes-dragons qui se pressent en foule immense! Oh! quel tumulte épouvantable! Fuyons tous, fuyons bien loin!... Là-haut flambe et mugit le diable... et l'odeur infecte des sorciers se répand jusqu'à nous!

CHŒUR DES CHRÉTIENS.

Voyez, voyez, ces corps magiques! hommes-loups et femmes-dragons... Oh! quel tumulte épouvantable!... Là-haut flambe et mugit le diable... et l'odeur des sorciers se répand jusqu'à nous!

CHŒUR DES DRUIDES.

La flamme s'élance de la fumée: ainsi s'épure notre culte! On peut nous ravir nos vieux usages; mais la lumière divine, qui nous la ravira?...

LÉGENDE

Au temps que Notre-Seigneur habitait ce monde, pauvre et inconnu, quelques jeunes gens s'attachèrent à lui, dont un petit nombre seulement comprenait ses leçons; et il aimait surtout à tenir sa cour en plein air; car, sous le regard des cieux, on parle mieux et plus librement. Alors, les plus sublimes instructions sortaient de sa bouche divine sous la forme de paraboles et d'exemples, et sa parole changeait ainsi en temple le plus vulgaire marché.

Un jour, qu'il se dirigeait en se promenant vers une petite ville avec un de ses disciples, il vit briller quelque chose sur le chemin : c'était un fragment de fer à cheval. Et il dit à saint Pierre : « Ramasse donc ce morceau de fer. » Saint Pierre avait bien autre chose en sa tête, et, tout en marchant, il roulait certaines pensées, touchant la manière de régir le monde, comme il arrive à chacun de nous d'en avoir quelquefois; car qui peut borner le travail de l'esprit? Mais ces sortes d'idées lui plaisaient fort; aussi la trouvaille lui parut-elle chose de très-peu d'importance. Encore si c'eût été sceptre ou couronne... Mais, pour un demi-fer à cheval vaut-il la peine de se baisser? Il continua donc sa marche, et fit comme s'il n'eût pas entendu.

Notre-Seigneur, avec sa patience ordinaire, ramassa le morceau de fer lui-même, et continua aussi sa route, comme si de rien n'était. Quand ils eurent atteint la ville, il s'arrêta devant la porte d'un forgeron, et le lui vendit trois liards; puis, en traversant le marché, il aperçut de fort belles cerises; il en acheta autant et aussi peu qu'on en peut donner pour ce prix; et les mit dans sa manche sans plus d'explication.

Bientôt ils sortirent par une porte qui conduisait à des champs et des plaines où l'on ne découvrait ni arbres ni maisons; le soleil était dans son plein et la chaleur était grande. En pareille circonstance, on donnerait beaucoup pour avoir un peu d'eau. Le Seigneur marchait devant, et, comme par mégarde, il laissa tomber une cerise : saint Pierre se hâta de la ramasser comme il eût fait d'une pomme d'or, et s'en humecta le palais. Notre-Seigneur, après un court espace, laissa rouler à terre une autre cerise. Saint Pierre se baissa vite pour la ramasser, et le Seigneur le fit recommencer ainsi plusieurs fois. Quand

cela eut duré quelque temps, il lui dit avec un sourire :
« Si tu avais su te baisser quand il le fallait, tu ne te donnerais pas à présent tant de peine : tel craint de se déranger pour un petit objet, qui s'agitera beaucoup pour de moindres encore. »

LE BARDE

« Qu'entends-je là-bas, à la porte? qui chante sur le pont-levis? Il faut que ces chants se rapprochent de nous et résonnent dans cette salle. » Le roi dit, un page court; le page revient et le roi crie : « Que l'on fasse entrer le vieillard!

— Salut, nobles seigneurs, salut aussi, belles dames : je vois ici le ciel ouvert, étoiles sur étoiles! Qui pourrait en dire les noms? Mais, dans cette salle, toute pleine de richesses et de grandeur, fermez-vous, mes yeux, ce n'est pas le moment d'admirer. »

Le barde ferme les yeux, et sa puissante voix résonne... Les chevaliers lèvent des yeux en feu; les dames baissent leurs doux regards. Le roi, charmé, envoie chercher une chaîne d'or pour récompenser un si beau talent.

« Une chaîne à moi! donnez-en à vos chevaliers, dont la valeur brise les lances ennemies; donnez à votre chancelier ce fardeau précieux pour qu'il l'ajoute aux autres qu'il porte.

« Je chante, moi, comme l'oiseau chante dans le feuillage; que des sons mélodieux s'échappent de mes lèvres, voilà ma récompense; cependant, j'oserai vous faire une prière, une seule : qu'on me verse du vin dans la plus belle coupe, une coupe d'or pur. »

Il approche la coupe de ses lèvres, il boit : « O liqueur douce et rafraîchissante! heureuse la maison où un tel don est peu de chose! Mais, dans le bonheur, songez à moi!... Vous remercierez Dieu d'aussi bon cœur que je vous remercie pour cette coupe de vin. »

LE ROI DE THULÉ

Ballade.

Il était un roi de Thulé qui fut fidèle jusqu'au tombeau, et à qui son amie mourante fit présent d'une coupe d'or.

Cette coupe ne le quitta plus; il s'en servait à tous ses repas, et, chaque fois qu'il y buvait, ses yeux s'humectaient de larmes.

Et, lorsqu'il sentit son heure approcher, il compta ses villes, ses trésors, et les abandonna à ses héritiers, mais il garda sa coupe chérie.

Il s'assit à sa table royale, entouré de ses chevaliers, dans la salle antique d'un palais que baignait la mer.

Ensuite il se leva, vida le vase sacré pour la dernière fois, et puis le lança dans les ondes.

Il le vit tomber, s'emplir, disparaître, et ses yeux s'éteignirent soudain... Et, depuis, il ne but plus une goutte!

LES MYSTÈRES

Le Matin parut, et ses pas chassèrent le doux sommeil qui m'enveloppait mollement; je me réveillai, et quittai ma paisible demeure; je me dirigeai vers la montagne, le cœur tout rajeuni. A chaque pas, des fleurs brillantes, penchant la tête sous la rosée, venaient réjouir mes regards; le jour nouveau s'emparait du monde avec transport, et tout se ranimait pour ranimer mon âme.

Et, comme je montais, un brouillard se détacha de la surface du fleuve, de la prairie, et s'y répandit en bandes grisâtres. Bientôt il s'éleva, s'épaissit, et voltigea autour de moi. Là disparut la belle perspective qui me ravissait: un voile sombre enveloppa la contrée, et j'étais comme enseveli dans les nuages, comme isolé dans le crépuscule.

Tout à coup, le soleil sembla percer la nue : un doux rayon la divisa et se répandit bientôt, victorieux, autour des bois et des collines. Avec quel plaisir je saluai le retour du soleil ; il me semblait plus beau après avoir été obscurci, et son triomphe n'était pas accompli encore, que déjà j'étais tout ébloui de sa gloire.

Une puissance secrète rendit la force à mon âme, et je rouvris les yeux ; mais ce ne put être qu'un regard furtif, car le monde ne me paraissait plus que flamme et qu'éclat ; puis une figure divine voltigeait devant moi parmi les nuages... Jamais je n'ai vu de traits plus gracieux. Elle me regarda et s'arrêta, mollement balancée par la brise.

« Ne me reconnais-tu pas ? dit-elle avec une voix pleine d'intérêt et de confiance ; ne me reconnais-tu pas, moi qui répandis tant de fois un baume céleste sur les blessures de ton âme ; moi qui me suis attaché ton cœur par d'éternels liens, que je resserrais toujours et toujours ? Ne t'ai-je pas vu répandre bien des larmes d'amour, lorsque, tout enfant encore, tu me poursuivais avec tant de zèle ?

— Oui, m'écriai-je tombant de joie à ses pieds, que de fois j'ai ressenti tes bienfaits ! Tu m'as accordé souvent la consolation et le repos, quand toutes les passions de la jeunesse se disputaient mon corps et ma vie ! Que de fois, dans cette saison dévorante, tu as rafraîchi mon front de ton souffle divin, tu m'as comblé des dons les plus précieux, et c'est de toi que j'attends encore tout mon bonheur.

« Je ne te nomme pas, car je t'entends nommer par bien d'autres qui te disent à eux ; tous les regards se dirigent vers toi, mais ton éclat fait baisser presque tous les yeux. Hélas ! quand je m'égarais aussi, j'avais bien des rivaux ; depuis que je te connais, je suis presque seul. Mais il faut que je me félicite en moi-même d'un tel bonheur, et que je renferme avec soin la lumière dont tu m'as éclairé. »

Elle sourit et dit : « Tu vois comme il est nécessaire que je ne me dévoile aux hommes qu'avec prudence ;

toi-même, à peine es-tu capable d'échapper à la plus grossière illusion ; à peine deviens-tu maître de tes premières volontés, que tu te crois aussitôt plus qu'un mortel, et que tu te révoltes contre tes devoirs d'homme ! Pourquoi donc te distingues-tu des autres ? Connais-toi, et tu vivras en paix avec le monde.

— Pardonne, m'écriai-je, je reconnais ma faute. Pourquoi aurais-je en vain les yeux ouverts ? Une volonté franche anime tout mon être, je reconnais enfin tout le prix de tes dons ; désormais je veux être utile à mes semblables, en n'ensevelissant pas la source où j'ai puisé : pourquoi donc aurais-je frayé des sentiers nouveaux, si je ne devais pas les indiquer à mes frères ? »

Et je parlais encore, quand la déesse me jeta un regard de compassion ; je cherchais à y lire ce qu'il y avait eu dans mes paroles d'erreur ou de vanité : elle sourit, et je me rassurai ; un nouvel espoir monta vers mon cœur, et je pus m'approcher d'elle avec plus de confiance, afin de la contempler mieux.

Elle étendit la main à travers les nuages légers et la vapeur qui l'entouraient, et ce qui restait de brouillard acheva de se dissiper ; mes yeux purent de nouveau pénétrer dans la vallée, le ciel était pur... La divine apparition se balançait seule dans les airs, et son voile transparent s'y déroulait en mille plis.

« Je te connais, je connais tes faiblesses, je sais aussi tout ce qu'il y a de bon en toi. » Telles furent ses paroles, qu'il me semblera toujours entendre. « Écoute maintenant ce que j'ai à te dire ; il ne faut point t'enorgueillir de mes dons, mais les recevoir avec une âme calme : comme le soleil dissipe les brouillards du matin, ainsi la seule vérité peut arracher le voile qui couvre la beauté des muses.

« Et ne le jetez au vent, toi et tes amis, que pendant la chaleur du jour ; alors, la brise du soir vous apportera le frais et le parfum des fleurs, alors s'apaisera le vent des passions humaines ; des nuages légers rafraîchiront les airs, le jour sera doux, et la nuit sera pure. »

Venez vers moi, amis, quand le fardeau de la vie vous

semblera trop lourd; et la prospérité répandra sur vous ses fleurs brillantes et ses fruits d'or; et nous marcherons réunis vers un nouveau jour; ainsi le bonheur accompagnera notre vie et notre voyage, et, quand il nous faudra finir, nos derniers neveux, tout en pleurant notre perte, jouiront encore des fruits de notre amour.

SCHILLER

LA CHANSON DE LA CLOCHE

« Le moule d'argile s'est affermi dans la terre qui l'environne : aujourd'hui, la cloche doit naître. Compagnons, vite au travail ! Que la sueur baigne vos fronts brûlants !... L'œuvre honorera l'ouvrier, si la bénédiction d'en haut l'accompagne. »

Mêlons des discours sérieux au travail sérieux que nous entreprenons ; de sages paroles en adouciront la peine. Observons attentivement le noble résultat de nos faibles efforts : honte à l'être stupide qui ne peut pas comprendre l'ouvrage de ses mains ! C'est le raisonnement qui ennoblit l'homme, en lui dévoilant le motif et le but de ses travaux.

« Prenez du bois de sapin bien séché : la flamme en sera chassée dans les tubes avec plus de violence. Qu'un feu actif précipite l'alliage du cuivre et de l'étain, afin que le bronze fluide se répande ensuite dans le moule. »

Cette cloche, qu'à l'aide du feu nos mains auront formée dans le sein de la terre, témoignera souvent de nous dans sa haute demeure. Elle va durer bien des jours, ébranler bien des oreilles, soit qu'elle se lamente avec les affligés, soit qu'elle unisse ses accents à ceux de la prière : tout ce que l'inconstante destinée réserve aux mortels, elle le racontera de sa bouche d'airain.

« Des bulles d'air blanchissent la surface. Bien ! la masse devient mobile. Laissons-la se pénétrer du sel alcalin qui en doit faciliter la fusion : il faut que le mélange se purge de toute son écume, afin que la voix du métal retentisse pure et profonde. »

C'est la cloche qui salue de l'accent de la joie l'enfant chéri qui naît au jour encore plongé dans les bras du sommeil : noire ou blanche, sa destinée repose aussi dans l'avenir; mais les soins de l'amour maternel veillent sur son matin doré. — Les ans fuient comme un trait. Jeune homme, il s'arrache aux jeux de ses sœurs et se précipite fièrement dans la vie... Il court le monde avec le bâton du voyage, puis revient, étranger, au foyer paternel. C'est alors que la jeune fille, noble image des cieux, lui apparaît dans tout l'éclat de sa beauté, avec ses joues toutes roses de modestie et de pudeur.

« Comme les tubes déjà brunissent ! Je vais plonger ce rameau dans le creuset; s'il en sort couvert d'une couche vitrée, il sera temps de couler. Allons ! compagnons, éprouvez-moi le mélange, et voyez si l'union du métal dur au métal ductile s'est heureusement accomplie. »

Car de l'alliance de la force avec la douceur résulte une heureuse harmonie. Ceux qui s'unissent pour toujours doivent donc s'assurer que leurs cœurs se répondent. L'illusion est de peu de durée, le repentir éternel. — Avec quelle grâce la couronne virginale se joue sur le front de la jeune épouse, quand le son argentin des cloches l'appelle aux pompes de l'hymen ! Hélas ! la plus belle fête de la vie nous annonce aussi la fin de son printemps : avec la ceinture, avec le voile, combien d'illusions s'évanouissent ! — La passion fuit, que l'attachement lui succède; la fleur se fane, que le fruit la remplace. — Il faut désormais que l'homme, dans sa lutte avec une vie hostile, emploie tour à tour l'activité, l'adresse, la force et l'audace pour atteindre le bonheur. D'abord l'abondance le comble de ses dons; ses magasins regorgent de richesses, ses domaines s'étendent, sa maison s'agrandit. La mère de famille en gouverne sagement l'intérieur, elle instruit sa fille, tempère la fougue de son jeune fils, promène partout ses mains actives, et son esprit d'ordre ajoute aux biens déjà acquis; elle remplit d'objets précieux ses armoires odorantes ; sans cesse le fil bourdonne autour de ses fuseaux ; la laine luisante, le lin d'un blanc de neige s'amassent dans ses coffres éblouissants de propreté, et, répandant partout l'éclat sur l'abondance, elle n'accorde rien au repos.

Le père cependant, du haut de sa maison, jette un regard satisfait sur sa fortune qui fleurit encore à l'entour ; il contemple ses arbres, ses enclos, ses greniers déjà pleins et ses champs ondoyants de moissons nouvelles, et soudain des paroles d'orgueil s'échappent de sa bouche : « Ma prospérité, solide comme les fondements de la terre, brave désormais l'infortune ! » Hélas ! qui peut faire un pacte éternel avec le sort ?... Le malheur arrive vite.

« Bien ! la fonte peut commencer : la cassure est déjà dentelée ; pourtant, avant de lui livrer passage, une prière ardente au Seigneur... Débouchez les conduits, et que Dieu protége le moule ! Oh ! comme les vagues de feu se précipitent dans l'espace qui leur est ouvert ! »

Le feu ! c'est une puissance bienfaisante, quand l'homme le maîtrise et le surveille ; c'est un don céleste qui facilite et accomplit bien des travaux. Mais qu'il est redoutable, ce fils de la nature, quand il surmonte les obstacles qui l'enchaînaient et reprend son indépendance. Malheur ! lorsque, abandonné à lui-même, il déroule sa marche triomphante au sein d'une cité populeuse ! car tous les éléments sont ennemis des créations humaines. — Du sein des nuages tombe la pluie bienfaisante aux moissons : du sein des nuages... la foudre !

Entendez-vous ce son qui gémit dans la tour ? C'est le tocsin ! Le ciel est d'un rouge de sang, et pourtant ce n'est pas l'aurore... Quel tumulte dans les rues ! que de fumée !... Le feu tantôt s'élève au ciel en colonnes flamboyantes, tantôt se précipite dans toute la longueur des rues, comme de la gueule d'un four. L'air est embrasé, les poutres craquent, les murs s'écroulent, les vitres pétillent, les enfants crient, les mères courent çà et là, les animaux hurlent parmi les débris... tout se presse, périt ou s'échappe... La nuit brille de tout l'éclat du jour. Enfin une longue chaîne s'établit autour de l'incendie, le seau vole de mains en mains, et partout l'eau des pompes s'élance en arcades... Mais voilà que l'aquilon vient en rugissant tourbillonner dans la fournaise... C'en est fait!... la flamme a gagné les greniers où s'entassent de riches moissons, s'attache aux bois desséchés; puis, comme si elle voulait, dans sa fuite puissante, entraîner avec soi tout le poids de la terre, elle s'élance au ciel en forme gigantesque. — L'homme a perdu tout espoir; il fléchit sous la main du sort, et désormais assiste à la destruction de ses œuvres, immobile et consterné.

Tout est vide et brûlé! Maintenant, la tempête seule habitera ces ruines ceintes d'effroi, et qui ne verront plus passer que les nuages du ciel.

Un dernier regard vers le tombeau de sa fortune, et l'homme s'éloigne : il a repris le bâton du voyage... C'est tout ce que l'incendie lui a laissé. Mais une douce consolation l'attend au départ : il compte les têtes qui lui sont chères, et toutes ont survécu!

« La terre a reçu le métal, et le moule est heureusement rempli : mais verrons-nous enfin le succès couronner notre zèle et notre habileté?... Si la fonte n'avait pas réussi! si le moule se brisait! Ah! pendant que nous nous livrons à la joie, le mal peut-être est déjà consommé! »

Nous confions l'œuvre de nos mains au sein ténébreux de la terre : le laboureur lui confie sa semence avec l'espoir que la bénédiction du ciel en fera jaillir des moissons. Ce que nous y déposons avec crainte est plus précieux encore; puisse-t-il sortir aussi du tombeau pour un destin glorieux!

De son dôme élevé, la cloche retentit lourde et sombre aux pompes des funérailles; ses accents solennels accompagnent l'homme à son dernier voyage. Ah! c'est une fidèle épouse, c'est une tendre mère, que le prince des ombres arrache aux bras de son époux, aux enfants nombreux que, jeune encore, elle éleva sur son sein avec un amour inépuisable. Hélas! ces liens de famille sont rompas, et pour toujours ; ses soins, sa douce autorité ne veilleront plus sur ses jeunes enfants, victimes désormais d'une marâtre insensible.

« Pendant que la cloche se refroidit, suspendons nos rudes travaux, et que chacun se divertisse comme l'oiseau sous le feuillage. Aux premières lueurs des étoiles, le serviteur, libre de tous soins, entend avec joie sonner l'heure du soir ; mais, pour le maître, il n'est point de repos. »

Le promeneur, qui s'est écarté bien loin dans les bois solitaires, précipite ses pas vers sa demeure chérie ; les brebis bêlantes, les bœufs au poil luisant, au large front, regagnent l'étable accoutumée ; le lourd chariot s'ébranle péniblement sous sa charge de moissons ; mais au-dessus des gerbes repose une couronne aux couleurs bigarrées, et la jeune troupe de moissonneurs s'envole à la danse.

Bientôt le silence se promène sur les places et le long des rues ; les habitants du même toit se réunissent autour du foyer commun, et les portes de la ville se ferment avec un long gémissement. La nuit s'épaissit encore, mais le citoyen paisible ne la redoute point ; si le méchant s'éveille avec l'ombre, l'œil de la loi est ouvert sur ses pas.

C'est l'ordre, fils bienfaisant du ciel, qui unit les hommes par des liens légers et aimables, qui affermit les fondements des villes, qui ravit à ses bois le sauvage indompté, s'assied dans les demeures des mortels, adoucit leurs mœurs, et donne naissance au plus saint des amours, celui de la patrie !

Mille mains actives s'aident d'un mutuel secours, et pour le même but tous les efforts s'unissent : le maître et les compagnons travaillent également sous la protection de la sainte liberté ; chacun vit content de son sort et méprise l'oisiveté railleuse, car le travail fait la gloire du citoyen, et le bonheur sa récompense : il s'honore de ses ouvrages comme le roi de son éclat.

Aimable paix, douce union, fixez-vous à jamais dans notre ville ; qu'il ne se lève jamais pour vous, le jour où les bandes sanglantes de la guerre envahiraient cette vallée silencieuse, où le ciel, qui se teint de l'aimable rougeur du soir, ne réfléchirait plus que l'incendie épouvantable des villages et des cités!

« Maintenant, brisez-moi le moule : il a rempli sa destination; que nos yeux et notre cœur se repaissent à la fois du doux spectacle qui va leur être offert : levez le marteau, frappez, frappez encore jusqu'à ce que l'enveloppe s'échappe en débris, si vous voulez que la cloche enfin naisse au jour. »

Le maitre peut rompre le moule d'une main exercée, et dans un temps convenable; mais malheur à lui quand la fonte ardente s'en échappe en torrents de flammes, qu'avec un bruit de tonnerre elle brise son étroite demeure et répand la ruine avec elle, pareille aux brasiers de l'enfer! Où s'agitent des forces aveugles, nul effet bienfaisant ne peut se produire : ainsi, quand un peuple s'est affranchi de toute domination, il n'est plus pour lui de prospérité.

Oh! malheur! quand plane sur les villes la révolte aux ailes de feu! quand un peuple, léger d'entraves, s'empare horriblement du soin de se défendre; quand parmi les cordes de la cloche se suspend la Discorde aux cris de sang, et qu'elle convertit des sons pacifiques en signaux de carnage!

Liberté! égalité!... Partout ces cris retentissent! Le paisible bourgeois court aux armes; les rues, les places s'encombrent de foule; des bandes d'assassins les parcourent, suivies de femmes qui se font un jeu d'insulter les victimes et d'arracher le cœur à leurs ennemis mourants : plus de religion, plus de liens sociaux; les bons cèdent la place aux méchants, et tous les crimes marchent le front levé.

Il est dangereux d'exciter le réveil du lion; la colère du tigre est à redouter; mais celle de l'homme est de toutes la plus horrible! La lumière, bienfait du ciel, ne doit pas être confiée à l'aveugle, elle ne l'éclairerait point; mais elle pourrait dans ses mains réduire en cendre les villes et les campagnes.

« Oh! quelle joie Dieu m'a donnée! voyez comme le

cintre métallique, dégagé de toute l'argile, luit aux yeux en étoile d'or ! comme, du sommet à la bordure, les armoiries ressortent bien aux rayons du soleil, et rendent témoignage au talent de l'ouvrier ! »

Accourez, compagnons, accourez autour de la cloche, et donnons-lui le baptême : il faut qu'on la nomme *Concorde*, qu'elle préside à la réconciliation, et qu'elle réunisse les hommes dans un accord sincère.

Et tel était le but du maître en la créant : que, maintenant, bien loin des futilités de la terre, elle s'élève au sein de l'azur du ciel, voisine du tonnerre et couronnée par les étoiles ! Que sa voix se mêle au concert des astres qui célèbrent leur Créateur et règlent le cours des saisons ; que sa bouche de métal ne retentisse que de sons graves et religieux ; que, toutes les heures, le temps la frappe de son aile rapide ; qu'elle-même, inanimée, elle proclame les arrêts du destin ; que ses mouvements nous instruisent des vicissitudes humaines, et, de même que ses sons viennent mourir dans notre oreille après l'avoir frappée d'un bruit majestueux, qu'elle nous apprenne qu'ici-bas rien n'est stable, et que tout passe comme un vain son.

« Maintenant, tirez les câbles pour que la cloche sorte de la fosse, et qu'elle s'élève dans l'air, cet empire du bruit. Tirez encore : elle s'ébranle... elle plane... elle annonce la joie à notre ville, et ses premiers accents vont proclamer la paix. »

LE PLONGEUR

« Qui donc, chevalier ou vassal, oserait plonger dans cet abîme ? J'y lance une coupe d'or ; le gouffre obscur l'a déjà dévorée ; mais celui qui me la rapportera l'aura pour récompense. »

Le roi dit, et, du haut d'un rocher rude et escarpé, suspendu sur la vaste mer, il a jeté sa coupe dans le gouffre de Charybde. « Est-il un homme de cœur qui veuille s'y précipiter ? »

Les chevaliers, les vassaux ont entendu ; mais ils se taisent, ils jettent les yeux sur la mer indomptée, et le prix ne tente personne. Le roi répète une troisième fois : « Qui de vous osera donc s'y plonger ? »

Tous encore gardent le silence ; mais voilà qu'un page à l'air doux et hardi sort du groupe tremblant des vassaux. Il jette sa ceinture, il ôte son manteau, et tous les hommes, toutes les femmes admirent son courage avec effroi.

Et, comme il s'avance sur la pointe du rocher en mesurant l'abîme, Charybde rejette l'onde, un instant dévorée, qui dégorge de sa gueule profonde, avec le fracas du tonnerre.

Les eaux bouillonnent, se gonflent, se brisent et grondent comme travaillées par le feu ; l'écume poudreuse rejaillit jusqu'au ciel, et les flots sur les flots s'entassent, comme si le gouffre ne pouvait s'épuiser, comme si la mer enfantait une mer nouvelle !

Mais enfin sa fureur s'apaise, et, parmi la blanche écume apparait sa gueule noire et béante, ainsi qu'un soupirail de l'enfer ; de nouveau l'onde tourbillonne et s'y replonge en aboyant.

Vite, avant le retour des flots, le jeune homme se recommande à Dieu, et... l'écho répète un cri d'effroi ! les vagues l'ont entraîné, la gueule du monstre semble se refermer mystérieusement sur l'audacieux plongeur... Il ne reparait pas !

L'abîme, calmé, ne rend plus qu'un faible murmure, et mille voix répètent en tremblant : « Adieu, jeune homme au noble cœur ! » Toujours plus sourd, le bruit s'éloigne, et l'on attend encore avec inquiétude, avec frayeur.

Quand tu y jetterais ta couronne, et quand tu dirais : « Qui me la rapportera l'aura pour récompense et sera roi... » un prix si glorieux ne me tenterait pas ! — Ame vivante n'a redit les secrets du gouffre aboyant !

Que de navires, entraînés par le tourbillon, se sont perdus dans ses profondeurs ; mais il n'a reparu que des mâts et des vergues brisés au-dessus de l'avide tombeau.
— Et le bruit des vagues résonne plus distinctement, approche, approche, puis éclate.

Les voilà qui bouillonnent, se gonflent, se brisent, et grondent comme travaillées par le feu ; l'écume poudreuse rejaillit jusqu'au ciel, et les flots sur les flots s'entassent, puis, avec le fracas d'un tonnerre lointain, surmontent la gorge profonde.

Mais voyez : du sein des flots noirs s'élève comme un cygne éblouissant ; bientôt on distingue un bras nu, de blanches épaules qui nagent avec vigueur et persévérance... C'est lui! de sa main gauche, il élève la coupe, en faisant des signes joyeux!

Et sa poitrine est haletante longtemps et longtemps encore ; enfin le page salue la lumière du ciel. Un doux murmure vole de bouche en bouche : « Il vit! il nous est rendu! le brave jeune homme a triomphé de l'abîme et du tombeau! »

Et il s'approche, la foule joyeuse l'environne ; il tombe aux pieds du roi, et, en s'agenouillant, lui présente la coupe. Le roi fait venir son aimable fille, elle remplit le vase jusqu'aux bords d'un vin pétillant, et le page, ayant bu, s'écrie :

« Vive le roi longtemps! — Heureux ceux qui respirent à la douce clarté du ciel!.. le gouffre est un séjour terrible ; que l'homme ne tente plus les dieux, et ne cherche plus à voir ce que leur sagesse environna de ténèbres et d'effroi.

« J'étais entraîné d'abord par le courant avec la rapidité de l'éclair, lorsqu'un torrent impétueux, sorti du cœur du rocher, se précipita sur moi ; cette double puissance me fit longtemps tournoyer comme le buis d'un enfant, et elle était irrésistible.

« Dieu, que j'implorais dans ma détresse, me montra une pointe de rocher qui s'avançait dans l'abîme ; je m'y accrochai d'un mouvement convulsif, et j'échappai à la mort. La coupe était là, suspendue à des branches de corail, qui l'avaient empêchée de s'enfoncer à des profondeurs infinies.

« Car, au-dessous de moi, il y avait encore comme des cavernes sans fond, éclairées d'une sorte de lueur rougeâtre, et, quoique l'étourdissement eût fermé mon oreille à tous les sons, mon œil aperçut avec effroi une foule de salamandres, de reptiles et de dragons qui s'agitaient d'un mouvement infernal.

« C'était un mélange confus et dégoûtant de rates épineuses, de chiens marins, d'esturgeons monstrueux et d'effroyables requins, hyènes des mers, dont les grincements me glaçaient de crainte.

« Et j'étais là suspendu avec la triste certitude d'être éloigné de tout secours, seul être sensible parmi tant de monstres difformes, dans une solitude affreuse, où nulle voix humaine ne pouvait pénétrer, tout entouré de figures immondes.

« Et je frémis d'y penser... En les voyant tournoyer autour de moi, il me sembla qu'elles s'avançaient pour me dévorer... Dans mon effroi, j'abandonnai la branche de corail où j'étais suspendu : au même instant, le gouffre revomissait ses ondes mugissantes; ce fut mon salut, elles me ramenèrent au jour. »

Le roi montra quelque surprise, et dit : « La coupe t'appartient, et j'y joindrai cette bague ornée d'un diamant précieux, si tu tentes encore l'abîme, et que tu me rapportes des nouvelles de ce qui se passe dans les profondeurs les plus reculées.

A ces mots, la fille du roi, tout émue, le supplie ainsi de sa bouche caressante : « Cessez, mon père; cessez un jeu si cruel; il a fait pour vous ce que nul autre n'eût osé faire. Si vous ne pouvez mettre un frein aux désirs de votre curiosité, que vos chevaliers surpassent en courage le jeune vassal. »

Le roi saisit vivement la coupe, et, la rejetant dans le gouffre : « Si tu me la rapportes encore, tu deviendras mon plus noble chevalier, et tu pourras aujourd'hui même donner le baiser de fiançailles à celle qui prie si vivement pour toi. »

Une ardeur divine s'empare de l'âme du page; dans ses yeux l'audace étincelle : il voit la jeune princesse rougir, pâlir et tomber évanouie. Un si digne prix tente son courage, et il se précipite de la vie à la mort.

La vague rugit et s'enfonce... Bientôt elle remonte avec le fracas du tonnerre... Chacun se penche et y jette un regard plein d'intérêt : le gouffre engloutit encore et revomit les vagues, qui s'élèvent, retombent et rugissent toujours... mais sans ramener le plongeur.

LA PUISSANCE DU CHANT

Un torrent s'élance à travers les fentes des rochers et vient avec le fracas du tonnerre. Des montagnes en débris suivent son cours, et la violence de ses eaux déracine des chênes : le voyageur, étonné, entend ce bruit avec un frémissement qui n'est pas sans plaisir; il écoute les flots mugir en tombant du rocher, mais il ignore d'où ils viennent. Ainsi l'harmonie se précipite à grands flots, sans qu'on puisse reconnaître les sources d'où elle découle.

Le poëte est l'allié des êtres terribles qui tiennent en main les fils de notre vie; qui donc pourrait rompre ses nœuds magiques et résister à ses accents? Il possède le sceptre de Mercure, et s'en sert pour guider les âmes : tantôt il les conduit dans le royaume des morts, tantôt il les élève, étonnées, vers le ciel, et les suspend, entre la joie et la tristesse, sur l'échelle fragile des sensations.

Lorsqu'au milieu d'un cercle où règne la gaieté, s'avance tout à coup, et tel qu'un fantôme, l'impitoyable Destin, alors tous les grands de la terre s'inclinent devant cet inconnu qui vient d'un autre monde; le vain tumulte de la fête s'abat, les masques tombent, et les œuvres du mensonge s'évanouissent devant le triomphe de la vérité.

De même, quand le poëte prélude, chacun jette soudain le fardeau qu'il s'est imposé, l'homme s'élève au rang des esprits et se sent transporté jusqu'aux voûtes du ciel ; alors, il appartient tout à Dieu ; rien de terrestre n'ose l'approcher, et toute autre puissance est contrainte à se taire. Le malheur n'a plus d'empire sur lui ; tant que dure la magique harmonie, son front cesse de porter les rides que la douleur y a creusées.

Et, comme, après de longs désirs inaccomplis, après une séparation longtemps mouillée de larmes, un fils se jette enfin dans le sein de sa mère, en le baignant des pleurs du repentir, ainsi l'harmonie ramène toujours au toit de ses premiers jours, au bonheur pur de l'innocence, le fugitif qu'avaient égaré des illusions étrangères ; elle le rend à la nature, qui lui tend les bras, pour réchauffer son génie glacé par la contrainte des règles.

―――

PÉGASE MIS AU JOUG

Dans un marché (à Hay-Market, je crois), certain poëte affamé mit en vente Pégase, parmi beaucoup d'autres chevaux à vendre.

Le cheval ailé hennissait et se cabrait avec des mouvements majestueux. Tout le monde, l'admirant, s'écriait : « Le noble animal ! quel dommage qu'une inutile paire d'ailes dépare sa taille élancée !... Il serait l'ornement du plus bel attelage. La race en est rare, car personne n'est tenté de voyager dans les airs. » Et chacun craignait d'exposer son argent à un pareil achat ; un fermier en eut envie. « Il est vrai, dit-il, que ses ailes ne peuvent servir à rien ; mais, en les attachant ou en les coupant, ce cheval sera toujours bon pour le tirage. J'y risquerais bien vingt livres. » Le poëte, ravi, lui frappe dans la main.

« Un homme n'a qu'une parole! » s'écrie-t-il, et maître Jean part gaiement avec son emplette.

Le noble cheval est attelé; mais à peine sent-il une charge inconnue, qu'il s'élance indigné, et, d'une secousse impétueuse, jette le chariot dans un fossé. « Oh! oh! dit maître Jean, ce cheval est trop vif pour ne mener qu'une charrette. Expérience vaut science; demain, j'ai des voyageurs à conduire, je l'attellerai à la voiture; il est assez fort pour me faire le service de deux autres chevaux, et sa fougue passera avec l'âge. »

D'abord tout alla bien; le léger coursier communiquait son ardeur à l'indigne attelage dont il faisait partie, et la voiture volait comme un trait. Mais qu'en arriva-t-il? Les yeux fixés au ciel et peu accoutumé à cheminer d'un pas égal, il abandonne bientôt la route tracée, et, n'obéissant plus qu'à sa nature, il se précipite parmi les marais, les champs et les broussailles; la même fureur s'empare des autres chevaux; aucun cri, aucun frein ne peut les arrêter, jusqu'à ce que la voiture, après mainte culbute, aille enfin, au grand effroi des voyageurs, s'arrêter toute brisée au sommet d'un mont escarpé.

« Je ne m'y suis pas bien pris, dit maître Jean un peu pensif, ce moyen-là ne réussira jamais; il faut réduire cet animal furieux par la faim et par le travail. » Nouvel essai. Trois jours après déjà, le beau Pégase n'est plus qu'une ombre. « Je l'ai trouvé! s'écrie notre homme; allons! qu'il tire la charrue avec le plus fort de mes bœufs. »

Aussitôt fait que dit; la charrue offre aux yeux l'attelage risible d'un bœuf et d'un cheval ailé. Indigné, ce dernier fait d'impuissants efforts pour reprendre son vol superbe, mais en vain; son compagnon n'en va pas plus vite, et le divin coursier est obligé de se conformer à son pas, jusqu'à ce que, épuisé par une longue résistance, la force abandonne ses membres, et que, accablé de fatigue, il tombe et roule à terre.

« Méchant animal, crie maître Jean l'accablant d'injures et de coups, tu n'es pas même bon pour labourer mon champ! Maudit soit le fripon qui t'a vendu à moi! » Tandis que le fouet servait de conclusion à sa harangue, un jeune homme vif et de bonne humeur vient à passer sur la route; une lyre résonne dans ses mains, et parmi ses cheveux blonds éclate une bandelette d'or. « Que veux-tu faire, dit-il, mon ami, d'un attelage aussi singulier? Que signifie cette union bizarre d'un bœuf avec un oiseau? Veux-tu me confier un instant ton cheval à l'essai, et tu verras un beau prodige. »

Le cheval est dételé, et le jeune homme saute sur sa croupe en souriant. A peine Pégase reconnaît-il la main du maître, qu'il mord fièrement son frein, prend son essor et lance des éclairs de ses yeux divins. Ce n'est plus un cheval, c'est un dieu qui s'élève au ciel avec majesté, et, déployant ses ailes, se perd bientôt parmi les espaces azurés, où les yeux des humains ne peuvent plus le suivre.

A GŒTHE

Lorsqu'il traduisit pour le théâtre le *Mahomet* de Voltaire.

Et toi aussi, qui nous avais arrachés au joug des fausses règles pour nous ramener à la vérité et à la nature; toi, Hercule au berceau, qui étouffas de tes mains d'enfant les serpents enlacés autour de notre génie, toi, depuis si longtemps, ministre d'un art tout divin, tu vas sacrifier sur les autels détruits d'une muse que nous n'adorons plus!

Ce théâtre n'est consacré qu'à la muse nationale, et nous n'y servirons plus des divinités étrangères; nous pouvons maintenant montrer avec orgueil un laurier qui a fleuri de lui-même sur notre Parnasse. Le génie allemand a osé pénétrer dans le sanctuaire des arts, et, à l'exemple des Grecs et des Bretons, il a brigué des palmes incueillies.

N'essaye donc pas de nous rendre nos anciennes entraves par cette imitation d'un drame du temps passé; ne nous rappelle pas les jours d'une minorité dégradante...

Ce serait une tentative vaine et méprisable que de vouloir arrêter la roue du temps qu'entraînent les heures rapides ; le présent est à nous, le passé n'est plus.

Notre théâtre s'est élargi ; tout un monde s'agite à présent dans son enceinte ; plus de conversations pompeuses et stériles ; une fidèle image de la nature, voilà ce qui a droit d'y plaire. L'exagération des mœurs dramatiques en a été bannie, le héros pense et agit comme un homme qu'il est ; la passion élève librement la voix, et le beau ne prend sa source que dans le vrai.

Cependant, le chariot de Thespis est légèrement construit ; il est comme la barque de l'Achéron qui ne pouvait porter que des ombres et de vaines images ; en vain la vie réelle se presse d'y monter, son poids ruinerait cette légère embarcation, qui n'est propre qu'à des esprits aériens ; jamais l'apparence n'atteindra entièrement la réalité ; où la nature se montre, il faut que l'art s'éloigne.

Ainsi, sur les planches de la scène, un monde idéal se déploiera toujours ; il n'y aura rien de réel que les larmes, et l'émotion n'y prendra point sa source dans l'erreur des sens. La vraie Melpomène est sincère ; elle ne nous promet rien qu'une fable, mais elle sait y attacher une vérité profonde ; la fausse nous promet la vérité, mais elle manque à sa parole.

L'art menaçait de disparaître du théâtre... L'imagination voulait seule y établir son empire, et bouleverser la scène comme le monde ; le sublime et le vulgaire étaient confondus... L'art n'avait plus d'asile que chez les Français : mais ils n'en atteindront jamais la perfection ; renfermés dans d'immuables limites, ils s'y maintiendront sans oser les franchir.

La scène est pour eux une enceinte consacrée : de ce magnifique séjour sont bannis les sons rudes et naïfs de la nature ; le langage s'y est élevé jusqu'au chant ; c'est un empire d'harmonie et de beauté ; tout s'y réunit dans une noble symétrie pour former un temple majestueux, dans lequel on ne peut se permettre de mouvements qui ne soient réglés par les lois de la danse.

Ne prenons pas les Français pour modèles; chez eux, l'art n'est point animé par la vie; la raison, amante du vrai, rejette leurs manières pompeuses, leur dignité affectée... Seulement, ils nous auront guidés vers le mieux; ils seront venus, comme un esprit qu'on aurait évoqué, purifier la scène si longtemps profanée, pour en faire le digne séjour de l'antique Melpomène.

LE PARTAGE DE LA TERRE

« Prenez le monde, dit un jour Jupiter aux hommes du haut de son trône; qu'il soit à vous éternellement comme fief ou comme héritage; mais faites-en le partage en frères. »

À ces mots, jeunes et vieux, tout s'apprête et se met en mouvement : le laboureur s'empare des produits de la terre; le gentilhomme, du droit de chasser dans les bois.

Le marchand prend tout ce que ses magasins peuvent contenir; l'abbé se choisit les vins les plus exquis; le roi barricade les ponts et les routes et dit : « Le droit de péage est à moi. »

Le partage était fait depuis longtemps quand le poëte se présenta; hélas! il n'y avait plus rien à y voir, et tout avait son maître.

« Malheur à moi! Le plus cher de tes enfants doit-il être oublié?... » disait-il à Jupiter en se prosternant devant son trône.

« Si tu t'es trop longtemps arrêté au pays des chimères, répondit le dieu, qu'as-tu à me reprocher?... Où donc étais-tu pendant le partage du monde? — J'étais près de toi, dit le poëte.

« Mon œil contemplait ton visage, mon oreille écoutait ta céleste harmonie; pardonne à mon esprit, qui, ébloui de ton éclat, s'est un instant détaché de la terre et m'en a fait perdre ma part.

— Que faire? dit le dieu. Je n'ai rien à te donner : les champs, les bois, les villes, tout cela ne m'appartient plus; veux-tu partager le ciel avec moi? viens l'habiter, il te sera toujours ouvert. »

LE COMTE DE HABSBOURG

A Aix-la-Chapelle, au milieu de la salle antique du palais, le roi Rodolphe, dans tout l'éclat de la puissance impériale, était assis au splendide banquet de son couronnement. Le comte palatin du Rhin servait les mets sur la table; celui de Bohême versait le vin pétillant, et les sept électeurs, tels que le chœur des étoiles qui tournent autour du soleil, s'empressaient de remplir les devoirs de leur charge auprès du maître de la terre.

Et la foule joyeuse du peuple encombrait les hautes galeries; ses cris d'allégresse s'unissaient au bruit des clairons; car l'interrègne avait été long et sanglant, et un juge venait d'être rendu au monde; le fer ne frappait plus aveuglément, et le faible, ami de la paix, n'avait plus à craindre les vexations du puissant.

L'empereur saisit la coupe d'or, et, promenant autour de lui des regards satisfaits : « La fête est brillante, le festin splendide, tout ici charme le cœur de votre souverain; cependant, je n'aperçois point de troubadour qui vienne émouvoir mon âme par des chants harmonieux et par les sublimes leçons de la poésie. Tel a été mon plus vif plaisir dès l'enfance, et l'empereur ne dédaigne point ce qui fit le bonheur du chevalier. »

Et voilà qu'un troubadour, traversant le cercle des princes, s'avance vêtu d'une robe traînante; ses cheveux brillent, argentés par de longues années : « Dans les cordes dorées de la lyre sommeille une douce harmonie; je troubadour célèbre les aventures des amants, il chante tout ce qu'il y a de noble et de grand sur la terre; ce que l'âme désire, ce que rêve le cœur; mais quels chants seraient dignes d'un tel monarque, à sa fête la plus brillante?

— Je ne prescris rien au troubadour, répond Rodolphe en souriant; il appartient à un plus haut seigneur, il obéit à l'inspiration : tel que le vent de la tempête dont on ignore l'origine, tel que le torrent dont la source est cachée, le chant d'un poëte jaillit des profondeurs de son âme, et réveille les nobles sentiments assoupis dans le fond des cœurs. »

Et le troubadour, saisissant sa lyre, prélude par des accords puissants. « Un noble chevalier chassait dans les bois le rapide chamois; un écuyer le suivait, portant les armes de la chasse; et, au moment que le chevalier, monté sur son fier coursier, allait entrer dans une prairie, il entend de loin tinter une clochette... C'était un prêtre précédé de son clerc, et portant le corps du Seigneur.

« Et le comte mit pied à terre, se découvrit humblement la tête, et adora avec une foi pieuse le Sauveur de tous les hommes. Mais un ruisseau qui traversait la prairie, grossi par les eaux d'un torrent, arrêta les pas du prêtre, qui déposa à terre l'hostie sainte et s'empressa d'ôter sa chaussure afin de traverser le ruisseau.

« — Que faites-vous? » s'écria le comte avec surprise. —
« Seigneur, je cours chez un homme mourant qui soupire
« après la céleste nourriture, et je viens de voir, à mon
« arrivée, la planche qui servait à passer le ruisseau céder
« à la violence des vagues. Mais il ne faut pas que le
« mourant perde l'espérance du salut, et je vais nu-pieds
« parcourir le courant. »

« — Alors, le puissant comte le fait monter sur son beau cheval, et lui présente la bride éclatante; ainsi le prêtre pourra consoler le malade qui l'attend et ne manquera pas à son devoir sacré. Et le chevalier poursuit sa chasse monté sur le cheval de son écuyer, tandis que le ministre des autels achève son voyage : le lendemain matin, il ramène au comte son cheval, qu'il tient modestement en laisse, en lui exprimant sa reconnaissance.

« Que Dieu me garde, » s'écrie le comte avec humilité, « de reprendre jamais pour le combat ou pour la chasse « un cheval qui a porté mon Créateur! Si vous ne pouvez « le garder pour vous-même, qu'il soit consacré au ser- « vice divin; car je l'ai donné à celui dont je tiens l'hon- « neur, les biens, le corps, l'âme et la vie.

« — Eh bien, que puisse Dieu, le protecteur de tous, « qui écoute les prières du faible, vous honorer dans ce « monde et dans l'autre comme aujourd'hui vous l'honorez! « Vous êtes un puissant comte, célèbre par vos exploits « dans la Suisse; six aimables filles fleurissent autour de « vous : puissent-elles, ajouta-t-il avec inspiration, ap- « porter six couronnes dans votre maison et perpétuer « votre race éclatante! »

Et l'empereur, assis, méditait dans son esprit et semblait se reporter à des temps déjà loin... Tout à coup il fixe ses yeux attentivement sur les traits du troubadour; frappé du sens de ses paroles, il reconnaît en lui le prêtre, et cache avec son manteau de pourpre les larmes qui viennent baigner son visage. Tous les regards se portent alors sur le prince : ce qu'on vient d'entendre n'est plus un mystère, et chacun bénit les décrets de la Providence.

LE COMMENCEMENT DU XIXe SIÈCLE

A***

O mon noble ami! où se réfugieront désormais la paix et la liberté? Un siècle vient de s'éteindre au sein d'une tempête, un siècle nouveau s'annonce par la guerre.

Tous liens sont rompus entre les nations, et toutes les vieilles institutions s'écroulent... Le vaste Océan n'arrête point les fureurs de la guerre; le dieu du Nil et le vieux Rhin ne peuvent rien contre elles.

Deux puissantes nations combattent pour l'empire du

monde; et, pour anéantir les libertés des peuples, le trident et la foudre s'agitent dans leurs mains.

Chaque contrée leur doit de l'or ; et, comme Brennus, aux temps barbares, le Français jette son glaive d'airain dans la balance de la justice.

L'Anglais, tel que le polype aux cents bras, couvre la mer de ses flottes avides, et veut fermer, comme sa propre demeure, le royaume libre d'Amphitrite.

Les étoiles du sud, encore inaperçues, s'offrent à sa course infatigable; il découvre les îles, les côtes les plus lointaines... mais le bonheur, jamais!

Hélas! en vain chercherais-tu sur toute la surface de la terre un pays où la liberté fleurisse éternelle, où l'espèce humaine brille encore de tout l'éclat de la jeunesse.

Un monde sans fin s'ouvre à toi; ton vaisseau peut à peine en mesurer l'espace; et, dans toute cette étendue, il n'y a point de place pour dix hommes heureux!

Il faut fuir le tumulte de la vie et te recueillir dans ton cœur. La liberté n'habite plus que le pays des chimères; le beau n'existe plus que dans la poésie.

LE DRAGON DE RHODES

Où court ce peuple? qu'a-t-il à se précipiter en hurlant dans les rues? Rhodes est-elle la proie des flammes?... La foule semble encore s'accroître, et j'aperçois au milieu d'elle un guerrier à cheval. Derrière lui... ô surprise! on traîne un animal dont le corps est d'un dragon et la gueule d'un crocodile, et tous les yeux se fixent avec étonnement, tantôt sur le monstre, tantôt sur le chevalier.

Et mille voix s'écrient: « Voilà le dragon!... venez le voir!... Voilà le héros qui en a triomphé! Bien d'autres sont partis pour cette périlleuse entreprise, mais aucun n'en était revenu... Honneur au vaillant chevalier! » Et la foule se dirige vers le couvent où les chevaliers de Saint-Jean se sont à la hâte rassemblés en conseil.

SCHILLER

Et le jeune homme pénètre avec peine dans la salle à travers les flots du peuple qui l'obstruaient, s'avance d'un air modeste vers le grand maître, et prend ainsi la parole : « J'ai rempli mon devoir de chevalier; le dragon qui dévastait le pays gît abattu par ma main; les chemins n'offrent plus de dangers aux voyageurs; le berger peut sans crainte faire paître ses troupeaux; le pèlerin peut aller paisiblement dans les rochers visiter la sainte chapelle. »

Le grand maître lui lance un regard sévère. « Tu as agi comme un héros, lui dit-il; la bravoure honore les chevaliers, et tu en as fait preuve... Dis-moi, cependant, quel est le premier devoir de celui qui combat pour le Christ et qui se pare d'une croix ? » Tous les assistants pâlissent; mais le jeune homme s'incline en rougissant, et répond avec une noble contenance : « L'obéissance est son premier devoir, celui qui le rend digne d'une telle distinction. — Et ce devoir, mon fils, répond le grand maître, tu l'as violé, quand ta coupable audace attaqua le dragon, au mépris de mes ordres. — Seigneur, jugez-moi seulement d'après l'esprit de la loi, car j'ai cru l'accomplir; je n'ai pas entrepris sans réfléchir une telle expédition, et j'ai plutôt employé la ruse que la force pour vaincre le dragon.

« Cinq chevaliers, l'honneur de notre ordre et de la religion, avaient déjà péri victimes de leur courage, lorsque vous nous défendîtes de tenter le même combat. Cependant, ce désir me rongeait le cœur et me remplissait de mélancolie. La nuit, des songes m'en retraçaient l'image, et, quand le jour venait éclairer de nouvelles dévastations, une ardeur sauvage s'emparait de moi, au point que je résolus enfin d'y hasarder ma vie.

« Et je me disais à moi-même : « D'où naît la gloire, « noble parure des hommes ? Qu'ont-ils fait, ces héros « chantés des poètes, et que l'antiquité élevait au rang des « dieux ? Ils ont purgé la terre de monstres, combattu des « lions, lutté avec des minotaures, pour délivrer de faibles victimes, et jamais ils n'ont plaint leur sang.

« Les chevaliers ne peuvent-ils donc combattre que des « Sarrasins, ou détrôner que des faux dieux ? N'ont-ils

« pas été envoyés à la terre comme libérateurs, pour l'af-
« franchir de tous ses maux et de tous ses ennemis ? Ce-
« pendant, la sagesse doit guider leur courage, et l'adresse
« suppléer à la force. » Ainsi me parlais-je souvent, et je
cherchais seul à reconnaître les lieux habités par le
monstre; enfin mon esprit m'offrit un moyen de l'attaquer,
et je m'écriai, plein de joie : « Je l'ai trouvé ! »

« Et, me présentant à vous, je vous témoignai le désir
de revoir ma patrie; vous accédâtes à ma prière; je fis
une heureuse traversée, et, de retour à peine dans mon
pays, je fis exécuter par un habile ouvrier l'image fidèle
du dragon. C'était bien lui : son long corps pesait sur des
pieds courts et difformes; son dos se recouvrait horriblement d'une cuirasse d'écailles.

« Son col était d'une longueur effrayante et sa gueule
s'ouvrait pour saisir ses victimes, hideuse comme une
porte de l'enfer, armée de dents qui éclataient blanches
sur le gouffre sombre de son gosier et d'une langue aiguë
comme la pointe d'une épée; ses petits yeux lançaient
d'affreux éclairs, et, au bout de cette masse gigantesque,
s'agitait la longue queue en forme de serpent dont il en-
tortille les chevaux et les hommes.

« Tout cela, exécuté en petit et peint d'une couleur
sombre, figurait assez bien le monstre, moitié serpent,
moitié dragon, au sein de son marais empoisonné; et,
quand tout fut terminé, je choisis deux dogues vigoureux,
agiles, accoutumés à chasser les bêtes sauvages; je les
lançai contre le monstre, et ma voix les excitait à le
mordre avec fureur de leurs dents acérées.

« Il est un endroit où la poitrine de l'animal dégarnie
d'écailles ne se recouvre que d'un poil léger : c'est là surtout que je dirige leurs morsures; moi-même, armé d'un
trait, je monte mon coursier arabe et d'une noble origine,
j'excite son ardeur en le pressant de mes éperons, et je
jette ma lance à cette vaine image, comme si je voulais
la percer.

« Mon cheval se cabre effrayé, hennit, blanchit son mors
d'écume, et mes dogues hurlent de crainte à cette vue...

Je ne prends point de repos qu'ils ne s'y soient accoutumés. Trois mois s'écoulent, et, lorsque je les vois bien dressés, je m'embarque avec eux sur un vaisseau rapide. Arrivé ici depuis trois jours, j'ai pris à peine le temps nécessaire pour reposer mes membres fatigués jusqu'au moment de l'entreprise.

« Mon cœur fut vivement touché des nouveaux désastres de ce pays, que j'appris à mon arrivée; de la mort surtout de ces bergers qui s'étaient égarés dans la forêt et qu'on retrouva déchirés; je ne pris plus dès lors conseil que de mon courage, et je résolus de ne pas différer plus longtemps. J'en instruisis soudain mes écuyers, je montai sur mon bon cheval, et, accompagné de mes chiens fidèles, je courus, par un chemin détourné et en évitant tous les yeux, à la rencontre de l'ennemi.

« Vous connaissez, seigneur, cette chapelle élevée par un de vos prédécesseurs sur le rocher d'où l'on découvre toute l'île : son extérieur est humble et misérable, et cependant elle renferme une merveille de l'art : la sainte Vierge et son fils, adoré par les trois rois. Le pèlerin, parvenu au faîte du rocher par trois fois trente marches, se repose enfin près de son Créateur, en contemplant avec satisfaction l'espace qu'il a parcouru.

« Il est au pied du rocher une grotte profonde, baignée des flots de la mer voisine, où jamais ne pénètre la lumière du ciel; c'est là qu'habitait le reptile et qu'il était couché nuit et jour, attendant sa proie : ainsi veillait-il comme un dragon de l'enfer au pied de la maison de Dieu, et, si quelque pèlerin s'engageait dans ce chemin fatal, il se jetait sur lui et l'emportait dans son repaire.

« Avant de commencer l'effroyable combat, je gravis le rocher, je m'agenouille devant le Christ, et, ayant purifié mon cœur de toute souillure, je revêts dans le sanctuaire mes armes éclatantes : j'arme ma droite d'une lance, et je descends pour combattre. Puis, laissant en arrière mes écuyers, à qui je donne mes derniers ordres, je m'élance sur mon cheval en recommandant mon âme à Dieu.

« A peine suis-je en plaine, que mes chiens poussent des hurlements, et mon cheval commence à se cabrer d'effroi... C'est qu'ils ont vu tout près la forme gigantesque de l'ennemi, qui, ramassé en tas, se réchauffait à l'ardeur du soleil. Les dogues rapides fondent sur lui; mais ils prennent bientôt la fuite, en le voyant ouvrir sa gueule haletante d'une vapeur empoisonnée, et pousser le cri du chacal.

« Cependant, je parviens à ranimer leur courage; ils retournent au monstre avec une ardeur nouvelle, tandis que, d'une main hardie, je lui lance un trait dans le flanc. Mais, repoussée par les écailles, l'arme tombe à terre sans force, et j'allais redoubler, lorsque mon coursier, qu'épouvantait le regard de feu du reptile et son haleine empestée, se cabra de nouveau, et c'en était fait de moi...

« Si je ne me fusse jeté vite à bas de cheval. Mon épée est hors du fourreau; mais tous mes coups sont impuissants contre le corselet d'acier du reptile. Un coup de queue m'a déjà jeté à terre, sa gueule s'ouvre pour me dévorer... quand mes chiens, s'élançant sur lui avec rage, le forcent à lâcher prise, et lui font pousser d'horribles hurlements, déchiré qu'il est par leurs morsures.

« Et, avant qu'il se soit débarrassé de leur attaque, je lui plonge dans la gorge mon glaive jusqu'à la poignée. Un fleuve de sang impur jaillit de sa plaie; il tombe et m'entraîne avec lui, enveloppé dans les nœuds de son corps. — C'est alors que je perdis connaissance, et, lorsque je revins à la vie, mes écuyers m'entouraient, et le dragon gisait étendu dans son sang. »

A peine le chevalier eut-il achevé, que des cris d'admiration longtemps comprimés s'élancèrent de toutes les bouches, et que des applaudissements cent fois répétés éclatèrent longtemps sous les voûtes sonores : les guerriers de l'ordre demandèrent même à haute voix que l'on décernât une couronne au héros; le peuple, reconnaissant, voulait le porter en triomphe... Mais le grand maître, sans dérider son front, commanda le silence.

« Tu as, dit-il, frappé d'une main courageuse le dragon

qui dévastait ces campagnes; tu es devenu un dieu pour le peuple... mais, pour notre ordre, un ennemi! et tu as enfanté un monstre bien autrement fatal que n'était celui-ci..., un serpent qui souille le cœur, qui produit la discorde et la destruction, en un mot, la désobéissance! Elle hait toute espèce de subordination, brise les liens sacrés de l'ordre, et fait le malheur de ce monde.

« Le Turc est brave comme nous... C'est l'obéissance qui doit nous distinguer de lui : c'est dans les mêmes lieux où le Seigneur est descendu de toute sa gloire à l'état abject d'un esclave, que les premiers de cet ordre l'ont fondé afin de perpétuer un tel exemple : l'abnégation de toutes nos volontés, devoir qui est le plus difficile de tous, a été la base de leur institution ! — Une vaine gloire t'a séduit... Ote-toi de ma vue... Celui qui ne peut supporter le joug du Seigneur n'est pas digne de se parer de sa croix. »

La foule, à ces mots, s'agite en tumulte et remplit le palais d'impétueux murmures. Tous les chevaliers demandent en pleurant la grâce de leur frère... Mais celui-ci, les yeux baissés, dépouille en silence l'habit de l'ordre, baise la main sévère du grand maître, et s'éloigne. Le vieillard le suit quelque temps des yeux, puis, le rappelant du ton de l'amitié : « Embrasse-moi, mon fils ! tu viens de remporter un combat plus glorieux que le premier : prends cette croix ; elle est la récompense de cette humilité qu consiste à se vaincre soi-même. »

JEANNE D'ARC

Le démon de la raillerie t'a traînée dans la poussière pour souiller la plus noble image de l'humanité. L'esprit du monde est éternellement en guerre avec tout ce qu'il y a de beau et de grand : il ne croit ni à Dieu ni aux esprits célestes, il veut ravir au cœur tous ses trésors, il anéantit toutes les croyances en attaquant toutes les illusions.

Mais la poésie, d'humble naissance comme toi, est aussi une pieuse bergère; elle te couvre de tous les priviléges de sa divinité, elle t'environne d'un cortége d'étoiles, et répand la gloire autour de toi... O toi que le cœur a faite ce que tu es, tu vivras immortelle !

Le monde aime à obscurcir tout ce qui brille, à couvrir de fange tout ce qui s'élève. Mais ne crains rien ! il y a encore de bons cœurs qui tressaillent aux actions sublimes et généreuses; Momus fait les délices de la multitude; un noble esprit ne chérit que les nobles choses.

LE GANT

Le roi de France assistait à un combat de bêtes féroces, entouré des grands de sa cour, et un cercle brillant de femmes décorait les hautes galeries.

Le prince fait un signe : une porte s'ouvre, un lion sort d'un pas majestueux. Muet, il promène ses regards autour de lui, ouvre une large gueule, secoue sa crinière, allonge ses membres, et se couche à terre.

Et le prince fait un nouveau signe : une seconde porte s'ouvre aussitôt; un tigre en sort en bondissant; à la vue du lion, il jette un cri sauvage, agite sa queue en formidables anneaux, décrit un cercle autour de son ennemi, et vient enfin, grondant de colère, se coucher en face de lui.

Le roi fait un signe encore : les deux portes se rouvrent et vomissent deux léopards. Enflammés de l'ardeur de combattre, ils se jettent sur le tigre, qui les saisit de ses griffes cruelles. Le lion lui-même se lève en rugissant, puis il se tait, et alors commence une lutte acharnée entre ces animaux avides de sang.

Tout à coup un gant tombe du haut des galeries, lancé par une belle main, entre le lion et le tigre, et la jeune

Cunégonde, se tournant d'un air railleur vers le chevalier de Lorge : « Sire chevalier, prouvez-moi donc ce profond amour que vous me jurez à toute heure en m'allant relever ce gant. »

Et le chevalier se précipite dans la formidable arène, et d'une main hardie va ramasser le gant au milieu des combattants.

Tous les yeux se promènent de la dame au chevalier avec étonnement, avec effroi... Celui-ci revient paisiblement vers Cunégonde, et de toutes les bouches sort un murmure d'admiration. La dame le reçoit avec un doux sourire, présage d'un bonheur assuré... Mais le chevalier, lui jetant le gant avec dédain : « Point de remerciements, madame ! » Et il la quitte toute confuse d'une telle leçon.

L'IDÉAL

Tu veux donc, infidèle, te séparer de moi, avec tes douces illusions, tes peines et tes plaisirs ? Rien ne peut arrêter ta fuite, ô temps doré de ma jeunesse ? C'est en vain que je te rappelle... Tu cours précipiter tes ondes dans la mer de l'éternité !

Ils ont pâli, ces gais rayons qui jadis éclairaient mes pas ; ces brillantes chimères se sont évanouies, qui remplissaient le vide de mon âme : je ne crois plus aux songes que mon sommeil m'offrait si beaux et si divins, la froide réalité les a frappés de mort !

Comme Pygmalion, dans son ardeur brûlante, embrassait un marbre glacé jusqu'à lui communiquer le sentiment et la vie, je pressais la nature avec tout le feu de la jeunesse, afin de l'animer de mon âme de poëte.

Et, partageant ma flamme, elle trouvait une voix pour me répondre, elle me rendait mes caresses, et comprenait les battements de mon cœur : l'arbre, la rose, tout pour moi naissait à la vie, le murmure des ruisseaux me flattait comme un chant, mon souffle avait donné l'existence aux êtres les plus insensibles.

Alors, tout un monde se pressait dans ma poitrine, impatient de se produire au jour, par l'action, par la parole, par les images et par les chants... Combien ce monde me parut grand tant qu'il resta caché comme la fleur dans son bouton. Mais que cette fleur s'est peu épanouie ! qu'elle m'a semblé depuis chétive et méprisable !

Comme il s'élançait, le jeune homme, insouciant et léger, dans la carrière de la vie ! Heureux de ses rêves superbes, libre encore d'inquiétudes, l'espérance l'emportait aux cieux ; il n'était pas de hauteur, pas de distance que ses ailes ne pussent franchir !

Rien n'apportait obstacle à cet heureux voyage, et quelle foule aimable se pressait autour de son char ! L'amour avec ses douces faveurs, le bonheur couronné d'or, la gloire le front ceint d'étoiles, et la vérité toute nue à l'éclat du jour.

Mais, hélas ! au milieu de la route, il perdit ses compagnons perfides ; et, les uns après les autres, ils s'étaient détournés de lui : le bonheur aux pieds légers avait disparu, la soif du savoir ne pouvait plus être apaisée, et les ténèbres du doute venaient ternir l'image de la vérité.

Je vis les palmes saintes de la gloire prodiguées à des fronts vulgaires ; l'amour s'envola avec le printemps ; le chemin que je suivais devint de jour en jour plus silencieux et plus désert ; à peine si l'espérance y jetait encore quelques vagues clartés.

De toute cette suite bruyante, quelles sont les deux divinités qui me demeurèrent fidèles, qui me prodiguent encore leurs consolations, et m'accompagneront jusqu'à ma dernière demeure ?... C'est toi, tendre amitié, dont la main guérit toutes les blessures, toi qui partages avec moi le fardeau de la vie, toi que j'ai cherchée de si bonne heure et qu'enfin j'ai trouvée.

C'est toi aussi, bienfaisante étude, toi qui dissipes les orages de l'âme, qui crées difficilement, mais ne détruis jamais; toi qui n'ajoutes à l'édifice éternel qu'un grain de sable sur un grain de sable, mais qui sais dérober au temps avare des minutes, des jours et des années!

LA BATAILLE

Telle qu'un nuage épais et qui porte une tempête, la marche des troupes retentit parmi les vastes campagnes; une plaine immense s'offre à leurs yeux, c'est là qu'on va jeter les dés d'airain. Tous les regards sont baissés, le cœur des plus braves palpite, les visages sont pâles comme la mort; voilà le colonel qui parcourt les rangs; « Halte! » Cet ordre brusque enchaîne le régiment, qui présente un front immobile et silencieux.

Mais qui brille là-bas sur la montagne aux rayons pourprés du matin? « Voyez-vous les drapeaux ennemis? — Nous les voyons! que Dieu soit avec nos femmes et nos enfants. — Entendez-vous ces chants, ces roulements de tambours, et ces fifres joyeux? Comme cette belle et sauvage harmonie pénètre tous nos membres et parcourt la moelle de nos os! Frères, que Dieu nous protége..... Nous nous reverrons dans un autre monde! »

Déjà un éclair a lui le long de la ligne de bataille; un tonnerre sourd l'accompagne, l'action commence, les balles sifflent, les signaux se succèdent... Ah! l'on commence à respirer!

La mort plane, le sort se balance indécis... Les dés d'airain sont jetés au sein de la fumée ardente!

Voilà que les deux armées se rapprochent: « Garde à vous! » crie-t-on de peloton en peloton. Le premier rang plie le genou et fait feu... il en est qui ne se relèveront pas. La mitraille trace de longs vides; le second rang se trouve le premier... A droite, à gauche, partout la mort: que de légions elle couche à terre!

Le soleil s'éteint, mais la bataille est toute en feu; la

nuit sombre descend enfin sur les armées. « Frères, que Dieu nous protége !... Nous nous reverrons dans un autre monde ! »

De toutes parts le sang jaillit ; les vivants sont couchés avec les morts ; le pied glisse sur les cadavres... « Et toi aussi, Franz ! — Mes adieux à ma Charlotte, ami ! (La bataille s'anime de plus en plus.) — Je lui porterai... Oh ! camarade, vois-tu derrière nous pétiller la mitraille ?... Je lui porterai tes adieux. Repose ici !... Je cours là-bas où il pleut des balles. »

Le sort de la journée est encore douteux ; mais la nuit s'épaissit toujours... « Frères, que Dieu nous protége !... Nous nous reverrons dans un autre monde ! »

Écoutez ! les adjudants passent au galop... Les dragons s'élancent sur l'ennemi, et ses canons se taisent... « Victoire ! camarades ! la peur s'est emparée des lâches, et ils jettent leurs drapeaux ! »

La terrible bataille est enfin décidée : le jour triomphe aussi de la nuit ; tambours bruyants, fifres joyeux, célébrez tous notre victoire ! « Adieu, frères que nous laissons !... Nous nous reverrons dans un autre monde ! »

LA CAUTION

Méros cache un poignard sous son manteau, et se glisse chez Denys de Syracuse : les satellites l'arrêtent et le chargent de chaînes. « Qu'aurais-tu fait de ce poignard ? lui demande le prince en fureur. — J'aurais délivré la ville d'un tyran ! — Tu expieras ce désir sur la croix.

— Je suis prêt à mourir, et je ne demande point ma grâce ; mais daigne m'accorder une faveur : trois jours de délai pour unir ma sœur à son fiancé. Mon ami sera ma caution, et, si je manque à ma parole, tu pourras te venger sur lui. »

Le roi se mit à rire, et, après un instant de réflexion,

répondit d'un ton moqueur : « Je t'accorde trois jours ; mais songe que si tu n'as pas reparu, ce délai expiré, ton ami prend ta place, et je te tiens quitte. »

Méros court chez son ami : « Le roi veut que j'expie sur la croix ma malheureuse tentative; cependant, il m'accorde trois jours pour assister au mariage de ma sœur; sois ma caution auprès de lui jusqu'à mon retour. »

Son ami l'embrasse en silence et va se livrer au tyran tandis que Méros s'éloigne. Avant la troisième aurore, il avait uni sa sœur à son fiancé, et il revenait déjà en grande hâte pour ne pas dépasser le délai fatal.

Mais une pluie continuelle entrave la rapidité de sa marche; les sources des montagnes se changent en torrents, et des ruisseaux forment des fleuves. Appuyé sur son bâton de voyage, Méros arrive au bord d'une rivière, et voit soudain les grandes eaux rompre le pont qui joignait les deux rives et en ruiner les arches avec le fracas du tonnerre.

Désolé d'un tel obstacle, il s'agite en vain sur les bords, jette au loin d'impatients regards : point de barque qui se hasarde à quitter la rive pour le conduire où ses désirs l'appellent; point de batelier qui se dirige vers lui, et le torrent s'enfle comme une mer.

Il tombe sur la rive et pleure en levant ses mains au ciel : « O Jupiter, aplanis ces eaux mugissantes! Le temps fuit, le soleil parvient à son midi, s'il va plus loin, j'arriverai trop tard pour délivrer mon ami! »

La fureur des vagues ne fait que s'accroître, les eaux poussent les eaux, et les heures chassent les heures... Méros n'hésite plus; il se jette au milieu du fleuve irrité, il lutte ardemment avec lui... Dieu lui accorde la victoire.

Il a gagné l'autre rive, il précipite sa marche en rendant grâce au ciel... quand tout à coup, du plus épais de la forêt, une bande de brigands se jette sur lui, avide de meurtre, et lui ferme le passage avec des massues menaçantes.

« Que me voulez-vous? Je ne possède que ma vie, et je la dois au roi, à mon ami que je cours sauver!... » Il dit, saisit la massue du premier qui l'approche; trois brigands tombent sous ses coups, et les autres prennent la fuite.

Le soleil est brûlant, Méros sent ses genoux se dérober sous lui, brisés par la fatigue. « O toi qui m'as sauvé de la main des brigands et de la fureur du fleuve, me laisseras-tu périr ici en trahissant celui qui m'aime?

« Qu'entends-je? serait-ce un ruisseau que m'annonce ce doux murmure? » Il s'arrête, il écoute; une source joyeuse et frétillante a jailli d'un rocher voisin : le voyageur se baisse, ivre de joie, et rafraîchit son corps brûlant.

Et déjà le soleil, en jetant ses regards à travers le feuillage, dessine le long du chemin les formes des arbres avec des ombres gigantesques : deux voyageurs passent, Méros les devance bientôt, mais les entend se dire entre eux : « A cette heure, on le met en croix! »

Le désespoir lui donne des ailes, la crainte l'aiguillonne encore... Enfin les tours lointaines de Syracuse apparaissent aux rayons du soleil couchant; il rencontre bientôt Philostrate, le fidèle gardien de sa maison, qui le reconnaît et frémit.

« Fuis donc! il n'est plus temps de sauver ton ami; sauve du moins ta propre vie... En ce moment, il expire : d'heure en heure, il t'attendait sans perdre l'espoir, et les railleries du tyran n'avaient pu ébranler sa confiance en toi.

— Eh bien, si je ne puis le sauver, je partagerai du moins son sort : que le sanguinaire tyran ne puisse pas dire qu'un ami a trahi son ami; qu'il frappe deux victimes, et croie encore à la vertu! »

Le soleil s'éteignait, quand Méros parvient aux portes de la ville; il aperçoit l'échafaud et la foule qui l'environne; on enlevait déjà son ami avec une corde pour le mettre en croix : « Arrête, bourreau! me voici! cet homme était ma caution! »

Le peuple admire... Les deux amis s'embrassent en pleurant, moitié douleur et moitié joie; nul ne peut être insensible à un tel spectacle; le roi lui-même apprend avec émotion l'étonnante nouvelle, et les fait amener devant son trône.

Longtemps il les considère avec surprise. « Votre conduite a subjugué mon cœur... La foi n'est donc pas un vain mot... J'ai à mon tour une prière à vous adresser. Daignez m'admettre à votre union, et que nos trois cœurs n'en forment plus qu'un seul. »

———

DÉSIR

Ah! s'il était une issue pour m'élancer hors de ce vallon où pèse un brouillard glacé, quelle serait ma joie!... Là-bas, j'aperçois de riantes collines, décorées d'une jeunesse et d'une verdure éternelles : oh! si j'étais oiseau, si j'avais des ailes, je m'en irais là-bas sur ces collines!

D'étranges harmonies viennent parfois retentir à mon oreille, échappées des concerts de ce monde enchanté : les vents légers m'en apportent souvent de suaves parfums; j'y vois briller des fruits d'or au travers de l'épais feuillage, et des plantes fleuries qui ne craignent rien des rigueurs de l'hiver.

Ah! que la vie doit s'écouler heureuse sur ces collines dorées d'un soleil éternel! que l'air y doit être doux à respirer! mais les vagues furieuses d'un torrent m'en défendent l'accès, et leur vue pénètre mon âme d'effroi.

Une barque cependant se balance près du bord; mais, hélas! point de pilote pour la conduire! — N'importe, entrons-y sans crainte, ses voiles sont déployées... il faut espérer, il faut oser, car les dieux ne garantissent le succès d'aucune entreprise, et un prodige seul peut me faire arriver dans ce beau pays des prodiges.

———

COLOMB

Courage, brave navigateur! la raillerie peut attaquer tes espérances, les bras de tes marins peuvent tomber de fatigue... Va toujours! toujours au couchant! Ce rivage que tu as deviné, il t'apparaîtra bientôt dans toute sa splendeur. Mets ta confiance dans le Dieu qui te guide, et avance sans crainte sur cette mer immense et silencieuse. — Si ce monde n'existe pas, il va jaillir des flots exprès pour toi, car il est un lien éternel entre la nature et le génie, qui fait que l'une tient toujours ce que l'autre promet.

LA GRANDEUR DU MONDE

Je veux parcourir avec l'aile des vents tout ce que l'Éternel a tiré du chaos, jusqu'à ce que j'atteigne aux limites de cette mer immense et que je jette l'ancre là où l'on cesse de respirer, où Dieu a posé les bornes de la création!

Je vois déjà de près les étoiles dans tout l'éclat de leur jeunesse, je les vois poursuivre leur course millénaire à travers le firmament, pour atteindre au but qui leur est assigné; je m'élance plus haut... Il n'y a plus d'étoiles!

Je me jette courageusement dans l'empire immense du vide; mon vol est rapide comme la lumière... Voici que m'apparaissent de nouveaux nuages, un nouvel univers, et des terres, et des fleuves...

Tout à coup, dans un chemin solitaire, un pèlerin vient à moi : « Arrête, voyageur, où vas-tu? — Je marche aux limites du monde, là où l'on cesse de respirer, où Dieu a posé les bornes de la création!

— Arrête! tu marcherais en vain : l'infini est devant toi. » O ma pensée! replie donc tes ailes d'aigle! Et toi, audacieuse imagination, c'est ici, hélas! ici qu'il faut jeter l'ancre.

ADIEUX AU LECTEUR

Ma muse se tait, et sent la rougeur monter à ses joues virginales ; elle s'avance vers toi pour entendre ton jugement, qu'elle recevra avec respect, mais sans crainte. Elle désire obtenir les suffrages de l'homme vertueux, que la vérité touche, et non un vain éclat ; celui qui porte un cœur capable de comprendre les impressions d'une poésie élevée, celui-là seul est digne de la couronner.

Ces chants auront assez vécu, si leur harmonie peut réjouir une âme sensible, l'environner d'aimables illusions et lui inspirer de hautes pensées ; ils n'aspirent point aux âges futurs ; ils ne résonnent qu'une fois sans laisser d'échos dans le temps ; le plaisir du moment les fait naître, et les heures vont les emporter dans leur cercle léger.

Ainsi le printemps se réveille : dans tous les champs que le soleil échauffe, il répand une existence jeune et joyeuse ; l'aubépine livre aux vents ses parfums ; le brillant concert des oiseaux monte jusqu'au ciel ; tous les sens, tous les êtres partagent la commune ivresse... Mais, dès que le printemps s'éloigne, les fleurs tombent à terre, fanées, et pas une ne demeure de toutes celles qu'il avait fait naître.

KLOPSTOCK

MA PATRIE

Comme un fils qui n'a vu s'écouler qu'un petit nombre de printemps, s'il veut fêter son père, vieillard à la chevelure argentée, et tout entouré des bonnes actions de sa vie, s'apprête à lui exprimer combien il l'aime avec un langage de fou;

Il se lève précipitamment au milieu de la nuit; son âme est brûlante : il vole sur les ailes du matin, arrive près du vieillard, et puis a perdu la parole!

C'est ce que j'ai éprouvé... J'allais te chanter, ô ma patrie! et déjà j'obéissais au vol rapide de l'inspiration, déjà ma lyre avait résonné d'elle-même, lorsque la sévère discrétion m'a fait un signe avec son bras d'airain, et soudain mes doigts ont tremblé.

Mais je ne les retiens plus : il faut que je reprenne ma lyre, que je tente un essor plus audacieux, et que je cesse de taire les pensées qui consument mon âme.

O mon beau pays, ta tête se couronne d'une gloire de mille années; tu marches du pas des immortels, et tu t'avances avec orgueil à la tête de plusieurs nations! combien je t'aime, mon pays, mon beau pays!

Ah! j'ai trop entrepris, je le sens; et la lyre échappe à ma faible main... Que tu es belle, ma patrie! De quel éclat brille ta couronne! Comme tu t'avances du pas des immortels!

Mais tes traits s'animent d'un doux sourire qui réchauffe tout mon courage. Oh! avec quelle joie, quelle reconnaissance, je vais chanter que tu m'as souri!

Je me suis de bonne heure consacré à toi. A peine mon cœur eut-il senti les premiers battements de l'ambition, que j'entrepris de célébrer Henri, ton libérateur, au milieu des lances et des harnois guerriers.

Mais j'ai vu bientôt s'ouvrir à moi une plus haute carrière, et je m'y suis élancé, enflammé d'un autre désir que celui de la gloire... Elle conduit au ciel, patrie commune des mortels.

Je la poursuis toujours, et, si je viens à y succomber sous le poids de la faiblesse humaine, je me détournerai, je prendrai la harpe des bardes, et j'oserai l'entretenir de ta gloire.

Tes nobles forêts bravent les coups du temps, et leur ombre protège une race nombreuse qui pense et qui agit.

Là se trouvent des hommes qui ont le coup d'œil du génie, qui font danser autour de toi des heures joyeuses, qui possèdent la baguette des fées, qui savent trouver de l'or pur et des pensées nouvelles.

Jusqu'où n'as-tu pas étendu tes rejetons nombreux ? Tantôt dans les pays où coule le Rhône, tantôt aux bords de la Tamise, et partout on les a vus croître, partout s'entourer d'autres rejetons.

Et cependant ils sont sortis de toi : tu leur as envoyé des guerriers; tes armes leur ont porté un glorieux appel, et tel a été le monument de ta victoire : LES GAULOIS S'APPELAIENT FRANCS, ET LES BRETONS ANGLAIS [1] !

Tes triomphes ont encore brillé d'un plus grand éclat : l'orgueilleuse Rome avait puisé la soif des combats dans le sein d'une louve, sa mère; depuis longtemps, sa tyrannie pesait sur le monde; mais tu la renversas, ô ma patrie, la grande Rome, tu la renversas dans son sang !

Jamais aucun pays n'a été juste comme toi envers le mérite étranger... Ne sois pas trop juste envers eux, ô ma patrie ! ils ne sont pas capables de comprendre ce qu'il y a de grandeur dans un tel excès.

Tes mœurs sont simples et vertueuses; ton esprit est

---

[1] Allusion à l'origine allemande des Francs et des Anglais.

sage et profond; ta parole est puissante et ton glaive est tranchant. Cependant, tu le remets volontiers dans le fourreau, et, sois-en bénie, il ne dégoutte pas du sang des malheureux.

Mais la discrétion me fait encore signe avec son bras d'airain : je me tais jusqu'à ce qu'elle me permette de chanter de nouveau. Je vais donc me recueillir en moi-même, et méditer la grande, la terrible pensée d'être digne de toi, ô ma patrie !

LES CONSTELLATIONS

Tout chante ses louanges, les champs, les forêts, la vallée et les montagnes : le rivage en retentit; la mer tonne sourdement le nom de l'Éternel, et l'hymne reconnaissant de la nature peut à peine monter jusqu'à lui.

Et sans cesse elle chante celui qui l'a créée, et, du ciel à la terre, partout sa voix résonne ; parmi l'obscurité des nuages, le compagnon de l'éclair glorifie le Seigneur sur la cime des arbres et sur la crête des montagnes.

Son nom est célébré par le bocage qui frémit et par le ruisseau qui murmure ; les vents l'emportent jusqu'à l'arc céleste, l'arc de grâce et de consolation que sa main tendit dans les nuages.

Et tu te tairais, toi que Dieu créa immortel! et tu resterais muet dans ce concert de louanges et d'admiration! Rends grâces au Dieu qui te fait partager son éternité!... quels que soient tes efforts, ils seront toujours indignes de lui.

Cependant chante encore, et glorifie ton bienfaiteur. Chœurs éclatants qui m'entourez, je viens et je m'unis à vous, je veux partager votre ravissement et vos concerts!

Celui qui créa l'univers, qui créa là-haut le flambeau d'or qui nous éclaire, ici la poudre où s'agitent des millions de vers, quel est-il? C'est Dieu! c'est Dieu, notre père!

nous l'appelons ainsi, et d'innombrables voix s'unissent à la nôtre.

Oui, il créa les mondes; et, là-bas, le Lion, qui verse de son sein des torrents de lumière. Bélier, Capricorne, Pléiades, Scorpion, Cancer, vous êtes son ouvrage; voyez la Balance s'élever ou descendre... Le Sagittaire vise, un éclair part.

Il se tourne; comme ses flèches et son carquois résonnent! et vous, Gémeaux, de quelle pure lumière vous êtes enflammés! vos pieds rayonnants se lèvent pour une marche triomphante. Le poisson joue et vomit des feux éclatants.

La rose jette un rayon de feu du centre de sa couronne; l'aigle au regard flamboyant plane au milieu de ses compagnons soumis; le cygne nage, orgueilleux, le col arrondi et les ailes au vent.

Qui t'a donné cette mélodie, ô lyre? qui donc a tendu les cordes dorées et sonores? Tu te fais entendre, et les planètes, s'arrêtant dans leur danse circulaire, viennent en roulant sur leurs orbites la continuer autour de toi.

Voici la Vierge ailée en robe de fête, les mains pleines d'épis et de pampres joyeux. Voici le Verseau d'où se précipitent des flots de lumière; mais Orion contemple la ceinture et non le Verseau.

Oh! si la main de Dieu te répandait sur l'autel, vase céleste! toute la Création volerait en éclats, le cœur du Lion se briserait auprès de l'urne desséchée, la lyre ne rendrait plus que des accents de mort, et la couronne tomberait flétrie.

Dieu a créé ces signes dans les cieux, il fit la lune plus près de notre poussière. Paisible compagne de la nuit, son doux éclat répand sur nous la sérénité; elle revient veiller toujours sur le front de ceux qui sommeillent.

Je glorifie le Seigneur, celui qui ordonna à la nuit sainte du sommeil et de la mort d'avoir des voiles et des flambeaux. Terre, tombeau toujours ouvert pour nous, comme Dieu t'a parée de fleurs!

Lorsque Dieu se lèvera pour juger, il remuera le tombeau plein d'ossements et la terre pleine de semence ! Que tout ce qui dort se réveille ! La foudre environne le trône de Dieu ; l'heure du jugement sonne, et la mort a trouvé des oreilles pour l'entendre.

―――

LES DEUX MUSES

J'ai vu... oh ! dis-moi, était-ce le présent que je voyais, ou l'avenir ?... j'ai vu dans la lice la Muse allemande avec la Muse anglaise s'élancer vers une couronne.

À peine distinguait-on deux buts à l'extrémité de la carrière ; des chênes ombrageaient l'un ; autour de l'autre des palmiers se dessinaient dans l'éclat du soir [1].

Accoutumée à de semblables luttes, la muse d'Albion descendit fièrement dans l'arène, ainsi qu'elle y était venue ; elle avait jadis concouru glorieusement avec le fils de Méon, le chantre du Capitole.

Elle jeta un coup d'œil à sa jeune rivale, tremblante, mais avec une sorte de noblesse, dont l'ardeur de la victoire enflammait les joues et qui abandonnait aux vents sa chevelure d'or.

Déjà elle retient à peine le souffle resserré dans sa poitrine ardente, et se penche avidement vers le but... La trompette déjà résonne à ses oreilles, et ses yeux dévorent l'espace.

Fière de sa rivale, plus fière d'elle-même, l'altière Bretonne mesure encore des yeux la fille de Thuiskon :
« Je m'en souviens, dit-elle, je naquis avec toi chez les Bardes, dans la forêt sacrée ;

« Mais le bruit était venu jusqu'à moi que tu n'existais plus ; pardonne, ô Muse, si tu es immortelle, pardonne-

―――

[1] Le chêne est l'emblème de la poésie patriotique, et le palmier celui de la poésie religieuse qui vient de l'Orient. *Staël.*

moi de l'apprendre si tard ; mais au but j'en serai plus sûre.

— Le voici là-bas !... Le vois-tu dans le lointain avec sa couronne ?... Oh ! ce courage contenu, cet orgueilleux silence, ce regard qui se fixe à terre tout en feu... Je le connais !

« Cependant, réfléchis encore avant que retentisse la trompette du héraut... C'est moi, moi-même qui luttais naguère avec la muse des Thermopyles, avec celle des sept collines ! »

Elle dit ; le moment suprême est venu, et le héraut s'approche : « Muse bretonne, s'écrie, les yeux ardents, la fille de la Germanie, je t'aime, oh ! je t'aime en t'admirant...

« Mais moins que l'immortalité, moins que la palme de la victoire ! Saisis-la avant moi, si ton génie le veut, mais que je puisse la partager et porter aussi une couronne.

« Et... quel frémissement m'agite ! Dieux immortels !... Si j'y arrivais la première, à ce but éclatant,.... alors, je sentirais ton haleine agiter de bien près mes cheveux épars. »

Le héraut donna le signal... Elles s'envolèrent, aigles rapides, et la poussière, comme un nuage, les eut bientôt enveloppées... Près du but, elle s'épaissit encore, et je finis par les perdre de vue.

LES HEURES DE L'INSPIRATION

Je vous salue, heures silencieuses, que l'étoile du soir balance autour de mon front pour l'inspirer ! Oh ! ne fuyez point sans me bénir, sans me laisser quelques pensées divines !

A la porte du ciel, un esprit a parlé ainsi : « Hâtez-vous, heures saintes, qui dépassez si rarement les portes dorées des cieux, allez vers ce jeune homme,

« Qui chante à ses frères le Messie ; protégez-le de l'ombre bienfaisante de vos ailes, afin que, solitaire, il rêve l'éternité.

« L'œuvre que vous allez lui inspirer traversera tous les âges ; les hommes de tous les siècles l'entendront ; il élèvera leurs cœurs jusqu'à Dieu, et leur apprendra la vertu. »

Il dit : le retentissement de la voix de l'esprit a comme ébranlé tous mes os, et je me suis levé, comme si Dieu passait dans le tonnerre au-dessus de ma tête, et j'ai été saisi de surprise et de joie !

Que de ce lieu n'approche nul profane, nul chrétien même, s'il ne sent pas en lui le souffle prophétique ! Loin de moi, enfants de la poussière !

Pensées couronnées, qui trompez mille fous sans couronne, loin de moi : faites place à la vertu, noble, divine, à la meilleure amie des mortels !

Heures saintes, enveloppez des ombres de la nuit ma demeure silencieuse ; qu'elle soit impénétrable pour tous les hommes ; et, si mes amis les plus chers s'en approchaient, faites-leur signe doucement de s'éloigner.

Seulement, si Schmied, le favori des muses de Sion, vient pour me voir, qu'il entre... Mais, ô Schmied, ne m'entretiens que du jugement dernier, ou de ta digne sœur.

Elle est capable de nous comprendre et de nous juger : que tout ce qui dans nos chants n'a pas ému son cœur ne soit plus !... que ce qui l'a ému vive éternel !

Cela seul est digne d'attendrir les cœurs des chrétiens, et de fixer l'attention des anges qui viennent parfois visiter la terre.

A SCHMIED

Ode écrite pendant une maladie dangereuse[1].

Mon ami Schmied, je vais mourir ; je vais rejoindre ces âmes sublimes, Pope, Adisson, le chantre d'Adam, réuni à celui qu'il a célébré, et couronné par la mère des hommes.

Je vais revoir notre chère Radikine, qui fut pieuse dans ses chants comme dans son cœur, et mon frère, dont la mort prématurée fit couler mes premières larmes et nous apprit qu'il y avait des douleurs sur la terre...

Je m'approcherai du cercle des saints anges, de ce chœur céleste où retentit sans fin l'Hosanna !

O bienfaisant espoir ! comme il me saisit, comme il agite violemment mon cœur dans ma poitrine !... Ami, mets-y ta main.. J'ai vécu... et j'ai vécu, je ne le regrette point, pour toi, pour ceux qui nous sont chers, pour celui qui va me juger.

Oh ! j'entends déjà la voix du Dieu juste, le son de sa redoutable balance... Si mes bonnes actions pouvaient l'emporter sur mes fautes !

Il y a pourtant une noble pensée en qui je me confie davantage. J'ai chanté le Messie, et j'espère trouver pour moi, devant le trône de Dieu, une coupe d'or toute pleine de larmes chrétiennes !

Ah ! le beau temps de mes travaux poétiques ! les beaux jours que j'ai passés près de toi !... Les premiers, inépuisables de joie, de paix et de liberté ; les derniers, empreints d'une mélancolie qui eut bien aussi ses charmes.

Mais, dans tous les temps, je t'ai chéri plus que ma voix, que mon regard ne peuvent te l'exprimer... Sèche

---

[1] Klopstock a fait, depuis, quelques changements à cette pièce. Nous avons adopté la plus courte des deux versions.

tes pleurs, laisse-moi mon courage ; sois un homme, et reste dans le monde pour aimer nos amis.

Reste pour entretenir ta sœur, après ma mort, du tendre amour qui eût fait mon bonheur ici-bas, si mes vœux eussent pu s'accomplir.

Ne l'attriste pas cependant du récit de ces peines inconsolées qui ont troublé mes derniers jours, et qui les ont fait écouler comme un nuage obscur et rapide.

Ne lui dis point combien j'ai pleuré dans ton sein... et grâces te soient rendues d'avoir eu pitié de ma tristesse et d'avoir gémi de mes chagrins!

Aborde-la avec un visage calme, comme le mien l'est à l'instant suprême. Dis-lui que ma mort a été douce, que je m'entretenais d'elle, que tu as entendu de ma bouche et lu dans mes yeux presque éteints ces dernières pensées de mon cœur :

« Adieu, sœur d'un frère chéri! fille céleste, adieu ! Combien je t'aime ! comme ma vie s'est écoulée dans la retraite, loin du vulgaire et toute pleine de toi!

« Ton ami mourant te bénit ; nulle bénédiction ne s'élèvera pour toi d'un cœur aussi sincère !

Puisse celui qui récompense répandre autour de toi la paix de la vertu et le bonheur de l'innocence.

« Que rien ne manque à l'heureuse destinée qu'annonçait ton visage riant en sortant des mains du Créateur, qui t'était encore inconnu, lorsqu'il nous réservait à tous deux un avenir si différent... A toi les plaisirs de la vie, et à moi les larmes.

« Mais, au milieu de toutes tes joies, compatis aux douleurs des autres et ne désapprends pas de pleurer ;

« Daigne accorder un souvenir à cet homme qui avait une âme élevée, et qui, si souvent, par une douleur silencieuse, osa t'avertir humblement que le ciel t'avait faite pour lui.

« Bientôt emporté au pied du trône de Dieu, et tout ébloui de sa gloire, j'étendrai mes bras suppliants, en lui adressant des vœux pour toi.

« Et alors un pressentiment de la vie future, un souffle

de l'esprit divin descendra sur toi et t'inondera de délices.

« Tu lèveras la tête avec surprise, et tes yeux souriants se fixeront au ciel... Oh! viens... viens m'y joindre, revêtue du voile blanc des vierges et couronnée de rayons divins ! »

PSAUME

Les lunes roulent autour des terres, les terres autour des soleils, et des milliers de soleils autour du plus grand de tous : *Notre Père qui êtes aux cieux !*

Tous ces mondes, qui reçoivent et donnent la lumière, sont peuplés d'esprits plus ou moins forts, plus ou moins grands ; mais tous croient en Dieu, tous mettent en lui leur espérance : *Que votre nom soit sanctifié !*

C'est lui ! c'est l'Éternel, seul capable de se comprendre tout entier et de se complaire en lui-même ; c'est lui qui plaça au fond du cœur de toutes ses créatures le germe du bonheur éternel : *Que votre règne arrive !*

Heureuses créatures : lui seul s'est chargé d'ordonner leur présent et leur avenir ; qu'elles sont heureuses ! que nous le sommes tous ! *Que votre volonté soit faite sur la terre comme au ciel !*

Il fait croître et grandir la tige de l'épi, il dore la pomme et le raisin avec les rayons du soleil ; il nourrit l'agneau sur la colline et dans la forêt le chevreuil : mais il tient aussi le tonnerre, et la grêle n'épargne ni la tige ni la branche, ni l'animal de la colline, ni celui de la forêt : *Donnez-nous aujourd'hui notre pain quotidien !*

Au-dessus du tonnerre et de la tempête, y a-t-il aussi des pécheurs et des mortels ?... Là-haut aussi, l'ami devient-il ennemi, la mort sépare-t-elle ceux qui s'aiment ? *Pardonnez-nous nos offenses comme nous les pardonnons à ceux qui nous ont offensés !*

On ne monte au ciel, but sublime, que par des chemins

difficiles : quelques-uns serpentent dans d'affreux déserts ; mais, là aussi, de temps en temps, le plaisir a semé quelques fruits pour rafraîchir le voyageur... *Ne nous induisez pas en tentation, mais délivrez-nous du mal !*

Adorons Dieu ! adorons celui qui fait rouler autour du soleil d'autres soleils, des terres et des lunes ; qui a créé les esprits et préparé leur bonheur ; qui sème l'épi, commande à la mort et soulage le voyageur du désert tout en le conduisant au but sublime. Oui, Seigneur, nous vous adorons, car à vous est l'empire, la puissance et la gloire. Amen.

―――

MON ERREUR

J'ai voulu longtemps les juger sur des faits et non sur des paroles ; et, feuilletant les pages de l'histoire, j'y suivais attentivement les Français.

O toi qui venges l'humanité des peuples et des rois qui l'outragent, véridique histoire, tu m'avais fait quelquefois de ce peuple une peinture bien effrayante.

Cependant, je croyais, et cette pensée était douce comme ces rêves dorés que l'on fait par une belle matinée, comme une espérance d'amour et de délices ;

Je croyais, ô liberté ! mère de tous les biens, que tu serais pour ce peuple une nouvelle providence, et que tu étais envoyée vers lui pour le régénérer.

N'es-tu plus une puissance créatrice ? ou si c'est que tu n'as pu parvenir à changer ces hommes ? leur cœur est-il de pierre, et leurs yeux sont-ils assez aveuglés pour te méconnaître ?

Ton âme, c'est l'ordre ; mais eux dont le cœur est de feu s'animent et se précipitent au premier signe de la licence.

Oh ! ils ne connaissent qu'elle, ils la chérissent... et pourtant ils ne parlent que de toi, quand leur fer tombe sur la tête des innocents ; oh ! ton nom alors est dans toutes les bouches.

Liberté, mère de tous les biens ! n'est-ce pas encore en ton nom qu'ils ont rompu de saints traités en commençant la guerre des conquêtes.

Hélas ! beau rêve doré du matin, ton éclat ne m'éblouit plus ; il ne m'a laissé qu'une douleur, une douleur comme celle de l'amour trompé

Mais quelquefois, dans un désert aride, il se présente tout à coup un doux ombrage où se délasse le voyageur : telle a été pour moi Corday l'héroïne, la femme-homme.

Des juges infâmes avaient absous le monstre ; elle a cassé leur jugement ; elle a fait ce qu'aimeront à raconter nos neveux, le visage enflammé et baigné de larmes d'admiration.

HERMANN ET TRUSNELDA

TRUSNELDA.

Ah ! le voici qui revient tout couvert de sueur, du sang des Romains et de la poussière du combat ! Jamais Hermann ne m'a paru si beau, jamais tant de flamme n'a jailli de ses yeux !

Viens ! je frémis de plaisir ; donne-moi cette aigle et cette épée victorieuse ! Viens, respire plus doucement et repose-toi dans mes bras du tumulte de la bataille !

Viens ! que j'essuie ton front couvert de sueur, et tes joues toutes sanglantes ! Comme elles brillent, les joues ! Hermann ! Hermann ! jamais Trusnelda n'eut tant d'amour pour toi !

Non, pas même le jour que, dans ta demeure sauvage, tu me serras pour la première fois dans tes bras indomptés ; je t'appartins désormais, et je pressentis dès lors que tu serais immortel un jour.

Tu l'es maintenant : qu'Auguste, dans son palais superbe, embrasse en vain l'autel de ses dieux !... Hermann, mon Hermann est immortel !

HERMANN.

Pourquoi tresses-tu mes cheveux ? Notre père est étendu mort, là, près de nous ; ah! si Auguste ne se dérobait à notre vengeance, il serait déjà tombé, plus sanglant encore !

TRUSNELDA.

Laisse-moi, mon Hermann, laisse-moi tresser ta flottante chevelure, et la réunir en anneaux sous ta couronne... Siegmar est maintenant chez les dieux ; il ne faut point le pleurer, il faut l'y suivre !

HERMANN CHANTÉ PAR LES BARDES

WERDOMAR, KERDING, DARMONT

WERDOMAR.

Asseyons-nous, ô Bardes, sur ce rocher couvert de mousse antique, et célébrons Hermann : qu'aucun ne s'approche d'ici et ne regarde sous ce feuillage, qui recouvre le plus noble fils de la patrie.

Car il gît là dans son sang, lui, l'effroi secret de Rome, alors même qu'elle entraînait sa Trusnelda captive, avec des danses guerrières et des concerts victorieux !

Non, ne le regardez pas, vous pleureriez de le voir étendu dans son sang : et la lyre ne doit point résonner plaintive, mais chanter la gloire de l'immortel.

KERDING.

Ma jeune chevelure est blonde encore : ce n'est que de ce jour que je porte l'épée, de ce jour que j'ai saisi la lyre et la lance... et il faut que je chante Hermann !

O pères, n'exigez pas trop d'un jeune homme : je veux essuyer mes joues humides avec ma blonde chevelure, avant d'oser chanter le plus noble des fils de Mana.

DARMONT.

Oh! je verse des pleurs de rage ; et je ne les essuierai pas : coulez, inondez mes joues, larmes de la colère. Vous n'êtes pas muettes; amis, écoutez leur langage : « Malédiction sur les Romains! » Écoute, Héla¹ : Que nul des traîtres qui l'ont égorgé ne périsse dans les combats !

WERDOMAR.

Voyez-vous le torrent sauvage se précipiter sur les rochers ? il roule parmi ses eaux des pins déracinés et les apporte au bûcher du héros.

Bientôt Hermann ne sera que poussière, il reposera dans un tombeau d'argile, et à sa cendre nous joindrons l'épée sur laquelle il jura la perte du conquérant.

Arrête, esprit du mort, toi qui vas rejoindre Siegmar, et voir comme le cœur de ton peuple n'est rempli que de toi.

KERDING.

Oh! que Trusnelda ignore que son Hermann est étendu là dans son sang! Ne dites pas à cette noble femme, à cette mère infortunée que le père de son Trumeliko n'est plus.

Celui qui l'apprendrait à cette femme, qui marcha un jour enchaînée devant le char de triomphe du vainqueur, celui-là aurait un cœur de Romain!

DARMONT.

Et quel père t'a engendrée, malheureuse fille? Un Segestes, qui aiguisait dans l'ombre le glaive de la trahison! Ne le maudissez pas... Héla déjà l'a condamné.

WERDOMAR.

Segestes est un nom qui doit être banni de vos chants;

¹ Divinité des enfers.

que l'oubli descende sur lui : qu'il reploie ses lourdes ailes et sommeille sur sa poussière!

Les cordes qui frémissent du nom d'Hermann seraient souillées si elles répétaient le nom du traître, même pour l'accuser.

Hermann! Hermann! Les bardes font retentir de ton nom l'écho des forêts mystérieuses; toi, si cher à tous les nobles cœurs! toi, le chef des braves, le libérateur de la patrie!

O bataille de Winsfeld, sœur de la bataille de Cannes, je t'ai vue les cheveux épars et sanglants, le feu de la vengeance dans les yeux, apparaître parmi les harpes du Walhalla!

Le fils de Drusus voulait en vain effacer les traces de ton passage en cachant dans la vallée de la mort les blancs ossements des vaincus...

Nous ne l'avons pas voulu, et nous avons bouleversé leurs sépulcres, afin que ces débris témoignent d'un si grand jour, et qu'aux fêtes du printemps ils entendent nos chants de victoire!

Il voulait, notre héros, donner encore des sœurs à Cannes, à Varus des compagnons de mort! sans les princes et leur lenteur jalouse, Cœcina eût déjà rejoint son chef Varus.

Il y avait dans l'âme d'Hermann une pensée plus grande encore... Près de l'autel de Thor, à minuit, environné de chants de guerre, il se recueillit dans son âme et résolut de l'accomplir.

Et il y pensait parmi vos divertissements, pendant cette danse hardie des épées dont notre jeunesse se fait un jeu.

Le nocher vainqueur des tempêtes raconte qu'il est une montagne dans l'Océan du Nord qui annonce longtemps, par des tourbillons de fumée, qu'elle vomira de hautes flammes et d'immenses rochers!...

Ainsi Hermann préludait par ses premiers combats à franchir les Alpes neigeuses, et à s'en aller descendre dans les plaines de Rome;

Pour mourir là !... ou pour monter à cet orgueilleux Capitole, jusqu'au tribunal de Jupiter, et demander compte à Tibère et aux ombres de ses ancêtres de l'injustice de leurs guerres !

Mais, pour accomplir tout cela, il fallait qu'il portât l'épée de commandement à la tête des princes ses rivaux... C'est pourquoi ils ont conspiré sa perte... Et le voici étendu dans son sang, celui dont le cœur renfermait une pensée si patriotique !

DARMONT.

As-tu compris, Héla ! mes pleurs de rage ? As-tu écouté leurs prières, Héla ! vengeresse Héla ?

KERDING.

Dans les campagnes dorées du Walhalla, Siegmar rajeuni recevra son jeune Hermann, une palme à la main, et accompagné de Thuiskon et de Mana...

WERDOMAR.

Siegmar accueillera son fils avec tristesse ; car Hermann ne pourra plus aller au tribunal de Jupiter accuser Tibère et les ombres de ses ancêtres !

BURGER

LÉNORE

Lénore se lève au point du jour, elle échappe à de tristes rêves : « Wilhelm, mon époux ! es-tu mort ? es-tu parjure ? Tarderas-tu longtemps encore ? » Le soir même de ses noces, il était parti pour la bataille de Prague, à la suite du roi Frédéric, et n'avait depuis donné aucune nouvelle de sa santé.

Mais le roi et l'impératrice, las de leurs querelles sanglantes, s'apaisant peu à peu, conclurent enfin la paix ; et cling ! et clang ! au son des fanfares et des cymbales, chaque armée, se couronnant de joyeux feuillages, retourna dans ses foyers.

Et partout et sans cesse, sur les chemins, sur les ponts, jeunes et vieux fourmillaient à leur rencontre. « Dieu soit loué ! » s'écriaient maint enfant, mainte épouse. « Sois le bienvenu ! » s'écriait mainte fiancée. Mais, hélas ! Lénore seule attendait en vain le baiser du retour.

Elle parcourt les rangs dans tous les sens ; partout elle interroge. De tous ceux qui sont revenus, aucun ne peut lui donner de nouvelles de son époux bien-aimé. Les voilà déjà loin : alors, arrachant ses cheveux, elle se jette à terre et s'y roule avec délire.

Sa mère accourt : « Ah ! Dieu t'assiste ! Qu'est-ce donc, ma pauvre enfant ? » Et elle la serre dans ses bras. « Oh ! ma mère, ma mère, il est mort ! mort ! que périsse le monde et tout ! Dieu n'a point de pitié ! Malheur ! malheur à moi !

— Dieu nous aide et nous fasse grâce! Ma fille, implore notre père : ce qu'il fait est bien fait, et jamais il ne nous refuse son secours. — Oh! ma mère, ma mère! vous vous trompez... Dieu m'a abandonnée : à quoi m'ont servi mes prières ? à quoi me serviront-elles ?

— Mon Dieu! ayez pitié de nous! Celui qui connaît le père sait bien qu'il n'abandonne pas ses enfants : le très-saint sacrement calmera toutes tes peines! — Oh! ma mère, ma mère!... aucun sacrement ne peut rendre la vie aux morts!...

— Écoute, mon enfant, qui sait si le perfide n'a point formé d'autres nœuds avec une fille étrangère?... Oublie-le, va! Il ne fera pas une bonne fin, et les flammes d'enfer l'attendront à sa mort.

— Oh! ma mère, ma mère! les morts sont morts; ce qui est perdu est perdu, et le trépas est ma seule ressource. Oh! que ne suis-je jamais née! Flambeau de ma vie, éteins-toi, éteins-toi dans l'horreur des ténèbres! Dieu n'a point de pitié... Oh! malheureuse que je suis!

— Mon Dieu! ayez pitié de nous. N'entrez point en jugement avec ma pauvre enfant; elle ne sait pas la valeur de ses paroles; ne les lui comptez pas pour des péchés! Ma fille, oublie les chagrins de la terre; pense à Dieu et au bonheur céleste, car il te reste un époux dans le ciel!

— Oh! ma mère, qu'est-ce que le bonheur? Ma mère, qu'est-ce que l'enfer?... Le bonheur est avec Wilhelm, et l'enfer sans lui! Éteins-toi, flambeau de ma vie, éteins-toi dans l'horreur des ténèbres! Dieu n'a point de pitié... Oh! malheureuse que je suis! »

Ainsi le fougueux désespoir déchirait son cœur et son âme, et lui faisait insulter à la providence de Dieu. Elle se meurtrit le sein, elle se tordit les bras jusqu'au coucher du soleil, jusqu'à l'heure où les étoiles dorées glissent sur la voûte des cieux.

Mais au dehors quel bruit se fait entendre? Trap! trap! trap!... C'est comme le pas d'un cheval. Et puis il semble qu'un cavalier en descende avec un cliquetis d'armures; il monte les degrés... Écoutez! écoutez!... La sonnette a tinté doucement... Klinglingling! et, à travers la porte, une douce voix parle ainsi :

« Holà! holà! ouvre-moi, mon enfant! Veilles-tu? ou dors-tu? Es-tu dans la joie ou dans les pleurs? — Ah! Wilhelm! c'est donc toi! si tard dans la nuit! Je veillais et je pleurais... Hélas! j'ai cruellement souffert... D'où viens-tu donc sur ton cheval?

— Nous ne montons à cheval qu'à minuit; et j'arrive du fond de la Bohême : c'est pourquoi je suis venu tard, pour te remmener avec moi. — Ah! Wilhelm, entre ici d'abord, car j'entends le vent siffler dans la forêt...

— Laisse le vent siffler dans la forêt, enfant : qu'importe que le vent siffle? Le cheval gratte la terre, les éperons résonnent; je ne puis pas rester ici. Viens, Lénore, chausse-toi, saute en croupe sur mon cheval; car nous avons cent lieues à faire pour atteindre à notre demeure.

— Hélas! comment veux-tu que nous fassions aujourd'hui cent lieues pour atteindre à notre demeure? Écoute! la cloche de minuit vibre encore. — Tiens! tiens! comme la lune est claire!... Nous et les morts, nous allons vite; je gage que je t'y conduirai aujourd'hui même.

— Dis-moi donc où est ta demeure, et comment est ton lit de noce. — Loin, bien loin d'ici... silencieux, humide et étroit, six planches et deux planchettes. — Y a-t-il place pour moi? — Pour nous deux. Viens, Lénore, saute en croupe : le banquet de noces est préparé, et les conviés nous attendent. »

La jeune fille se chausse, s'élance, saute en croupe sur le cheval; elle enlace ses mains de lis autour du cavalier qu'elle aime; et puis en avant! hop! hop! hop! Ainsi retentit le galop... Cheval et cavalier respiraient à peine; et, sous leurs pas, les cailloux étincelaient.

Oh! comme à droite, à gauche, s'envolaient, à leur passage, les prés, les bois et les campagnes! comme sous eux les ponts retentissaient! « A-t-elle peur, ma mie? La lune est claire... Hourra! les morts vont vite... A-t-elle peur des morts? — Non... Mais laisse les morts en paix!

« Qu'est-ce donc là-bas que ce bruit et ces chants? Où

volent ces nuées de corbeaux? Écoute... c'est le bruit d'une cloche; ce sont les chants des funérailles : « Nous avons « un mort à ensevelir. » Et le convoi s'approche, accompagné de chants qui semblent les rauques accents des hôtes des marécages.

— Après minuit, vous ensevelirez ce corps avec tout votre concert de plaintes et de chants sinistres : moi, je conduis mon épousée, et je vous invite au banquet de mes noces. Viens, chantre, avance avec le chœur, et nous entonne l'hymne du mariage. Viens, prêtre, tu nous béniras. »

Plaintes et chants, tout a cessé... La bière a disparu. Obéissant à son invitation, voilà le convoi qui les suit... Hourra! hourra! Ils serrent le cheval de près; et puis en avant! hop! hop! hop! Ainsi retentit le galop... Cheval et cavalier respiraient à peine; et, sous leurs pas, les cailloux étincelaient.

Oh! comme à droite, à gauche, s'envolaient à leur passage les prés, les bois et les campagnes! et comme à gauche, à droite, s'envolaient les villages, les bourgs et les villes! « A-t-elle peur, ma mie? La lune est claire... Hourra! les morts vont vite... A-t-elle peur des morts?
— Ah! laisse donc les morts en paix!

— Tiens! tiens! vois-tu s'agiter, auprès de ces potences, des fantômes aériens, que la lune argente et rend visibles? Ils dansent autour de la roue. Çà! coquins, approchez; qu'on me suive et qu'on danse au bal de mes noces!... Nous partons pour le banquet joyeux. »

Husch! husch! husch! toute la bande s'élance après eux, avec le bruit du vent parmi les feuilles desséchées; et puis en avant! hop! hop! hop! Ainsi retentit le galop... Cheval et cavalier respiraient à peine; et, sous leurs pas, les cailloux étincelaient.

Oh! comme s'envolait, comme s'envolait au loin tout ce que la lune éclairait autour d'eux!... Comme le ciel et les étoiles fuyaient sur leurs têtes! « A-t-elle peur, ma mie? La lune brille... Hourra! les morts vont vite... — Oh! mon Dieu! laisse en paix les morts!

— Courage, mon cheval noir ! Je crois que le coq chante : le sablier bientôt sera tout écoulé... Je sens l'air du matin... Mon cheval, hâte-toi !... Finie, finie est notre course ! Le lit nuptial va s'ouvrir... Les morts vont vite... Nous voici ! »

Il s'élance à bride abattue contre une grille en fer, la frappe légèrement d'un coup de cravache... Les verrous se brisent, les deux battants se retirent en gémissant. L'élan du cheval l'emporte parmi des tombes qui, à l'éclat de la lune, apparaissent de tous côtés.

Ah ! voyez !... au même instant s'opère un effrayant prodige : hou ! hou ! le manteau du cavalier tombe pièce à pièce comme de l'amadou brûlé ; sa tête n'est plus qu'une tête de mort décharnée, et son corps devient un squelette qui tient une faux et un sablier.

Le cheval noir se cabre furieux, vomit des étincelles et soudain... hui ! s'abîme et disparaît dans les profondeurs de la terre : des hurlements, des hurlements descendent des espaces de l'air, des gémissements s'élèvent des tombes souterraines... Et le cœur de Lénore palpitait de la vie à la mort.

Et les esprits, à la clarté de la lune, se formèrent en ronde autour d'elle, et dansèrent, chantant ainsi : « Patience ! patience ! quand la peine brise ton cœur, ne blasphème jamais le Dieu du ciel ! Voici ton corps délivré... Que Dieu fasse grâce à ton âme ! »

LA MERVEILLE DES FLEURS

Dans une vallée silencieuse brille une belle petite fleur : sa vue flatte l'œil et le cœur, comme les feux du soleil couchant ; elle a bien plus de prix que l'or, que les perles et les diamants, et c'est à juste titre qu'on l'appelle la merveille des fleurs.

Il faudrait chanter bien longtemps pour célébrer toute

la vertu de ma petite fleur et les miracles qu'elle opère sur le corps et sur l'esprit ; car il n'est pas d'élixir qui puisse égaler les effets qu'elle produit, et rien qu'à la voir on ne le croirait pas.

Celui qui porte cette merveille dans son cœur devient aussi beau que les anges ; c'est ce que j'ai remarqué avec une profonde émotion dans les hommes comme dans les femmes : aux vieux et aux jeunes, elle attire les hommages des plus belles âmes, telle qu'un talisman irrésistible.

Non, il n'est rien de beau dans une tête orgueilleuse, fixe sur un cou tendu, qui croit dominer tout ce qui l'entoure : si l'orgueil du rang ou de l'or t'a roidi le cou, ma fleur merveilleuse te le rendra flexible, et te contraindra à baisser la tête.

Elle répandra sur ton visage l'aimable couleur de la rose ; elle adoucira le feu de tes yeux en abaissant leurs paupières ; si ta voix est rude et criarde, elle lui donnera le doux son de la flûte ; si ta marche est lourde et arrogante, elle la rendra légère comme le zéphyr.

Le cœur de l'homme est comme un luth fait pour le chant et l'harmonie ; mais souvent le plaisir et la peine en tirent des sons aigus et discordants : la peine, quand les honneurs, le pouvoir et la richesse échappent à ses vœux ; le plaisir, lorsque, ornés de couronnes victorieuses, ils viennent se mettre à ses ordres.

Oh! comme la fleur merveilleuse remplit alors les cœurs d'une ravissante harmonie! comme elle entoure d'un prestige enchanteur la gravité et la gaieté même! Rien dans les actions alors, rien dans les paroles qui puisse blesser personne au monde ; point d'orgueil, point d'arrogance, point de prétentions!

Oh! que la vie est alors douce et paisible! Quel bienfaisant sommeil plane autour du lit où l'on repose! La merveilleuse fleur préserve de toute morsure, de tout poison ; le serpent aurait beau vouloir te piquer, il ne le pourrait pas!

Mais, croyez-moi, ce que je chante n'est pas une fiction,

quelque peine qu'on puisse avoir à supposer de tels prodiges. Mes chants ne sont qu'un reflet de cette grâce céleste que la merveille des fleurs répand sur les actions et sur la vie des petits et des grands.

Oh! si vous aviez connu celle qui fit jadis toute ma joie! la mort l'arracha de mes bras sur l'autel même de l'hymen; vous auriez aisément compris ce que peut la divine fleur, et la vérité vous serait apparue comme dans le jour le plus pur.

Que de fois je lui dus la conservation de cette merveille! elle la remettait doucement sur mon sein quand je l'avais perdue; maintenant, un esprit d'impatience l'en arrache souvent, et, toutes les fois que le sort m'en punit, je regrette amèrement ma perte.

Oh! toutes les perfections que la fleur avait répandues sur le corps et dans l'esprit de mon épouse chérie, les chants les plus longs ne pourraient les énumérer: et, comme elle ajoute plus de charmes à la beauté que la soie, les perles et l'or, je la nomme la merveille des fleurs: d'autres l'appellent la modestie.

SONNET.

Mes amis, il vous est arrivé peut-être de fixer sur le soleil un regard, soudain abaissé: mais il restait dans votre œil comme une tache livide, qui longtemps vous suivait partout.

C'est ce que j'ai éprouvé: j'ai vu briller la gloire, et je l'ai contemplée d'un regard trop avide... Une tache noire m'est restée depuis dans les yeux.

Et elle ne me quitte plus, et, sur quelque objet que je fixe ma vue, je la vois s'y poser soudain, comme un oiseau de deuil.

Elle voltigera donc sans cesse entre le bonheur et

moi?... — O mes amis, c'est qu'il faut être un aigle pour contempler impunément le soleil et la gloire!

SONNET

Composé par Burger après la mort de sa seconde femme.

Ma tendresse comme la colombe longtemps poursuivie par le faucon, se vantait d'avoir enfin trouvé un asile dans le silence d'un bois sacré.

Pauvre colombe! que la confiance est trompée! Sort fatal et inattendu! Sa retraite, que l'œil ne pouvait pénétrer, est incendiée soudain par la foudre!

Hélas! et la voici encore errante! La malheureuse est réduite à voltiger du ciel à la terre, sans but, sans espoir de reposer jamais son aile fatiguée.

Car où trouver un cœur qui prenne pitié du sien, près de qui elle puisse encore se réchauffer comme autrefois?... Un tel cœur ne bat plus pour elle sur la terre!

LA CHANSON DU BRAVE HOMME

Que la chanson du brave homme retentisse au loin comme le son des orgues et le bruit des cloches! L'or n'a pu payer son courage, qu'une chanson en soit la récompense. Je remercie Dieu de m'avoir accordé le don de louer et de chanter, pour chanter et louer le brave homme.

Un vent impétueux vint un jour de la mer et tourbillonna dans nos plaines : les nuages fuyaient devant lui, comme devant le loup les troupeaux; il balayait les champs, couchait les forêts à terre, et chassait de leur lit les fleuves et les lacs.

Il fondit les neiges des montagnes et les précipita en torrents dans les plaines ; les rivières s'enflèrent encore, et bientôt tout le plat pays n'offrit plus que l'aspect d'une mer, dont les vagues effrayantes roulaient des rocs déracinés.

Il y avait dans la vallée un pont jeté entre deux rochers, soutenu sur d'immenses arcades, et au milieu une petite maison que le gardien habitait avec sa femme et ses enfants. Gardien du pont, sauve-toi vite !

L'inondation menaçante monte toujours ; l'ouragan et les vagues hurlaient déjà plus fort autour de la maison ; le gardien monta sur le toit, jeta en bas un regard de désespoir : « Dieu de miséricorde ! au secours ! nous sommes perdus !... au secours ! »

Les glaçons roulaient les uns sur les autres, les vagues jetaient sur les rives des piliers arrachés au pont, dont elles ruinaient à grand bruit les arches de pierre ; mais le gardien tremblant, avec ses enfants et sa femme, criait plus haut que les vagues et l'ouragan.

Les glaçons roulaient les uns sur les autres, çà et là vers les rives, et aussi les débris du pont ruiné par les vagues, et dont la destruction totale s'approchait : « Ciel miséricordieux, au secours ! »

Le rivage éloigné était couvert d'une foule de spectateurs grands et petits ; et chacun criait et tendait les mains, mais personne ne voulait se dévouer pour secourir ces malheureux ; et le gardien tremblant, avec ses enfants et sa femme, criait plus haut que les vagues et l'ouragan.

Quand donc retentiras-tu, chanson du brave homme, aussi haut que le son des orgues et le bruit des cloches ? Dis enfin son nom, répète-le, ô le plus beau de tous mes chants !... La destruction totale du pont s'approche... Brave homme, brave homme, montre-toi !

Voici un comte qui vient au galop, un noble comte sur son grand cheval : qu'élève-t-il avec la main ? Une bourse bien pleine et bien ronde : « Deux cents pistoles sont promises à qui sauvera ces malheureux ! »

Qui est le brave homme ? est-ce le comte ? Dis-le, mon noble chant, dis-le. Le comte, pardieu ! était brave; mais j'en sais un plus brave que lui. O brave homme, brave homme, montre-toi ! De plus en plus la mort menace !

Et l'inondation croissait toujours, et l'ouragan sifflait plus fort, et le dernier rayon d'espoir s'éteignait. Sauveur ! sauveur ! montre-toi ! L'eau entraîne toujours des piliers du pont, et en ruine les arches à grand bruit.

« Halloh ! halloh ! vite au secours ! » Et le comte montre de nouveau la récompense ; chacun entend, chacun a peur, et nul ne sort de l'immense foule ; en vain le gardien du pont, avec ses enfants et sa femme, criait plus haut que les vagues et l'ouragan.

Tout à coup passe un paysan, portant le bâton du voyage, couvert d'un habit grossier, mais d'une taille et d'un aspect imposants; il entend le comte, voit ce dont il s'agit, et comprend l'imminence du danger.

Invoquant le secours du ciel, il se jette dans la plus proche nacelle, brave les tourbillons, l'orage et le choc des vagues, et parvient heureusement auprès de ceux qu'il veut sauver ! Mais, hélas ! l'embarcation est trop petite pour les recevoir tous.

Trois fois il fit le trajet malgré les tourbillons, l'orage et le choc des vagues, et trois fois il ramena au bord sa nacelle jusqu'à ce qu'il les eût sauvés tous ; à peine les derniers y arrivaient-ils, que les restes du pont achevèrent de s'écrouler.

Quel est donc, quel est ce brave homme ? Dis-le, mon noble chant, dis-le !... Mais peut-être est-ce au son de l'or qu'il vient de hasarder sa vie ; car il était sûr que le comte tiendrait sa promesse, et il n'était pas sûr que ce paysan perdît la vie.

« Viens ici, s'écria le comte, viens ici, mon brave ami ! Voici la récompense promise; viens, et reçois-la ! » Dites que le comte n'était pas un brave homme ! — Pardieu ! c'était un noble cœur ! — Mais, certes, un cœur plus noble encore et plus brave battait sous l'habit grossier du paysan !

« Ma vie n'est pas à vendre pour de l'or ; je suis pauvre, mais je puis vivre ; donnez votre or au gardien du pont, car il a tout perdu. » Il dit ces mots d'un ton franc et modeste à la fois, ramassa son bâton, et s'en alla.

Retentis, chanson du brave homme, retentis au loin, plus haut que le son des orgues et le bruit des cloches. L'or n'a pu payer un tel courage ; qu'une chanson en soit la récompense ! Je remercie Dieu de m'avoir accordé le don de louer et de chanter, pour célébrer à jamais le brave homme !

LE FÉROCE CHASSEUR

Le comte a donné le signal avec son cor de chasse : « Halloh ! halloh ! dit-il ; à pied et à cheval ! » Son coursier s'élance en hennissant ; derrière lui se précipitent et les piqueurs ardents, et les chiens qui aboient, détachés de leur laisse, parmi les ronces et les buissons, les champs et les prairies.

Le beau soleil du dimanche dorait déjà le haut clocher, tandis que les cloches annonçaient leur réveil avec des sons harmonieux, et que les chants pieux des fidèles retentissaient au loin dans la campagne.

Le comte traversait des chemins en croix, et les cris des chasseurs redoublaient plus gais et plus bruyants... Tout à coup un cavalier accourt se placer à sa droite et un autre à sa gauche. Le cheval du premier était blanc comme de l'argent, celui du second était de couleur de feu.

Quels étaient ces cavaliers venus à sa droite et à sa gauche ? Je le soupçonne bien, mais je ne l'affirmerais pas ! Le premier, beau comme le printemps, brillait de tout l'éclat du jour ; le second, d'une pâleur effrayante, lançait des éclairs de ses yeux comme un nuage qui porte la tempête.

« Vous voici à propos, cavaliers ; soyez les bienvenus à cette noble chasse. Il n'est point de plus doux plaisir sur la terre comme dans les cieux. » Ainsi parlait le comte, se frappant gaiement sur les hanches et lançant en l'air son chapeau.

« — Le son du cor, dit avec douceur le cavalier de droite, s'accorde mal avec les cloches et les chants des fidèles ; retourne chez toi ; ta chasse ne peut être heureuse aujourd'hui ; écoute la voix de ton bon ange, et ne te laisse point guider par le mauvais.

— En avant ! en avant ! mon noble seigneur, s'écria aussitôt le cavalier de gauche ; que vient-on nous parler de cloches et de chants d'église ? La chasse est plus divertissante ; laissez-moi vous conseiller ce qui convient à un prince, et n'écoutez point ce trouble-fête.

— Ah ! bien parlé ! mon compagnon de gauche ; tu es un homme selon mon cœur. Ceux qui n'aiment pas courir le cerf peuvent s'en aller dire leurs patenôtres ; pour toi, mon dévot compagnon, agis à ta fantaisie, et laisse-moi faire de même. »

Harry ! hourra ! Le comte s'élance à travers champs, à travers monts... Les deux cavaliers de droite et de gauche le serrent toujours de près... Tout à coup un cerf dix cors tout blanc vient à se montrer dans le lointain.

Le comte donne du cor ; piétons et cavaliers se précipitent sur ses pas. Oh ! oh ! en voilà qui tombent et qui sont tués dans cette course rapide : « Laissez-les, laissez-les rouler jusqu'à l'enfer ! cela ne doit point interrompre les plaisirs du prince. »

Le cerf se cache dans un champ cultivé, et s'y croit bien en sûreté ; soudain un vieux laboureur se jette aux pieds du comte en le suppliant : « Miséricorde ! bon seigneur, miséricorde ! ne détruisez point le fruit des sueurs du pauvre ! »

Le cavalier de droite se rapproche et fait avec douceur quelques représentations au comte ; mais celui de gauche l'excite, au contraire, à s'inquiéter peu du dommage, pourvu qu'il satisfasse ses plaisirs. Le comte, méprisant les avis du premier, s'abandonne à ceux du second.

« Arrière, chien que tu es ! crie le comte furieux au pauvre laboureur, ou je te vais aussi donner la chasse, par le diable ! En avant, compagnons ! et, pour appuyer mes paroles, faites claquer vos fouets aux oreilles de ce misérable ! »

Aussitôt fait que dit ; il franchit le premier les barrières, et sur ses pas, hommes, chiens et chevaux, menant grand bruit, bouleversent tout le champ et foulent aux pieds la moisson.

Le cerf, effrayé, reprend sa course à travers champs et bois, et, toujours poursuivi sans jamais être atteint, il parvient dans une vaste plaine, où il se mêle, pour échapper à la mort, à un troupeau qui paissait tranquillement.

Cependant de toutes parts, à travers bois et champs, la meute ardente se précipite sur ses traces, qu'elle reconnaît. Le berger, qui craint pour son troupeau, va se jeter aux pieds du comte :

« Miséricorde ! seigneur ! miséricorde ! Faites grâce à mon pauvre troupeau ; songez, digne seigneur, qu'il y a là telle vache qui fait l'unique richesse de quelque pauvre veuve. Ne détruisez pas le bien du pauvre... Miséricorde ! seigneur ! miséricorde ! »

Le cavalier de droite se rapproche encore et fait avec douceur quelques représentations au comte ; mais celui de gauche l'excite, au contraire, à s'inquiéter peu du dommage, pourvu qu'il satisfasse ses plaisirs. Le comte, méprisant les avis du premier, s'abandonne à ceux du second.

« Vil animal ! oses-tu m'arrêter ? Je voudrais te voir changer aussi en bœuf, toi et tes sorcières de veuves : je vous chasserais jusqu'aux nuages du ciel !

« Halloh ! en avant, compagnons, doho ! hussassah !... » Et la meute ardente chasse tout devant elle... Le berger tombe à terre déchiré, et tout son troupeau est mis en pièces.

Le cerf s'échappe encore dans la bagarre ; mais déjà s

vigueur est affaiblie : tout couvert d'écume et de sang, il s'enfonce dans la forêt sombre, et va se cacher dans la chapelle d'un ermite.

La troupe ardente des chasseurs se précipite sur ses traces avec un grand bruit de fouets, de cris et de cors. Le saint ermite sort aussitôt de sa chapelle, et parle au comte avec douceur.

« Abandonne ta poursuite, et respecte l'asile de Dieu ! les angoisses d'une pauvre créature t'accusent déjà devant sa justice. Pour la dernière fois, suis mon conseil, ou tu cours à ta perte. »

Le cavalier de droite s'approche de nouveau, et fait avec douceur des représentations au comte; mais celui de gauche l'excite, au contraire, à s'inquiéter peu du dommage, pourvu qu'il satisfasse ses plaisirs. Le comte, méprisant les avis du premier, s'abandonne à ceux du second.

« Toutes ces menaces, dit-il, me causent peu d'effroi. Le cerf s'enlevât-il au troisième ciel, je ne lui ferais pas encore grâce ; que cela déplaise à Dieu ou à toi, vieux fou, peu m'importe, et j'en passerai mon envie. »

Il fait retentir son fouet, et souffle dans son cor de chasse. « En avant, compagnons, en avant !... » L'ermite et la chapelle s'évanouissent devant lui... et, derrière hommes et chevaux ont disparu... Tout l'appareil, tout le fracas de la chasse, s'est enseveli dans l'éternel silence.

Le comte, épouvanté, regarde autour de lui... Il embouche son cor, et aucun son n'en peut sortir... Il appelle et n'entend plus sa propre voix ;... son fouet, qu'il agite, est muet ;... son cheval, qu'il excite, ne bouge pas.

Et autour de lui tout est sombre..... tout est sombre comme un tombeau !... Un bruit sourd se rapproche, tel que la voix d'une mer agitée, puis gronde sur sa tête avec le fracas de la tempête, et prononce cette effroyable sentence :

« Monstre produit par l'enfer ! toi qui n'épargnes ni l'homme, ni l'animal, ni Dieu même, le cri de tes victimes t'accuse devant ce tribunal, où brûle le flambeau de la vengeance !

« Fuis, monstre! fuis! car dé cet instant le démon et sa meute infernale te poursuivront dans l'éternité : ton exemple sera l'effroi des princes qui, pour satisfaire un plaisir cruel, ne ménagent ni Dieu ni les hommes. »

La forêt s'éclaire soudain d'une lueur pâle et blafarde... Le comte frissonne... l'horreur parcourt tous ses membres, et une tempête glacée tourbillonne autour de lui.

Pendant l'affreux orage, une main noire sort de terre, s'élève, s'appuie sur sa tête, se referme, et lui tourne le visage sur le dos.

Une flamme bleue, verte et rouge éclate et tournoie autour de lui... Il est dans un océan de feu; il voit se dessiner à travers la vapeur tous les hôtes du sombre abîme;... des milliers de figures effrayantes s'en élèvent et se mettent à sa poursuite.

A travers bois, à travers champs, il fuit, jetant des cris douloureux; mais la meute infernale le poursuit sans relâche, le jour dans le sein de la terre, la nuit dans l'espace des airs.

Son visage demeure tourné vers son dos : ainsi il voit toujours dans sa fuite les monstres que l'esprit du mal ameute contre lui; il les voit grincer des dents et s'élancer prêts à l'atteindre.

C'est la grande chasse infernale qui durera jusqu'au dernier jour, et qui souvent cause tant d'effroi au voyageur de nuit. Maint chasseur pourrait en faire de terribles récits, s'il osait ouvrir la bouche sur de pareils mystères.

MORCEAUX CHOISIS

DE DIVERS POETES ALLEMANDS

LA MORT DU JUIF ERRANT

Rapsodie lyrique de Schubart.

Ahasver se traîne hors d'une sombre caverne du Carmel... Il y a bientôt deux mille ans qu'il erre sans repos de pays en pays. Le jour que Jésus portait le fardeau de la croix, il voulut se reposer un moment devant la porte d'Ahasver... Hélas! celui-ci s'y opposa, et chassa durement le Messie. Jésus chancelle et tombe sous le faix; mais il ne se plaint pas.

Alors, l'ange de la mort entra chez Ahasver, et lui dit d'un ton courroucé : « Tu as refusé le repos au Fils de l'Homme;... eh bien, monstre, plus de repos pour toi jusqu'au jour où le Christ reviendra! »

Un noir démon s'échappa soudain de l'abîme et se mit à te poursuivre, Ahasver, de pays en pays... Les douceurs de la mort, le repos de la tombe, tout cela depuis t'est refusé!

Ahasver se traîne hors d'une sombre caverne du Carmel... Il secoue la poussière de sa barbe, saisit un des crânes entassés là, et le lance du haut de la montagne; le crâne saute, rebondit, et se brise en éclats... « C'était mon père! s'écria le Juif. Encore un!... Ah!... six encore s'en vont bondir de roche en roche... et ceux-ci... et ceux-ci! rugit-il, les yeux ardents de rage; ceux-ci! ce sont mes femmes. Ah! les crânes roulent toujours... Ceux-ci, et ceux-ci, ce sont les crânes de mes enfants. Hélas! ils ont pu mourir! mais, moi, maudit, je ne le peux pas! l'effroyable sentence pèse sur moi pour l'éternité!

« Jérusalem tomba... J'écrasai l'enfant à la mamelle; je me jetai parmi les flammes; je maudis le Romain dans sa victoire... Hélas! hélas! l'infatigable malédiction me protégea toujours... et je ne mourus pas! — Rome, la géante, s'écroulait en ruines; j'allai me placer sous elle; elle tomba... sans m'écraser! Sur ces débris, des nations s'élevèrent et puis finirent à mes yeux... moi, je restai, et je ne puis finir!

« Du haut d'un rocher qui régnait parmi les nuages, je me précipitai dans l'abîme des mers; mais bientôt les vagues frémissantes me roulèrent au bord, et le trait de feu de l'existence me perça de nouveau. Je mesurai des yeux le sombre cratère de l'Etna, et je m'y jetai avec fureur!... Là, je hurlai dix mois parmi les géants, et mes soupirs fatiguèrent le gouffre sulfureux... hélas! dix mois entiers! Cependant, l'Etna fermenta, et puis me revomit parmi des flots de lave; je palpitai sous la cendre, et je me mis à vivre.

« Une forêt était en feu; je m'y élançai bien vite... toute sa chevelure dégoutta sur moi en flammèches, mais l'incendie effleura mon corps et ne put pas le consumer. Alors, je me mêlai aux destructeurs d'hommes, je me précipitai dans la tempête des combats... Je défiai le Gaulois, le Germain... mais ma chair émoussait les lances et les dards; le glaive d'un Sarrasin se brisa en éclats sur ma tête; je vis longtemps les balles pleuvoir sur mes vêtements comme des pois lancés contre une cuirasse d'airain. Les tonnerres guerriers serpentèrent sans force autour de mes reins, comme autour du roc crénelé qui s'élève au-dessus des nuages.

« En vain l'éléphant me foula sous lui, en vain le cheval de guerre irrité m'assaillit de ses pieds armés de fer!... Une mine chargée de poudre éclata et me lança dans les rues : je retombai tout étourdi et à demi brûlé, et je me relevai parmi le sang, la cervelle et les membres mutilés de mes compagnons d'armes.

« La masse d'acier d'un géant se brisa sur moi, le poing du bourreau se paralysa en voulant me saisir, le tigre émoussa ses dents sur ma chair; jamais lion affamé ne put me déchirer dans le cirque. Je me couchai sur des serpents venimeux, je tirai le dragon par sa crinière sanglante... le serpent me piqua, et je ne mourus pas! le dragon s'enlaça autour de moi, et je ne mourus pas!

« J'ai bravé les tyrans sur leurs trônes; j'ai dit à Néron : « Tu es un chien ivre de sang! » à Christiern : « Tu es un chien ivre de sang! » à Mulei-Ismaël : « Tu es un chien ivre de sang! » Les tyrans ont inventé les plus horribles supplices, tout fut impuissant contre moi.

« Hélas! ne pouvoir mourir! ne pouvoir mourir!... ne pouvoir reposer ce corps épuisé de fatigues! traîner sans fin cet amas de poussière, avec sa couleur de cadavre et son odeur de pourriture! contempler des milliers d'années l'uniformité, ce monstre à la gueule béante, le Temps fécond et affamé, qui produit sans cesse et sans cesse dévore ses créatures!

« Hélas! ne pouvoir mourir! ne pouvoir mourir!... O colère de Dieu! pouvais-tu prononcer un plus effroyable anathème? Eh bien, tombe enfin sur moi comme la foudre, précipite-moi des rochers du Carmel, que je roule à ses pieds, que je m'agite convulsivement, et que je meure! » Et Ahasver tomba. Les oreilles lui tintèrent, et la nuit descendit sur ses yeux aux cils hérissés. Un ange le reporta dans la caverne. Dors maintenant, Ahasver, dors d'un paisible sommeil; la colère de Dieu n'est pas éternelle! A ton réveil, il sera là, celui dont à Golgotha tu vis couler le sang, et dont la miséricorde s'étend sur toi comme sur tous les hommes.

LA PIPE

Chanson de Pfeffel.

« Bonjour, mon vieux ! Eh bien, comment trouvez-vous la pipe ? — Montrez donc : un pot de fleurs, en terre rouge, avec des cercles d'or !... Que voulez-vous pour cette tête de pipe ?

— Oh ! monsieur, je ne puis m'en défaire ; elle me vient du plus brave des hommes, qui, Dieu le sait, la conquit sur un Bassa à Belgrade.

« C'est là, monsieur, que nous fîmes un riche butin !... Vive le prince Eugène ! On vit nos gens faucher les membres des Turcs comme du regain.

Nous reviendrons sur ce chapitre une autre fois, mon vieux camarade : maintenant, soyez raisonnable. Voici un double ducat pour votre tête de pipe.

— Je suis un pauvre diable, et je vis de ma solde de retraite ; mais, monsieur, je ne donnerais pas cette tête de pipe pour tout l'or de la terre.

« Écoutez seulement : Un jour, nous autres hussards, nous chassions l'ennemi à cœur joie ; voilà qu'un chien de janissaire atteint le capitaine à la poitrine.

« Je mis le capitaine sur mon cheval... Il en eût fait autant pour moi, et je l'amenai doucement loin de la mêlée chez un gentilhomme.

« Je pris soin de sa blessure ; mais, quand il se vit près de sa fin, il me donna tout son argent, avec cette tête de pipe ; il me serra la main, et mourut comme un brave.

« — Il faut, pensai-je, que tu donnes cet argent à l'hôte, qui a trois fois souffert le pillage ; — mais je gardai cette pipe en souvenir du capitaine.

« Dans toutes mes campagnes, je la portai sur moi comme une relique ; nous fûmes tantôt vaincus, tantôt vainqueurs ! je la conservai toujours dans ma botte.

« Devant Prague, un coup de feu me cassa la jambe : je portai la main à ma pipe et ensuite à mon pied.

— Je me suis ému en vous écoutant, bon vieillard, ému jusqu'aux larmes. Oh ! dites-moi comment s'appelait votre capitaine, afin que je l'honore, moi aussi, et que j'envie sa destinée.

— On l'appelait le brave Walter; son bien est là-bas près du Rhin.

— C'était mon aïeul, et ce bien est à moi. Venez, mon ami, vous vivrez désormais dans ma maison ! Oubliez votre indigence ! venez boire avec moi le vin de Walter, et manger le pain de Walter avec moi.

— Bien, monsieur, vous êtes son digne héritier ! J'irai demain chez vous, et, en reconnaissance, vous aurez cette pipe après ma mort. »

CHANT DE L'ÉPÉE

Par Kœrner.

« Épée suspendue à ma gauche, pourquoi donc brilles-tu si belle ? Oh ! ta joie excite la mienne... Hourra !

— J'accompagne un brave guerrier, je défends un homme libre, et c'est ce qui fait ma joie... Hourra !

— Ma belle épée, je suis libre, et je t'aime... oh ! je t'aime comme une épouse... Hourra !

— A toi, ma brillante vie d'acier ; ah ! ah ! quand saisiras-tu ton épouse ?... Hourra !

— Déjà la trompette joyeuse annonce le matin vermeil... Lorsque tonnera le canon, je saisirai ma bien-aimée... Hourra !

— Oh ! douce étreinte, avec quel désir je t'implore ! oh ! prends-moi, cher époux, ma petite couronne t'appartient... Hourra !

— Comme tu t'agites dans ton fourreau, épée ! ta joie de sang est bien bruyante !... Hourra !

— Je m'agite impatiente du fourreau, parce que j'aime la bataille... Hourra !

— Reste encore dans ta retraite, ma bien-aimée, reste ! bientôt je t'en ferai sortir... Hourra !

— Ne me faites pas longtemps languir... Oh ! que j'aime mon jardin d'amour, tout plein de beau sang rouge et de blessures épanouies !.. Hourra !

— Sors donc de ton fourreau, toi qui réjouis l'œil du brave ; sors, que je te conduise dans ton domaine... Hourra !

— Vive la liberté, au milieu de tout cet éclat !... l'épée brille aux feux du soleil, ainsi qu'une blanche épousée... Hourra !

— Braves cavaliers allemands, votre cœur ne se réchauffe-t-il pas ?... Saisissez votre bien-aimée... Hourra !

— Qu'à votre droite Dieu la bénisse, et malheur à qui l'abandonne !... Hourra !

— Que la joie de l'épousée éclate à tous les yeux, qu'elle resplendisse d'étincelles... Hourra ! »

APPEL.

Par Kœrner (1813).

En avant, mon peuple ! la fumée annonce la flamme, la lumière de la liberté s'élance du nord vive et brûlante ; il faut tremper le fer avec le sang des ennemis : en avant, mon peuple ! la fumée annonce la flamme. La moisson est grande, que les faucheurs se préparent ! Dans l'épée seule est l'espoir du salut, le dernier espoir ! Jette-toi bravement dans les rangs ennemis, et fraye une route à la liberté ! Lave la terre avec ton sang ; c'est alors seulement qu'elle reprendra son innocence et sa splendeur.

Ce n'est point ici une guerre de rois et de couronnes ; c'est une croisade, c'est une guerre sacrée : droits, mœurs, vertu, foi, conscience, le tyran a tout arraché de ton cœur, le triomphe de la liberté te les rendra. La voix des vieux Allemands te crie : « Peuple, réveille-toi ! » Les ruines de tes chaumières maudissent les ravisseurs ; le déshonneur de tes filles crie vengeance ; le meurtre de tes fils demande du sang.

Brise les socs, jette à terre le burin, laisse dormir la harpe, reposer la navette agile ; abandonne tes cours et tes portiques !... Que tes étendards se déploient, et que la liberté trouve son peuple sous les armes ; car il faut élever un autel en l'honneur de son glorieux avénement, les pierres en seront taillées avec le glaive, et ses fondements s'appuieront sur la cendre des braves.

Filles, que pleurez-vous ? Qu'avez-vous à gémir, femmes, pour qui le Seigneur n'a point fait les épées ? Quand nous nous jetons bravement dans les rangs ennemis, pleurez-vous de ne pouvoir goûter aussi la volupté des combats ? Mais Dieu, dont vous embrassez les autels, vous donne le pouvoir d'adoucir par vos soins les maux et les blessures des guerriers, et souvent il accorde la plus pure des victoires à la faveur de vos prières.

Priez donc ! priez pour le réveil de l'antique vertu, priez que nous nous relevions un grand peuple comme autrefois ; évoquez les martyrs de notre sainte liberté ; évoquez-les comme les génies de la vengeance et les protecteurs d'une cause sacrée ! Louise, viens autour de nos drapeaux pour les bénir ; marche devant nous, esprit de notre Ferdinand ; et vous, ombres des vieux Germains, voltigez sur nos rangs comme des étendards !

A nous le ciel, l'enfer cédera ! En avant, peuple de braves !... en avant ! Ton cœur palpite et tes chênes grandissent. Qu'importe qu'il s'entasse des montagnes de tes morts !... il faut planter à leur sommet le drapeau de l'indépendance ! Mais, ô mon peuple ! quand la victoire t'aura rendu ta couronne des anciens jours, n'oublie pas que nous te sommes morts fidèles, et honore aussi nos urnes d'une couronne de chêne.

L'OMBRE DE KŒRNER

Par Ch'.... 1816.

Si tout à coup une ombre se levait, une ombre de poëte et de guerrier, l'ombre de celui qui succomba vainqueur dans la guerre de l'indépendance [1], alors retentirait en Allemagne un nouveau chant, franc et acéré comme l'épée... non pas tel que je le dis ici, mais fort comme le ciel et menaçant comme la foudre.

On parlait autrefois d'une fête délirante et d'un incendie vengeur... ici, c'est une fête ; et nous, ombres vengeresses des héros, nous y descendrons, nous y étalerons nos plaies encore saignantes, afin que vous y mettiez le doigt !

Princes ! comparaissez les premiers. Avez-vous oublié déjà ce jour de bataille où vous vous traîniez à genoux devant un homme, pour lui faire hommage de vos trônes ?... Si les peuples ont lavé votre honte avec leur sang, pourquoi les bercer toujours d'un vain espoir, pourquoi dans le calme renier les serments de la terreur ? Et vous, peuples froissés tant de fois par la guerre, ces jours brûlants vous semblent-ils déjà assez vieux pour être oubliés ? Comment la conquête du bien le plus précieux ne vous a-t-elle produit nul avantage ? Vous avez repoussé l'étranger, et pourtant tout est resté chez vous désordre et pillage, et jamais vous n'y ramènerez la liberté, si vous n'y respectez la justice.

Sages politiques, qui prétendez tout savoir, faut-il vous répéter combien les innocents et les simples ont dépensé de sang pour des droits légitimes ? De l'incendie qui les dévore surgira-t-il un phénix dont vous aurez aidé la renaissance ?

Ministres et maréchaux, vous dont une étoile terne décore la poitrine glacée, ce retentissement de la bataille

---

[1] Kœrner fut tué, en 1813, dans une bataille contre les Français.

de Leipsick n'est-il pas venu jusqu'à vous ?... Eh bien, c'est là que Dieu a tenu son audience solennelle... Mais vous ne pouvez m'entendre, vous ne croyez pas à la voix des esprits.

J'ai parlé comme je l'ai dû, et je vais reprendre mon essor; je vais dire au ciel ce qui a choqué mes regards ici-bas. Je ne puis ni louer ni punir, mais tout a un aspect déplorable... pourtant je vois ici bien des yeux qui s'allument, et j'entends bien des cœurs qui battent de colère.

LA NUIT DU NOUVEL AN D'UN MALHEUREUX

Par Jean-Paul Richter[1].

Un vieil homme était assis devant sa fenêtre à minuit; le nouvel an commençait. D'un œil où se peignaient l'inquiétude et le désespoir, il contempla longtemps le ciel immuable, paré d'un éclat immortel, et aussi la terre, blanche, pure et tranquille; et personne n'était autant que lui privé de joie et de sommeil, car son tombeau était là... non plus caché sous la verdure du jeune âge, mais nu et tout environné des neiges de la vieillesse. Il ne lui restait, au vieillard, de toute sa vie, riche et joyeuse, que des erreurs, des péchés et des maladies, un corps usé, une âme gâtée, et un vieux cœur empoisonné de repentirs.

Voici que les heureux jours de sa jeunesse repassèrent devant lui comme des fantômes, et lui rappelèrent l'éclatante matinée où son père l'avait conduit à l'embranchement de deux sentiers : à droite, le sentier glorieux de la vertu, large, clair, entouré de riantes contrées où voltigeaient des nuées d'anges; à gauche, le chemin rapide du vice, et, au bout, une gueule béante qui dégouttait de

---

[1] Nous avons cru devoir donner, parmi les poésies, les trois morceaux qui suivent, quoiqu'ils soient en prose dans l'original.

poisons, qui fourmillait de serpents, demi-voilée d'une vapeur étouffante et noire.

Hélas! maintenant, les reptiles se pendaient à son cou, le poison tombait goutte à goutte sur sa langue, et il voyait enfin où il en était venu.

Dans le transport d'une impérissable douleur, il s'écria ainsi vers le ciel : « Rends-moi ma jeunesse!... ô mon père, reconduis-moi à l'embranchement des deux sentiers, afin que je choisisse encore! »

Mais son père était loin, et sa jeunesse aussi. Il vit des follets danser sur la surface d'un marais, puis aller s'éteindre dans un cimetière, et il dit : « Ce sont mes jours de folie! » Il vit encore une étoile se détacher du ciel, tracer un sillon de feu, et s'évanouir dans la terre : « C'est moi! » s'écria son cœur, qui saignait... Et le serpent du repentir se mit à le ronger plus profondément, et enfonça sa tête dans la plaie.

Son imagination délirante lui montre alors des somnambules voltigeant sur les toits, un moulin à vent qui veut l'écraser avec ses grands bras menaçants, et, dans le fond d'un cercueil, un spectre solitaire qui se revêt insensiblement de tous ses traits... O terreur! mais voici que tout à coup le son des cloches qui célèbrent la nouvelle année parvient à ses oreilles comme l'écho d'un céleste cantique. Une douce émotion redescend en lui... ses yeux se reportent vers l'horizon et vers la surface paisible de la terre... Il songe aux amis de son enfance, qui, meilleurs et plus heureux, sont devenus de bons pères de famille, de grands modèles parmi les hommes, et il dit amèrement : « Oh! si j'avais voulu, je pourrais comme vous passer dans les bras du sommeil cette première nuit de l'année! je pourrais vivre heureux, mes bons parents, si j'avais accompli toujours vos vœux de nouvel an et suivi vos sages conseils! »

Dans ces souvenirs d'agitation et de fièvre qui le reportaient à des temps plus fortunés, il croit voir soudain le fantôme qui portait ses traits se lever de sa couche glacée... et bientôt, singulier effet du pouvoir des génies de l'avenir, dans cette nuit de nouvelle année, le spectre s'avançait à lui sous ses traits de jeune homme.

C'en est trop pour l'infortuné!... il cache son visage dans ses mains, des torrents de larmes en ruissellent ; quelques faibles soupirs peuvent à peine s'exhaler de son âme désespérée. « Reviens, dit-il, ô jeunesse, reviens! »

Et la jeunesse revint, car tout cela n'était qu'un rêve de nouvel an : il était dans la fleur de l'âge, et ses erreurs seules avaient été réelles. Mais il rendit grâces à Dieu de ce qu'il était temps encore pour lui de quitter le sentier du vice et de suivre le chemin glorieux de la vertu, qui seul conduit au bonheur.

Fais comme lui, jeune homme, si comme lui tu t'es trompé de voie, ou ce rêve affreux sera désormais ton juge ; mais, si tu devais un jour t'écrier douloureusement : « Reviens, jeunesse, reviens!... » elle ne reviendrait pas.

L'ÉCLIPSE DE LUNE

Épisode fantastique, par Jean-Paul Richter.

Aux plaines de la lune éclatante de lis, habite la mère des hommes, avec ses filles innombrables, dans la paix de l'éternel amour. Le bleu céleste qui flotte si loin de la terre repose étendu sur ce globe, que la poussière des fleurs semble couvrir d'une neige odorante. Là règne un pur éther que ne trouble jamais le plus léger nuage. Là demeurent de tendres âmes que la haine n'a jamais effleurées. Comme on voit s'entrelacer les arcs-en-ciel d'une cascade, ainsi l'amour et la paix les confondent toutes en une même étreinte. Mais, quand dans le silence des nuits notre globe vient à se montrer étincelant et suspendu sous les étoiles, alors toutes les âmes qui déjà l'ont habité dans la douleur et dans la joie, pénétrées d'un tendre regret et d'un doux souvenir, abaissent leurs regards vers ce séjour, où des objets chéris vivent encore, où gisent les dépouilles qu'elles ont naguère animées ; et si, dans le sommeil, l'image radieuse de la terre vient s'offrir encore de plus près à leurs yeux charmés, des rêves délicieux leur retracent les doux printemps qu'elles y ont passés, et leur paupière se rouvre baignée d'une fraîche rosée de larmes.

Mais, dès que l'ombre du cadran de l'éternité approche d'un siècle nouveau, alors, l'éclair soudain d'une vive douleur traverse le cœur de la mère des hommes ; car celles d'entre ses filles chéries qui n'ont point encore habité la terre, quittent la lune pour aller vêtir leurs corps, aussitôt qu'elles ont ressenti le froid engourdissement que projette l'ombre terrestre ; et la mère pleure en les voyant partir, parce que celles qui seront restées sans tache reviendront seules à la céleste patrie... Ainsi chaque siècle lui coûte quelques-uns de ses enfants, et elle tremble, lorsqu'en plein jour notre globe ravisseur vient comme un lourd nuage masquer la face du soleil.

L'ombre de l'éternel cadran approchait du XVIII° siècle, notre terre allait passer, toute sombre, entre le soleil et la lune : et déjà la mère des hommes, interdite et profondément affligée, pressait contre son cœur celles de ses filles qui n'avaient point encore porté le vêtement terrestre ; et elle leur répétait en gémissant : « Oh ! ne succombez pas, mes enfants chéris ! conservez-vous purs comme des anges, et revenez à moi ! » Ici, l'ombre marqua le siècle, et la terre couvrit le soleil entier ; un coup de tonnerre sonna l'heure ; une comète à l'épée flamboyante traversa l'obscurité des cieux, et, du sein de la voie lactée, qui tremblait, une voix s'écria : « Parais, tentateur des hommes ! car l'Éternel envoie à chaque siècle un mauvais génie pour le tenter. »

A cet appel terrible, la mère et toutes ses filles frémirent à la fois, et ces âmes tendres fondaient en larmes, même celles qui avaient déjà habité la terre et en étaient revenues avec gloire. Soudain le tentateur, du sein de l'obscurité, se dressa sur notre globe ainsi qu'un arbre immense, puis, sous la forme d'un serpent gigantesque, leva sa tête jusqu'à la lune, et dit : « Je veux vous séduire. »

C'était le mauvais génie du XVIIIe siècle.

Les lis de la lune inclinèrent leurs corolles, dont toutes les feuilles flétries se répandirent à l'instant ; l'épée de la comète flamboya en tous sens, comme le glaive de la justice s'agite de lui-même en signe qu'il va juger ; le serpent, avec ses yeux cruels, dont le trait tue les âmes, avec sa crête sanglante, avec ses lèvres qu'il lèche et qu'il ronge sans cesse, abattit sa tête sur le délicieux Éden, tandis que sa queue, avide de dommage, fouillait sur la terre le fond d'un tombeau. Au même instant, un tremblement de notre globe fait tournoyer ses anneaux fugitifs, et des vapeurs empoisonnées transpirent de son corps, chatoyantes et lourdes comme un nuage qui porte la tempête. Oh ! c'était celui-là qui longtemps auparavant avait séduit la mère elle-même. Elle détourna les yeux ; mais le serpent lui dit : « Ève, ne reconnais-tu pas le serpent ? Je veux t'enlever tes filles, Ève ; je rassemblerai tes blancs papillons sur la fange des marais. Sœurs, regardez-moi, n'ai-je pas tout ce qu'il faut pour vous séduire ? » Et des figures d'hommes se peignaient dans ses yeux de vipère, des bagues nuptiales éclataient dans ses anneaux, et des pièces d'or dans ses jaunes écailles. « C'est avec tout cela que je vous ravirai la vertu et le divin séjour de la lune. Je vous prendrai dans des filets de soie et dans des toiles d'étoffe brillante ; ma rouge couronne aura pour vous des attraits, et vous voudrez vous en parer ; j'irai d'abord m'établir dans vos cœurs, je vous parlerai, je vous louerai ; puis je me glisserai dans une bouche d'homme, et j'affermirai mon ouvrage ; puis je darderai ma langue sur la vôtre, et elle sera tranchante et pleine de poison. Enfin, c'est quand vous serez malheureuses ou sur le point de mourir, que j'abandonnerai votre cœur aux traits acérés et brûlants d'un remords inutile. Ève, reçois encore mon adieu ; tout ce que j'ai dit, elles l'oublieront heureusement avant leur naissance. »

Les âmes qui n'étaient pas nées, effrayées de voir si près d'elles l'épouvantable arbre du mal et ses vapeurs empoisonnées, se cachaient, se pressaient en frissonnant les unes contre les autres ; et les âmes qui étaient remontées de la terre pures comme le parfum des fleurs, agitées d'une douce joie, d'un frémissement qui n'était pas sans charme, au souvenir des dangers qu'elles avaient vaincus, s'embrassaient toutes en tremblant. Ève pressait étroitement sur son cœur Marie, la plus chère de ses filles, et, s'agenouillant, elles levèrent au ciel des yeux suppliants et baignés de larmes : « Dieu de l'éternel amour, prends pitié d'elles ! » Cependant, le monstre dardait sur la lune sa langue, effilée et divisée en deux aiguillons, comme les pinces d'un crabe ; il déchirait les lis, il avait déjà fait une tache noire sur la surface de la lune, et il répétait toujours : « Je veux les séduire. »

Tout à coup, un premier rayon du soleil s'élança derrière la terre qui se retirait, et vint colorer d'un éclat céleste le front d'un grand et beau jeune homme qui était demeuré inaperçu au milieu des âmes tremblantes. Un lis couvrait son cœur, une branche de laurier verdissait sur son front, entrelacée de boutons de rose, et sa robe était bleue comme le ciel ; de ses paupières, mouillées de douces larmes, il jeta un regard d'amour sur les âmes troublées, comme le soleil abaisse sur l'arc-en-ciel un rayon de flamme, et dit : « Je veux vous protéger. » C'était le génie de la religion. Les anneaux ondoyants du monstre se déroulèrent à sa vue, et il demeura pétrifié, tendu de la terre à la lune, immobile, tel qu'une sombre poudrière, silencieux asile de la mort.

Et le soleil rayonna d'un éclat plus vif sur le visage du jeune homme, qui leva les yeux à la voûte étoilée et dit à l'Éternel :

« O mon père ! je descends avec mes sœurs au séjour de la vie, et je protégerai toutes celles qui me resteront fidèles. Couvre d'un beau temple cette flamme divine : elle y brûlera sans le dévaster et sans le détruire. Orne cette belle âme du feuillage des grâces terrestres ; il en protégera les fruits sans leur nuire par son ombre. Accorde à mes sœurs de beaux yeux; je leur donnerai le mouvement et les larmes. Place dans leur sein un cœur tendre; il ne périra pas sans avoir palpité pour la vertu et pour toi. La fleur que mes soins auront conservée pure et sans tache se changera en un beau fruit que je rapporterai de la terre; car je voltigerai sur les montagnes, sur le soleil et parmi les étoiles, afin qu'elles se souviennent de toi et pensent qu'il y a un autre monde que celui qu'elles vont habiter. Je changerai les lis de mon sein en une blanche lumière, celle de la lune; je changerai les roses de ma couronne en une couleur rose, celle des soirées du printemps; et tout cela leur rappellera leur frère; dans les accords de la musique, je les appellerai, et je parlerai du ciel où tu habites à tous les cœurs sensibles à l'harmonie; je les attirerai vers moi avec les bras de leurs parents; je cacherai ma voix dans les accents de la poésie, et je m'embellirai des attraits de leurs bien-aimés. Oui, elles me reconnaîtront dans les orages de l'infortune, et je dirigerai vers leurs yeux la pluie lumineuse, et j'élèverai leurs regards vers le ciel d'où elles viennent et vers leur famille. O mes sœurs chéries, vous ne pourrez méconnaître votre frère, quand, après une belle action, après une victoire difficile, un désir inexplicable viendra dilater votre cœur; lorsque, durant une nuit étoilée, ou à l'aspect de la rougeur éclatante du soir, votre œil se noiera dans les torrents de délices, et que tout votre être se sentira élevé, transporté... et que vous tendrez les bras au ciel, en pleurant de joie et d'amour. Alors je serai dans vos cœurs tout entier, et je vous prouverai que je vous aime et que vous êtes mes sœurs. Et, quand, après un sommeil et un rêve bien courts, je briserai l'enveloppe terrestre, j'en détacherai le diamant divin, et je le laisserai tomber comme une goutte éclatante de rosée sur les lis de la lune.

« O tendre mère des hommes, porte sur tes filles des regards plus calmes et quitte-les moins tristement; la plupart reviendront à toi! »

Le soleil avait reparu tout entier : les âmes qui n'étaient pas nées se dirigèrent vers la terre, et le génie les y suivit. Et, à mesure qu'elles approchaient de notre globe, un long flot d'harmonie traversait l'espace azuré. Ainsi, lorsque, pendant les nuits d'hiver, les blancs cygnes voyagent vers des climats plus doux, ils ne laissent sur leur passage qu'un murmure mélodieux.

Le monstrueux serpent, tel que l'immense courbe que trace une bombe enflammée, retira à lui ses anneaux en se repliant sur la terre; ce ne fut plus bientôt dans l'espace qu'une couronne foudroyante; puis, ainsi qu'une trombe va se briser sur le vaisseau qu'elle menaçait, il s'abattit avec bruit, déroula de toutes parts ses mille orbes et ses mille plis, et en enveloppa à la fois tous les peuples du monde. Et le glaive du jugement s'agita de nouveau; mais l'écho du voyage harmonieux des âmes vibrait encore dans les airs.

LE BONHEUR DE LA MAISON

Par Jean-Paul Richter.

(Fragment.)

...Quelques mois s'écoulèrent ainsi, au bout desquels mon oncle se trouva forcé de faire un voyage d'assez long cours, pour recueillir les débris de sa fortune : il le différa autant qu'il put, car il n'avait jamais quitté, depuis sa sortie du séminaire, son village enfoui au milieu des bois comme un nid d'oiseau, et il lui en coûtait beaucoup pour se séparer de son presbytère aux murailles blanches, aux contrevents verts, où il avait caché sa vie aux yeux méchants des hommes. En partant, il remit entre les mains de Berthe, afin de subvenir à l'entretien de la maison pendant son absence, une petite bourse de cuir assez plate, et promit de revenir bientôt. Il n'y avait là rien que de très-naturel sans doute; pourtant, nous avions tous le cœur gros, et je ne sais pourquoi il nous semblait que nous ne le reverrions plus. Aussi, Maria et moi, nous l'accompagnâmes jusqu'au pied de la colline, trottant de toutes nos forces de chaque côté de son cheval, pour être plus longtemps avec lui. Quand nous fûmes las:

« Assez, mes chers petits, nous dit-il; je ne veux pas que vous alliez plus loin, Berthe serait inquiète de vous. »

Puis il nous haussa sur son étrier, nous donna à chacun un baiser, et piqua des deux.

Alors, un frisson me prit, et des pleurs tombèrent de mes yeux, comme les gouttes d'une pluie d'orage; il me parut qu'on venait de fermer sur lui le couvercle du cercueil et d'y planter le dernier clou.

« Oh! mon Dieu! dit Maria en laissant aller un soupir profond et comprimé, mon pauvre oncle, il était si bon! »

Et elle tourna vers moi ses yeux clairs nageant dans un fluide abondant et pur.

« Ce serait un grand malheur! lui répondis-je d'un ton de voix sourd, ne lâchant mes syllabes qu'une à une, comme un avare ses pièces d'or.

— Bien grand! » reprit Maria, dont j'avais compris la pensée, bien qu'elle n'osât se l'avouer à elle-même.

Une semaine, puis deux, puis trois, et plusieurs autres s'écoulèrent sans que nous entendissions parler de mon oncle; ni lettre ni message; c'était comme s'il n'avait jamais été, ou comme s'il n'était plus. Berthe ne savait que penser et se perdait en conjectures; Jacobus Pragmater hochait la tête d'un air mystérieux et significatif; Maria était triste; et moi par conséquent, car je ne vivais que par elle et pour elle; ou, si par hasard un sourire venait relever les coins de sa petite bouche et faire voir ses dents brillantes comme des gouttes de rosée au fond d'une fleur, c'était un de ces sourires vagues et mélancoliques qui remuent dans l'âme mille émotions confuses mais poignantes, dont on ne saurait se rendre compte; quand elle souriait ainsi, l'expression de sa figure avait quelque chose de si sévère, un air de repos et de calme si profond, si harmonieusement mêlé à la grâce candide de ses traits enfantins, que toute pensée humaine s'effaçait à son aspect comme les étoiles au réveil de l'aube ; le vide se faisait à l'entour, elle seule était tout. Moi, j'étais abîmé dans cette contemplation : car ce que je voyais, je ne l'avais pas encore vu. Une autre vie m'était ouverte ; il y avait tant de promesses de bonheur dans ce regard doux comme un souvenir de paradis, tant de consolations sur ce front blanc et pur, dans ce sourire tant de morbidesse et de laisser-aller !... Aussi je compris que cela ne pourrait durer longtemps ; je me mis à l'aimer de toutes mes forces, et à serrer ma vie afin de faire tenir une année en un jour.

Ce fut, en effet, vers ce temps que l'on jugea à propos de m'envoyer au collége pour terminer mon éducation ébauchée par mon oncle, homme qui n'avait que du bon sens et qui n'était jamais allé à Paris. Il fallut me séparer de Maria. Ce fut mon premier chagrin, mais il fut grand : mon cœur fut brisé, ma vie fanée à son avril, et, depuis, il s'est passé bien des printemps sans que l'arbre ait reverdi. Ce fut pour moi le coup de hache sur le serpent : les tronçons saignants s'agitent et se tordent ; quand se rejoindront-ils ?

Comme la mauvaise saison était arrivée, Maria retourna chez ses parents et fut mise en pension : il lui fallut rester claquemurée dans une chambre, clouée à des livres insipides, ayant par-dessus sa tête un plafond de plâtre, sous ses pieds un plancher couvert d'une poussière scolastique, elle dont le cabinet d'étude avait été la tourelle fleurie du jardin, l'allée du parc, ou la grotte tapissée de mousse ; elle qui n'avait lu d'autre livre que celui de la nature et les vieilles légendes d'autrefois ; elle accoutumée à voir flotter les nuages dans le bleu, et à coucher, dans sa course légère, les pâquerettes humides de rosée qui balancent au milieu des grandes herbes leur frêle disque d'argent ; aussi, au bout d'un mois, un ennui vaste et profond la prit au cœur ; tout lui déplaisait et la fatiguait : les conversations, les caresses et les jeux de ses compagnes lui étaient à charge; leur joie lui semblait un sarcasme; elle enviait leur sort tout en le méprisant, car elle ne pouvait concevoir, dans son imagination indépendante et vagabonde, cette gaieté à heures fixes, cette turbulence de plaisir qui meurt au premier coup de cloche sans se permettre d'achever la gambade commencée; ce bonheur pareil à un chien attaché à une corde, qui saute, jappe, frétille et galope, court après sa queue, creuse le sable avec ses pattes, fait voler la poussière, mais que son collier étrangle lorsqu'il tend trop la chaîne, et veut dépasser l'étroit rayon qu'elle lui permet de parcourir. Elle ne comprenait rien à tout cela; les études et les amusements du pensionnat lui paraissaient également puérils; les manières roides et guindées des maîtresses et des sous-maîtresses, la prétentieuse pureté de leurs discours vides et froids, tout ce clinquant de phrases, tous ces oripeaux de mauvais aloi cousus à des guenilles fanées, ce badigeonnage oratoire plaqué sur le néant, ne disaient absolument rien ni à son cœur ni à sa tête; les morceaux choisis qu'on lui lisait, afin de purifier son goût et d'abattre les angles trop prononcés de son caractère, lui faisaient l'effet d'une tisane claire et fade qu'on lui aurait fait avaler en lui ouvrant la bouche de force. Elle fut prêchée, grondée, mise en pénitence : ni plus ni moins, elle resta ce qu'elle était, ce que personne au monde n'avait été et ne sera jamais : Elle! Rien n'y fit, car elle avait été coulée d'un seul jet, c'était une nature cubique et complète, à qui l'on ne pouvait rien ajouter sans produire une loupe ou une gibbosité, une nature pleine de sève et d'énergie, ayant surabondance et luxe d'animation, déversant son trop plein en sympathies ardentes et passionnées, non une de ces natures pauvres et grêles qu'il faut achever de pièces et de morceaux, plus ou moins adroitement soudés, et dont il faut dissimuler la maigreur avec du coton et de l'ouate... En vérité, ce n'était pas cela! Quoi donc? La Poésie sous l'apparence d'une femme, votre rêve et le mien dans sa réalité, les battements de votre cœur traduits et commentés par sa voix, ce qui est en vous depuis que vous êtes, et que vous ne comprenez pas, l'intelligence de l'être, la vie dans sa plus riche expression... — Je l'ai dit, frère, et je le dis encore, celle que j'ai tant aimée n'était pas taillée sur le patron des autres, elle n'avait ni fausseté ni corset.

On ne saurait dire combien le prieuré devint triste quand Maria n'y fut plus ; c'était comme si l'on eût éteint la paillette de lumière d'un tableau de Rembrandt. Tout prit une teinte lugubre. Les murailles, noyées de larges ombres, semblaient des tentures funèbres ; les frêles capucines et les volubilis qui encadraient la fenêtre, des herbes sur un tombeau [1]. Adieu, l'eau pure épanchée par une main blanche, les fils de fer pour se rouler autour, et le vert treillis losangé où pendre ses clochettes purpurines, votre maîtresse est partie avec les beaux jours et le soleil ! Et toi, petit moineau qu'elle aimait, tu n'auras plus ni chenevis, ni grains d'orge, ni baisers d'une bouche rose, ni sommeil sur un sein de neige dont les battements te berçaient ! Va chercher ailleurs un abri contre la pluie et la grêle. Cesse de becqueter ces vitres et de les frapper de ton aile ; Maria ne t'entend pas ; elle est loin, bien loin d'ici ! ils l'ont emmenée là-bas, et tu ne la verras plus !... Elle a emporté l'âme de la maison ! Le prieuré d'aujourd'hui est l'ancien, comme le cadavre est le corps ; la bouteille vide, la bouteille pleine de vieux vin du Rhin ; on a laissé le flacon ouvert, le parfum et la poésie se sont évaporés ! Ce n'est plus qu'une maison comme une autre, des murs de quatre côtés, plafond dessus, plancher dessous, l'espace au milieu... voilà ! C'est en vain qu'on chercherait quelque trace de son passage : le vol du colibri laisse-t-il un sillon dans l'air ? le lac conserve-t-il le reflet du nuage, la feuille la goutte de rosée et le chant du rossignol qui a soupiré sous son ombre ?... Non, c'est le destin ! Qu'y faire ?... Se résigner : cacher au fond de soi, comme au fond d'un sanctuaire, sa douleur incommensu-

---

[1] Pauvres fleurs séchées et jaunies au vent de novembre.

rable ; environner son âme d'un fossé, couper le monde à l'entour, et, comme l'archange tombé, ramener ses ailes sur ses yeux, de peur que les autres ne se prennent à rire en vous voyant pleurer! Mais pourtant, si j'avais été cette muraille, cette dalle, j'aurais fidèlement retenu sa voix et son pas; si j'avais été ce miroir, je n'aurais pas laissé aller son image enchanteresse ; à la place de ce carreau jauni, j'aurais gardé la brume blanche qu'y avait déposée son haleine suave... oh! certes!...

ROBERT ET CLAIRETTE

Ballade de Tiedge.

Un vent frais parcourait la plaine; mais il faisait lourd sous le feuillage. Les rayons du soleil couchant éclataient rouges parmi les rameaux, et le chant du grillon interrompait seul le religieux silence du soir.

La nature s'endormait ainsi dans son repos, quand Robert et Clairette dirigèrent leur promenade vers la source de la forêt, où ils avaient naguère échangé de tendres serments : c'était pour eux un lieu sacré.

Combien il s'était embelli depuis le jour de leur union! Mille plantes y avaient fleuri, et la source s'en éloignait à regret, toute couverte de feuilles odorantes : douce retraite pour le voyageur qui venait parfois s'y reposer avec délices.

Et le rossignol chanta, et l'écho après lui, quand les époux entrèrent dans le bocage; la pleine lune leur sourit à travers les branches des ormeaux, et la source les salua d'un murmure joyeux.

Clairette cueillit deux fleurs pareilles; puis, les livrant au cours de l'onde, les suivit des yeux avec crainte: mais, bientôt, l'une se sépara de l'autre, et elles ne se rejoignirent plus.

« Oh! soupira Clairette tremblante, vois-tu, mon bien-aimé, les deux fleurs qui cessent de nager ensemble, et puis l'une qui disparait?

— Là-bas, dit Robert, elles vont se réunir sans doute. »

La jeune fille cacha de ses mains son beau visage; et la lune sembla la regarder tristement, et le grillon chanta comme s'il gémissait. « Ma Clairette, dit Robert, oh! ne pleure donc pas; le voile de l'avenir est impénétrable. »

Six mois s'étaient écoulés, lorsque la guerre éclata et appela aux armes le jeune époux. « Ma bien-aimée, s'écria-t-il, je te serai toujours fidèle. » Et il se prépara au départ.

Mais elle, versait des torrents de larmes. « Bons soldats, s'écriait-elle, mon Robert sait aimer et ne sait pas tuer; ayez pitié de lui et de moi! » Vaines prières! Le devoir est de fer pour ces hommes, et ils ont brusquement séparé les deux époux.

La jeune fille abandonnée gémit bien douloureusement; elle suivit des yeux son ami, qui, près de disparaitre, agitait un mouchoir blanc, l'appelant encore, d'une voix pleurante; et elle ne le vit plus.

Tous les soirs, elle quitte la maison de sa mère, et, traversant les ombres de la nuit, elle va s'asseoir sur la montagne; là, sans cesse, elle étend les bras vers le chemin qu'il a suivi, mais ne le voit point revenir.

La source du bocage coule et coule toujours; l'été n'est plus, l'automne commence; le soleil se lève, se couche; les nuages et les vents passent sur la montagne... Le bien-aimé ne revient pas.

La pauvre fille se fanait comme une rose; elle retourna un jour à la source de la forêt. « C'est ici, dit-elle, ici que j'ai vu la fleur disparaitre... Où donc est l'autre, maintenant? En quel lieu Robert et Clairette se réuniront-ils? »

Et, succombant aux chagrins de son cœur, elle tomba mourante sur la rive; mais des images célestes l'environnèrent à son dernier moment; le baiser d'un ange lui ravit son âme, et la purifia des peines de ce monde.

Un vent léger murmure seul autour de son tombeau,

où deux tilleuls jettent leur ombre; c'est là qu'elle dort saintement sous un tapis de violettes.

Un an écoulé, Robert revint avec des yeux où la vie s'éteignait, et des blessures, fruits d'une guerre sanglante : sa bien-aimée n'est plus, il l'apprend et s'en va reposer auprès d'elle.

Tous les soirs, une blanche vapeur s'élève de leur tombe; une jeune bergère la vit une fois lentement s'entr'ouvrir, et crut y distinguer deux ombres dont la vue ne l'effraya pas.

BARDIT

Traduit du haut allemand.

Silvius Scaurus, l'un de ces Romains orgueilleux qui se sont partagé la Germanie et les Germains, manda un jour ses affranchis et leur fit déposer la vipère à tête étoilée dont ils nous meurtrissaient la chair; il nous permit d'entrer dans la forêt des chênes, et de nous y enivrer de cervoise écumante.

Car, ce jour-là, Silvius épousait la fille blonde d'un de nos princes dégénérés, de ceux à qui les Romains ont laissé leurs richesses pour prix de leurs trahisons; et nous, misérables serfs, savourant à la hâte notre bonheur d'un jour, nous nous gorgions de marrons cuits, nous chantions et nous dansions avec nos sayes bleues.

Or, il y avait là plus de trois mille hommes, et quelques affranchis qui nous surveillaient; et, quand la nuit commença à tomber, et que les chênes répandaient une odeur enivrante, nous criâmes tous à Hédie le Barde que nous voulions un chant joyeux qui terminât dignement cette journée.

Hédie n'avait pas coutume de nous faire attendre longtemps ses chants, et, quand nous les entendions, les chaînes pesaient moins et le travail allait mieux; Hédie monta sur un tronc d'arbre coupé à trois pieds du sol, et commença.

Il ne sortit de sa bouche rien de joyeux comme on s'y attendait, mais un chant tel qu'on n'en sait plus faire de nos jours; et, pour le langage, ce n'était pas de ce germain bâtard, mêlé de mots latins, qui vous affadit le cœur en passant, comme si l'on buvait de l'huile;

Mais de ce haut allemand, de ce pur saxon si dur et si fort, qu'à l'entendre on croirait que c'est le marteau d'une forge qui bondit et rebondit incessamment sur son enclume de fer.

Il chanta les temps passés et les exploits des hommes vaillants dont nous prétendons descendre. Il chanta la liberté des bois et le bonheur des cavernes; et l'éclair de la joie s'éteignit dans nos yeux tout d'un coup, et nos poitrines s'affaissèrent comme des outres vidées.

Un affranchi, voyant cela, poussa Hédie à bas du tronc d'arbre et lui détacha la langue avec son poignard; puis, le rejetant à la même place : « Continue ! » cria-t-il en riant comme une nuée de ramiers qui retourne au nid le soir.

Hédie, sans témoigner qu'il ressentit aucune douleur, se leva lentement, puis promena des yeux de feu sur la foule qui l'entourait : elle ondulait comme un champ de blé, stupéfaite et incertaine...

Hédie ouvrit la bouche, et il arriva (nos dieux le permirent) une chose prodigieuse et effrayante : il s'élança de ses lèvres une sorte de vapeur épaisse et enflammée où l'œil croyait distinguer des figures bizarres et confuses.

Cette vapeur allait s'élargissant derrière la tête du barde, et eut bientôt envahi tout l'horizon; puis, telle qu'un tableau immense, elle nous retraça les batailles de nos pères, nos forêts incendiées, nos femmes ravies par les armées romaines.

Et, à mesure que la vapeur merveilleuse s'exhalait de la bouche d'Hédie, des images nouvelles se formaient, et nous pûmes admirer longtemps les traits divins d'Arminius et de Trusnelda, sa vaillante épouse.

Pendant tout cela, on dansait au palais de Silvius Scaurus; un festin bruyant réunissait les seigneurs voisins, et les cymbales et les flûtes dispersaient au loin de ravissants accords.

Mais, avant la fin de la nuit, plus doux et plus mélodieux à nos oreilles, des cris et des gémissements retentirent dans le palais, la flamme joyeuse se prit à danser aussi dans les salles dorées.

Et la nouvelle épouse posséda, cette nuit-là, plus d'amants qu'aucune Romaine n'en eut jamais..., tandis que, non loin d'elle, Silvius Scaurus vomissait son repas de noces par vingt bouches sanglantes.

LES AVENTURES
DE LA NUIT DE SAINT-SYLVESTRE

Conte inédit d'Hoffman.

AVANT-PROPOS.

Le voyageur enthousiaste dont l'album nous fournit cette fantaisie à la manière de Callot sépare visiblement si peu sa vie intérieure de sa vie extérieure, qu'on aurait peine à indiquer d'une manière distincte les limites de chacune; mais, comme il est vrai que toi-même, bienveillant lecteur, tu n'as point de ces limites une idée bien précise, notre visionnaire te les fera peut-être franchir à ton insu, et ainsi tu te trouveras lancé tout à coup dans une région étrange et merveilleuse, dont les mystérieux habitants s'introduiront peu à peu dans ta vie extérieure et positive; de sorte que vous serez bientôt ensemble à *tu* et à *toi*, comme de vieux compagnons.

Accepte-les pour tels, et accommode-toi à leurs singulières allures, de manière à supporter sans peine les légers saisissements que leur commerce immédiat pourra quelquefois te causer : je t'en prie de toutes mes forces, bienveillant lecteur. Que puis-je faire de plus pour le voyageur enthousiaste à qui sont arrivées déjà, en divers lieux, et particulièrement à Berlin, dans la soirée de Saint-Sylvestre, tant de singulières et folles aventures ?

I — LA BIEN-AIMÉE.

J'avais la mort dans l'âme, la froide mort, et je croyais sentir comme des glaçons aigus s'élancer de mon cœur dans mes veines ardentes. Égaré, je me précipitai, sans manteau, sans chapeau, au sein de la nuit épaisse, orageuse. Les girouettes grinçaient ; il semblait que l'on entendît se mouvoir les rouages éternels et formidables du temps, comme si la vieille année allait, telle qu'un poids énorme, se détacher et rouler sourdement dans l'abîme. Tu sais bien que cette époque, Noël et le nouvel an, que vous accueillez, vous, avec une satisfaction calme et pure, vient toujours me précipiter, hors de ma paisible demeure, dans les flots d'une mer écumante et furieuse.

Noël... ce sont des jours de fête dont l'éclat aimable me séduit longtemps d'avance ; à peine puis-je les attendre. Je suis meilleur, plus enfant que tout le reste de l'année ; mon cœur ouvert à toutes les joies du ciel ne peut nourrir aucune pensée noire ou haineuse ; je redeviens un jeune garçon, avec sa joie vive et bruyante. Parmi les étalages bigarrés, éclatants, des boutiques de Noël, je vois des figures d'ange me sourire, et, à travers le tumulte des rues, les soupirs de l'orgue saint m'arrivent comme de bien loin ; *car un enfant nous est né !* Mais, la fête achevée, tout ce bruit s'abat, tout cet éclat se perd dans une sourde obscurité. A chaque année, toujours des fleurs qui se flétrissent, et dont le germe se dessèche, sans espoir qu'un soleil de printemps ranime jamais leurs rameaux ! Certes, je sais fort bien cela ; mais une puissance ennemie, chaque fois que l'an touche à sa fin, ne manque jamais de me le rappeler avec une satisfaction cruelle. « Vois, murmure-t-elle à mon oreille, vois combien de plaisirs, cette année, t'ont abandonné pour toujours! Mais aussi tu es devenu plus sage, tu n'attaches désormais aucun prix à des divertissements frivoles; te voilà de plus en plus un homme grave, un homme sans plaisirs. »

Le diable me réserve toujours pour le soir de Saint-Sylvestre un singulier régal de fête : il prend bien son temps, puis s'en vient, avec un rire odieux, déchirer mon sein de ses griffes aiguës et se repaître du plus pur sang de mon cœur. Il se sert, à cet effet, de tout ce qui se présente; témoin hier encore le conseiller de justice, qui se trouva être l'instrument qu'il lui fallait. Il y a toujours chez lui (chez le conseiller) grande réunion le soir de Saint-Sylvestre; il a la fureur, alors, de vouloir ménager à chacun une surprise agréable pour la nouvelle année, et s'y prend d'une manière si gauche et si stupide, que tous les plaisirs qu'il avait imaginés, à grand'peine, aboutissent d'ordinaire à un désappointement ridicule et pénible. Dès que j'entrai dans l'antichambre, le conseiller de justice se hâta de venir à ma rencontre, m'arrêtant à la porte du sanctuaire, d'où partaient les vapeurs du thé accompagnées de parfums exquis; il sourit d'une façon singulière et me dit, avec tout l'air de finesse bienveillante qu'il put se donner :

« Mon bon ami, mon bon ami, quelque chose de délicieux vous attend dans le salon!... une surprise admirable, digne de la belle soirée de Saint-Sylvestre. N'allez pas vous effrayer! »

Ces mots me tombèrent lourdement sur le cœur; de sombres pressentiments s'en élevèrent, et je me sentis cruellement oppressé. Les portes s'ouvrirent, je me précipitai rapidement dans le salon, et, sur le sofa, au milieu des dames, *son* image radieuse s'offrit à moi. C'était *elle!*... *elle-même*, que je n'avais point vue depuis tant d'années! Tous les heureux moments de ma vie repassèrent soudain dans mon âme comme un éclair rapide et puissant. Plus d'éloignement funeste! bien loin même l'idée d'une séparation nouvelle!

Par quel hasard merveilleux se trouvait-elle de retour? quel rapport existait-il entre elle et la société du conseiller, qui ne m'avait jamais appris qu'il la connût? Je ne m'arrêtai point un instant à ces pensées... Je la retrouvais enfin!

Immobile, tel qu'un homme frappé de la foudre, voilà comme j'étais sans doute.

Le conseiller me poussa doucement:

« Allons, mon ami, mon ami! »

Machinalement, je m'avançai; mais je ne voyais qu'*elle*, et de mon sein oppressé ces mots purent s'échapper à peine:

« Mon Dieu! mon Dieu! Julie ici! »

J'étais auprès de la table à thé; ce fut alors seulement que Julie m'aperçut. Elle se leva et me dit, du ton qu'on parlerait à un étranger:

« Je me réjouis beaucoup de vous rencontrer ici. Votre santé paraît bonne! »

Puis elle se rassit, et, s'adressant à une dame auprès d'elle:

« Aurons-nous au théâtre quelque chose d'intéressant la semaine qui vient? »

Tu t'approches d'une fleur charmante qui éclatait à tes yeux au milieu de parfums suaves et voluptueux; mais, au moment où tu te penches pour en admirer les vives couleurs, voilà qu'un froid et venimeux basilic s'élance de sa corolle enflammée pour te lancer la mort avec ses yeux perfides... C'est ce qui venait de m'arriver. Je saluai gauchement les dames, et, pour ajouter encore le ridicule à ma profonde douleur, je coudoyai, en me retournant rapidement, le conseiller de justice, qui se trouvait derrière moi, et lui jetai hors des mains une tasse de thé fumant sur son jabot admirablement bien plissé; on rit de l'infortune du conseiller et plus encore de ma maladresse. Ainsi tout, ce soir-là, tendait à me rendre excessivement bouffon, et je me résignai, en homme, à ma destinée. Julie n'avait point ri ; mes regards égarés rencontrèrent les siens, et ce fut comme si un rayon du bonheur d'autrefois, de cette vie toute d'amour et de poésie, revenait me sourire encore.

Quelqu'un qui commença à improviser sur le piano, dans la chambre voisine, mit alors en mouvement toute la société. C'était, disait-on, un virtuose étranger, nommé Berger, qui jouait divinement, et à qui l'on devait toute son attention.

« Ne fais donc pas sonner ainsi ta cuiller à thé, Mimi! » s'écria le conseiller.

Et, inclinant légèrement la main du côté de la porte, il invita les dames avec un agréable « Eh bien? » à s'approcher du virtuose. Julie aussi s'était levée et se dirigeait lentement vers la salle voisine. Tout en elle avait pris je ne sais quel caractère étrange ; il me sembla qu'elle était plus grande qu'autrefois et que ses formes s'étaient développées de manière à ajouter merveilleusement à sa beauté. La coupe singulière de sa robe blanche et surchargée de plis, qui ne couvrait qu'à moitié sa gorge, son dos et ses épaules ; ses vastes manches, qui se rétrécissaient aux coudes, sa chevelure séparée sur le front et répandue derrière sa tête en tresses multipliées, lui donnaient quelque chose d'antique ; elle rappelait les vierges des peintures de Miéris ;... et pourtant il me semblait avoir vu quelque part, de mes yeux bien ouverts, cet être en qui Julie s'était transformée. Elle avait ôté ses gants, et rien ne lui manquait, pas même les bracelets d'un merveilleux travail, attachés au-dessus de la main, pour ressembler complétement à cette image d'autrefois, qui m'assaillait toujours plus vivante et plus colorée.

Julie se tourna vers moi avant d'entrer dans le salon voisin, et je crus m'apercevoir que cette figure angélique, jeune et pleine de grâce, se contractait dans une amère ironie : quelque chose d'horrible, de délirant, s'empara de moi et fit frémir convulsivement tous mes nerfs.

« Oh! il joue divinement bien! » murmura une demoiselle, animée par une tasse de thé bien sucré.

Et je ne sais comment il se fit que son bras se trouva passé dans le mien, et je la conduisis, ou plutôt elle m'entraîna dans la salle voisine. Berger faisait alors mugir le plus furieux ouragan; ses accords puissants s'élançaient et retombaient comme les vagues d'une mer en furie : cela me fit du bien. Julie se trouvait à mon côté et me disait de sa voix d'autrefois, la plus douce et la plus tendre :

« Je voudrais te voir au piano, chantant l'espérance et le bonheur qui sont passés! »

L'ennemi s'était retiré de moi, et dans ce seul mot : *Julie* j'aurais voulu exprimer toute la félicité du ciel qui me revenait. D'autres personnes, en passant entre nous, m'éloignèrent d'elle. Il était clair qu'elle m'évitait maintenant; mais je parvins tantôt à respirer sa douce haleine, tantôt à effleurer son vêtement, et l'aimable printemps, que j'avais cru à jamais passé, ressuscitait, paré de couleurs éclatantes. Berger avait laissé s'abattre la tempête; le ciel s'était éclairci, et, semblables aux petits nuages dorés du matin, de vaporeuses mélodies nageaient mollement dans le *pianissimo*.

Le virtuose reçut, en terminant, des applaudissements unanimes et bien mérités; puis l'assemblée se mêla confusément, de sorte que je me retrouvai auprès de Julie. J'avais l'esprit animé, je voulus la saisir, l'embrasser, dans le transport de ma douloureuse passion; mais la maudite figure d'un valet importun surgit tout à coup entre nous deux.

« Peut-on vous offrir?... » nous dit-il d'une voix désagréable, en présentant un vaste plateau.

Au milieu des verres, remplis d'un punch fumant, s'élevait une coupe artistement ciselée, remplie de la même liqueur, à ce qu'il paraissait. Comment cette coupe se trouva parmi ces verres, c'est ce que sait mieux que moi celui que j'apprends de plus en plus à connaître; celui qui, en marchant, décrit toujours avec son pied, comme

Clément dans *Octavien*, des crochets fort bizarres, et qui aime par dessus tout les manteaux rouges et les plumes rouges. Julie prit cette coupe ciselée, qui brillait d'un éclat singulier, et me l'offrit en disant :

« Recevras-tu encore ce breuvage de ma main aussi volontiers qu'autrefois ?

— Julie! Julie! » m'écriai-je en soupirant.

Et, saisissant la coupe, j'effleurai ses doigts délicats ; des étincelles électriques pétillèrent en parcourant mes artères et mes veines. Je buvais et je buvais toujours : il me semblait que de petites langues de feu bleuâtre voltigeaient à la surface du verre et autour de mes lèvres. La coupe était vidée, et j'ignore moi-même comment il se fit que je me trouvai dans un cabinet éclairé par une lampe d'albâtre, assis sur une ottomane, et Julie! Julie à mes côtés, qui me souriait avec son regard d'enfant... comme autrefois!...

Berger s'était remis au piano : il jouait l'*andante* de la sublime symphonie en mi bémol de Mozart, et, enlevée sur les ailes puissantes de l'harmonie, mon âme retrouvait ses plus beaux jours d'amour et de bonheur... Oui, c'était Julie! Julie elle-même, belle et douce comme les anges! Notre entretien, complainte d'amour passionnée, avait plus de regards que de paroles ; sa main était dans la mienne.

« Désormais je ne te quitte plus ; ton amour est l'étincelle qui va rallumer en moi une vie plus élevée dans l'art et dans la poésie : sans toi, sans ton amour tout est froid, tout est mort! Mais n'es-tu donc pas revenue afin de m'appartenir pour toujours ?... »

En ce moment, il entra, en se dandinant lourdement, une longue figure, aux jambes d'araignée, avec des yeux sortant de la tête comme ceux des grenouilles, qui, souriant d'un air coquet, criait de sa petite voix aigre :

« Mais où diantre est donc restée ma femme ? »

Julie se leva et me dit, d'un ton de voix qui n'était plus la sienne :

« Retournons vers la compagnie ; mon mari me cherche. Vous avez été encore fort amusant, mon cher ami : c'était toujours la même humeur fantasque et capricieuse qu'autrefois ; seulement, ménagez-vous sous le rapport de la boisson. »

Et le petit-maître aux jambes d'araignée lui prit la main ; elle le suivit, en riant, dans le salon.

« Perdue à jamais ! » m'écriai-je.

« Eh ! sans doute, Codille, mon cher ! » observa une bête qui jouait à l'ombre.

Je me précipitai dehors... dehors, dans la nuit orageuse !...

II — LA SOCIÉTÉ DANS LE CABARET.

Il peut être fort agréable de se promener de long en large sous les tilleuls, mais non pas dans la nuit de Saint-Sylvestre, par un froid pénétrant et une neige battante. C'est une réflexion que je fis, étant nu-tête et sans manteau, quand je sentis un vent glacé envelopper mon corps tout brûlant de fièvre. Je traversai dans cet état le pont de l'Opéra, et, passant devant le château, je me détournai et pris par le pont des Écluses en laissant la Monnaie derrière moi.

J'arrivai dans la rue des Chasseurs, près du magasin de Thiermann : les appartements étaient fort bien éclairés ; j'allais entrer, car j'étais transi de froid, et je sentais le besoin de m'abreuver à longs traits de quelque liqueur forte. En ce moment, une société, tout animée d'une joie bruyante, se précipita hors de la maison : ils parlaient d'huîtres superbes et de l'excellent vin de la comète de 1811.

« Il avait bien raison, s'écria l'un d'eux, que je reconnus pour un officier supérieur des uhlans, celui qui, l'an passé, à Mayence, pestait contre ces faquins d'aubergistes qui n'avaient pas voulu absolument, en 1794, lui servir de leur vin de 1811. »

Tous riaient à gorge déployée. J'étais allé involontairement quelques pas plus loin, et je me trouvai devant un cabaret éclairé d'une seule lumière. Le Henri V de Shakspeare ne se vit-il pas réduit un jour à un tel degré de lassitude et d'humilité, que la pauvre créature nommée *Petite Bière* lui vint à l'esprit? Dans le fait, pareille chose m'arriva : j'avais soif d'une bouteille de bonne bière anglaise, et je descendis rapidement dans le cabaret.

« Que désirez-vous? » dit l'aubergiste s'avançant d'un air agréable et la main à son bonnet.

Je demandai une bouteille de bonne bière anglaise, avec une pipe d'excellent tabac, et je me trouvai bientôt dans une quiétude si sublime, que force fut au diable lui-même de me respecter et de me laisser quelque repos. — Oh! conseiller de justice! si tu m'avais vu, au sortir de ton brillant salon, dans un obscur cabaret, buvant, au lieu de thé, de la petite bière, tu te serais détourné de moi avec un orgueilleux dédain.

« Est-il donc étonnant, aurais-tu murmuré, qu'un pareil homme soit dans le cas de ruiner les jabots les plus délicieux ? »

Sans chapeau, sans manteau, je devais être pour ces gens un sujet d'étonnement. L'hôte avait une question sur les lèvres, quand on frappa à la fenêtre ; une voix cria d'en haut :

« Ouvrez, ouvrez, me voici ! »

L'hôte se hâta de monter et rentra bientôt, élevant dans ses mains deux flambeaux ; un homme fort grand et fort maigre descendit après lui. En passant sous la porte fort basse, il oublia de se baisser et se heurta assez rudement ; mais un bonnet noir, en forme de barette, qu'il portait, le préserva de tout accident. Il eut soin de passer le plus près possible de la muraille et s'assit en face de moi, pendant que l'on plaçait les lumières sur la table. On pouvait bien dire de lui qu'il avait un air distingué et mécontent : il demanda, d'un ton de mauvaise humeur, une pipe et de la bière, et à peine avait-il rendu quelques bouffées de tabac, qu'un nuage épais de fumée nous enveloppa. Sa figure avait, au reste, quelque chose de si caractéristique et de si attrayant, que j'en fus charmé tout d'abord, malgré sa mine sombre. Sa chevelure noire et épaisse, séparée sur son front, se répandait des deux côtés en une profusion de petites boucles, ce qui lui donnait quelque ressemblance avec les portraits de Rubens. Quand il se fut débarrassé de son vaste manteau, je m'aperçus qu'il était vêtu d'un kurtka noir avec des tresses nombreuses; mais ce qui me surprit davantage, c'est qu'il portait, par-dessus ses bottes, de fort belles pantoufles. Je remarquai cela pendant qu'il secouait sa pipe, fumée en cinq minutes. Notre conversation avait peine à se lier; l'étranger semblait très-préoccupé d'un grand nombre de plantes singulières qu'il avait tirées d'un étui, et qu'il examinait avec soin. Je lui témoignai mon étonnement de voir d'aussi belles plantes, et lui demandai, comme elles paraissaient toutes fraîches, s'il les avait recueillies au jardin botanique ou chez Boucher. Il sourit d'une manière assez étrange et répondit :

« Vous ne me paraissez pas fort sur la botanique; autrement, vous ne m'auriez point aussi... »

Il hésita; j'ajoutai à demi-voix :

« Sottement...

— Questionné, termina-t-il d'un ton de franchise bienveillante. Vous auriez, poursuivit-il, reconnu, du premier coup d'œil, que ce sont là des plantes alpestres qui ne croissent que sur le Chimboraço. »

L'étranger prononça ces mots presque à voix basse; je te laisse à penser s'ils me causèrent une singulière émotion. Les questions expiraient sur mes lèvres; mais une sorte de pressentiment s'élevait en moi, et je me figurai que, si je n'avais pas vu souvent l'étranger, je l'avais du moins rêvé.

On frappa de nouveau à la fenêtre; l'hôte ouvrit, et une voix cria :

« Ayez la bonté de couvrir votre miroir!

— Ah! ah! dit l'hôte, c'est le général Souvorov, qui vient bien tard! »

L'hôte couvrit son miroir, et aussitôt sauta, avec une rapidité assez maladroite, ou mieux avec une légèreté assez pesante, un petit homme grêle, enveloppé d'un manteau d'une couleur brune singulière, qui formait mille plis et un grand nombre d'autres plus petits encore et flottant autour de sa taille d'une manière si étrange, qu'à la lueur du flambeau, on eût cru voir plusieurs formes se déployer et se replier sur elles mêmes comme dans les fantasmagories d'Eusler. Il se mit à frotter ses mains, cachées dans ses longues manches, et s'écria :

« Froid ! froid ! oh ! qu'il fait froid !... En Italie, c'est bien différent ! bien différent !... »

Il finit par prendre place entre moi et mon grand voisin, disant :

« Cette fumée est insupportable !... Tabac contre tabac !... Si j'avais une prise seulement ! »

La tabatière de métal poli dont tu m'avais fait cadeau se trouvait dans ma poche ; je la tirai afin d'offrir du tabac au petit étranger. A peine l'aperçut-il, qu'il la repoussa violemment des deux mains, en s'écriant :

« Loin ! bien loin cet odieux miroir !... »

Sa voix avait quelque chose d'effrayant, et, quand je le regardai, tout étonné, il était entièrement différent de ce qu'il m'avait paru d'abord. Il avait sauté dans la salle avec une physionomie agréable et toute jeune ; mais il présentait maintenant le visage ridé, pâle comme la mort, d'un vieillard aux yeux caves.

Saisi d'effroi, je m'élançai vers le plus grand des deux étrangers.

« Au nom du ciel, regardez donc ! » allais-je m'écrier.

Mais lui, absorbé dans l'examen de ses plantes, n'avait rien vu de ce qui venait de se passer, et, dans le même instant, le petit cria : « Vin du Nord ! » avec son ton un peu précieux.

Bientôt l'entretien commença entre nous ; le petit me déplaisait assez, mais le grand savait parler sur les choses les moins importantes en apparence avec beaucoup de profondeur et d'agrément, quoiqu'il eût à lutter sans cesse contre une langue qui n'était pas la sienne, et qu'il se servît souvent de mots impropres ; ce qui, du reste, donnait à son langage une originalité piquante; de sorte que, tout en m'inspirant pour lui-même un sentiment d'estime et d'amitié, il affaiblissait aussi l'impression désagréable que le petit homme m'avait fait éprouver.

Ce dernier semblait supporté par des ressorts, car il s'agitait çà et là sur sa chaise, gesticulant beaucoup des mains; — mais une sueur glacée découla de mes cheveux sur mon dos, quand je m'aperçus clairement qu'il me regardait avec deux visages différents; et surtout il considérait souvent, avec son vieux visage, quoique moins horriblement qu'il ne m'avait fixé d'abord, l'autre étranger, dont l'air paisible contrastait avec sa perpétuelle mobilité.

Dans cette mascarade de notre vie d'ici-bas, souvent l'esprit regarde avec des yeux pénétrants au travers des masques et reconnaît ceux qui sont de sa famille; c'est de cette manière que, si différents du reste des hommes, nous nous regardâmes et nous reconnûmes tous trois dans ce cabaret. Dès lors, notre entretien prit ce caractère sombre qui ne convient qu'aux âmes blessées à mort pour jamais.

« C'est encore un clou dans cette vie, dit le grand.

— Oh Dieu! repris-je, le diable n'en a-t-il pas enfoncé partout à notre intention? Dans les murs de nos demeures, dans les bosquets, dans les buissons de roses... Où pouvons-nous passer sans y laisser accroché quelque lambeau de nous-mêmes? Il semble, mes dignes compagnons, que nous ayons tous perdu quelque chose de cette manière : moi, par exemple, il me manque, cette nuit, mon manteau et mon chapeau; tous deux sont pendus à un clou, dans l'antichambre du conseiller de justice, comme vous savez bien. »

Le petit homme et le grand tressaillirent à la fois, comme frappés du même coup à l'imprévu : le petit me regarda en grimaçant avec sa plus laide figure; puis, sautant rapidement sur une chaise, il alla raffermir la toile qui couvrait le miroir, pendant que l'autre mouchait les chandelles avec soin.

Notre entretien eut peine à se renouer; nous en vîmes

cependant à parler d'un jeune peintre fort distingué, nommé Philippe, et du portrait d'une princesse qu'il avait exécuté admirablement, inspiré dans son œuvre par le génie de l'amour et par cet ineffable désir des choses d'en haut qu'il avait puisé dans l'âme profondément religieuse de celle qu'il aimait.

« Il est tellement ressemblant, dit le plus grand étranger, que c'est moins son portrait que le reflet de son image.

— C'est vrai! m'écriai-je, on le dirait volé dans un miroir! »

Le petit homme se leva tout d'un coup, me regarda furieusement avec son vieux visage, dont les yeux lançaient du feu.

« Cela est absurde! s'écria-t-il, cela est insensé! Qui pourrait dérober une image dans un miroir?

— Qui le pourrait? Le diable, peut-être, à votre avis?

— Ho! ho! frère, celui-là brise la glace avec ses lourdes griffes, et les mains blanches et frêles d'une image de femme se couvrent de blessures et de sang. Ha! ha! montre-moi l'image..., l'image volée dans un miroir, et je fais devant toi le saut de carpe de mille toises de haut. Entends-tu, misérable drôle? »

Le grand se leva à son tour, s'avança vers le petit, et lui dit :

« Ne faites donc pas tant d'embarras, mon ami, ou vous vous ferez jeter du bas de l'escalier en haut. Je crois, du reste, que votre reflet, à vous, est dans un misérable état.

— Ha! ha! ha! s'écria le petit en riant dédaigneusement et avec une sorte de frénésie; ha! ha! ha! crois-tu?... crois-tu?... J'ai du moins encore ma belle ombre! pitoyable faquin, j'ai encore mon ombre! »

A ces mots, il sauta hors du cabaret, et nous l'entendîmes encore qui éclatait de rire et criait dans la rue :

« J'ai encore mon ombre!... mon ombre! »

Le grand était retombé, anéanti et tout blême, sur sa

chaise, la tête dans ses deux mains, et sa poitrine oppressée exhalait à grand'peine un profond soupir.

« Qu'avez-vous ? lui demandai-je avec intérêt.

— Oh! monsieur, ce vilain homme qui a si mal agi avec nous, qui m'a relancé jusque dans ce cabaret, ma retraite ordinaire, où j'aime à rester seul, à peine visité de temps à autre par quelque gnome qui vient s'accroupir sous la table et grignoter quelques miettes de pain ; ce méchant homme m'a replongé dans ma plus cruelle infortune... Hélas! j'ai perdu, à jamais perdu mon... Adieu! »

Il se leva et traversa le caveau pour sortir : tout restait éclairé autour de lui ; il ne projetait aucune ombre. Je m'élance à sa poursuite avec transport.

« Pierre Schlemihl ! Pierre Schlemihl ! » m'écriai-je tout joyeux.

Mais il avait jeté ses pantoufles ; je le vis enjamber par-dessus la caserne des gendarmes, et disparaître dans l'obscurité.

Lorsque je voulus rentrer dans le caveau, l'hôte me jeta la porte au nez en s'écriant :

« Le bon Dieu me garde de pareils hôtes ! »

TABLE

	Pages.
Notice sur Gœthe et sur Gérard de Nerval.	i
Préface.	1
Dédicace.	27

FAUST.

Prologue sur le théâtre.	29
Prologue dans le ciel.	35
Première partie.	39
Deuxième partie.	108
Intermede.	164
Troisième partie.	171

SECOND FAUST.

Avertissement.	183
Prologue.	185
Examen analytique.	189
Hélène.	212
Épilogue.	271
Légende de Faust, par Widmann.	275

POÉSIES ALLEMANDES.

	Pages.
Notice sur les poëtes allemands	305
Gœthe	320
Schiller	343
Klopstock	378
Burger	394
Poëtes divers	409

www.ingramcontent.com/pod-product-compliance
Lightning Source LLC
Chambersburg PA
CBHW070212240426
43671CB00007B/629